山西改革开放口述史

张志仁　巨文辉　主编

中共党史出版社

图书在版编目（CIP）数据

山西改革开放口述史 / 张志仁，巨文辉主编 . -- 北京 : 中共党史出版社 , 2019.2
（改革开放口述史丛书）
ISBN 978-7-5098-4973-6

Ⅰ . ①山… Ⅱ . ①张… ②巨… Ⅲ . ①改革开放—历史—山西 Ⅳ . ① D619.25

中国版本图书馆 CIP 数据核字 (2018) 第 271685 号

出版发行：中共党史出版社
责任编辑：王鸽子
复　　审：吴江
终　　审：汪晓军
责任校对：龚秀华
责任印制：段文超
责任监制：贺冬英
社　　址：北京市海淀区芙蓉里南街 6 号院 1 号楼
邮　　编：100080
网　　址：www.dscbs.com
经　　销：新华书店
印　　刷：北京盛通印刷股份有限公司
开　　本：170mm × 240mm　1/16
字　　数：354 千字
印　　张：24
印　　数：1—2050 册
版　　次：2019 年 2 月第 1 版
印　　次：2019 年 2 月第 1 次印刷

ISBN 978-7-5098-4973-6
定　　价：53.00 元

目　　录

主持山西省委工作期间的若干回忆

李立功

1981 年 5 月，中共中央总书记胡耀邦和中组部部长宋任穷、中央书记处书记万里先后找我谈话，提出要我回山西工作。

当时，我对到山西工作有顾虑，并向中央领导同志汇报了自己的想法。我说：感谢中央对我的信任，但山西在“文化大革命”中很乱，我是山西人，在山西有不少熟人，回山西恐怕不好办。胡耀邦同志对我说：找来找去还是你去山西合适，因为你对山西熟悉，“文化大革命”中又不在山西，不论这一派那一派，你都没有介入，好处理问题。他还说：霍士廉、罗贵波同志年龄都大了，你身强力壮，对山西熟悉，了解情况容易，你去比较合适。他还让我再找宋任穷、万里同志谈一谈。宋任穷、万里与我谈话的内容同胡耀邦谈话的精神一样，并明确告诉我回到山西之后任省委常务书记，霍士廉任第一书记，罗贵波任第二书记，要我支持他们的工作。还嘱咐要我回去之后，先抓一下落实政策的工作。中央的信任和支持，对我是很大的鼓励，消除了我的顾虑，我表示服从中央的决定，回到山西后努力工作。1981 年 5 月 21 日，中央决定任命我为省委常务书记。1983 年 3 月，中央又决定我接替霍士廉同志，任省委书记（不再设第一书记）。1991 年 3 月 5 日，王茂林同志当选为山西省委书记，我改任省顾委主任。

消除派性为改革开放清障

（一）消除派性，重中之重

按照党的十一届三中全会的要求，首要的任务是尽快把工作重心转到经济建设上来。在我回山西之前，霍士廉、罗贵波等领导同志在这方面已经做了许多工作。但是，由于种种原因山西党的工作重心还没有完全转到经济建设上来，拨乱反正、落实政策等项工作也遇到了不少阻力。这阻力不是别的，主要是派性在作怪。我回山西后的第一个突出感觉，就是“文化大革命”的遗风、派性十分顽固。不仅群众中的派性仍然存在，就是在省委和一些地、市委的领导班子中，也有一些人受派性影响很深。特别是在研究落实政策、清查善终、平反冤假错案、人事安排等关于人的问题时，对立的情绪很快就冒出来了，各有各的是非标准，各有各的一套理论，简直是水火不能相容。而领导班子内的这种分歧和对立，与省直机关及各地、市都有联系，上边一开会，下边马上就知道了详细情况，随之引起了下边的分歧和对立。1981 年 8 月 13 日到 17 日，中共中央主席胡耀邦来山西视察工作，他在省委召开的干部大会上作重要讲话，严厉指出：“由于历史的原因，山西干部队伍中当前存在着一个比较突出的问题是团结不够亲密，不够坚强。换句话说，疙瘩还相当多、相当大、相当紧。”针对这种情况，胡耀邦同志特别强调，凡是把自己的同志批错了、斗错了、定性错了，都要迅速加以解决，该平反的平反，该纠正的纠正；凡是被斗错了的同志，不能赌气，不能凭意气办事；改变了工作岗位的同志，应当高高兴兴到基层补课，不能跟组织顶牛，任何一个同志，特别是党的高级干部要无条件地为党为人民工作，在大是大非面前要有明确的立场；新老干部要加强团结，亲密合作。我意识到，山西的这种情况不改变，不消除派性，不加强团结，什么事情也干不好。消除派性、增强团结，是山西工作重心转移的当务之急。

山西的派性斗争，从根本上讲，是“文化大革命”时期那种特殊的政治斗争的产物，它首先是中央文革小组康生、江青和王力、关锋、戚本禹等人制造的。中央文革小组的康生、江青、陈伯达等多次直接插手山西，使山西两派的斗争屡禁不止。从实质上讲，突出地表现在对权力的争夺上。“文化大革命”一开始，康生、江青就支持省委、省人委领导班子中的几个人夺山西省委、省人委的权；在“文化大革命”的发展过程中，他们又今天点这个人的名，明天点那个人的名，利用造反组织相互争斗，肆意制造混乱。而群众组织中的一些派性头头，又在领导班子中寻找代理人，这些代理人又反过来利用造反派保护自己、扩充势力，从而形成了从领导干部到群众中的势不两立的两大派。而且这种派性斗争持续的时间比较长，反复的次数比较多，所以疙瘩越结越多、越结越大、越结越紧。据我回到山西后的观察，省委领导班子中，在某些重大问题上的严重分歧，仍在或明或暗地表现出来，这突出地表现在对干部的认识和使用上。受派性影响严重的一些领导同志，对干部的观察，往往漠视客观事实，不顾党的德才兼备、公道正派、任人唯贤的干部路线，以派性标准代替一切。

由此，我深深感到必须坚决消除派性，增强团结，这个问题不解决，山西的工作重心要想转到经济建设上来，是相当困难的。所以，我把消除派性、增强团结、保证社会安定，作为山西改革开放的“前期工程”来看待。

（二）着力摆脱派性对领导班子的干扰

我刚到山西时，两派斗争尚未彻底解决。当时，我有一个好主意，就是坚持实事求是的原则，尽量超脱，绝不能卷入两派斗争之中去。我认为，山西的广大干部虽然在“文化大革命”中每个人的具体情况有所不同，不少人陷入了派性，但多数人本质上是好的。闹派性闹得最凶的，少数人是利用派性浑水摸鱼、破坏社会主义法制，多数人还是在打派仗中昏了头脑，迷了心窍，他们经过教育是可以清醒过来的。所以，他们不管是支持这个领导同志的，还是支持那个领导同志的，也不管是省级领导干部，还是一般干部和群众，我耐心听他们的不同意见，但都不马上表态，而是听了之后经过仔细分析，进行调查研究，对于正确的意见予以采纳，对于不正确的意见则坚持原则，不随波逐流。特别是1983年3月我担任山西省委书记之后，可以说是站到了风口浪尖上。说实话，如果当时我或明或暗地站在对立两派中的任何一边，我可能会受到某一部分人死心塌地的拥护，但同时又会遭到另一部分人的坚决反对。那样的话，山西的形势将会重蹈过去混乱的覆辙，党的十一届三中全会路线、方针、政策在山西就难以顺利贯彻执行。

从当时的实际情况看，消除派性、增强团结的关键，在于摆脱派性对领导班子的干扰。如果省委领导班子对一些重大问题的处理，能够协同一致地站在党的立场上，从党性原则出发，摒弃派性的干扰，那么消除派性、增强团结的工作便能见到成效。否则，消除派性、增强团结的工作很难进行下去。当时，省委常委在研究经济工作和生产问题时，还能够坐下来共同商讨，但遇到某些敏感性问题时，派性的影响就发作了。

于是，中央决定由王森浩到山西担任省长。同时，对于其他同志，也作了适当安排。另外，我们对一些老同志的工作安排，也作了慎重处理，有的安排为省委常委、有的安排到省政协当主席或副主席，对其中一些当时安排不甚妥当、本人意见较大的同志，过后又作了一些微调，安排了更为合适的工作，使他们逐步消了气、顺了心。说实话，山西是革命老区，那些老同志的入党早、资历深，但也或多或少存在一些矛盾，对他们的意见既不能不听，也不能全听；对他们的要求既不能拒绝考虑，也不能唯命是从，既硬不得，也软不得，只能慢慢地做工作，沟通思想，化解矛盾。通过工作，省委领导班子的思想逐步统一了，这对稳定山西形势、保持山西社会安定，具有重要的作用。

（三）“活血化瘀”解“疙瘩”

如何消除派性、增强团结，我有一个基本的想法，就是山西绝对不能再折腾了。山西在“文化大革命”中折腾了好多次，留下了很难解决的后遗症。当时，我考虑要尽量在思想上解“疙瘩”，不能轻易地、简单地采取组织措施，不能用压服的方法去解决问题，而是要像医生治病一样，多做“活血化瘀”“舒肝理气”的工作。就是说，要从思想教育着手，引导干部和群众认识派性的危害性和团结的重要性，自觉地和派性决裂。为了达到这个目的，省委组织大家学习党的十一届三中全会文件，用小平同志“团结一致向前看”的讲话，统一思想、统一认识，彻底否定“文化大革命”，清除“文化大革命”的遗风，坚决反对站在派性立场上争输赢、争高低的思想。当时采取的主要形式是召开各种会议、开办学习班和健全党的组织生活，要求各级领导干部认真开展批评与自我批评，以共产党员的党性标准检查自己、认识自己、教育自己，要求做到不利于团结的话不说、不利于团结的事不做。那时学习和贯彻《关于党内政治生活的若干准则》，非常有利于解决这些问题。在学习中一一对照检查，那种“唯我独尊”“唯我独革”的派性顽症和“文革遗风”便原形毕露。同时，在学习的过程中，引导党员干部要看到别人的优点和长处，不能老是盯着别人专找毛病。我在省委工作会议和全委扩大会议上，曾经多次讲解“疙瘩”、讲团结的问题，要求党员干部特别是领导干部要以大局为重、以党的利益为重，不要计较个人的私利；告诫大家要认识到在“文化大革命”的多次折腾中，不少人自己既挨过整，也整过人，同志之间不管有多大分歧、多大隔阂，总是内部矛盾；过去的事情已经成为历史，要宜粗不宜细，只要在原则上分清是非就行了，不要再纠缠枝节，不要总是追究个人之间的恩恩怨怨；要讲大局、讲谅解、讲宽容、严以律己、宽以待人。我引用了鲁迅先生那句：“渡尽劫波兄弟在，相逢一笑泯恩仇”的名言，多次强调各级党委的领导同志要在解“疙瘩”、讲团结方面作表率，在开展批评与自我批评方面作领路人，作顾大局、讲团结的模范。我的这些意见，大多数干部是认同的。当然这种思想工作不是一两次可以见效的，经过不断地学习与反思，相互之间的隔阂才逐渐消除，思想才慢慢沟通，逐渐达到多数人能够站在党的立场上观察、思考和处理问题。

除了在思想上进行教育之外，消除派性、增强团结的关键，还在于能够在处理人的问题上认认真真地按党的政策办事。如果不能认认真真地、不走样地按党的政策办事，就会给派性的发作造成口实，提供机会，解开的“疙瘩”又可能重新结起来。当时在处理人的问题上敏感点主要表现在三个方面：一是落实党的平反冤假错案的政策；二是清查善终工作；三是安排使用干部。在落实平反冤假错案政策方面，对于历史上冤假错案的平反纠正，问题不大，而对“文化大革命”中形成的冤假错案的平反纠正工作处理不好，派性就容易发作。好在经过否定“文化大革命”的反复教育和思想上的拨乱反正，人们对“文化大革命”中形成的各种案件都有了新的认识、新的看法，只要坚持实事求是的原则，以事实为依据、以政策为准绳，尽管也会遇到派性的某些干扰，但在事实面前谁也无法反对，所以基本上也都进行了平反纠正。

关于清查善终工作，遇到的麻烦就比较多。1979 年，开始清查善终工作，1981 年上半年基本结束。在清查善终工作中，对清查工作中发生的清查错了的一些问题进行了纠正，于是有的人就说清查“扩大化”了；但在后期也出现了一些问题，主要是对一些不该平反的人也平了反，又有的人说善终是“一风吹”了。由于两种不同认识的对立，清查善终工作基本结束后，在一些单位和一部分人中间，被清查的人有一股怨气，搞清查的人也感到委屈，互不服气，貌合神离。对于这方面的问题，后来我们在整党中核查“三种人”时，反复强调各级领导同志要坚定地站在党的立场上，坚持一个政策、一个标准，即坚持中央的政策和标准，不许另搞一套，坚定不移地贯彻中央制定的“既要坚定、又要慎重，既不要漏掉、又不要扩大化”的方针，以严肃审慎的态度，抓住清除混入领导班子、要害部门和第三梯队中的“三种人”这个重点，进行了扎扎实实的工作。我明确提出，不管是哪一派的，也不管是搞清查的还是被清查的；也不管“文化大革命”中是保过自己的还是反对过自己的；也不管是跟自己亲近的还是跟自己疏远的，只要是“三种人”，都要毫无例外地加以清理。可以说，核查“三种人”的成果，是善终工作的继续和完满结束。由此，避免了派性的干扰，对消除派性、增强团结起了重要作用。

在干部使用方面，也有个化解矛盾、维护安定的问题。在这方面，我们采取了十分谨慎的态度，牢牢掌握党的干部政策。我当时考虑，如果在使用干部问题上不能坚持党性原则和任人唯贤的干部路线，不能排除派性的干扰，那就会引起矛盾，形成分裂，挫伤干部的积极性。

总之，运用一切办法化解矛盾，增强干部和群众的团结，稳定山西的局势，这是把山西工作重心转移到经济建设上来的关键，而解决这些问题又只能是逐步地、慢慢地做工作。也就是说，不能采取过激的办法，只能采取“活血化瘀”“舒肝理气”、化解矛盾的办法。实践证明，这种办法是很有成效的。

推进农村经济体制改革

（一）推行家庭联产承包责任制

党的十一届三中全会之后，随着政治上拨乱反正的进行和对“文化大革命”中“左”倾错误的纠正，经济体制改革的大潮在全国涌动。首当其冲的是农村改革的兴起，突破口是家庭联产承包责任制的推行。在山西也不例外。

我回山西之前，省委已经在推动农村改革方面做了大量工作。

家庭联产承包责任制，是农村经济改革的一个切入点。这一改革，是广大农民群众在农村拨乱反正中的创造。“文化大革命”以来，由于“农业学大寨”运动中发生的“左”的错误的影响，搞所谓“大批促大干”，即大批资本主义、大批修正主义、大干社会主义，使农村过去一些行之有效的生产经营管理办法被否定，农业生产受到了严重影响。粉碎“四人帮”之后，我还在北京工作的时候，对拨乱反正过程中全国许多农村干部和农民群众自动地起来纠正学大寨运动中那一套“左”的错误做法，千方百计地寻求发展农业生产的新办法已有所闻，曾参加过北京市委对郊区一些山区农村推行联产承包责任制问题的研究。特别是 1978 年 4 月北京市委召开的农村工作会议以后，各县区根据会议的要求，开始实行包工到作业组、联系产量计算劳动报酬、超产奖励的办法。在山西，实行农业生产责任制，特别是实行包产到户，开始有许多干部和群众的思想一时转不过来，赶不上去。尤其是过去学大寨运动中的一些典型的社、队，干部和群众的思想更是一时转不过来，赶不上去。当时，我分析这有两方面的原因：一是起初一些农村在实行生产责任制时，由于缺乏指导，没有经验，曾经出现过一些问题。如某些生产工具包括集体的农业机具遭到了不同程度的破坏，集体的牲畜被无偿地瓜分，集体的房产被遗弃，某些小型水利设施被闲置，一些社员欠集体的款项被一笔勾销，等等，遭到了部分群众的怀疑和不满。所以当时曾经流传着这样一种说法："辛辛苦苦三十年，一夜退到解放前。"二是在推行农业生产责任制的过程中，从干部到群众有思想障碍，主要是几十年农业集体经营传统模式的影响，以及农业学大寨运动中"左"的思想影响没有得到清除，他们把生产资料的所有权和经营权混为一谈，认为过去的集体经营是社会主义，实行包产到户就是"单干"，唯恐被戴上"走资本主义道路"的帽子。

在霍士廉、罗贵波的主持下，省委许多常委根据中央指示精神，对在农村推行生产责任制的问题进行了一番考察，省委常委会又反复讨论，采取了一系列措施：召开各种会议，如省委常委会议、县委书记会议、工作会议、电话会议、山区工作会议等，由这些领导同志讲解中央的精神，传达省委的意见，以进一步解放各级干部的思想，统一各级干部的认识。并且从全省各地、县和公社抽调了四万多名干部组成工作组，像搞土地改革和搞合作化时那样，深入到农村，帮助社、队干部扎扎实实地完善生产责任制。各县还以建立农业生产责任制为内容，对农村基层干部主要是生产大队党支部书记、大队长和会计，普遍进行了一次培训。培训由各县县委主办，县委书记亲自领导，组织学习中央有关实行农业生产责任制和发展农业生产的文件，领会精神实质，联系当地的实际，从总结过去的经验教训中，深刻认识"左"的思想在指导农业生产中的危害和实行农业生产责任制的必要性与重要性。另外，还组织报社、电台、电视台等新闻单位的记者到农村采访，通过各种形式宣传党中央关于农业生产责任制的政策和典型事例与经验，进行舆论引导。

经过多方面的努力，山西也和全国各地一样，以家庭联产承包责任制为起点，开始了农村经济体制改革。到 1981 年春，全省掀起了以建立联产到劳、包产到户和包干到户为主要形式的农业生产责任制的高潮。1981 年 6 月，党的十一届六中全会通过的《关于建国以来党的若干历史问题的决议》发表后，省委又先后召开了县委书记会议和省委工作会议，专门研究了建立农业生产责任制的问题，由霍泛和王庭栋分别作了讲话。10 月，我受省委委托，主持召开了全省电话会议，霍泛又就农业生产责任制建立的情况和应注意解决的 10 个问题作了讲话。其中特别对一些地方私分集体财产的现象作了分析，提出了宜统则统、宜分则分、统分结合的原则。这些对在山西建立和完善农业生产责任制，起了重要的指导作用。

1983 年 5 月，我和霍士廉联名在《红旗》杂志发表了《推进改革，全面振兴农村经济》的文章，重点介绍了雁北地区从实际出发，建立、稳定和完善农村承包责任制的情况。

经过两年的努力，到 1983 年底，全省农村实行各种形式的家庭联产承包责任制的生产队，占到生产队总数的 99.4%。

农业生产责任制的推行，使农业生产基本上由统一领导、集体经营变为分户经营、自负盈亏，纠正了过去群众所说的那种“七斗八斗伤了心，平均主义懒了人，单一经济受了穷，财务不清黑窟窿”的现象。在产品生产上，生产队只对国家征购部分向承包户提出要求并必须完成，其余部分生产什么、生产多少，都由农民自己决定。在产品分配上，农民要完成国家征购的任务，交够生产队的提留，其余产品归个人所有。也就是安徽群众所说的“保证国家的，留足集体的，剩下都是自己的”。这种责任制使农民获得了生产和分配的自主权，把农民的责、权、利紧密地结合起来，不仅克服了以往分配中的平均主义、“大锅饭”等弊病，而且纠正了管理过分集中、经营方式单一等缺点，极大地调动了广大农民的生产积极性和主动性。

据统计部门的统计，按 1980 年不变价格计算，1975 年至 1977 年全省农业总产值每年平均递减 1.5%；1978 年至 1980 年每年平均递增率达到 3.2%；而 1981 年至 1985 年每年平均递增率则高达 7.8%。

在推行家庭联产承包责任制的过程中，由于广大干部和群众的思想大解放，在生产经营方面出现了许许多多成效显著的创造，促进了多种经营的发展和社会的分工分业，为农村经济向专业化、社会化过渡奠定了必要的基础。

（二）支持和保护“两户”发展

在家庭联产承包责任制不断稳定和不断完善的基础上，广大农村原来由集体统一经营和管理的畜牧业、林业、水利设施、大中型农业机械及工副业生产项目，也都逐步实行了多种形式的责任制，向“包”的经营方向发展，出现了一些专业户、重点户。我们把这种专业户、重点户称为劳动致富户。这些专业户、重点户有的是承包集体的农、林、牧、副业，其形式有以户承包、以组承包、个人承包等几种；有的是发展家庭副业。但是，当时在农村中仍然有一些群众存在着“怕变”的顾虑、一些干部仍然存在着“怕右”的思想。他们的脑子里仍然有一些不正确的认识，认为只有集体劳动才是社会主义，以家庭为单位的分散独立劳动是资本主义；“吃大锅饭”的“统”是社会主义，“包”“放”“活”都是资本主义。特别是有些专业户在“文化大革命”期间和学大寨运动中曾被割过所谓“资本主义尾巴”，受过批判。他们虽然走上了专业化生产的道路，但心里并不踏实，还有不少担心和顾虑，富了怕露富、富了不敢再富，可以说是战战兢兢地前进。

为了解决这些思想问题，省委于 1983 年初专门召开了一次山区工作会议。这次会议除了各级党政领导干部之外，还吸收山区建设先进集体的代表和先进个人参加，参加会议的大约在 2400 人左右。在这次会议上，王庭栋代表省委作了关于山区建设的报告，我作了《努力开创农村思想政治工作新局面》的讲话。霍士廉、罗贵波也分别作了讲话。我在讲话中根据农村干部和群众的思想实际，指出专业户、重点户的发展，体现了党中央倡导的让一部分人先富起来的政策。这部分先富起来的人，是发展商品生产，走专业化、社会化道路的带头人。他们根据生产发展的需要，即使合理雇请一些技工、帮工、专业工或带一些徒弟，也是允许的，是农村商品生产发展进程中的必然现象，不论现在和将来都不会把他们打成“暴发户”“新富农”。我还指出，现在的问题并不是专业户富得过头了，而是富得还不够，离小康目标还差得很远；其他人不应该嫉妒专业户、眼红专业户，而应当向他们学习，并在他们的带动下，共同走上富裕的道路。我特别强调，在农村要造成劳动致富光荣，走专业化、社会化道路光荣的热烈氛围。

1983年7月，省政府发出《关于支持和保护“两户”发展若干问题的通知》，具体规定了支持和保护“两户”发展的十三条政策性措施。各级党委和政府按照这十三条政策性措施，进一步大力帮助“两户”的发展。11月，省委和省政府又发出抓好培训“两户”的通知。各地根据通知的精神，狠抓了“两户”的培训工作，这对提高“两户”的政策水平和科技水平，起了重要作用。

1984年初，省委召开了一次农村工作会议。这次会议传达学习了1984年中央1号文件和万里同志在全国农村工作会议上的讲话，听取了中央农村政策研究室主任杜润生同志的讲话和安徽省滁县地委、河北省蠡县县委、河南省武陟县委的同志关于农村工作经验的介绍，又一次就发展农村经济的认识问题进行了深入讨论。在这次会议上，我们要求各级领导干部尤其是地（市）、县委书记，要领导好农村工作和农村经济，首要的问题是重新认识转变中的农村经济，适应两个“转化”的新形势，即从自给、半自给经济向着较大规模的商品生产转化，从传统农业向着现代化农业转化，在思想上、领导素质上和工作作风、工作方法上力求尽快适应。会上提出1984年农村工作总的设想是：在继续巩固和完善生产责任制的基础上，围绕着发展商品生产，力争在三个方面有较大的突破：一是在发展多种经营、农村工业尤其是农副产品加工业上有较大的突破；二是在为农户提供产前、产中、产后的社会服务上（包括技术、资金、供销、储藏、加工、运输、市场信息、经营辅导等方面的服务上）有较大的突破；三是在改革农村商业体制、疏通流通渠道上有较大的突破。我认为，这是在农村提高生产力水平、发展商品生产总题目下互相关联的三篇文章。只有把这三篇文章做好，才能打开农村商品生产的新局面。而做好这三篇文章的基础是稳定和完善生产责任制，包括延长土地承包期，扩大承包制，扶持和发展专业户、重点户，完善和发展户包小流域治理，因地制宜地推广“统分结合，双层经营”的经验等，并提出在继续发展专业户、重点户的同时，要把发展小集镇的问题提到议事日程。强调要充分认识发展专业户、重点户、发展小城镇，是促进农业分工、发展社会主义商品生产、促使农民尽快富起来的一个大政策，是继农业生产责任制之后的又一个大政策。会后全省各级党组织相继组织三万多名干部深入到农村基层，开展完善和稳定生产责任制的工作。

（三）推广户包治理小流域

在发展“两户”的过程中，山西农民的又一创造是户包治理小流域。

山西多数地区处于黄土高原丘陵沟壑区，全省水土流失面积达9.5万平方公里，每年向黄河、海河输送泥沙达4.56亿吨，流失的都是肥土沃壤。因此垣面越来越小、沟壑越来越多越深、土地越种越薄，而且严重地破坏了生态平衡。这是这些地区农业生产落后、农民生活贫穷的重要原因之一。只有扼制水土流失，才能促进山西山区农业生产发展。

在实行联产承包责任制的过程中，我们发现一些地方把“包”字引向了治理小流域，出现了明显的效果。比如河曲县小五村农民苗混瞒，1981年5月承包治理新尧沟，一年内在小流域内筑坝4条；沟畔铲平地35亩；荒坡初步改造140亩；这两项占到总面积的70%。育苗2亩；造成片经济林55亩；零星植树650株，种植面积由24亩扩大到70多亩（林粮间作）。按正常年景估算，1982年苗混瞒全家在小流域内可收入3000元。由此，周围许多群众要求承包治理小流域。公社很快对荒沟进行了规划，有选择地包给社员治理。采取的具体办法：一是由社队统一规划，让承包户明确治理目标、任务和完成期限；二是社、队、户三级订合同，立约为证，投资由集体负责；三是新整出的土地、栽下的树木归集体所有，承包户有经营权和提成受益权，没有随意处置权；四是小流域经营权长期归承包户所有，在保证治理成果不受损害的前提下，允许经营者后代继承；五是受益后按集体少留、个人多得的原则，经济林三七分成、用材林四六分成，利用窨地所种的粮食和经济作物全部归承包户所有。1983 年 1 月全省山区工作会议之后，户包治理小流域的经验在全省山区普遍推广，很快涌现出偏关、吉县和吕梁地区一批先进典型。当年 5 月，中央总书记胡耀邦同志来山西视察，向我提出要到贫困山区县去看看。他指着地图看到偏关县，问我去过没有，我说去过。他说，那好，就到那偏远的县里去看看。于是我陪着耀邦同志到了偏关县。在偏关县他看见户包治理小硫域的成绩，心情十分激动，当即挥毫写了“喜看偏关人民绘新图”九个大字，给户包治理小流域的形式以极大支持和热情鼓励。8 月，省政府制定了《关于户包治理小流域的几项政策规定》，规定承包经营期可根据不同情况确定 15 年、20 年或 30 年、50 年不变，省政府还统一颁发了《小流域治理开发使用证》。这一切，使户包治理小流域进入猛烈发展阶段。到年底，全省户包治理小流域的面积达到 273 万亩。

从全省的情况看，户包治理小流域的办法，概括起来主要是：一是实行统一规划、自愿承包、经营自主、长期不变的原则。凡社员有能力承包治理的小流域，都可以以户承包或联户承包，谁治理、谁管理、谁受益。土地所有权仍属集体，经营使用权长期归属承包户。二是承包治理小流域建立在自愿互利的基础上，由承包户与集体签订合同，明确责、权、利。对不信守合同、不按期达到治理要求的，集体有权收回。三是在承包面积上新建成的坡地、滩地，当年不征购、不缴税、不提留。坡耕地修成梯田的在二三年减产期内适当核减包产指标。四是在承包的范围内，间作的林木不准乱砍滥伐、不准毁林毁草和陡坡开荒、不准借口林粮间作搞变相开荒。不准损坏现有水保、水利、公路等各种设施，违者按有关法规严肃处理。五是国家和集体对积极履行合同、进展快、标准高、管护好、收益大或者有新创造的承包户，给予奖励。

户包治理小流域这种形式的好处是把国家、集体和个人的经济利益紧密地结合起来，把建设新的生态平衡变成了农民的自觉行动。事实上，它是家庭联产承包责任制在水土保持领域的延伸；是依靠千家万户治理黄河中游水土流失的有效措施、是黄土高原脱贫致富的现实道路、是组织农民向荒山、荒沟、荒坡进军，开发、建设山区，走农工商、牧工商、林工商全面发展道路、也是建设山地园林式现代化农业的好形式。山西农民这一创造性的经验，不仅对山西山区发展联产承包责任制有重大的推动作用，而且也为处在黄河中游的陕西、内蒙提供了有益的借鉴。

家庭联产承包责任制和户包治理小流域的普遍推广和不断发展，为全省农业生产和农村经济的振兴注入了强大的活力。到 1984 年底，山西省的农业总产值达到 59.98 亿元，创历史最高水平；粮食产量达到 87.2 亿公斤，是历史最高年；棉花产量达到 1.3 亿公斤，也创历史最高水平。

（四）学习江苏、广东发展乡镇企业的经验

在农村改革的实践中，我们遇到了一个问题，就是如何对待原来的社队企业。1984 年以前农村的社队企业，是在旧的经济体制下建立起来的，统得很死、管得很严，职工的积极性受到压抑，所以发展得很慢。随着家庭联产承包责任制的推行和横向联合经济形式的产生，出现了乡镇企业。我感到把农村大量剩余劳动力转移到乡镇企业去，多层次、多形式发展乡镇企业，可以促进农村经济的迅速发展。当时，江苏、广东等省改革开放走在全国的前头，特别是乡镇企业的大发展，对我们有很大的吸引力。于是，我决定走出娘子关，学习人家的先进经验。

1984 年 12 月至 1985 年 1 月，我带领了一个学习考察团，吸收各地（市）的负责同志 25 人参加，到江苏、广东两省去参观学习。在江苏和广东，我们受到了热情接待。在这两个省，我们一共走了 14 个市、县，重点考察他们搞活经济、发展乡镇企业的情况。到那里一看，就发现了我们的不足，使我大开眼界、大受启发、大受教育。我深深感到，我们对 20 世纪末国民经济翻两番的具体目标和步骤不如人家明确；思想不如人家解放；采取的措施不如人家灵活；对乡镇企业重要地位的认

识不如人家深刻；产业结构不如人家合理；固有的优势没有像人家那样得到充分发挥。

我们在江苏期间了解到，1984 年江苏乡镇企业的产值已经达到 162 亿元，而我们山西只有 50 亿元，不及人家的 1/3。江苏省的乡镇企业，乡、村、队、联户、个体“五个轮子一起转”等经验，对我们很有启发，对解放思想，加快改革开放推动很大。我们回到山西后，通过各种形式如报告会、新闻媒体，大力宣传我们和江苏、广东两省在改革开放、发展经济方面的差距和他们的先进经验。

在赴江苏、广东参观学习期间，我同江苏省的领导同志商定，江苏与山西结成友好省，在南京和太原分别设立办事处，便于经常性的联系；两省的一些地（市）县相互之间，也逐步建立了稳定的协作关系。

1985 年 2 月，省委、省政府作出《关于加速发展乡镇企业的决定》，制订了 25 条保护措施。3 月，又在高平县召开了全省乡镇企业改革工作会议，交流了全省各地发展乡镇企业的经验。

通过上述措施，有力地促进了山西乡镇企业改革的深化和生产的发展，全省的乡镇企业出现了多层次、多形式的发展态势，初步形成了乡镇办、村办、乡村联办、乡村户联办、户办的“五个轮子一起转”的局面，在 1985 年就看到了明显成效。据资料统计，1985 年全省乡镇企业总数达到 32.7 万个，比 1984 年增长了一倍多；总产值完成 85.78 亿元，比 1984 年增长了 30 亿元。这种情形，当时曾被称为“异军突起”。

在乡镇企业发展的过程中，各层面逐步推行“集体承包，厂长负责，定包利润，超额分成”的承包任期目标责任制，改干部任免制为招聘制，改固定工制为合同工制，改固定工资制为浮动工资制，打破平均主义，调动了承包经营者和职工的积极性，增强了企业的活力。

1986 年 7 月，为了总结乡镇企业改革的经验，省委、省政府主要领导同志都下到农村进行调查研究。我从 7 月 3 日开始，用了 20 多天时间，到 10 个县（市）、30 多个乡镇进行了调查研究，对农村形势特别是乡镇企业的崛起，感到十分高兴，同时也发现了一些问题。7 月 31 日，我们在榆次市召开了乡镇企业改革座谈会，请了一部分地（市）的乡镇企业代表参加。从座谈上反映的情况看，乡镇企业的发展，直接增加了农民的收入，农民收入的构成比例发生了变化，收入越高，工副业所占比重越大。不仅如此，乡镇企业的发展，成为国家税收的主要来源，不少县乡镇企业上缴的利税在财政收入中都占了重要的一块。而且各地还实行以工补农，从乡镇企业的收益中，对良种、植保、机械、水电、科技推广、基础设施等方面的费用进行补贴，强化了农业基础；同时乡镇企业的发展还促进了集镇、村政建设和各项福利事业如教育、医疗卫生、敬老院、幼儿园等的发展。

在发展乡镇企业的过程中，各地充分发挥自己的资源优势，形成了不同的产业链条，并形成了城乡经济融合以及不同地域、不同层次、不同内容、甚至是不同所有制成分之间的横向经济联合，涌现出了一批农民企业家。

从乡镇企业发展的趋势看，我感到它不仅增加了农民的个人收入，使农民走向了富裕的道路，而且成为农村新的经济增长点，成为国家和地方财政收入的新的来源和出口创汇的生力军，因而对振兴山西经济发挥着越来越大的作用。如果从战略意义上考察，它还是逐步缩小城市和农村、工人和农民、脑力劳动和体力劳动之间差别的一条重要途径。

当然，山西乡镇企业的改革发展也不是完美无缺的。万事开头难。由于缺乏经验，开始曾经出现过一些问题，如盲目上马、重复建设、乱采乱挖，造成资源浪费、环境污染；财产权属或债务责任不明，内外经济纠纷较多；经营管理混乱等。对于这些问题，我们采取措施逐步地得到解决。

为了进一步开放搞活，在全省乡镇企业改革座谈会期间，我曾经提出要为发展乡镇企业创造一个宽松的环境，使乡镇企业迈上一个新台阶。在这个座谈会上，我特别强调要继续从思想观念上解决问题，要正确认识改革、坚决支持改革、积极实践改革。针对当时的具体情况，要求各级纪检部门、政法部门和各宏观经济部门，要端正业务指导思想，使本职工作都能着眼于改革，服务于改革，积极推进改革。

经过几年的努力，山西的乡镇企业得到迅速发展。1986 年，全省乡镇企业由原来的五大生产部门发展到农业、工业、建筑业、交通运输业、商业、饮食业、服务业、其他企业八大生产部门，总产值完成 94

亿元，上缴国家税金 3.9 亿元。从 1978 年到 1987 年，全省乡镇企业总产值平均每年以 22% 的速度增长，1987 年总产值首次突破百亿元大关，占农村社会总产值的 62%，占农业总产值的 221.6%，平均每个农民直接或间接从乡镇企业得到的收入占平均年收入的 37%。在全省的乡镇企业中，接纳了 25.57% 的农村劳动力就业。同时，乡镇企业的出口产品也得到较快的发展，有 110 多种产品打入国际市场，远销 28 个国家和地区。

乡镇企业的发展，使农村的经济改革逐步深入，使一大部分农民从土地和自然经济的束缚中解放出来，变成工业劳动者，创造出更高的经济效益，改变了占人口总数 80% 的农民靠种地搞饭吃的局面。

推进城市经济体制改革

（一）城市经济体制改革开始启动

党的十二大召开之后，遵照党中央、国务院一系列关于改革的精神和部署，山西在进一步推进农村经济体制改革的同时，城市的经济体制改革工作也开始启动。当时省委经过研究，围绕着提高经济效益这个重点，在城市扩大企业的自主权、实行经济责任制以及在财税、流通、价格、金融、投资体制等方面，都进行了一些改革的探索。

但是，由于这些改革基本上处于局部试点和单项推进的探索阶段，在体制转换期间也发生了许多新的问题，产生了许多新的矛盾，加之我们也缺乏经验，改革的部署和具体政策为适应新的形势又在不断变化，因而影响着改革的效果。因此城市经济体制中妨碍生产力发展的种种弊端没有从根本上消除，城市的经济效益低下，企业的潜力没有充分挖掘出来，生产、建设和流通领域中的种种损失和浪费还相当严重，需要进一步采取有效的措施，加强城市的经济体制改革。

1984 年 10 月，党的十二届三中全会召开。在这次全会上，通过了

《关于经济体制改革的决定》。《决定》阐明了加快以城市为重点的整个经济体制改革的必要性、紧迫性，规定了改革的性质、基本任务和各项基本方针政策；指出改革的中心环节是增强企业活力，特别是增强全民所有制大中型企业的活力。在讨论的过程中，我感到《决定》对于山西来说针对性很强。当时山西的工业企业特别是大中型企业缺乏活力，工业发展速度低于全国的平均水平，产值增长幅度相对滞后。学习了《关于经济体制改革的决定》后，结合几年来的实践经验和面临的困难，我感到《决定》中对围绕增强国营大中型企业经济活力这个中心，着力解决两个方面的关系，即国家和企业的关系、企业和职工的关系，抓得很准，抓住了关键。

党的十二届三中全会通过的《关于经济体制改革的决定》，是20世纪80年代初期指导我国经济体制改革的一个纲领性文件。邓小平同志对这个《决定》给予很高评价，他指出：我的印象是写出了一本政治经济学的初稿，是马克思主义基本原理和中国社会主义实践相结合的政治经济学。

（二）“三十五条”的出台

如何贯彻落实《关于经济体制改革的决定》，开始我心中没有数。根据过去工作的经验，我感到需要作一些调查研究，以便做到心中有数，针对性地采取措施。经我提议，省委决定先调查、后试点。于是从全省各级党组织中抽调了4000余名干部，深入到企业进行调查研究，并选择了50个企业进行厂长负责制的试点，摸索经验。通过大规模的调查研究，基本上掌握了全省经济发展的现状和面临的主要问题，取得了大量第一手材料，并初步摸索了一些实行厂长负责制的经验。在此基础上，省委于1985年1月在太原召开了为期半个月的工作会议。为了统一上下的认识，这次会议的规模比较大，吸收的人员范围比较广。参加会议的有省委常委，省人大、省政府、省政协的党员领导干部，各地（市）、县委的书记、专员（市长）、县长，省直各部、委、办、厅、局的主要领导干部，各大厂矿企事业单位的党委书记、厂长（经理），各大专院校的党委书记，共计540余人。会议一方面总结了1984年的工作和确定了1985年的奋斗目标；另一方面讨论了在全省贯彻党的十二届三中全会《决定》的措施，制定了《山西省以增强企业活力为中心的经济体制改革方案（草案）》。这个方案共计35条，所以人们简称为“三十五条”。会后又经过广泛征求意见，于1985年3月1日，以省委、省政府的名义正式下发。

在制定“三十五条”的过程中，我提出总的指导思想是两条：一是把增强企业活力，特别是增强全民所有制大中型企业的活力，作为全省经济体制改革的中心环节；二是对改革要有计划、分步骤地进行，务求必胜。

“三十五条”的基本内容，概括起来主要是：进一步扩大国营企业的自主权；全面推行厂长（经理）负责制；城市集体企业要有完全的自主权和更大的灵活性；坚持简政放权，实行政企职责分开；合理划分固定资产投资、物资、外资管理的审批权限；充分发挥工资、物价、财政、税收、信贷等经济杠杆的作用。

“三十五条”制定后，主要由省长王森浩牵头，省政府组织实施。从此，山西经济体制改革，进入了一个新的阶段。

从全省来看，在这个阶段主要进行了四项重大改革，即进一步扩大企业的自主权，开展横向经济联合，全面实行厂长（经理）负责制，进行劳动人事制度的改革。

在扩大企业自主权方面，根据山西国有企业为主、重工业为主、大中型企业为主的具体实际和特点，为改变旧的经济模式，适应有计划商品经济发展的需要，给了国营企业六个方面的权力，即经营方式的选择权，企业执行指导性计划的主动权，企业产品的自主权、定价权，专项资金和自有资金的支配权，工资基金的分配权，劳动力招收、使用和调配权。比如在扩大对指令性计划主动权方面，突出的是扩大了企业产品的自销定价权，规定企业在完成国家指令性计划之后，有权自销超产的产品，自销试制的新产品和超储积压产品；企业在计划外自采原材料生产的生产资料产品由产、需双方协商定价；对获得国家、部、省优质称号的产品，在保证质优的前提下，企业可按照物价管理权限，经批准后加价销售。再比如，在扩大企业劳动力招收、使用和调配权方面，在企业全面推行劳动合同制，不再招收固定工；实行工资总额同企业经济效益按比例浮动办法的企业，在核定的比例内，可以自行增减职工；企业对职工有晋级、奖罚、招聘和辞退权。企业自主权的扩大和指令性计划的减少，使企业完成了由政府的附属物向独立的商品生产者和经营者的转变。

在经营方式上的横向联合方面，出现了多种形式：有以名优产品为中心的联合，有以城乡结合为纽带的联合，也有的是生产单位与科研单位相结合的联合。

在推行厂长（经理）负责制方面，1985 年上半年首先在太原、大同、阳泉、长治四个省辖市推广，接着各地（市）经过试点，在所有国营企业普遍进行推广。为了推动这一改革的顺利进行，省政府于 1985 年 4 月在和顺县召开了一次县营企业厂长（经理）负责制工作座谈会，总结和推广了和顺县的做法和经验。这一改革改变了党政不分、职责不明、党委干涉企业经营过多的现象，强化了以厂长（经理）为中心的生产经营管理体系，企业开始出现了指挥灵、决策快、办事效率高的新气象。

在企业劳动管理制度改革方面，国营企业在新招收的工人中，全部推行了劳动合同制。为此，省政府还陆续出台了劳动制度改革的几项措施，采取“面向社会，公开招工，全面考核，择优录用”的办法，废除了“子女顶替”“内招”等办法，打破了“固定工”制度下的“铁饭碗”，加强了企业的劳动纪律，改变了管理混乱的局面，提高了劳动效率。

除此之外，全省还在县属国营企业和省、地属国营小型工业企业以及全省小型国营商业企业，开始实行生产资料所有权与经营权分离性质的承包、租赁改革以及产权制度改革性质的股份制和拍卖。不过，这两方面的改革当时只是起步，真正开始是在 1987 年以后的事。

（三）中共山西省第五次代表大会

在贯彻“三十五条”的过程中，按照党章规定，在四届省委期满时，中共山西省第五次代表大会于1985年6月29日至7月6日在太原召开。

在这次大会上，我代表第四届省委作了《团结进取，锐意改革，振兴山西》的工作报告。报告分析了全省改革的形势，认为自从党的十一届三中全会之后，人们的思想愈来愈解放，对改革的认识愈来愈明确，党内党外的思想都有了新的飞跃，但也存在着不容忽视的问题。这些问题主要是：一个时期占统治地位的“左”的思想残余还存在，有着深厚历史根源的小生产观念还存在，特别是山西长期封闭所形成的保守心理以及与旧体制相适应的习惯势力、传统意识还存在，程度不同地还束缚着人们的思想。还有的对改革的目标缺乏正确的理解，把改革仅仅看成是上下、左右、条块之间的分权，对增强企业活力、发展有计划的商品经济则兴趣不浓。更有少数人不顾社会主义制度的基本要求和改革的根本方向，从个人或小团体的私利出发，钻改革的空子，搞歪门邪道。

为了解决上述问题，我在报告中特别强调要增强改革的自觉性和坚定性，不断深化对改革的性质、方向和意义的认识，彻底转变观念，破除那种把计划经济同商品经济对立起来、把商品经济看成是资本主义的旧观念，树立起计划经济必须自觉地遵循和运用价值规律的新观念；破除把企业当作行政机构附属物的旧观念，树立起企业是相对独立的商品生产者和经营者的新观念；破除“城郭沟池以为固”的旧观念，树立起大搞开放式经济的新观念；破除“竞争是资本主义特有现象”的旧观念，树立起在社会主义条件下允许和保护正当竞争的新观念。我特别强调要进一步扩大企业的自主权，增强企业特别是大中型企业的活力，迈好城市经济体制改革的第一步，不失时机地抓紧落实“三十五条”，把国家和省里确定的放给企业的权力，不折不扣地放下去，使企业真正成为独立的、自主经营、自负盈亏的社会主义商品生产者和经营者。在这个问题上，不能按兵不动，或者“中间截留”，甚至“明放暗收”。同时，要求搞好计划、劳动、人事、物资、物价、财政、税收、金融管理体制等方面的配套改革，不能不顾大局，各行其是。在企业内部，要求进一步打破吃“大锅饭”的体制，不断完善以承包为主的多种形式的经济责任制，真正实行“各尽所能、按劳分配”的社会主义分配原则。在企业领导体制上，坚定不移地全面推行厂长（经理）负责制。

在这次大会上，省委要求各级政府要坚持简政放权的原则，进行行政管理机构相应的改革，走“放权——简政——精兵——转轨”的路子，各级政府不再直接经营管理企业，使各级领导机关在经济管理工作中从主要使用行政手段转到主要使用经济手段，从封闭式管理转到开放式管理，从“婆婆式”管理转到“参谋式”管理，从对生产的直接指挥转到为企业服务上来。

经过代表们的充分讨论，这次党代表大会确定山西经济和社会发展的指导思想是：“坚决贯彻党的十二大精神，动员和组织全省人民，充分发挥本省自然资源优势，重点搞好能源重化工基地建设，大力发展农业，狠抓交通运输和教育科技两个薄弱环节，带动并促进整个国民经济和社会的协调发展，到本世纪末，实现工农业总产值翻两番，使全省人民尽快富裕起来，达到小康水平。”并提出在下个五年中，一定要按照党中央的部署，有计划、有步骤地基本完成以城市为重点的经济体制改革的任务。

这次代表大会选举产生了中共山西省第五届委员会。在五届一次会议上，我被选为山西省委书记，王森浩、王建功被选为省委副书记，常委还有白清才、卢功勋、张长珍、吴达才、张广有、王茂林、张维庆、张邦应（后增加了于鸿礼）。同时，省顾问委员会选举王克文为主任，贾俊、胡晓琴为副主任。省纪律检查委员会选举张邦应为书记，张锦斗、冯芝茂、张秉法为副书记。

省五次党代会之后，山西的经济体制改革不断向前推进。根据在贯彻“三十五条”的过程中遇到的新情况，省委于1986年3月1日又颁布了一个《山西省以增强企业活力为中心的经济体制改革实施方案的补充规定》，以补充和完善1985年制定的“三十五条”。补充规定有两个明显的特点：一个是在继续落实“三十五条”规定的同时，在若干方面提出了新的改革要求；再一个是在继续改善企业外部环境的同时，要求深化对企业内部机制的改革。

省委、省政府制定的“三十五条”和补充规定，在当时曾经起了积极作用。后来，随着建立社会主义市场经济体制任务和方针政策的提出，随着改革的不断深入和发展，根据发展了的新的情况，省委、省政府遂撤销了这些规定，山西的改革向更高的层次迈进了。

（四）万家寨引黄工程的前期准备

万家寨引黄工程，是与能源重化工基地建设和与山西乃至全国经济发展有关的特大型水利工程。

建设万家寨引黄工程，中央领导同志非常关心。1986 年国务院总理来山西视察工作，指示山西引黄工程要首先搞出一个好的方案，有钱就上，可以国家负担一半，地方负担一半。1990 年江泽民同志视察山西时又指示："一定要把引黄入晋的事情办好！"李鹏、乔石、李瑞环同志也曾来视察过。国家水利部部长钱正英同志多次来山西，作了许多指示，费了大量心血。省委、省政府对兴建万家寨引黄工程的意见基本上是一致的。这一特大型水利工程早在 20 世纪 50 年代就开始酝酿，历届省委、省政府做了大量工作。在我主持工作期间，对万家寨引黄工程方案进行了多次研究和论证。经过反复研究和论证，认识才逐步趋向统一。我认为，从历史上看山西是一个水资源紧缺的省份，这不仅对山西农业的发展起着制约的作用，而且影响着整个山西经济的发展。尤其从长远看水资源紧缺对全省经济社会发展的制约将会越来越大，抓好引黄入晋的大型水利工程是必要的。因此，省委、省政府决定把这项工程抓出成效来。1988 年 6 月，省政府成立了引黄工程建设领导组，1989 年又成立了引黄工程指挥部。当时兴建万家寨引黄工程的困难，主要是资金问题。为了解决这个问题，经省委研究，采取了一个办法，就是除国家投资之外，从煤炭生产的收入中筹集一部分。于是我们 1988 年 3 月向国务院报送了《关于从煤炭中收取水资源补偿费兴建万家寨引黄工程的报告》，提出万家寨引黄工程前期准备工作已基本就绪，国务院已批准立项；从 1988 年下半年开始，山西每销售吨煤（包括省外和省内），向用户收取 1 元钱水资源补偿费，每年约可收入两亿元（后来涨为吨煤收 2 元），作为万家寨引黄工程建设基金的重要来源，专款专用；并请国家列入重点建设项目，安排部分基本建设投资。到 1993 年 5 月引黄工程开始时，为工程建设准备了部分启动资金。

从万家寨引水到太原的工程，经过多年的建设，在胡富国任省委书记期间初步完成了。

开展治理整顿

（一）治理整顿任务的提出

1988年9月15日至21日，我参加了中央工作会议，9月26日至30日又参加了党的十三届三中全会。这两次会议主要是讨论关于治理经济环境、整顿经济秩序的指导方针和政策措施。

为什么提出治理经济环境、整顿经济秩序的问题呢？这需要从价格改革和工资改革说起。

按照中央原来的计划，1988年经济改革的重要内容是价格和工资改革。8月15日至17日，中央政治局在北戴河召开的第十次全体会议，讨论并原则通过了《关于价格、工资改革的初步方案》，并提出了“闯关”的口号。要求在今后五年左右的时间内逐步理顺价格关系；逐步提高和调整工资、适当增加补贴，保证大多数职工生活水平不降低，进一步贯彻按劳分配原则，解决工资分配中一些明显的不合理问题。

从当时的情况看，价格改革是必要的，但没有预想到的是大大超出人们心理承受能力。随着价格改革的宣传，部分日用商品已开始涨价，使抢购风潮从南到北逐渐蔓延开来。在抢购风潮的冲击下，不得不把多年废弃不用的票证重新启用发行。

抢购风潮的爆发是总供给与总需求矛盾突出和经济秩序混乱的一个信号，表明治理整顿经济环境和经济秩序，抑制通货膨胀，势在必行。如果不采取坚决有力的措施，控制抢购风潮和严重的通货膨胀，改革10年的成果很可能毁于一旦，而且会给通货膨胀背后大大小小的“官倒”浑水摸鱼，造成可乘之机。

针对这种严峻的经济形势，党的十三届三中全会决定用两年到三年的时间，把改革和建设的重点放到治理经济环境和整顿经济秩序上来，以压缩社会总需求，抑制通货膨胀；整顿经济领域特别是流通领域中出现的各种混乱现象。

从山西的实际情况看，治理经济环境、整顿经济秩序同样是一个十分迫切的问题。比如，1988 年全省物价上涨的幅度逐月上升，9 月份接近 30%；市场供需差额不断扩大，1—9 月供需差额达 28 亿元；货币投放过快，到 9 月底已接近全年控制指标；基建资金、材料缺口过大，而计划外工程、盲目重复建设以及一些地方楼堂馆所的兴建，更加剧了这一矛盾；能源和生产资料供需矛盾日趋突出；流通领域混乱“官倒”“私倒”扰乱市场，中间盘剥、多层抽头的现象严重。

这些情况表明，治理经济环境、整顿经济秩序，是山西深化改革必须解决的问题。

（二）正确认识和处理三个关系

为贯彻落实党的十三届三中全会精神，1988 年 10 月 13—17 日，省委召开了五届六次全体（扩大）会议，部署了全省治理经济环境、整顿经济秩序的工作。这次会议，我们根据山西经济建设的具体情况和存在的问题，部署要抓好四个方面工作：一是切实加强市场的调控和管理；抓好财务、税收、物价、金融大检查；努力改善和增加供给，千方百计缓和市场供需矛盾，坚决保证 1989 年物价上涨幅度明显低于 1988 年。二是严肃认真地逐一清理全省的在建项目，把非生产性建设项目特别是楼堂馆所项目压下来；立即停止给党政机关批供国家控制购买的商品；坚决压缩各种会议，取消各类不必要的纪念、庆祝等活动；从严审批出国考察团组，不准公费旅游；不准滥发各种纪念品和实物；党政机关和事业单位都要从严掌握招待、交际费开支；严格控制货币、信贷投放，停止向经营性亏损企业、产品滞销积压的企业和倒买倒卖、抢购、囤积物资的企业和公司贷款；禁止任何单位年终突击花钱；各级银行要大力开展保值储蓄和奖售储蓄，提倡有条件的企业、公司发行股票、债券，借以控制过旺的社会总需求。三是对各级各类公司认真地进行清理和整顿，决心惩治“官倒”“私倒”，特别要对经销煤炭、钢材、生铁的各类公司进行认真清理；坚决制止对企业的乱摊派、抽点和盘剥；切实加强税收征管工作，坚决打击偷税、漏税等不法行为，以整顿经济秩序。四是以加快企业改革为重点，进一步深化全面改革，进一步推动政企分开，使有条件的企业真正放开经营；继续完善承包责任制，积极引导一批骨干企业由承包制向股份制过渡；深化企业内部配套改革，强化动力机制、约束机制和自我调控机制；同时大力推进对治理通货膨胀有重大作用的改革，特别是要搞好住房制度改革。

在开始治理整顿时，一些人担心治理整顿会不会影响改革的深入、影响经济的发展、影响开拓创新。针对这些思想问题，我认真研究了山西改革开放以来的情况，在省委五届六次全体（扩大）会议上重点讲了要正确认识和处理好三个关系。

一是正确认识和处理好治理经济环境、整顿经济秩序同深化改革的关系。我指出，一些同志担心治理和整顿会影响改革的深入，这不是没有道理的。因为我省与一些兄弟省市相比，人们的思想解放程度本来就不够，开拓创新精神本来就不足，如果不能正确理解和掌握党的十三届三中全会的精神，就很有可能在实际工作中把治理整顿工作同深化改革对立起来，影响中央决策的正确贯彻。我强调指出：应该看到治理经济环境和整顿经济秩序是在坚持改革开放总方向的前提下进行的，它既是为全面深化改革创造条件，同时也是深化改革的关键步骤和重要内容，二者是统一的。贯彻治理整顿方针决不意味着改革的停顿，而是要在治理整顿中采取必要的行政手段加强宏观控制；也不是要走回头路，而是要进一步深化改革。

二是正确认识和处理好治理经济环境、整顿经济秩序同发展经济的关系。中央的要求是在治理经济环境中消除经济过热现象，适当降低经济增长速度，解决社会总需求大于总供给这一根本矛盾。在力求保持总需求与总供给基本平衡的基础上，使国民经济协调稳定地发展，不是经济指标越低越好，更不是让经济建设完全“冷”下来，停滞不前，连能办到的事情也不积极去办。因此，我们必须实事求是，从实际出发，坚决贯彻落实中央关于治理整顿的正确决策，认真解决存在的问题，为持续稳定地发展经济创造良好的环境。

三是正确认识和处理加强纪律与开拓创新的关系。治理经济环境、整顿经济秩序，要求我们必须增强纪律观念；而改革开放，四化建设，又要求我们发扬勇于进取和开拓创新的精神。正确处理这二者之间的关系，是一个十分重要的问题。如果借口开拓创新而不执行中央的政令，不顾大局，自行其是，或是借口加强纪律而墨守成规、安于现状、自缚手足、不敢探索，都会危害或贻误我们的事业。山西 10 年改革的实践说明，从经济体制改革的日益深入，到政治体制改革的逐步展开，哪一步也离不开解放思想、开拓创新；改革要继续深化，仍然需要大力提倡开拓创新精神。但也要看到，党中央在提倡解放思想、开拓创新的同时，始终强调越是改革开放越是要严格遵守党的纪律，党性原则和党的纪律不存在松绑的问题。创新是为改革、建设开辟道路，不是不要纪律约束；纪律是约束人们行为的规范，不是束缚创新精神的绳索。加强纪律和开拓创新都是我们事业的必需，二者统一于建设社会主义现代化的伟大实践。我强调各级领导同志在处理加强纪律和开拓创新的关系时，要特别注意划清改革失误同违法乱纪的界限，切实做到积极支持改革者、大胆鼓励探索者、热情帮助失误者、坚决查处违纪者。

为了保证治理整顿、深化改革任务的顺利完成，我反复强调一定要按照中央的要求，切实加强党的领导，发挥我们的政治优势。第一，全省各级党委都要自觉地维护党中央和国务院的权威，正确处理局部利益与全局利益的关系，坚决做到小局服从大局，按照中央的部署，继续加强能源基地建设，抓好能源、原材料生产，为全国和沿海地区的发展，继续搞好协作，做出贡献。第二，要严格党的纪律，凡是党和政府已经作出的决定，都必须坚决贯彻执行。第三，要严肃认真地抓好党政机关的廉洁工作。第四，要注重发挥党组织的战斗堡垒作用和共产党员的先锋模范作用，坚决贯彻执行党中央的指示和国务院以及省委、省政府有关治理经济环境、整顿经济秩序的各项规定，不得乱涨价；不得听信和传播谣言；不得抢购商品、哄抬物价。第五，各级党委要大力加强思想政治工作，突出抓好形势教育，使中央提出的治理经济环境、整顿经济秩序、深化改革的任务深入人心，变为群众的自觉行动。

这一次讲话，对廓清人们的思想、统一人们的认识起到了一定作用。从1988年10月开始，省委、省政府以及省级一些部门，在保持党政机关廉洁、加强党的纪律、压缩建设规模、稳定金融、制止乱涨价、整顿公司和流通环节、引导社会消费、控制社会集团购买力等方面作出具体安排，逐级贯彻落实。同时省政府组织了近600人的检查队伍，经短期培训后，分赴全省各地，对税收、财务、物价、信贷、现金和全省地方固定资产投资规模及在建项目进行了一次全面大检查。

经过几个月的治理整顿，取得了一定成效。全省一度过旺的社会总需求开始得到控制，过高的工业生产速度有所回落，但完全消除通货膨胀的压力和总需求过旺的问题，任务仍然十分艰巨。

恰在此时，发生了1989年的政治风波，各级党组织不得不将主要精力放在处理政治风波、保持政治稳定上来。这次风波对治理整顿和深化改革是一次严重的干扰。

（三）进一步治理整顿

1989年11月，党的十三届五中全会召开审议并通过《中共中央关于进一步治理整顿和深化改革的决定》。之后，省委于12月下旬召开五届八次全体（扩大）会议，制定了《中共山西省委关于贯彻中央进一步治理整顿和深化改革的决定的实施方案》。鉴于全省面临的困难和机遇，会议提出在治理整顿期间山西经济工作的指导方针是：坚决贯彻党的十三届五中全会精神，在继续控制总需求的前提下，以改善经济结构，加强农业基础，推进科技进步；提高经济效益为重点，进一步治理整顿和深化改革，克服当前经济困难，实现山西国民经济的长期持续、稳定、协调发展，为建设能源重化工基地和兴晋富民创造良好的环境。同时，确定了山西治理整顿的主要目标和主要措施。

在省委五届八次全体（扩大）会议上，我作了题为《统一认识，坚定信心，团结奋斗，坚决完成治理整顿和深化改革的任务》的讲话，强调要重点抓好四个方面工作。

第一，集中力量办好农业。农业的稳定，是经济稳定、政治稳定和社会稳定的基础，是关系到国家安危的大问题，也是调整经济结构的关键所在。在全省各县增设一名分管农业的副书记。增加对农业的投入，重点增加对农田水利、支农工业和农业科技的投入；依靠科技进步振兴农业，积极推广行之有效的农业实用增产技术；继续实施“星火计划”，搞好“六六六”工程和“一一一”工程等农业科技项目，促进科技成果转化为生产力；开展科技服务，加强对农民的科技培训；加强农业基础设施建设，大力搞好农业综合开发；并强化对农业的综合配套服务，加快发展农用工业，重点抓好高效化肥、农药、地膜和农机具的生产，继续帮助贫困地区发展生产。

第二，立足山西优势，以能源重化工基地建设为重点，进一步优化工业经济结构，着重解决煤炭生产后劲不足、电力供应紧张、消费品工业薄弱、产品结构初级化等问题。坚持以运定产、稳定增长、重点改造、合理开发的方针，扎扎实实地对地方煤矿和乡镇煤矿进行技术改造，提高资源回收率；在稳定发展煤炭生产的同时，积极发展煤炭的加工转化和综合利用。充分发挥现有电力设备的潜力，做到稳发、满发、多发、多供。还要加快电力建设的步伐，确保重点电力建设项目和在建的小电厂按期投产。同时要抓好消费品工业。对产品适销对路、生产条件好、有发展前途的企业，采取切实措施，积极帮助它们进行技术改造，增加花色品种，提高产品质量，增强市场竞争能力。对创汇产品、紧俏商品和人民生活必需的日用消费品生产，重点加以扶持，努力开发新的名牌产品，巩固、提高和发展传统名优产品，发展一批有竞争力的拳头产品。我强调，山西的乡镇企业几年来有了很大发展，已经成为农村经济的重要支柱，在治理整顿期间绝不能“大砍大杀”，要少关停、多并转，保持乡镇企业有一个适当发展速度，促使其走同大中型企业协作、联合的道路，向集团化、群体化的方向发展。要继续坚持以公有制为主体、发展多种经济成分的方针和稳定私营经济、个体经济的政策，对诚实劳动、守法经营的要给予支持和保护，发挥其积极作用。

第三，大力推动科技进步，努力提高经济效益。坚持把科学技术放在优先发展的战略地位，依靠科技进步振兴经济，以提高经济效益为中心的基本方针。把经济效益的高低作为衡量一个企业生产经营好坏的主要标准。为此，要着重调整好产品结构，推动科技进步，强化企业管理，开展双增双节活动和社会主义劳动竞赛。

第四，认真整顿经济秩序特别是流通秩序，严格控制物价上涨，增加有效供给。加强市场的组织和管理，克服流通领域秩序混乱的状况。加强对生产资料流通的管理，下大力量清理那些从事中间盘剥的各种公司和经营单位，坚决砍掉那些重利盘剥、扰乱市场、哄抬物价的中间环节。工商、税务、物价等经济监督职能部门要搞好自身建设，规范自己的行为，严格执法，认真履行职责。对于各种乱涨价、变相涨价、易地涨价以及乱收费、乱摊派、乱罚款的非法行为，坚决制止，严肃处理。与此同时，认真抓好商品流通和市场供应工作，切实安排好城乡人民的生活。继续建设好城市副食品基地和“菜篮子”工程，增加有效供给进一步搞活流通，繁荣社会主义市场。

《实施方案》当时广泛征求了各方面的意见，对面临的困难和机遇的分析是比较客观准确的，确定的方针和目标也是符合山西经济的实际情况和切实可行的，它的实施使全省经济逐渐摆脱被动的局面，整个经济形势不断向好的方面转化。

总的来看，经过治理整顿，集中解决了山西经济运行中积累的许多矛盾和问题。但是，经济生活中存在的深层次问题，都是多年积累下来的，并没有也不可能在短时间内从根本上得到解决。

能源重化工基地建设

（一）决策的逐步确立

我来山西之前，在1978年3月召开的中共山西省第四次代表大会上，就提出要在1985年以前，把山西建成高产稳产的农业基地和农轻重协调发展的具有自己特点的工业基地。提出，要充分利用煤炭资源，研究以煤炭为原料的化学工业，大搞煤炭综合利用，大力发展坑口电站。

1979年8月，国务院副总理薄一波同志到山西、内蒙古视察工作，提出了应当尽快把山西建设成一个强大的能源基地的问题。他在山西开了近10次座谈会，听取各方面的意见。当时，大家共同的看法是，尽快把山西建成一个强大的能源基地，对山西、对全国实现四个现代化都具有重要的意义。薄一波同志回到北京后，给国务院财经委员会写了一封信，指出山西有丰富的煤炭资源，又有比较好的重工业基础，具有大规模发展能源工业的极为有利的条件。薄一波提出，煤炭工业大发展就有条件搞各种类型的坑口电站；就有更好的条件发展煤炭化学工业，发展以化工产品为原料的轻工业，使煤炭资源得到综合利用；就有条件发展山西冶金工业。他还谈到煤炭大发展，必须相应地增加铁路运输能力，并谈到了发展农业、化肥、水利资源、煤炭出口问题及经济结构调整等问题。与此同时，国家计委、建委、煤炭部、电力部、铁道部、水利部也组织了一个联合调查组，到山西、内蒙古进行了深入调查，向中央写了《山西、内蒙是两个很有发展前景的大能源基地》的调查报告。

在这种形势下，省委、省政府经过研究，于9月19日向中共中央、国务院呈报了《关于把山西建设成为全国煤炭能源基地的报告》。

1980年5月20日，《人民日报》发表了一篇题为《尽快把山西建成强大的能源基地》的社论，分析了山西的煤炭资源的优势和发展能源工业的有利条件，指出尽快把山西建成一个强大的能源基地，不仅对山西，而且对全国实现四个现代化，都具有重大意义。之后，根据全国长期计划座谈会精神，由山西省委和省政府的领导同志及各方面的专家组成考察班子，对山西能源基地的建设问题进行深入调查研究，广泛听取了各方面的意见。在此基础上，又经省委、省政府讨论修改，由山西省人民政府于同年7月30日向国务院报送了《山西能源基地建设规划纲要（草案）》。1981年5月27日，中共中央政治局委员、国务院副总理余秋里来山西考察后，又向国务院写了《关于开发山西煤炭问题的报告》，提出要坚持老矿挖潜、革新、改造，充分挖掘现有生产矿井的潜力；要处理好新老基地的关系，在老矿区内择优建设新井，充分发挥老基地的作用；要在基本建设上贯彻大型矿井与中小型矿井相结合的方针；要坚持两条腿走路，在发展统配煤矿的同时，积极支持地方煤矿的发展；要解决晋煤外运的出路问题；要贯彻执行有关煤炭工业发展的经济政策。

我回到山西后，了解到在能源重化工基地建设决策酝酿的过程中，开始也有不同的认识和不同的意见。比如当时北京就有些专家写文章说，能源更新很快，随着光能、化学能、原子能的开发利用，现有的煤炭不挖掘出来，将来就没有什么用处了，他们主张快挖、多挖。山西省有的领导同志则认为，搞能源基地建设，以开发煤炭能源为重点，符合全国一盘棋的方针，也有利于充分发挥山西地方资源的优势，但不能认为煤炭能源工业是重点，就不发展农业和轻工业。还有的同志明确提出，山西能源基地建设的战略目标应该是两个：一个是能源即煤、电的目标，一个是人民生活的目标；两个目标之间的关系，能源是手段，人民生活是目的，不能单纯为生产能源而生产能源，生产能源的目的是为了改善人民生活，在全国是如此，在山西也应该是如此。多数同志根据山西经济建设的实际和煤炭生产的历史经验，提出要首先开采资源丰富、开采条件好、交通运输比较方便的地区，要坚持大、中、小并举的方针，要充分发挥地方的积极性，扶植地方煤矿的发展，要坚持安全第一的方针，要从具体情况出发，不要脱离实际地贪大求洋，要尊重科学、尊重客观规律，防止头脑发热和“左”倾蛮干。

在思想认识基本统一的基础上，为了合理地规划山西能源基地建设，国务院技术研究中心就山西的煤炭开发问题进行了科学论证。1982年4月，国务院批复同意开展对山西能源基地建设的综合研究。这标志着山西能源基地建设决策的基本确定。

（二）能源基地建设综合规划论证会

山西能源基地建设是有关国家经济建设的一件大事，也是有关山西经济建设的一件大事，需要进行全面的调查研究和科学论证，制定出一个理论上有科学依据，实践中切实可行，经济上有良好效益，经济建设少走弯路、减少失误的规划。为此，省人民政府于1982年4月21日，发出《关于开展煤炭能源基地建设综合经济规划研究工作的通知》，规划研究的课题包括综合平衡、能源工业、农业、水资源、其他工业、交通运输、环境保护和城镇建设、科技文教卫生、人民生活和社会环境、财政金融等10个方面。并提出由省委、省政府领导，省计委牵头，组织省科委、省社会科学研究所、省农业科学研究院的专家具体开展工作。同时，省直各有关委、厅、局也各确定了一位领导同志和抽调一定的人员参加。国务院技术经济研究中心还组织国务院有关部委、科研单位和高等院校的专家进行具体帮助。国务院技术经济研究所所长马洪提出，综合规划要目标具体、方针正确、结构协调、布局合理、资料可靠、论证科学、措施得当、切实可行、经济效益良好，使人民能够得到实惠。国务院经济研究中心并先后组织1400多名专家（包括山西的一批专家），深入各地（市）、县调查研究，提出了许多有益的意见和建议。他们认为首先要努力争取国家支持，使山西的自然资源优势特别是煤炭资源优势得到充分发挥；同时形成了把山西建设成为“以煤炭为中心的能源重化工基地”的统一认识，也就是在原有的能源基地建设的基础上加入了“重化工”的内容。

根据专家们的意见和我自己了解的情况，我在1983年6月23日召开的山西能源重化工基地建设综合规划论证会上，作了一个系统发言。我指出：制定山西能源重化工基地建设规划，首先要认识煤炭能源是上游产品，对全国的经济建设有重要作用，我们一定要从全局出发，根据“全国一盘棋”的方针，发挥山西煤炭资源丰富的优势，重点发展煤炭；同时要全面规划，统筹安排，使经济、社会和科技得到协调发展。既要多出煤、出好煤、支援全国“四化”建设，又要在发展生产的基础上，使山西人民的物质文化水平得到相应的提高。要从这个基本指导思想出发，对山西今后20年的经济建设和社会发展作出安排。

我还指出，国民经济发展中的农轻重次序，是指全国而言。在一个省的范围内，应从实际出发，扬长避短，发挥优势，建立具有自己特色的经济结构，不一定按农轻重的次序来安排经济建设。山西矿产资源丰富，重工业尤其是采掘工业比较发达，它在国民经济中应该占居主要地位。但这不是说山西就不发展农业和轻纺工业。农业是国民经济的基础，决不能放松。我省有2500多万人口，其中农民就有2000多万，不能把先进的工业建立在落后的农业基础上。因此，在发展能源工业的同时，要加速农业的发展，不断地提高粮食的自给率，并且根据山西的资源条件，相应地发展轻纺工业，以适应能源重化工基地建设对农副产品和轻工业品日益增长的需要，不断地提高人民的生活水平。

我还根据山西煤炭工业“以运定产”的具体情况，提出在实施规划的步骤上，应把交通运输建设放在第一位，作为能源基地建设的重中之重，超前安排。只有把交通运输迅速搞上去，煤炭产量才能大幅度地增长，山西的经济才能搞活。因此要加强现有铁路干线的改造和新线的建设，同时建设铁路支线和公路，彻底扭转煤炭生产“以运定产”的被动局面。

同时我还指出，山西水资源不足，为了解决这个问题，一要节流，二要开源。除积极采取节水措施外，到2000年，每年尚差大量的水需要引黄来解决，要加紧制定引黄工程方案和规划设计。

（三）基地建设规划的实施与国家的大力支持

党中央、国务院对山西煤炭能源基地建设十分重视，并予以大力支持。1982年，国务院专门成立了能源基地规划办公室，由国家计委副主任郭洪涛任主任，山西省副省长郭钦安任副主任，负责协调山西能源基地建设中的有关事项。20世纪80年代初期，中央许多领导同志纷纷到山西视察，而且都把指导能源基地建设作为重要内容之一。从1981年8月到1984年12月，中共中央总书记胡耀邦，国务院主要负责人，国务院副总理万里、李鹏，中共中央政治局委员王震等领导同志，先后到山西视察，作了许多重要指示，要求我们在能源交通建设的安排上，坚持大中小相结合、长期和短期兼顾的方针；要鼓励地方和群众把相当一部分财力、物力用于中小型能源、交通和运输项目的建设上，做到少投入、多产出，取得好的经济效益。

1983年，《山西能源基地建设规划纲要（草案）》正式出台，它标志着山西能源基地建设进入实质性攻坚阶段。

1984年8月，山西省人民政府下发了《关于进一步加快我省地方煤矿发展的暂行规定》，鼓励大力发展地方煤矿，指出，地方煤矿的发展，要实行有水快流，大中小结合，长期和短期兼顾，国家、集体、个人一齐上的方针；煤炭资源为国家所有，不随行政区划分割归属，申请办矿的单位和个人必须按照省人民政府有关规定办理资源占用审批手续；广开渠道，从各方面筹集资金；鼓励群众集资联营办矿，允许个人投资办矿；允许无煤的县（市）、乡、镇到有煤的地方投资办矿；欢迎外省市、港澳同胞来山西投资办矿，积极吸收国外资金合资办矿和办交通运输业；高度重视现有矿井的技术改造和安全生产；计划外出省的煤炭，由供需双方协商，实行灵活价格，随行就市，计价销售；地方煤矿所需材料、设备，要列入国家计划，实物由各级物资部门保质保量供应到矿；采用各种形式培养技术人才和管理人才，对现有人员的使用要打破部门所有制，允许技术人员合理流动。

这个《暂行规定》对开办地方煤矿进一步放宽了政策。因此，全省建了不少中、小型煤矿，农民也私自开了不少小煤矿。

根据省政府的规定，许多大矿积极利用外资和先进技术装备建设现代化矿井，引进了一批先进的综合采煤机组、综合掘进机组和遥测、遥控设备，对原有矿井进行设备更新和技术改造，使老矿生产水平大大提高。另外发展横向联合，引进资金、技术、物资和人才也取得了良好效果。

山西的能源重化工基地建设，得到了国家的大力支持。“六五”期间，国家给予了较大的资金投入。从1982年开始，国家和山西每年都确定一批基础设施、基础产业和能够带动国民经济发展的重大骨干项目，集中人力物力进行重点建设。国家在山西安排的重点项目1982年有5项，以后逐年增加，达到了17项；另外还安排了13个地方重点项目。在17个国家重点项目中，5个煤炭项目采煤能力3380万吨，发电装机容量220万千瓦，担负向京、津、唐的输电任务；铁路项目担负着晋煤外运的重大任务。国家和省同时在山西境内兴建如此众多的重点建设项目，在山西的工业建设史上是空前的。

从 1982—1985 年，山西能源基地建设得到了迅速发展。全省能源工业基本建设投资为 57.9 亿元。占全省基本建设投资总额的 41.3%。1985 年与 1980 年相比，全省原煤产量由 1.33 亿吨增加到 2.14 亿吨，占到全国原煤产量的 1/4，增长 77%。发电量由 124.57 亿千瓦时增加到 184.59 亿千瓦时，增长 53.5%。全省能源工业产值已占到全省社会总产值的 14.1%，占到工业总产值的 30%。这充分说明能源工业已发展成为山西无可代替的支柱产业。同时，由于能源工业的高速发展，带动了全省经济的快速增长，全省社会总产值、国民收入和居民消费水平等主要经济指标的年均增长幅度分别达到 13%、12.5% 和 9.4%，与全国同期增长幅度相比，高出 2—3 个百分点，在国内的 29 个省、市、自治区中，山西名列第 7 位。这样高的发展速度，在山西经济建设的历史上是少有的。

“六五”期间，全省新建铁路铺轨 262 公里，交付运营 124 公里；新建复线铺轨 182 公里，交付运营 108 公里。新建公路 727 公里，改建公路 618 公里。初步形成以太原为中心的 7 条铁路干线、10 条铁路支线的运输网，通车里程 2177.3 公里。全省公路通车里程 28762 公里，93% 的乡镇通了公路。

（四）能源重化工基地建设的发展

1985 年 6 月召开的中共山西省第五次代表大会上，通过的《山西省第七个五年计划期间国民经济和社会发展纲要建议（草案）》中，提出 1986—1990 年“七五”期间的战略方针是：“动员和组织全省人民，充分发挥本省自然资源优势，重点搞好能源重化工基地建设，大力发展农业，狠抓交通运输和教育科技两个薄弱环节，带动并促进整个国民经济和社会的协调发展，到 21 世纪末，实现工农业年产值翻两番，使全省人民尽快富裕起来，达到小康水平。”会议把山西煤炭能源基地建设改为“山西能源重化基地建设”并把能源重化基地建设由过去的为“中心”，改为“重点”，标志着对山西能源重化基地战略认识上的深化。

“七五”期间，山西在能源重化工基地建设方面，重点抓了能源交通、科技教育、农业和扶贫、老企业技术改造、环境生态保护等，使全省的经济建设取得了显著成就。

在“七五”期间，全省以能源、交通、原材料工业为主的全民所有制企业，基本建设投资累计完成266亿元，其中用于能源工业的基本建设投资为130.6亿元，国家和地方投资建设的大中型项目共93项。5年间，新增原煤产量3981万吨，新增发电装机容量202万千瓦；1990年原煤产量2.86亿吨，比1985年增长33.5%；发电量314.2亿千瓦小时，比1985年增长70.2%。与此相联系，在配合国家建设大秦线、改造南北同蒲线、石太线、太焦线等6条铁路干线的同时，为大秦线配套的6个煤炭集运站建成投产。新增公路里程2022公里，纵贯全省南北的大同至运城二级公路和新建、改建的8条煤炭外运公路建成通车使全省交通运输面貌发生了显著变化。

山西能源重化工基地决策的实施，使全省的化工原料和化学肥料的生产也得到不断发展。“七五”期间化工产品的品种增加到200余种，使山西成为全国年产值15亿元以上的中等规模的化工基地。在工业方面，保持了持续增长的势头。1990年全省工业总产值比1985年增长65.5%，平均年递增10.6%。其中重工业年产值比1985年增长70.3%，平均每年递增11.2%。农业生产也扭转了前期下降的局面，粮食产量创历史最高水平。1990年全省农业产值比1985年增长16.8%，平均年递增3.2%。粮食总产量达到96.9亿公斤。

总之，经过实施能源重化工基地规划，到1990年山西基本上建成了一个以煤炭、电力、机械、冶金、化工为主的能源基地，带动了全省经济的发展。

能源重化工基地建设为支援全国的社会主义建设事业、为山西经济的发展和经济实力的增强所起的重大作用不容否认，但是在建设山西能源重化工基地的过程中，也有一些问题值得研究和思考。

扩大对外开放格局

（一）解放思想找差距

党的十一届三中全会之后，山西的对外开放和全国相比，特别是和沿海、沿边、沿江的省份相比，处于相对滞后的状态；就本省来说，对外开放又比改革相对滞后，行动比较迟缓，步子迈得不大。

山西是一个典型的内陆省份，不沿海、不沿边，四周山峦起伏，交通闭塞，与外界联系不畅，处在一种相对封闭的状态，加上一些旧的具体政策的制约，因此和省外的交往很少，和国外的交往更少，也就是人们常说的：走不出娘子关。山西对外开放滞后的原因，主要还在主观，也就是说主要是领导干部的思想不够解放。这突出地表现在两个方面：一方面，是受中华人民共和国成立以来长期实行的计划经济体制的影响。在发展经济上，认为按照计划发展生产，就可以把经济搞上去。另一方面，这种观念长期禁锢着人们的头脑，束缚着人们的思想，所以对于对外开放的方针一时适应不了，也不知究竟如何对外开放。

长期以来，我们在总结工作时，往往从纵的方面考虑的比较多，从横的方面考虑的比较少。所以，我感到要使山西的经济走上对外开放的道路，首先要让我们的思想飞出娘子关。为了推动山西的改革开放，我们在 20 世纪 80 年代初期曾多次派人到沿海、沿边、沿江经济发达的省份去参观学习。

通过考察大家深深感到，在贯彻对外开放、对内搞活方针的过程中，我们的思想确实没有人家解放，胆子确实没有人家大，办法确实没有人家多，步子确实没有人家快，运用政策确实没有人家活，的的确确是大大地落伍了。大家感到，在对国外市场的研究和运用上，在发展外向型经济以适应国际新形势的需要上，江苏、广东的同志不但敢于和外国人做生意，而且善于和外国人做生意。他们敢瞄准世界市场，大胆地和外国人打交道，特别是引进外国资金、生产设备、先进技术和学习国外的生产管理办法与经验，使我们大开脑筋。这一次参观学习，使我们认识到是封闭式的经济阻碍着山西经济的发展，而从根本上来说是保守思想阻碍着山西经济的发展。

参观学习期间，我与江苏省委书记韩培信、省长顾秀莲同志商定，由我省派出一批干部到江苏省挂职，进行实地学习和锻炼。这些同志回来后，大都走上各级领导岗位，成为推动山西改革开放的骨干。

（二）从发展对外贸易起步

山西的对外开放，首先是对外贸体制进行了改革。当时，主要是解决两个方面的问题：一个是争取直接对外贸易，走向全面自营；再一个是实行简政放权，政企分开。1977 年以前，山西的外贸出口，是以收购调拨为主的，本省没有直接经营权，完全是调拨出口和执行国家统一对外的记账贸易。从 1977 年开始，山西开始直接经营出口业务，到 1984 年实现了全面自营。出口商品的结构也发生了变化，由以出口农副产品和土特产品为主逐步变为以出口工矿产品为主。在进口方面，1981 年以前山西省没有自营进口权，进口的商品纳入国家总体计划，由中央各总公司及口岸公司统一进口，再分配到山西省，进口的各类物资约有 80% 为工农业建设所需要的生产资料。这种出口以调拨为主、进口以委托外省为主的经营方式，使我们在对外贸易上处于非常被动的地位。1981 年 1 月，经上级批准，山西省成立了“山西省对外贸易进出口公司”，开始经办地方外汇进口业务，到 1985 年，基本上全面开展了自营出口业务，进口业务也完全变成了自营，有些企业经过批准也有了自营出口权。这一改革，为山西外贸事业增添了活力，也为山西能够直接了解世界，加快发展对外经济贸易工作创造了条件。

从 1986 年至 1988 年，我们在外贸体制改革方面进一步深化，全面推行了对外贸易承包经营责任制。1987 年，全省外贸企业在自营出口的基础上，实行出口创汇、出口成本、亏损补贴三项经济指标承包责任制，冲击了多年来实行的外贸企业统负盈亏的旧体制。1988 年，根据国务院提出的外贸体制改革的要求，在山西全面推行了对外贸易承包经营责任制，国家总公司设在山西的分支机构大部分放到省内管理，与省财政挂钩，打破了省公司通过总公司吃国家“大锅饭”的局面。同时，我们还在轻工、工艺、服装三个行业进行自负盈亏的改革试点，试图使外贸企业逐步过渡到自负盈亏。

另外，为了山西促进对外开放，从 1983 年开始，山西先后在日本、法国、美国等国家和中国香港、中国澳门地区组织了大型对外经济贸易活动 10 次，接待国外参观者 8 万多人次，接待国外客商 1 万多人次，出口商品成交额 2 亿多美元，不仅巩固了老客户，还发展了新客户。1987 年在太原举办的山西省第三届国际经济技术合作洽谈会、首届进出口商品交易会和首届民间艺术节，曾经轰动一时。这次“两会一节”非常成功。展出的商品丰富多彩，琳琅满目，参观者络绎不绝，使我们应接不暇。短短 15 天时间，出口成交额达 7300 多万美元，与外商签定成交项目合同 32 项，外汇成交总额达 4200 多万美元。另外，技术出口也实现了零的突破。

通过上述各种形式，山西对外经济贸易活动的范围大大扩展了，由邻近几个国家和地区逐步伸展到远洋市场，在中国香港、美国设立了机构，向日本、中非、阿联酋派出了人员。1978 年，山西直接出口商品的国家和地区只有 4 个，到 1988 年底，直接出口商品的国家和地区达到 78 个，加上经过外省公司间接出口的国家和地区，则达到了 100 多个。主要外贸市场有港澳、日本、欧洲共同体，并在巩固这 3 个主要外贸市场的同时，积极开拓了东南亚、美国、加拿大、澳大利亚、菲律宾、意大利等市场，恢复了苏联、东欧市场。

由于对外贸易的扩大，山西的出口总额和商品结构发生了重大变化。到 1988 年底，全省外贸出口额在全国各省、市的排列位次由第 26 位前移到第 23 位。而且出口商品中工矿产品比重日益增大，农副产品比重逐步缩小。出口商品的结构逐步趋向合理，能源重化工基地的优势得到了进一步发挥。

在进口方面，山西于 1981 年冬成立了进口专业公司，到 1988 年全省进口商品总值比 1981 年增长 2 倍多，平均每年增长 17.3%。在进口业务上，显示出两个主要特点：一个是自营进口到货总值的增长快于委托进口到货的增长；另一个是进口的商品品种和数量发生了显著变化，突出的是增加了新技术成套设备和机械、仪器进口。

总的来看，山西在贯彻对外开放政策方面，首先是在对外贸易方面取得了重大的成就，它对山西社会经济的发展具有重要的推动作用。

（三）拓宽对外开放的范围

中共山西第五次代表大会以后，山西的对外开放工作，从进出口商品贸易开始，进一步拓宽业务经营的范围，开展了技术进口和出口，进行了国际资金的利用和融通，对外投资、对外经济援助、接受外援、对外承包工程和劳务合作等方面也开始起步，并逐步得到了发展。

首先，通过各种渠道和形式利用外资，大力引进先进技术，取得了明显的经济效益。在利用外资中，形成了补偿贸易、国外贷款、国际租赁、客商直接投资等多种形式。我们提出要特别注意从山西的实际出发，坚持把重点放在既能增加出口创汇、代替进口产品，又有好的经济效益的项目上，同时照顾现有企业的技术改造。在 1987 年以前，引进外资主要是用在小型技改项目上。1987 年，我们利用比利时贷款新建的潞城水泥厂，开始了利用外资进入大项目领域的新阶段。

其次，在引进技术方面，我们提出，从发挥本省自然资源和雄厚的工业基础优势出发，把省内的建设安排、发展规划同引进技术结合起来，尽可能减少盲目性；对需要引进的项目，事先经过专家科学论证，做好评估工作；对已经签约的引进项目，及时加以落实，限期投产，努力做好消化、吸收工作，使其尽快见效。因此我们引进的先进技术，一般地说促进了原有产品的更新换代和行业进步，填补了国内、省内某些生产上的空白，增强了出口创汇的能力。在引进技术的同时，我们还十分注意引进人才。1988 年从 43 个国家、地区和国际组织引进外国专家 1600 余名，分别分配到煤炭、化工、机械、冶金、教育、农业等部门，他们在传授先进技艺、教授专业知识和帮助我们提高管理水平等方面，起了重要作用。

我们在对外经济技术合作中坚持“守约、保质、薄利、重义”的方针和“平等互利、讲究实效、形式多样、共同发展”的原则，打开了对外经济技术合作的新局面。截至1988年，山西共向朝鲜、尼泊尔、北也门、巴基斯坦、布隆迪、南也门、卢旺达、尼泊尔、喀麦隆、多哥、吉布提、缅甸、赞比亚等15个国家和地区派出援外人员近千人次，援外项目达32个；还向伊拉克、利比亚等国家和地区派出劳务人员1600余人次。并先后与联邦德国、南斯拉夫、意大利、日本、法国、加纳和津巴布韦等10多个国家的20多个公司，建立了承包业务关系。山西还向国外提供了大量援外设备，并在北美、非洲一些国家开办了许多非贸易合资、独资企业。

1991年2月26日至3月4日，中共山西省第六次代表大会在太原召开。这次会议选举产生了中共第六届山西省委员会，会议实现了山西省委领导班子的新老交替。会后，我退出了省委书记领导岗位，担任中共山西省顾问委员会主任。

持续近四年的全面整党

1983年10月，党的十二届二中全会通过了《中共中央关于整党的决定》，决定从1983年冬季开始，用三年时间对党的作风和组织进行一次全面整顿。

中央《关于整党的决定》发出之后，我们于10月26日至11月5日，召开了地（市）委书记会议，对全省的整党工作作了部署和安排。在这次会议上，大家认真学习了中央的《决定》和邓小平、陈云同志在二中全会上的重要讲话，一致认为这次整党是我们党在新的历史时期为夺取新的伟大胜利所采取的一个重大步骤，是实现党的十二大确定的把我国建设成为现代化的、高度文明、高度民主的社会主义国家的根本保证。因此，它深得党心、民心，必须搞好。

在全面整党之前，我们先在17个单位进行了试点。从整党试点单位揭露出来的问题看，党组织在思想、组织、作风等方面都存在着严重不纯的问题。

在政治思想上，有些党员对拨乱反正的伟大意义缺乏深刻认识，还没有完全站到马克思主义的立场上来。有些人对党的十一届三中全会以来的路线、方针和政策持怀疑甚至抵触的态度。还有些党员对社会主义制度、共产主义前途发生动摇，怀疑四项基本原则。

在组织上，除了“三种人”和其他反对党、危害党的分子需要继续彻底清理外，违反党的组织原则和组织纪律以及党的组织涣散软弱的现象相当严重。尤其是派性、宗派和各种团团伙伙、非组织活动，在不少地方和部门带有一定的普遍性，在某些地方和部门问题还相当严重，并且程度不同地反映到领导班子中。有的甚至是以党员干部或党员领导干部为首，闹派性、搞宗派、拉团伙，以人划线、以派划线、任人唯亲、结帮营私。有的用人不讲原则讲“关系”；不看条件看“面子”；不是为党选贤任能，而是极力安插亲信，培植个人势力，扩大自己的“山头”和“关系网”，这样提拔起来的干部根本谈不上与党中央保持一致，只是与某个个人保持一致，成为个人的忠实信徒。有个别党员领导干部公然在打派仗，置党和人民的利益于不顾，只顾自己争权夺利；有的是明无山头暗有礁，一遇到入党、提干、评定职称、调整工资等问题，派性、宗派就发作起来了。这样，不但造成一些党组织的涣散，甚至造成瘫痪、半瘫痪，而且使得不正之风、腐败现象以至经济犯罪和其他刑事犯罪活动被包庇、被掩护，得以畅行无阻，泛滥无羁。另外，在不少党组织中“家长制”“一言堂”和无政府主义、自由主义、分散主义、本位主义等违反民主集中制原则的现象也相当严重。有一些党员在工作中不起先锋模范作用，甚至“开会叫不到，党费上门要”。

在作风方面，最突出的问题是存在着利用职权谋私利的不正之风甚至腐败现象。有些党员和党的干部忘记了党的全心全意为人民服务的根本宗旨和党的“公而忘私”“克己奉公”“吃苦在前、享受在后”的光荣传统，个人主义严重，私欲恶性膨胀，把党和人民赋予的职权和工作条件变成了为自己和自己周围一些人谋取私利的工具。他们有什么权就用什么权，有什么条件就谋什么私利，几乎在一切方面、一切场合都有与民争利、搞特殊化的现象，把“关系学”渗透到各个领域，把“关系网”伸展到各个部门，互作交易，互开“绿灯”，互相包庇，在转户、招工、分房、建房以及子女、亲友的就业、升学、入党、提干、工作岗位的安排上，都搞不正之风。还有些党员和党的干部公然违反财经纪律、巧立名目、不择手段，侵吞、私分国家和集体的财物、收礼受贿、贪赃枉法、包庇坏人。

上述党的政治思想和组织、作风方面严重不纯的问题，对党的危害极大。它破坏了党的政策，割裂了党群关系，败坏了党的声誉，削弱了党的领导，危害着社会主义建设事业。事实使我深深感到，只有以严肃、认真、坚决的态度，对党的组织全面地、系统地进行一次整顿，才能解决党内存在的三个严重不纯的问题，实现党风的根本好转；才能提高全党的马克思列宁主义的思想水平、工作水平和党的战斗力，使党获得更加强大的生机和活力；才能真正起到领导山西人民建设社会主义的核心作用。

党的十二届二中全会通过的《关于整党的决定》，规定整党的任务是统一思想、整顿作风、加强纪律、纯洁组织。

为了按照党中央的《决定》把全面整党工作搞好，我们在地（市）委书记会议上，决定全省的整党工作分两期、五批进行。在这次会议上，根据山西的实际情况，我提出要注意三个问题。第一，既要全面地、坚决地完成整党的任务，又要从山西的实际出发，抓住四个重点。这四个重点：一是要解决好同党中央在思想上、政治上保持高度一致这个首要问题，特别要强调在行动上始终如一地保持一致，坚决拥护党的十一届三中全会以来的路线、方针、政策，反对阳奉阴违的实用主义态度，坚决抵制和克服“左”的和右的错误倾向；二是要坚决纠正以权谋私的不正之风和腐败现象，自觉地同滥用职权、谋取私利的行为作斗争；三是要在组织纪律方面着重反对派性和宗派主义，自觉地增强党性，加强团结，搞好工作；四是要抓住纯洁组织这个关键，彻底清理“三种人”。第二，要求全体党员都要毫无例外地积极参加整党，但要着重抓好各级党员领导干部的整党。各级党员领导干部要带头学好文件，带头开展批评与自我批评，带头边整边改，同时要自觉地接受上级党组织和党内外广大群众的监督。第三，要特别强调认真地开展批评与自我批评，自觉地按照整党的要求，自己解决自己的问题。

在此之前，11 月 18 日，我代表省委向省直机关干部作了整党动员。26 日，省委常委又就省直机关的整党工作进一步作了研究，决定省直机关的整党分两批进行，从省直 109 个单位中选择了 52 个单位作为第一批整党单位；同时在太原市级机关、运城地区部分地级机关和芮城县、永济县县级机关进行整党试点。接着，1984 年 11 月第二批整党单位开始了整党。1985 年 9 月县级机关开始整党，10 月乡镇机关开始整党。一直到 1987 年 7 月 1 日，全省整党工作结束。经过三年半时间，在全省各级党组织和 129 万名党员中完成了整党任务。

在这次整党中，中央整党指导委员会向山西派了联络组，组长是焦力仁同志，副组长是马信同志，由他们对我们进行具体指导和帮助。同时，省委也向各地委派了整党联络组，指导各地的整党工作。从省委到各级党委，都成立了整党领导组和办公室，具体负责整党的组织领导工作。

在整党的过程中，我们始终坚持从上到下、从领导干部到一般党员的原则，着重抓领导机关和领导干部的整党。当时采取的办法叫“集体会诊，对症下药”，就是把领导干部集中起来，首先解决他们的问题。在省级机关的第一批整党工作中，我们就把省级四大班子的党员领导干部和第一批整党单位厅、局党组成员以上的领导干部全部集中到省委党校，学习了 23 天。在集中学习整党文件、领会精神实质的基础上，总结和检查贯彻党的十一届三中全会以来的路线、方针、政策及各项决策方面存在的主要问题，以及群众反映最强烈的不正之风问题，摆表现，议危害，找根源，深入开展批评与自我批评，解决领导班子集体和每个领导成员存在的主要问题，研究改进的措施，边整边改，立即兑现。县级机关的整党，同样采取了这种办法。在集中整党中，既和风细雨，又严肃认真，不搞大批判，不搞典型解剖，通过对照检查、自我批评解决问题。

1984 年 9 月，我代表省委常委作了整党对照检查，指出省委工作中存在的问题，都有我的一份责任，有的我应负主要责任。在此之前，我们省委常委在集中学习整党文件的基础上讨论了省委工作中存在的主要问题，并请省委各部委和省直各厅局的领导同志提了意见，还请各地（市）县的领导同志提了意见，并分别召开了退居二、三线老同志座谈会、党外人士座谈会，然后由省委常委经过多次讨论，由我在省级领导班子（包括省委、省政府、省人大、省政协）及各部、委、厅、局、办负责同志参加的会上代表省委常委作了对照检查，检查了省委存在的几个主要问题。一是对党的路线、方针、政策反复学习、深刻领会精神实质不够，指导全盘工作做得比较差，因此在农村开始实行联产承包责任制时，最初一段时间认识比较片面，有多余的担心和顾虑。在把工作重心转移到经济建设上时，没有处理好长计划与短安排的关系，抓当年的多、抓眼前的多，也抓得比较紧，但对全面性的、长远的、总体的规划考虑不够，决策不及时。抓经济改革思想不够解放，不够大刀阔斧，锐意创新的魄力不够大，遇到阻力，碰到困难，往往犹豫不前，缺乏看准了就坚决干到底的精神。二是抓思想政治工作一般化，对一些问题表现软弱。三是在工作作风方面忙于事务多，调查研究少；工作部署多，督促检查少；联系群众不够广泛，等等。参加会议的同志对于我代表省委常委作的对照检查分组进行了评议，在肯定“检查态度端正、内容深刻实在、思想活动符合实际”的基础上，提出了许多重要的批评意见，为我们抓好全省整党及各项工作提出了很多很好的建议，出了很多很好的主意。

在各地、县和各整党单位，也都层层采取这种先班子后基层、先领导后党员的办法。各级领导同志带头对照检查、带头进行自我批评、带头边整边改，对全省的整党工作起了示范带动作用。

通过全面整党，我认为集中解决了三个方面的问题。

第一，深入地进行了彻底否定“文化大革命”的教育，在两个方面收到了显著效果：一方面促进了改革开放局面的出现；另一方面巩固了安定团结的政治环境。广大干部和党员在整党中联系实际，继续清理“左”的错误的影响，提高了执行党的十一届三中全会路线的自觉性；冲破了旧的观念的束缚，在改革、开放、搞活的方针上统一了认识，明确了方向，坚定了信心。特别是省委、省政府带动全省各级党组织和政府部门，自觉地总结经验教训，从实际出发，制定了促进改革的各项措施，推动了城乡经济体制改革的深入发展，逐步打破了长期僵化的经济管理体制，保证了国民经济持续稳定的增长。整党的三年中，全省工农业总产值平均每年递增 10.73%；地方财政收入平均每年递增 5.8%；农民人均纯收入平均每年递增 7.7%。同时，在彻底否定“文化大革命”的基础上，消除了“一派正确、一派错误”的错误观念，妥善地处理了 8000 余件“文化大革命”遗留问题，在原则上分清了是非，在具体的、琐碎的细枝末节上引导大家顾大局，向前看、不纠缠、进一步克服了派性，增强了党性，基本上解开了长期以来在干部之间、干群之间、群众之间存在的许多“疙瘩”，比较彻底地解决了因长期陷于派性和其他纠葛而无法正常工作的一些单位的问题，促成了全省安定团结政治局面的形成。

第二，比较彻底地清理了“三种人”，进一步纯洁了组织，消除了隐患。由于在粉碎“四人帮”之后的清查和善终工作中曾经出现过一些问题，有整错的、有遗漏的、也有错平反的，所以增加了在整党中核查“三种人”工作的难度。为此，我们在整党中对这项工作下了很大的功夫，作了相当大的努力。我们坚定地贯彻执行党中央制定的清查“三种人”“既要坚定、又要慎重，既不要漏掉、又不要扩大化”的方针，坚持从实际出发，以严肃审慎的工作态度，抓住清除混入领导班子、要害部门和第三梯队中的“三种人”这个重点，使核查工作取得了重大成绩。

第三，严肃查处了一批以权谋私和严重违法乱纪的大案要案，纠正了一些不正之风。在整党中，各级党组织把清除党内的各种消极腐败现象，作为整顿党的作风的重点来抓，发动广大党员和群众联系本部门、本单位的实际，进行了认真查处和纠正。

现在来看，我觉得这次整党的成绩是主要的，效果也是明显的。但也还有一些缺憾。比如，我们把整党的重点放在否定“文化大革命”和核查“三种人”上，这是完全必要的，也是完全正确的，但在纠正各种不正之风方面则抓得不够有力，成绩不够明显；搞得一般化的那些领导机关和单位，官僚主义、衙门作风没有彻底克服，机构臃肿、人浮于事、纪律松弛、办事拖拉的现象依然存在。再如，我们在整党的全过程中始终坚持思想教育第一，提出“三为主”的方针，即自我教育为主、自我解决问题为主、自我提高为主，但在组织处理和党员登记中，存在着息事宁人、处理偏轻、失之过宽的倾向，个别单位甚至降低党员的标准，把是否犯法作为决定党员登记不登记的标准，对那些长期不起作用、表现很不好的党员把关不严。这些问题的存在，曾经引起部分群众对整党的怀疑和不满。当时，我们曾经采取了一些补救措施，即根据存在的问题进行补课，缺什么补什么。但它所造成的不良影响却是一时难以清除的。

全面整党工作的结束，并不等于整党的结束；党的建设不是可以一蹴而就、一次成功、一劳永逸的。这不仅因为党的事业在发展，党内新的矛盾和新的问题还会出现，而且因为在三年多的整党工作中，并不是所有的问题都解决了。因此，在整党工作结束之后，我们一方面根据整党工作实践，订立各种制度，健全党的生活，进一步加强党的建设；另一方面根据党中央的指示，进一步改进党的作风，以密切党与群众的联系，增强党对群众的号召力和吸引力。1985 年 9 月间，省委常委为了克服官僚主义和形式主义，改善和加强党的领导，首先作出了改进自身作风的若干规定，明确规定省委常委要坚持学习马克思列宁主义的基本理论，经常深入基层进行调查研究，简化迎来送往，摆脱各种会议的纠缠，不搞特权，不谋私利，摆正个人和群众的关系，建立正常的党内民主生活制度，自觉地接受党员和群众的监督。为了接受党员和群众的监督，省委于 10 月 1 日将这些规定转发到了所属各级党委。同年 12 月 1 日，省委和省政府又根据党中央办公厅和国务院办公厅下发的《关于解决当前机关作风中几个严重问题的通知》发出通知，要求严肃查处六个方面的问题，即违规购车、换车和配车的问题，关于派遣临时团、组、人员出国中存在的问题，关于挥霍公款、到处旅游的问题，关于铺张浪费、请客送礼的问题，关于党政干部以种种手段获取不正当收入的问题，关于利用职权经商办企业的问题。在 1985 年冬、1986 年春，各级党委和政府对这六个方面的问题，进行了严肃查处。1987 年 7 月至

10月，我们又在全省县级以上领导机关进行了为期三个月的纪律整顿，主要内容是克服政治上的自由主义、工作上的官僚主义和纠正以权谋私的个人主义。

为了贯彻从严治党的方针，省委于1988年3月3日发出了《关于从严治党要从领导干部做起的决定》，《决定》中强调指出，党员领导干部是党的事业的骨干，是改革和建设的组织者和指挥者，抓党风建设，从严治党，重点是领导层，因此要着重解决少数党员领导干部以权谋私、严重违法乱纪、严重官僚主义等问题，并提出了若干具体要求。1988年，省委和省政府又发出《关于党和国家机关必须保持廉洁的通知》，要求党政机关领导干部必须奉公守法，保持廉洁。指出：严禁党和国家机关及其工作人员利用职权和工作之便谋取私利；严禁党政机关、党政干部经商办企业；严禁党政干部为单位和个人倒卖紧俏物资，或者为商品批条子、拉关系，从中渔利；严禁党和国家机关讲排场、摆阔气、铺张浪费；严禁工商、税务、公安、物价、电力、信贷、交通监理、食品检疫、计量等单位乱收费、乱摊派、乱设关卡和索要各种物品；严禁党和国家机关工作人员在涉外活动中利用工作之便谋取私利；严禁党和国家机关及其工作人员以任何名义接受馈赠、索要礼品等。省委、省政府要求各级党政干部必须奉公守法，并把廉洁作为考察干部的重要内容。

山西工作若干施政举措的回顾

王茂林

40年的改革开放，党中央领导全党全国各族人民全军谱写了中华民族自强不息、顽强奋进的壮丽史诗。40年的实践证明，推动市场化改革，建立和健全社会主义市场经济体制，具有重大的现实意义和国际意义。亲历改革开放40年，如今愈加明确。改革开放是决定中国发展命运的关键抉择，也是根本动力所在。推动改革开放离不开思想解放，实践改革开放离不开创新担当。这次应山西省委党史办邀请，撰写回忆文章，以回顾和追忆山西改革开放历程感悟得失并升华经验。我就回顾一下从太原市长到山西省委书记期间，亲历的改革开放过程和施政举措等，以此说明“推动改革开放离不开思想解放，实践改革开放离不开创新担当”的见解和认识。

推动改革开放离不开思想解放

回顾山西40年改革开放，从1976年年底我被调到省里工作开始。当时，结束十年动乱才一年多，举国上下积重难返、百废待兴。由于在思想领域人们受极“左”思潮影响时间太长，所以尽管粉碎了“四人帮”，但阴霾仍未散净，“两个凡是”仍然是全社会判断政治是非、行为对错的基本标准，对我这样一个刚进不惑之年的副省级干部来说，许多工作推进处在迷茫之中。如何冲破“两个凡是”的思想束缚，尽快摆脱极“左”的影响，解决“文革”遗留问题，把全党工作中心转移到正确的轨道上来，成为全社会关注的问题，也成为邓小平同志复出后面临的一个棘手问题。邓小平同志一直是我心中崇拜的革命家、政治家之一，听到他第三次复出的消息，我坚信他一定可以解决这些问题。之后1978年5月10日，《实践是检验真理的唯一标准》一文在《理论动态》第60期全文发表，《光明日报》《人民日报》、新华社等随即向全国转发通稿，几天内迅速传遍神州。一场围绕真理标准问题的讨论由此在党内外公开展开。这场讨论与其说是理论争论，不如说是思想斗争，因为真理标准直指“两个凡是”，人们在“两个凡是”上的不同思想立场，自然就构成两种不同的政治态度。就是这样一篇文章，打破了“两个凡是”神话，为全国第一次思想大解放拉开序幕，让我这样一位经历十年“文革”风风雨雨的年轻干部顿觉到春分般的暖意，也为封闭多年的我国社会在精神上注入了诸多活力。这场讨论与斗争最后以极“左”派失败而结束。

1978年12月18日至22日召开的具有重大历史意义的党的十一届三中全会，实现了中华人民共和国成立以来的伟大历史转折，开启了改革开放的新纪元，成为党和国家历史上一座划时代的里程碑。在邓小平同志的领导下和老一辈无产阶级革命家的支持下，此次全会冲破长期“左”的错误的严重束缚，批评了“两个凡是”的错误方针，明确指出必须完整、准确地掌握毛泽东思想的科学体系。高度评价了关于真理标准问题的讨论，重新确立马克思主义的思想路线、政治路线和组织路线，做出了把党和国家的工作重点转移到以经济建设为中心的社会主义现代化建设上来和实行改革开放的战略决策。通过对十一届三中全会精神的学习贯彻，我更加敬重邓小平这位杰出的革命家、政治家、改革家，更加感激他在党和国家命运攸关的历史时刻挽救了党和国家。以此为起点，全国上下结束了粉碎“四人帮”之后两年在徘徊中前进的局面，开始了党在思想、政治、组织等领域的全面拨乱反正，将党领导的社会主义事业引向健康发展的道路，我国进入了改革开放和现代化建设的历史新时期。

在我的记忆中，那个时期最鲜明的特点是改革开放，最显著的成就是快速发展。坚持“一个中心、两个基本点”成为了党的基本路线的总纲；成为了中国特色社会主义道路的根本遵循；成为了党和国家的生命线。邓小平同志明确的对内改革、对外开放，这一决策极大地激发了全党和全国人民的创造活力，于是有了农村家庭联产承包责任制的突破；有了经济特区的创建；有了城市改革从最初计划经济到商品经济再到社会主义市场经济的探索。斗转星移，踏着党中央推进改革开放的节拍进入20世纪80年代，随着全国上下改革开放的稳步推进，社会空前活跃，小岗村改革轰动全国，人民公社悄然解体，乡镇企业异军突起。同时，我们党在领导人民进行改革开放实践创造的过程中，坚持马克思主义的思想路线，自觉顺应时代潮流和人民愿望，不断探索和回答什么是社会主义、怎样建设社会主义，建设什么样的党、怎样建设党，实现什么样的发展、怎样发展等重大理论和实际问题，不断推进马克思主义中国化，形成了中国特色社会主义理论体系，使社会主义和马克思主义在中国大地上焕发出勃勃生机。亲身经历了思想大解放给社会政治、经济、文化带来的大解放和大发展，我深刻领悟了思想解放对开展工作的重要性。

20世纪80年代初期，改革、开放的浪潮汹涌而起，但是在封闭得像个密封罐头似的娘子关内，许多领导人还像缠住小脚的女人，摇摇摆摆，不停地埋怨政治形势变得太快了，死死抱住“两个凡是”的观点不放，太原作为山西省的省会，全省的政治、经济、文化中心，成为人们关注的焦点。1981年6月接受山西省委安排，我以一个副省长的身份任命为太原市委书记职务进入太原市委工作，主抓全市经济工作，特别是工业经济，国有企业的领导岗位责任制和创建承包责任制的试点成为我抓的一项重要工作，同时大胆地引进外资，实现多方位、多侧面的企业结构改革。1982年9月我正式出任太原市长，就更加大刀阔斧地加快了太原市改革开放的步伐。可是，当时太原的情况很复杂，“两个凡是”派在各种场合放出风来说：“别看王茂林现在跳得这么欢，什么改革，什么开放，一天到晚学习外国的那些什么管理，把几千年来的老传统都丢掉了。”听到这些风言风语，我针锋相对地在湖滨会堂召开的全市县级以上领导干部会上，明确讲到：“邓小平同志倡导的改革开放的路线，顺应时代的潮流，代表人民的利益，推动历史的前进，是马克思列宁主义的普遍真理和中国具体实践相结合的产物。就是他老人家百年之后，这也是一条救国富民的康庄大道。为此，我王茂林就是粉身碎骨也是心甘情愿的。一个共产党员，生是为人民服务，死也是为人民而献身，这有什么了不起的。同志们不要被他们这种复辟气势所吓倒，他们企求中国会复辟倒退的那一天是绝不会来到的。经过了十年动乱，中国共产党和中国人民已经成熟了，只有党的十一届三中全会的路线才是经得起历史考验的唯一正确的路线。谁要是再从这条路线上往后倒退，那就是中国的灭亡。虽然情况比较复杂，但太原市的改革开放必须不断向前推进。”

当时，太原已是 130 万人口的大城市，工业实力比较雄厚，门类齐全。1983 年，全市工农业总产值达到 53.7899 亿元。其中，工业总产值 49.4196 亿元，约占全省的 33.2%，在全省起着举足轻重的作用。但是，由于“左”的思想和现行管理体制的束缚，形成条块分割，多头领导，生产重复，流通堵塞等多种弊端，特别是吃“大锅饭”的问题相当突出。如果不对现行体制进行彻底的改革，势必妨碍“对内搞活经济，对外开放”方针的贯彻落实，妨碍太原发挥中心城市的作用，影响整个山西能源重化工基地的建设速度。山西省委、省政府根据全国人大六届二次会议“城市改革的步子要加快”的要求，决定把太原作为城市体制综合改革的试点，要求通过改革，最大限度地调动起“城里人”的积极性，把太原市建设成经济繁荣、文化发达、环境优美、市容整洁、秩序良好、生活方便的第一流的社会主义现代化城市。为此，我们及时制订了《太原市城市体制综合改革试点方案》，并得到了中共山西省委、省政府的重视与支持，省委、省政府批转市委、市政府各部、委、局、办，各直属公司，要求结合本部门实际，认真组织实施。并明确指出，城市体制综合改革，涉及面广，业务性强。各部门、各单位在组织实施改革方案中要切实加强领导，坚持调查研究，发扬勇于进取，勇于创新的革命精神，互相支持，密切配合，努力工作，做出新成绩。紧接着，我们依据山西省区域经济特色要求，组织规划专家编制完成了《太原 1981—1990 城市总体规划方案》，该方案得到了国务院的批复，并明确要求今后太原市的各项建设都要按照该规划有计划地进行，一定要把太原市建设成为环境优美、市容整洁、生活方便的社会主义现代化城市。我们越来越认识到，只有把太原建设成为山西省的经济中心、金融中心、科技、文化中心，煤炭综合利用中心，技术情报信息中心，才能充分发挥太原中心城市的独特作用。

就这样，在党中央正确领导下，在省委、省政府的大力支持下，市委、市政府团结一心、共同努力使的各项改革举措与开放工作得到有力地推进。全市上下坚定地贯彻执行国民经济调整、改革、整顿、提高的方针，集中力量抓经济建设，不断探索具有太原特色的经济与社会发展新途径。在坚持全民所有制经济占主导地位的前提下，鼓励和支持集体经济和个体经济的发展；打破旧的封闭僵化的经济模式，加强对外经济联系，促进太原经济由“封闭型”向“开放型”转化；调整农、轻、重及其内部的比例关系，扭转了轻重工业增长速度比例不协调的状况，农轻重内部结构也趋向大体合理；全面开展企业整顿，狠抓扭亏增盈工作，企业素质、经济效益有所提高；在抓紧国家重点工程建设的同时，加强老企业的设备更新、技术改造，收到了质量提高、品种增加、消耗降低的良好效果。通过上述努力工作，1987 年 7 月，在我离开太原市委到山西省委工作时，太原市的国民经济开始持续、稳定、协调地发展，发展速度与国民收入、地方财政收入也同步增长，基本上实现了财政经济状况的根本好转。

改革开放走到 1989 年下半年，受海内外政治形势的影响，国内再次出现思想纷争，认为改革开放要收、阶级斗争要抓的疑问不仅在社会，在党内也大量存在。思想上的混乱必然带来生产上的停滞和经济上的下滑，国民经济发展速度一直在 5% 上下徘徊，出现较大的滑坡势头。在这种形势下，1992 年 1 月邓小平同志以 88 岁的高龄一路南下，到武昌、到深圳、到珠海，围绕改革开放中的问题沿途发表谈话。邓小平同志说：“改革开放迈不开步子，说来说去就是怕资本主义的东西多了，走了资本主义道路，要害是姓‘资’还是姓‘社’的问题。判断的标准，应该主要看是否有利于发展社会主义社会的生产力，是否有利于增强社会主义国家的综合国力，是否有利于提高人民的生活水平。”“三个有利于”震动全国，冲破禁锢人们多年的思想禁区，解决了困惑中国多年的改革难题，为思想再次大解放指明了路径。这次思想大解放以后，我国经济进入高速发展的快车道。随着姓“社”姓“资”问题的解决，国家所有制结构发生了巨大变动，非公经济得到迅速发展。1993 年 10 月我被中央调任湖南省委书记，离开了山西，山西当时的非公经济发展在全国是靠前的，发展速度是快的，连年增长的速度超过全国的平均水平。中共山西省委发了一份支持民营经济发展的若干政策，这在全国是唯一一份以省委名义发的支持民营经济发展的文件。1989 年政治风波中，还受到了某些人的批判，但却得到了当时党中央领导的肯定。

亲历了三次思想大解放，尽管侧重点各有不同，但让我清楚地看到，三次思想大解放都在党的坚强领导下进行；都贯穿一条反“左”主线；都使干部群众打破了精神枷锁，带来思想的跃进，促进了生产力大发展。今天，回首改革开放走过的 40 年历程，每一个经历过这段历史的人们都不会忘记，40 年间天翻地覆的巨大变化都离不开思想大解放。每次思想大解放都起到拨乱反正的作用，都成为我国改革开放中具有里程碑意义的事件。当我国经济体制改革逐步走向深入，与传统的经济体制产生距离、不相匹配耦合时，党中央一再地明确“解放思想是发展中国特色社会主义的一大法宝”，强调“要进一步解放思想、解放生产力”，这充分说明改革开放发展中解放思想的重要性。现在，社会主义事业已经进入新时代，面临的许多问题，既涉及经济也包含政治，既涉及社会更包含民生。因此，今天在思想解放上所面临的形势就更为复杂，担负的任务更为重大，尤其是当政治与经济、社会与民生等问题交织一起的时候，推动解放思想与改革开放的难度无疑更大。当大家思考深化改革应从哪里入手，扩大开放路径应如何选择时，我认为“进一步解放思想、转变观念”仍然是我们一切工作开展的关键所在。

实践改革开放离不开创新担当

改革开放，作为我国新时期社会主义建设的一场革命，必然要经历风风雨雨、坎坎坷坷，世界上没有一场革命是和风细雨、一帆风顺的。回首改革开放初期太原的改革开放，同样是在迎风破浪中推进，在解放思想的指导下前行的。有人说我是改革开放的促进派。当时我只以默认应对，如今我要说："实践改革开放离不开创新担当，我要勇作改革开放的促进派。"回想当时太原的改革开放实践，正是市委、市政府一班人的勇于创新和担当，才让许多改革举措经受住了实践考验和时间检验。时至今日，有五项改革开放创新实践，依然记忆犹新。

（一）关于扩大国营工业企业自主权的改革创新

当时我们市委和市政府为了进一步贯彻《中共中央关于经济体制改革的决定》和全国经济工作会议精神，贯彻《山西省以增强企业活力为中心的经济体制改革实施方案》和国家财政部下发的有关文件精神，抓好增强企业活力，特别是国营大中型工业企业活力，促进太原经济建设的发展。我们决定摆脱"左"的束缚，冲破旧的框框，解放思想，大胆改革，在国家对国民经济发展总要求的前提下，给全市厂长（经理）摘掉"紧箍咒"，下放"五个权"。一是给厂长（经理）"组阁"权。企业的厂长（经理）确定后，副厂长（副经理）、总工程师、总会计师、总经济师等，由厂长提名，报上级有关部门批准；中层行政干部统由厂长（经理）任免。二是给厂长（经理）录用权。根据企业生产、经营的需要，厂长（经理）有权招聘各类专业人员；在受聘期间，厂长（经理）有权根据企业的经济能力和本人技能，给受聘人员确定岗位津贴（或技术津贴）和报酬。三是给厂长（经理）产品销售权。企业生产的产品，在保证完成国家计划的前提下，厂长（经理）有权根据市场情况自行推销，有权根据产量并根据贡献大小决定工资升降。四是给厂长（经理）奖惩权。企业在完成国家税利以后，厂长（经理）有权支配留成的利润。厂长（经理）依照厂规厂法（店规店法），有权对违反劳动纪律的职工进行纪律处分，直至除名。五是强调厂长（经理）要珍惜党和人民授予的权力，要树立对国家负责的观念，如果滥用职权，或有渎职行为，要追究责任，实行纪律处分，以至追究法律责任。

这五个下放的权利给全市的厂长（经理）吃了定心丸，得到了广大职工的热烈拥护，并在推广中得到了完善。同时，又进一步充实和完善企业内部多种形式的经济责任制，切实做到职工不吃企业的“大锅饭”。允许企业发放奖金可根据“奖勤罚懒，奖优罚劣，充分体现多劳多得、少劳少得”的原则，明显拉开档次，不搞平均主义。职工个人所得，上不封顶，下不保底，除国家规定免征奖金税的矿山采掘、搬运、建筑行业以外，其他企业全年发放奖金在四个月标准工资以内的，也免征奖金税。有条件的企业还可以按照国家有关规定搞自费工资改革，也可以搞各种职务津贴和岗位津贴，主管部门不得随意进行干预。所有这些规定与举措极大地激发了国营工业企业的活力，有力地推动了太原市的工业经济发展。

（二）关于繁荣市场、改善城乡人民生活的改革开放

为适应太原市民生活水平日益提高的需要，我们有力地推行了食品生产和商业体制等方面改革。为解决好食品的供需问题，贯彻实施了促进太原市食品生产发展的“四条意见”：一是恢复老字号和名特产品；二是在恢复名特产品、保留老师傅传统工艺的前提下，相应地进行一些改革和创新，以提高产品质量，但必须保持原有风味；三是积极大胆地引进兄弟省、市的名特产品；四是引进一些外国食品工业装备和技术，洋为中用，如：我们从山东引进海产品，在全市开设10个山东海产品销售点，从浙江引进养鱼能手在清徐县建鱼塘发展养鱼，供应太原市场，解决了市民吃鱼难、吃海产品难的问题。从国外引进两条生产线：

一条是意大利冰淇淋生产线；一条是法国的面包生产线，满足了市民对面包、冰淇淋的需求。由此，不仅像太原六味斋、双合成等这样的百年老店焕发了生机，而且省内省外的各类特色食品也陆续进入太原市场，极大地丰富了市民的生活所需。

在商业系统改革中让我记忆最深的是太原五一百货大楼在全国率先实行柜台承包制和奖惩条例，人员优化组合以完成柜台定额提成作为收入标准，极大提高了员工积极性，很快实现了利润和员工收入翻番。在供销社改革中，鼓励员工承包商品销售门市部，为承包人颁发营业执照，使其变成“国营个体户”，销售商品自己根据销售情况采购，依法纳税后，交完承包费均为个人所得，不仅承包人的收益大幅增加，而且对促进城乡商品的流通发挥了很大作用。为改善市民看病难问题，我们对医院也实行了相应改革，提高了医护人员的服务质量和积极性。如：太原中心医院的CT机由太原租赁公司为其购买，采用定额管理，超额部分五五分成，出现了全天候为患者检查的热闹场面。当时同样让我感动的还有在科研、设计系统的改革，太原建筑规划设计院按一个生产单位实行改革，他们按国家规定的图纸价格为社会各界服务，不但解决了自己的住房问题，改善了办公条件，而且率先实现了电脑化。类似案例有很多，每次想起都让我激动很长时间。

（三）关于太原第二步利改税工作的改革创新

太原市第一步利改税主要是盈利国营企业普遍征收所得税。1983年太原市有84个工业企业实行了利改税，占全部工业企业的68.5%。一年多的实践表明，国营企业实行利改税后，大企业的部分利润用征收所得的办法上交，把国家与企业的分配关系基本上纳入了固定的轨道，对加强企业经营管理和稳定国家财政收入起了很好的作用，较好地处理了国家、企业和职工个人三者的利益关系，扩大了企业财权，调动了企业和职工的积极性。但是，利改税第一步改革是不完善的，还存在一些问题，需要在第二步利改税的改革中进一步解决和完善。我们就按照国务院的部署和省里的安排，从1984年10月1日起，普遍推行第二步利改税。这是一个宏观重大决策，是城市经济改革的重要组成部分，与第一步改革比较，无论在广度和深度上都大大前进了一步，进一步扩大了企业的财力和自主权，对国民经济发展产生了重大影响。利改税第二步改革的指导思想是：要进一步处理好国家同企业的分配关系，从根本上解决企业吃国家“大锅饭”问题，并为解决职工吃企业“大锅饭”的问题创造条件；既要保证国家财政收入的稳定增长，又要使企业在经营管理和发展上有一定的财力保证和自主权，在政策上使企业感到有奔头，有更大的后劲；要发挥税收经济杠杆的调节作用，体现国家的奖励和限制政策，并缓解目前价格不合理所带来的一些矛盾。基本内容就是将国营企业应当上交国家的财政收入按税种向国家交税，由“税利并存”逐步过渡到完全的“以税代利”，税后利润留给企业安排使用。推进中我们正确处理了利改税和经营承包的关系、利改税与“松绑”的关系、实现第二步利改税后国家和企业的利害关系，使第二步利改税工作取得了圆满成功，并得到省里好评。

（四）关于推进太原市对外开放的创新实践

20 世纪 80 年代初期，太原是较早实施对外开放和招商引资的城市之一。首先在香港成功举办了“港并联谊会”，这次活动不仅使山西、太原籍和曾在山西、太原生活工作过的香港人对太原有了更多了解，而且在新华分社的支持下，500 多位港商参加本次联谊会和有关项目洽谈，签订了一批合作投资项目。随后，华杰电子公司、港并出租车公司、中外合资的广东酒家等一批合资、外资企业在太原陆续建立起来。其中，山西首家中外合资的华杰电子公司在崔晋宏总经理掌舵下得到了蓬勃发展，从昔日国内独占鳌头，走俏国际市场的“华杰表”，到今天华杰电子公司已变成享誉海内外的华杰集团公司，身为全国政协委员的崔晋宏董事长也成为新一代晋商的楷模。30 多年来经常在国内外各大报刊看到有关华杰的报道，我都会为之欣喜，都会想起当时我们在推进对外开放方面曾明确提出的“四个要求”：一要全面对外开放，大力从国外、省外、市外引进先进技术、设备和发展资金；二要积极面对对外开放新形势的挑战，要求太原所有企业全力提高企业职工素质和技术应变能力；三要培养一批熟悉国外情况、国外企业经营的管理型人才；四要改革对外经济贸易体制，扩大对外经济交流。

为打破太原长期闭塞的状况，我们先后同英国、日本等国家的城市建立了友好城市关系。其中，与英国东北部的纽卡斯尔市建立友好关系后，纽卡斯尔市为太原培养了一批采煤采矿、企业管理和外语人才，为太原的发展发挥了重要作用。在对省外开放方面，太原是较早进入特区的城市。深圳特区建设初期，太钢等大企业与国家物资系统一起在深圳建立了五星级的南方国际大酒店、太原饮食服务公司在深圳建立了合资的杏花村酒楼、太钢在深圳蛇口工业区建立了钢铁制品企业等。同时也十分重视省内兄弟地市间的经济技术协作，1985 年 9 月成功举办“山西十一地市经济技术协作、太原地区科研、生产技术协作首届洽谈会”，来自全省 11 个地市的 500 多名代表参加了会议。会上 11 个地市经过共同协商，决定建立经济技术协作联席会议制度，并就建立 11 个地市经济技术协作网络问题达成协议。会上太原与各地市、大专院校和科研单位共洽谈项目 500 多项，成交项目达 269 项。这次洽谈会的成功举办得到了省市领导的充分肯定。

（五）关于发展城镇集体经济和劳动者个体经济的改革创新

党的十一届三中全会以后，由于我国生产力发展水平总的说来还比较低，又很不平衡，在很长时间内需要多种经济形式同时并存。城镇手工业、工业、建筑业、运输业、商业和服务业，都不应当也不可能由国营经济包办，有相当部分应当由集体承办。只有为集体经济发展开拓了广阔的领域，发展城镇集体经济，才能繁荣城乡经济，方便人民的生活，解决劳动就业问题。为此，在中央关于社会主义公有制占优势的前提下，实行多种经济形式长期并存的方针指引下，我们及时颁布了《关于大力发展城镇集体经济的决定》，主要内容是从指导思想上进一步明确社会主义集体经济的性质、地位和作用，认识社会主义集体经济的优越性，结合产业结构和所有制结构调整，完善集体经济的管理体制，认真贯彻自愿组合，自负盈亏，按劳分配，民主管理的原则，广开就业门路，从实际出发，采取多种形式促进城镇集体经济实现了较快发展。特别是乡镇企业在解决“农村无工不富”，农村要树立“农、林、牧、工”全面发展的思想指导下，各种类型的“专业户”如雨后春笋般发展起来，乡镇企业也进入了快速发展轨道。

当时，太原城镇劳动者个体经济虽有了较快的恢复和发展，但还存在着歧视劳动者个体经济的偏见，存在着不利于个体经济发展的条条框框，束缚着个体经济的发展。我们及时根据党的十二大报告精神，针对太原的具体情况，市政府及时颁布《关于发展城镇劳动者个体经济的 10 项决定》，主要是进一步解放思想，放宽政策，加强领导，改进工作，推动太原城镇劳动者个体经济得到新发展。重点明确要求国营商业和物资部门，对个体工商业户所需的原辅材料和货源，应根据可能条件，同集体企业一视同仁，合理分配；个体工商业户所需的资金，也可向银行贷款，银行应准予开列账户；对于从事个体经营的公民，他们的社会和政治地位，应同国营、集体所有制单位的职工一样；逐步建立和健全区（县）、市两级个体劳动者协会；加强个体工商业户管理，保证其健康发展。

纵览太原后来 30 多年的改革开放，在山西省委、省政府的正确领导下，历届太原市委、市政府的领导始终坚持解放思考、勇于担当，紧抓改革开放不放松，才有了太原今天的巨大变化，例如，近几年来，耿彦波市长大刀阔斧的城市交通改造和力推的经济转型发展，也充分说明了实践改革开放离不开创新担当。

结　束　语

40 年物换星移，回忆改革开放初期我的参与和实践，心潮澎湃中有感怀有慰藉。近看 10 年来特别是党的十八大以来，在以习近平同志为核心的党中央领导下，蹄疾步稳地推进全面深化改革，坚决破除各方面体制机制弊端。改革全面发力、多点突破、纵深推进，着力增强改革的系统性、整体性、协同性，压茬拓展改革广度和深度，推出了 1500 多项改革举措，重要领域和关键环节的改革取得突破性进展，主要领域改革主体框架基本确立。同时，坚定不移扩大对外开放，提高对外开放水平，坚持以开放促改革、促发展，实现了改革和开放的相辅相成、相互促进。既从世界汲取源源不断的发展动力，也让中国发展更好地惠及世界人民。五年来，取得了改革开放和社会主义现代化建设的历史性成就，党和国家事业全面开创新局面，令我叹服、让我敬佩。

习近平总书记在党的十九大报告中，回顾党的十八大以来的工作成就时指出，“五年来，我们党以巨大的政治勇气和强烈的责任担当，提出一系列新理念新思想新战略，出台一系列重大方针政策，推出一系列重大举措，推进一系列重大工作，解决了许多长期想解决而没有解决的难题，办成了许多过去想办而没有办成的大事，推动党和国家事业发生历史性变革。这些历史性变革，对党和国家事业发展具有重大而深远的影响。五年来，我们勇于面对党面临的重大风险考验和党内存在的突出问题，以顽强意志品质正风肃纪、反腐惩恶，消除了党和国家内部存在的严重隐患，党内政治生活气象更新，党内政治生态明显好转，党的创造力、凝聚力、战斗力显著增强，党的团结统一更加巩固，党群关系明显改善，党在革命性锻造中更加坚强，焕发出新的强大生机活力，为党和国家事业发展提供了坚强政治保证。同时，必须清醒看到，我们的工作还存在许多不足，也面临不少困难和挑战。这些问题，必须着力加以解决。”

步入新时代，纪念改革开放 40 周年，是为在总结成功经验和审视不足的基础上，进一步推进全面深化改革和扩大开放，为决胜全面建成小康社会，夺取新时代中国特色社会主义伟大胜利奠定基础。我衷心希望，山西各级领导干部以习近平总书记新时代中国特色社会主义思想为指导，全面贯彻党的十九大精神，认真落实省委“一个指引、两手硬”的重大工作思路和要求，以纪念改革开放 40 周年为契机，进一步解放思想、解放和发展社会生产力、增强社会活力，以勇于创新和担当的精神，全力推进山西的经济建设、政治建设、文化建设、社会建设、生态文明和党的建设，以及全国资源型经济转型发展示范区建设，兴晋富民、努力开创新时代山西各项工作的新局面，为实现中华民族伟大复兴作出新贡献！

回忆我在山西当省长

王森浩

我从1983年开始担任山西省省长，1992年离任。这期间的山西省，同全国各地一样，在改革开放大潮的推动下，发生了巨大的变化。这十年是中华人民共和国成立以来山西省经济建设发展最快的时期之一，也是人民生活得到实惠最多的时期之一。十年的实践是丰富多彩的，同时路上也充满着荆棘和坎坷，经历了风雨和艰难。我和当年一起奋战在山西省的同志们一路走来，并尽了一些微薄的努力。现对这十年与煤炭有关的一点情况作简单的回顾，以借鉴于既往，开拓于未来。

我调任前山西煤炭情况

1956年，我从北京矿业学院（现中国矿业大学）毕业，后分配到大同矿务局，工作了15年。1970年到潞安，在那儿待了12年。1982年，我被调到煤炭工业部任总工程师，第二年赴任山西省省长，我一共下了27年的矿，卸任省长后还是在煤矿。而在山西这样的煤炭大省当省长，跟煤炭打交道自然也是各项工作的重中之重。

党的十一届三中全会之后，中央就开始酝酿把山西建设成为全国的能源基地。1979 年 8 月，薄一波同志来山西调研后，向国务院提出了“尽快把山西建设成为一个强大的能源基地”的建议。中共山西省委、山西省人民政府也向党中央、国务院提出了“关于把山西建设成为全国能源基地的报告”，得到党中央和国务院领导的支持。1980 年 5 月，《人民日报》发表《尽快把山西建成强大的能源基地》的社论，指出，“大规模地开发山西煤炭，这是全国实现四个现代化的一项紧迫的战略任务”。同年 7 月，省人民政府向国务院报送了《山西能源基地建设规划纲要（草案）》。在国务院技术经济研究中心的具体帮助下，在各方面专家研究、论证的基础上，编制了《山西能源重化工基地综合规划》。此后，中央领导同志多次来山西调查研究。1982 年，国家作出了建设山西省能源重化工基地的战略决策。

我就是在这之后被调往山西的。

1983 年正是我国“六五”计划期间，经济发展很快，年增速高于 10%，所以急需能源。而煤炭占到了我国能源结构的 70%，石油占 20%，其他的还有如煤层气等。石油少，所以主要就靠煤。较之需求，当时煤炭生产严重不足，国家煤炭能源相当紧张。山西煤多，有 2000 亿吨储量，全国 70% 的煤靠山西，可以说，山西煤炭上不去，全国煤炭就上不去，国家的经济发展就会受影响。

我提出“大中小并举”

我上任后的第一件事是作调研。带着省政府厅局长下基层，了解各地的基本情况：领导班子情况、工人生产情况……以及一些存在问题，这样走了一个多月。当时的山西，经济水平在全国处于中下游。从农村来说，由于地处黄土高原，十年九旱，农业基础设施薄弱，抗旱能力低，基本上是靠天吃饭，老百姓就是种点粮食，没有什么别的收入。时间长一点我也感受到，山西主要靠煤，想还是在煤上做文章，多出煤吧。

1983年，山西省煤炭年产量已达到1.59亿吨，但远远不能满足国家经济建设的要求。山西确定建设能源重化工基地之后，按照初步规划，国家要求山西原煤产量1990年达到2.3亿吨至2.5亿吨；到2000年，产量要达到3.6亿吨至4亿吨，外调2.7亿吨至3亿吨。所以，我遇到的第一个问题就是如何进行建设，走什么路子。我下去调查了一个月，一直思考煤炭产量怎么能上去。

当时，由于受单一所有制结构思想的束缚，我国几十年来发展煤炭工业主要靠建设国营大中型煤矿。“六五”计划期间，国家安排在山西开工兴建的40项大中型项目中，煤炭建设项目有10项，其中包括扩建改建八大矿区（大同煤矿、轩岗煤矿、西山煤矿、汾西煤矿、阳泉煤矿、霍州煤矿、潞安煤矿、晋城煤矿）和新建古交、平朔两大矿区。

山西是国家能源重化工基地，有条件、也应该建设一批大型骨干煤矿，一个国家没有一批决定着国计民生的大型骨干企业是不行的。但是，单靠发展大中型煤矿无法适应国家建设对煤炭的需要。当时面临的实际情况是：一方面，国家建设急需煤炭，但建设大中型煤矿周期长，少则三五年，多则七八年，远水不解近渴，且改建、扩建的投资大，国家经济比较困难，没有那么多钱，另外，到2000年，这些统配矿的产量尽最大努力也只能达到2亿吨，缺口还很大；另一方面，山西煤炭资源分布广，全省80%的县（区）地下有煤，老百姓有挖煤的传统和经验，实行联产承包后，农村也有剩余劳力，可以从事煤炭开发。

依据对客观实际情况的调查研究，1984年上半年，我提出“大中小并举”，即在搞好国营煤矿的技术改造和重点矿井建设的同时，由地方和社队办一批中小型煤矿，作为统配煤矿的补充，这既可以加快能源基地的建设，也可以使山西农民很快富起来。

那么，怎样发展地方和社队煤矿？我当时提出了十条措施：

（一）大中小一起上，原则上国家办大矿，地方、社队办中小型矿。

（二）统一规划煤炭资源，有计划地给地方和社队小矿足够的煤炭储量，不仅仅是边角煤、风化煤。小矿的资源要有保证。

（三）多方面开辟办矿的资金渠道：一是群众集资办矿，个人、集体办可以，联营也行，山西农民存款有13亿元，拿出一部分就很可观；二是国家、地方借给社队发展基金，免收利息；三是国家投资，包干给地方建矿。

（四）社队借款办矿，在还清贷款前免交税利。还清后所得利润交够国家的，留给集体的，剩余全部是自己的。

（五）煤炭运输允许国家、集体、专业户、联营户一起上。允许社队矿自产自销，价格不受限制，国家不干预，由双方自行商定；也可以和国家签订合同交售给国家。

（六）在有条件的地方，可以实行“小煤矿、大电站”，即大电站用小煤矿的煤，煤价和补贴均按国家统配煤的规定办。

（七）一部分机械工业要转向为中小型煤矿服务，生产风机、水泵、溜子、绞车、煤电站、矿灯等专用设备。改造中小矿，保证安全生产。

（八）建立地方矿的地质勘探和设计队伍，使地方和矿不再为这些事犯难。

（九）采取各种形式、多种渠道为地方矿培训技术和管理人才，从老矿抽调一部分技术工人到小矿工作。

（十）制定地方和社队矿的管理条件，保证安全生产，防止乱采乱掘，逐步实行正规生产。

省政府讨论方案时也有不同意见，但是后来还是定了下来，否则产量上不去，满足不了国家需要。省委通过后上报国务院，得到批准。

煤炭带动了相关产业共同发展

实践证明，这是一条投资少、见效快、效益好的路子。

乡镇办矿很简单，由于山西煤炭资源赋存条件好，有的地区浅层煤离地面只有几十米，挖个洞就出煤，很快就能采上来。在这些地方建设矿井投资省，一般小型煤矿当时吨煤投资20元左右，生产成本低，只要有政策，农民积极性很高。很快，老百姓富了，国家煤炭满足了。到1989年，全省乡镇煤矿由1980年的3000多个发展到6000多个，煤炭产量由3000万吨增加到1.13亿吨，超过了国家在山西的统配煤矿的产量。1990年乡镇煤矿已占到全省煤炭产量的41%，成为山西煤炭工业中一支举足轻重的力量。山西乡镇煤矿生产能力由3000吨扩展到1.13亿吨，只用了国家几亿元贷款，主要是依靠农民自己的力量和煤矿自身的积累。

随着煤炭生产的发展，交通运输不足的矛盾越来越突出，全省煤炭一度大量积压。运不出去就在当地卖，可即使价格很低也难卖掉，农民要求修路的呼声强烈。

所以，当时除了搞煤矿以外，第一就是发展交通，搞铁路、公路。在积极配合国家建设大秦线，改造南北同蒲线，石太线、太焦线等六条铁路干线的同时，山西兴建了五条地方铁路，各地市间都修通了，从地市到县、县与县间也都通了公路，农村到城市很方便。现在山西交通很不错，这也是煤矿发展有了钱才可以办，没钱办不了。

在产业结构方面，能源基地建设初期，由于当时全国能源供应紧张，急需山西多生产煤炭，所以山西在基地建设中把主要精力放在增产煤炭上。那几年煤炭产量上得很快，但交通运输能力不足、农业基础薄弱、轻纺工业落后、日用消费品供应不足等矛盾日益突出，制约着煤炭的开发。实践使我们体会到，作为一个省，国民经济是一个整体，应有全面的产业政策，形成合理的地区经济结构，山西不能光出煤，其他产业也得发展。我当时就开始调整投资比例，煤矿少投一点，其他包括农业以及钢铁、化工等第二产业以及第三产业都增加。从1980年以来的十来年间，特别是“七五”以来，省级用于农、林、水基本建设的投资共10.6亿元，其中来自煤炭所累积的资金为5.06亿元，占47.7%。影响比较大的是第三产业，第三产业的就业人多，对职工子女就业有好处，老百姓上市场买东西也都方便了。

小煤窑的问题

乡镇煤矿的发展方向是正确的，但由于上得很快，缺乏经验，管理跟不上，逐渐也暴露了一些问题。

资源损失浪费太大是主要问题。小煤矿的设备简陋，采煤方法落后，没有机械化，都靠人工采，资源回收率很低，1 万吨的储量顶多采出 3000 吨。相比之下，国有煤矿机械化程度高，1 万吨储量可以拿回 7000 吨，资源回收多。这在小煤矿发展初期是难免的，但长期这样下去不行。对此，起初的时候我们只是说一说，也没有什么好的措施，因为只要是用手工挖煤，回采率就没有办法提高。另外有些地方采完以后地表就塌陷了，农田被破坏，省里都给补贴，地少了，这批劳力转移搞乡镇企业。

到 20 世纪 90 年代，煤炭供应不再紧张，山西开始逐步对小煤矿进行改造。好多小煤矿都合并了，改造成正规的大煤矿，搞机械化采煤。还有的关掉，由省里给经济补贴。另外对乡镇的小煤矿审批变得严格了，少批或者不再继续批了。这样，用了一两年时间改造完成。

大力发展乡镇小煤矿，这只是一段历史，在当时的情况下必须这样做，否则煤炭的产量就上不去，国家经济发展就快不了。后来不能这样做了，当然也不需要这样做了。

再多困难也要坚定地往前走

其间也有很多曲折。当时存在一种错误认识，认为多出煤炭是把山西资源给了别人，是“出卖山西资源”，山西煤炭大量调出，是吃了大亏。实事求是地讲，从总体上看，在煤炭生产上，山西是受益者，绝非受害者，这是最基本的事实。山西多出煤，多为国家作贡献，不是出卖山西的利益，山西是全国的一部分，山西的煤炭资源是属于国家的，建设山西能源基地是国家的决策，山西这个局部和全国大局是统一的，根本利益也是一致的。事实上，当时十来年间，山西外调煤炭获得的各种价外补贴总共有几十亿元，这成为山西建设资金的主要来源。这些煤炭补贴除一部分用于能源、交通建设外，大部分用于发展其他方面的经济建设和改善人民生活。如果没有煤炭价外补贴这笔资金，仅靠财政收入，是办不了这么多事情的。最能说明问题的是产煤县经济发展快，人均收入高，多数产煤村都较快地富了起来，大大超过了无煤的地方。

这十年，我个人认为得的多，失的少。

我刚上任那年是 49 岁，在当时是最年轻的省长了。我刚去的时候，山西有的老同志是不满意的，他们认为我不是山西人，对我有排外情绪。不管怎么说，我还是坚持下来了。

我这十年，山西比较稳定。发挥山西煤炭优势，多出煤对国家有好处，对山西老百姓也有好处。煤炭好了，经济就好了，经济好了别的工业也可以上去。一般我做事比较实事求是，感到怎么有利就采取什么办法，好多官员都是上面叫怎么干就怎么干，这不行。做什么事情都得有自己的想法，要去思考、动脑筋。一个新生事物开始都会有人反对，可是要突破了也就突破了，突不破就完了，需要有勇气。我那个时候没想一心当官，不叫我干我就不干，还搞技术就是了。

我总是这样想，总归要服从大局。国家需要煤炭，不能说为了地方利益不管国家。但是，山西人民的利益我也得维护，两头都得做工作。“大中小一起抓”这个方针现在可能不合适了，但应该可以说，山西发展最快的时候就是“六五”“七五”这十年。

回顾我在山西这十年，我个人认为得多失少。山西煤炭储量多，当然还是要靠多出煤才能富起来。别的没什么优势。地处黄土高原，不靠煤还能靠什么，富起来有钱了才有条件搞别的。这个方针，要是放到现在肯定要修正，但在那时候是对的。必须在当时的情况下看问题，这是关键。

（高芳整理）

关于太原改革开放的几点回忆

孙　英

1985年6月到1992年4月，我在中共太原市委工作，先后任市委副书记、市政协主席、市委书记。这七年间，是党的十二大闭幕两年后到十四大召开之前的一段时间，是全党和全国各族人民学习贯彻十二大、十三大文件和邓小平同志南方谈话精神，不断推进改革开放伟大事业的重要时期，是开始贯彻社会主义初级阶段理论和基本路线、间有经济上治理整顿和八九政治风波等重大事件的时期。七年中，在中央一系列大政方针指导下，在省委直接领导下，我和太原市委一班人，带领全市广大党员、干部和群众，在改革开放方面主要做了以下几个方面的工作。

努力推进城市体制综合改革

进入20世纪80年代中后期，我国农村改革已取得巨大成就，城市经济体制改革试点也取得初步经验，加上世界新技术革命风起云涌，我国城市经济体制改革势在必行。为此，在党的十二大制定全面改革纲领的基础上，十二届三中全会通过了《关于经济体制改革的决定》。《决定》明确要加快以城市为重点的整个经济体制的改革，建立具有中国特色的充满生机和活力的社会主义经济体制；要求把增强企业活力作为经济体制改革的中心环节。

太原是山西的政治、经济、文化中心，集中了50%以上的国有大中型企业，工业总产值占全省的三分之一，又是中央确定的国家能源重化工基地中心城市。所以，在以城市为重点的全面改革中，太原市的综合改革具有十分重要的地位。

我主持市委工作后，面对的整体形势复杂，各方面工作繁多，我们首先对市情进行了更加全面深入的调查研究，估量改革形势，清理工作思路，力求寻找工作重点和突破口。

通过调查研究，我和市委的同志们认为，太原在全省最早进行了扩大企业自主权的试点工作，又是城市体制综合改革的试点城市，近几年的改革取得了许多积极成果。但作为省会城市，与沿海地区以及其他先进城市相比，与中央和省委的要求相比，改革的步伐还不够快，改革的成效也不够理想。主要问题是思想不够解放，企业改革不够深入。如不进一步推进改革，与先进地区的差距将会拉大，中央和省委对太原市的期待将不能很好地实现，广大群众的利益也将得不到应有的维护和实现。基于这些分析和认识，我们提出了“加快步伐、深化改革”的八字方针。

1987年8月27日，我主持召开市委常委民主生活会，着重分析市委领导班子存在的求稳怕乱等思想问题，研究如何进一步解放思想和深化企业改革。会上，我首先检讨自己的思想不够解放，然后分析了太原城市经济体制改革存在的问题。我认为，党的十二大特别是十二届三中全会以来，全国以城市为重点的改革步伐日益加快，形势逼人，我们必须要以对党的事业和人民利益高度负责的精神，敢想敢试，不怕失误，努力摸索符合太原实际的改革之路，争取有所作为。

关于太原城市体制综合改革，我认为当时的重点应是企业改革。企业改革搞好了，城市体制综合改革就会全盘皆活，必须紧紧抓住和努力推进企业改革。太原的国有大型企业都是在计划经济体制下建成的，在此前扩大企业自主权改革中，体制方面的坚冰已经冲破，但管理方面仍保留着大量计划经济的东西。我提出，必须把增强企业活力作为太原市经济体制改革的重点和中心环节；企业改革中要大力推行各种形式的承包经营责任制，积极引入竞争机制和风险机制，增加企业的压力、动力、活力；同时，要深化企业内部经营机制和外部条件的配套改革，为搞活企业创造良好的环境。

在统一思想基础上，9月8日，市委、市政府召开了进一步深化企业改革动员大会，对推进承包（租赁）经营责任制作动员。10月9日，市委、市政府发布了《关于进一步深化企业改革的试行意见》，对全市因地制宜，推行包、租、股、卖等灵活多样的经营方式作具体安排，细化了企业改革的各项规定。随后，各种形式的承包经营责任制由小型企业向大中型工商企业扩展，尤其是把竞争机制和风险机制引入承包，实行基数招标、厂长招聘、公开竞争、优胜劣汰，成为我市深化企业改革的一个显著特征。

1987年10月，党的十三大的召开为深化改革进一步指明了方向。十三大强调，要围绕转变企业经营机制这个中心环节，加快建立和培育社会主义市场体系，逐步建立有计划商品经济的基本框架，形成“国家调节市场，市场引导企业”的机制。十三大闭幕后，市委把学习贯彻十三大精神作为一项重要任务，组织全市党员群众开展生产力标准问题大讨论，全面清理了旧思想、旧观念，树立了有利于生产力发展是判断一切是非的根本标准的新观念，为开拓太原市改革和建设的新局面奠定了良好的思想基础。

思想的统一，促进了改革的进一步深化，主要是完善此前的厂长负责制，进行企业内部的配套改革。经营管理上，多数企业实行了内部承包经营责任制，车间、班组都有了明确的经济责任；分配制度上，推广工资总额与上缴利润挂钩、计件工资、岗位工资等多种分配办法；干部人事制度上，试用聘用制和任期制，实行民主选举和评议；劳动用工上，全面推行了劳动合同制和社会统筹劳动保险，部分企业试行了劳动组合制。经过这些配套改革，企业领导体制、经营机制、内部管理和企业外部的环境都有了很大变化，企业活力进一步增强，发展速度加快，经济效益提升，群众得到实惠。实践证明，我们的工作思路是正确的。

在企业配套改革中，我们的工作有两个亮点。

一是1988年5月，我们为搞活大中型企业，研究制定了《太原市试行“特厂、特店”的暂行办法》和《太原市企业兼并试行办法》。这是搞活大中型企业的一个新思路，主要内容是把劳动工资、人事、税收、技改和外贸等方面的权力下放给那些领导班子强、生产经营状况比较好的大中型企业，使它们与市级有关部门具有同样权力，从而把我市企业改革推向一个新阶段。

二是把推行优化劳动组合作为深化企业内部改革的突破口。计划经济背景下，企业普遍存在管理松弛、劳动纪律涣散等问题，为从劳动组织和分配上打破“铁饭碗”“铁交椅”“铁工资”，激发广大职工的积极性和创造性，我们决心在企业内部优化劳动组合。因为这项工作政策性强，涉及面广，关系每个职工的切身利益，具有一定风险。我们先在第一机床厂、山纺和太化试点，然后在已实行经济效益和工资总额挂钩的企业推广。在大的方面，我们坚持了从实际出发，不搞一刀切，不求一个模式。在优化组合时，我们坚持了条件公开，政策透明，机会均等，双向选优。由于意见一致，思路清晰，步子稳妥，措施得力，完善、发展了承包经营责任制，取得了很好的成效。现在回头来看，这项改革当时在全省乃至全国的内陆省份都是比较超前的。

1988年，省委、省政府在太原试验第二轮综合改革，旨在解决长期制约经济发展的管理水平低、物质消耗高、产品质量差、经济效益不高、水资源缺乏、电力严重不足和原材料紧缺、流通不畅、资金缺乏等问题；解决轻工业和重工业、供给和消费、积累和分配比例关系不协调的问题，还有城市基础建设薄弱、农业基础地位脆弱，粮食减产，物价高涨等问题，涉及政治经济、城市农村、工资物价、城建房改等各个方面。改革任务十分艰巨。

遵照省委、省政府的指示，我们认真总结了几年来城市体制综合改革的经验教训，吸取其他地方好的做法，与省市有关部门反复协商，制订了《太原市综合改革试点方案（1989—1991）》。山西省委、省政府以晋发〔1989〕3号文件批转了这一综改方案，指出做好这一工作的重大意义，要求太原市“为全省城市体制改革做出示范。”

为了贯彻这一方案，我们成立了以市委副书记、市长为组长的领导小组。1989 年 5 月，我还专程前往国家体改委汇报有关情况，得到国家体改委负责同志的肯定。随后，按方案要求，我们进一步简政放权，深化城区、郊区的综合改革，进行政治体制改革尝试，并稳步进行了物价与工资改革，加快了城建体制与住房制度改革，深化农村第二步改革，使城市综合配套改革不断推进。

由于全国价格改革“闯关”成效不理想，出现诸多问题，1988 年 9 月，党中央决定治理经济环境、整顿经济秩序。太原市第二轮综合改革试点工作开始放慢速度。但在治理整顿期间，我们没有放松对改革的要求。我一直认为治理整顿是对前期工作的调整，是把过热的空气、过快的速度降下来，为继续改革扫清障碍。

1989 年，市委、市政府相继颁布《关于进一步完善和发展企业承包经营责任制的意见》《关于稳定、完善企业承包经营责任制的补充规定》，保证了企业承包责任制的稳定性和连续性。1990 年，经过调查研究，我们围绕企业新一轮承包，总结太原树脂厂搞好内部改革，克服市场疲软取得良好经济效益的经验与市粮食局实行延续承包试点的经验，提出了完善新一轮承包的措施，制定下发《关于搞好企业新一轮承包若干问题的规定》，推动了新一轮承包工作的健康发展。围绕企业内部改革，我们积极推广太原橡胶厂实行全方位岗位工资制的经验，得到了国家劳动人事部和省委、省政府的肯定，在全国推广。为提高管理水平，我们还开展了企业管理年活动，帮助企业排忧解难，共渡难关。1989 年 4 月，我和有关负责同志到市直属 13 个企业主管局及部分企业调查研究，了解生产经营形势，针对产品积压、资金拖欠、部分企业亏损等问题，采取了鼓励销售、清理拖欠、帮助扭亏等措施，促进全市工业生产稳步回升。围绕落实“综改方案”中遇到的问题，我们对生产资料市场、金融市场、科技市场和劳务市场进行深入研究，针对存在问题，采取相应措施，有效地加以解决。在推动微观经济机制转换的基础上，我们也在加强宏观调控上迈出新的步伐，努力增加供给，抑制需求，调整结构，提高效益，稳定物价，改善企业经营环境，促进全市国民经济的持续稳定增长。这些措施的实施，保证了城市改革的顺利进行。

现在回忆起来，那些年，太原市委和市政府的同志们坚持“一个中心、两个基本点”的基本路线不动摇，在推动改革方面做了大量艰巨细致的工作，取得了明显成效。但毋庸讳言，由于当时处于起步阶段，我们制定的一些方案措施带有明显的探索特点，随着改革的深入，不可避免地出现一些新的矛盾、问题和困惑。如对计划与市场的认识问题，如何处理国有经济与民营经济的关系问题等。邓小平同志南方谈话后，这些问题才逐步得到解决。

在开放中求发展

1985 年前后，太原的对外开放已经起步，并取得明显成绩。但与当时的 14 个沿海港口开放城市相比，与在长江三角洲、珠江三角洲、环渤海地区的经济开放区相比，与对外开放的大局和党的十三大之后形势的要求相比，在开放的深度上、广度上都还是很不够的。主要表现为：开放意识不强，思路不宽；研究改革发展，往往囿于太原市这个空间；横向经济联合的范围不够广，层次不高，实效不大；经济发展中“大而全”“小而全”、自我循环的问题比较明显；不善于引进外地人才、资金和技术，“借水行舟”“借鸡生蛋”；不敢于走出去，“借地生财”“借梯上楼”等。这种状况不加改变，太原市的改革和发展就缺乏新的生机和活力。

我担任市委书记后，多次召集市委常委会研究，决定进一步扩大开放，在开放中求发展。

1988 年初，中央提出了沿海经济发展战略。我们认为，这是与内地发展密切相关的全国性、总体性战略，太原必须在新形势下抓住机遇、找准位置，扩大开放，制定好经济发展对策，全面振兴本地经济。经过广泛调研、论证，我们制定了《解放思想，抓住机遇，全面开放，振兴太原——太原市关于适应沿海经济发展战略的基本对策》。7月，市委五届六次会议讨论完善了这一文件。8月，作为市委15号文件下发实行。

《基本对策》提出了太原适应沿海经济发展战略发展经济的指导方针："以开放促改革，以改革带发展，以发展求振兴；立足优势，找准位置，调整结构，内外循环；在促进技术进步、提高经济效益的基础上加快发展步伐，力争经过三至五年的努力，初步建成太原开放型经济的新格局。"

《基本对策》是太原适应沿海经济发展战略新形势的一个战略筹划，全面描绘了太原市改革、开放和发展的蓝图。在对外开放方面，提出了选择一批有条件的大中型企业，实行更加开放灵活的政策，使之成为太原市对外开放的主力军；放活外贸经营体制，扩大对外贸易；建立小店经济技术开发区，创造良好的投资环境，吸引和鼓励外商投资办厂；改善对外开放的软环境；加强信息和外宣工作；发展横向经济联合等重要措施。这些措施，有的当时就实行了；有的是在我离开太原后才实行，如建立小店经济技术开发区等。

根据市委五届六次会议精神和《基本对策》的部署，太原市的对外开放工作进一步全面展开。

一是大力开展出访和来访活动，取得积极的开放成果。比如，1988年10月，太原市邀请日本姬路市经济代表团来访，并签署了《1988—1989年度太原市、姬路市友好交流项目协议书》。

二是积极吸引和鼓励外商来太原投资。"七五"期间，太原市共利用外资7742万美元，兴办"三资"企业24家。1991年，全市共成立外资企业31家。到1991年底，全市"三资"企业达到74家，占全省55%。

三是努力发展对外贸易，扩大出口。1989年，太原市开始自营进出口业务，到1990年，自营出口创汇达到2636万美元。全市外贸出口商品销售额达到2.18亿美元，比1985年增长2.1倍。1991年，全市直接出口完成2440万美元，比1990年增长59.5%。

四是引进先进技术。"七五"期间，太原市共引进技术92项。给我印象比较深的是，太原平板玻璃厂从瑞士引进用第三代电子计算机控制的钢化玻璃生产线，年生产能力达60万平方米。

五是发展对外旅游事业。为了宣传太原，我们做了许多工作。比如，拍摄了《今日太原》系列片，出版了画册《太原揽胜》等。辛勤的劳动获得了应有回报。“七五”期间，来并观光、洽谈经济业务和回来探亲的国际友人、港澳台同胞达到56615人次，外汇收入1685万美元。

六是积极发展对内开放，进一步加强了与沿海地区多渠道、多形式的横向联合。

经过几年努力，太原基本实现了全方位的对外开放。

着力建设能源重化工基地中心城市

太原作为能源重化工基地中心城市的定位，是依据1983年5月19日国务院对《太原市城市总体规划（1981—2000）》的批复：“太原市现有工业基础比较雄厚，今后城市的工业发展应以内涵为主，提高现有企业的经济效益，在山西能源基地的开发建设中发挥积极作用”。但这个定位，对太原的利弊，一直存在不同认识。

我主持市委工作期间，市委多次讨论能源重化工基地问题，印象最深的是1988年市委五届六次会议。

这次会议重点研究太原市适应沿海经济发展战略的基本对策，我希望与会同志围绕加速经济发展这一议题，集思广益，献计献策，共同做好加快发展的大文章。但在讨论时，一些同志对太原作为能源重化工基地中心城市的优劣问题议论很多，认为发展能源重化工不是太原的优势，而是包袱，会使发展速度慢、效益低、环境差。

针对这种议论，我从历史的角度分析说，我市经济以能源工业、原材料工业、重化工业和机械制造为主的重型结构，是同我市的自然资源状况和地理位置密切相关的，是国家经济布局要求的，也是历史形成的，从一定时期看，应该说是我们的优势所在。特别是沿海发展战略的实施，扩大了对能源、原材料的需求，这对我市发挥优势、加快经济发展的步伐，提供了一个很好的机会。随着商品经济进一步发展，新的经济秩序的确立，各种环境的逐步改善，这种优势将会更加明显。因此，只要我们沿着发展能源重化工的路子走下去，就能使我们在全国商品经济的大格局中占有重要地位。放弃这一点，就放弃了我们的优势，丢掉了我们应有的位置。

我进一步指出，发展能源重化工，不是不要轻纺工业和消费品工业，而是要在建设能源重化工基地的同时，积极努力也发展轻纺、消费品工业，逐步改变倚轻倚重的状况。市委提出的到1990年，太原轻重工业比重要达到3:7的目标，正是基于这样的考虑。因为发展轻纺、消费品工业，有利于保持太原市场稳定的供求关系，减缓对交通运输的压力，增加财政收入，提高就业率，还有利于能源重化工业优势的发挥。所以，在制定《基本对策》时，市委提出煤炭抓转化、冶金抓加工、化工抓精细、机械抓配套的方针。如果这一方针能够得到落实，我们就可以立足于自己的优势，走出一条能源重化工业内部结构比较合理、轻重工业协调发展的经济振兴之路。

通过深入讨论，大家的认识逐步统一。基于对我市轻重工业比重等市情的考虑和能源重化工基地中心城市的基本特点和优势的认识，此次会议还通过了《关于从调整入手，努力发挥自身优势，加快我市轻工业发展的意见》。市委要求各级党组织和广大党员干部，正确认识我市在全省和全国经济发展中的地位作用，按照中央和省委的要求，进一步解放思想，抓住机遇，沿着发展能源重化工、兼顾发展轻工业和新兴工业的思路，加快振兴步伐，力争1990年实现三大目标：全市工业总产值突破100亿元；轻、重工业比例达到或接近3:7；国民收入达到47亿元。

经过几年努力，太原能源重化工基地建设基本完成。1991年全市原煤产量2909.87万吨。1992年9月，总投资35亿元，年产1650万吨的大型现代化焦煤生产基地——古交工矿区，作为与宝钢、大秦铁路同一等级的国家重点工程建成投产。太原成了名副其实的能源基地。

与此同时，全市化学工业得到了迅猛发展。太原化学工业公司（简称太化公司）在改革的大潮中迅速发展，跻身强林，创造出令人称道的成绩，与吉林化学工业公司、兰州化学工业公司并称为中国三大化工公司。1992 年 9 月，其工业总产值由 1982 年的 2.25 亿元提升到 7.23 亿元，增长幅度为 200% 多；实现利税由 3920 万元增长到 7562 万元，增长幅度近 93%；“七五”期间，太化公司广大科技人员共完成较大的科技研究项目 83 个，试制新产品 62 种，优质产品由 23 种增长为 46 种，优质产品产值率达到 86.7%，其中铂金二元网等八种产品填补了国内空白。太原化工区的 6 个企业，有 5 个被评为市科技型企业。改革开放使太原的化工行业以自己的实力在国内外化工行业中赢得了地位。

太原的电力工业和煤气工业也得到相应发展。1992 年 9 月，发电量达 41.6 亿千瓦小时。城市煤气工业从无到有，煤气管网已超过 1000 公里，城市煤气用户达 23.28 万户，普及率 61.9%，发展速度为全国第一。由于煤气工业的发展，10 年中节约原煤 600 多万吨，减少城市垃圾 250 万吨；大气中减少各种悬浮物 1300 多吨。

在整顿中坚持改革方向

1988 年 8 月，中央政治局在北戴河召开会议，通过了《关于价格、工资改革的初步方案》。但这次“价格闯关”大大超出群众的承受能力，部分日用品开始涨价，抢购风潮逐渐蔓延开来。

针对严峻的经济形势，党的十三届三中全会决定用两到三年的时间，把改革和建设的重点放到治理经济环境和整顿经济秩序上来，压缩社会总需求，抑制通货膨胀，整顿经济领域特别是流通领域中的各种混乱现象。

太原的物价上涨也很明显，流通秩序也比较混乱。比如 1988 年 1—9 月，零售物价指数平均上升幅度高达 20%，群众生活费用价格指数平均上升 18.6%，分别居全国 32 个大中城市第 16 位和第 18 位；基本建设战线长，在建项目多，超过了地方财力、物力的承受程度；流通领域中，一些不法分子囤积居奇，哄抬物价，扰乱市场。这些问题，又对物价上涨和抢购风潮推波助澜，广大群众很不满意。

面对这种状况，我们深感责任重大。为了解决上述问题，市委、市政府的领导同志分头下去搞调查研究，力图把党的十三届三中全会精神和太原的实际结合起来，找出问题的症结所在，找出解决问题的办法。在调研基础上，我们于10月份相继召开了市委常委扩大会、全市县级以上党员领导干部大会及市委五届七次会议，对太原的治理整顿工作进行部署，决定主要抓好几方面的工作。

一是对物价、财务、税收进行大检查，加强市场管理和对物价的控制。检查的重点是：非法侵占、偷漏、截留税款和财政收入以及骗取财政补贴的；无证经营的；违犯国家价格政策，倒买倒卖，乱收费用，牟取高额非法收入，严重冲击市场秩序的。

二是清理整顿公司。对那些转手倒卖、牟取暴利的公司，区别不同情况，分别给予罚款、没收、停办、撤销等处理。党政机关经商办企业的，限期与机关彻底脱钩。

三是清理在建项目，有效控制基建规模。把非生产性建设项目特别是楼堂馆所压下来；对列入前期工作的项目，未经批准的不得开工建设；对未经计划部门批准，擅自扩大建筑面积，提高建设标准，增加建设内容的项目，审计部门严格审计监督，银行不予贷款，并酌情给予处罚。

四是控制消费基金的过快增长。压缩社会集团购买力，压缩财政经费，大力削减公用经费支出。

五是扩大资金来源，合理调整信贷结构，严格控制信贷规模。运用多种形式增加储蓄存款，特别是办好保值储蓄和购房专项储蓄，扩大保险业务，扩大储源，引导消费方向，改善消费结构，减轻市场压力。

六是建立健全宏观调控功能。强化银行、财政、税收等部门的宏观调控职能，充分发挥财政、税收、金融、工商、物价、审计等职能部门的监督作用。

七是努力扩大生产，增加供给。切实抓好“菜篮子”建设，提高郊区农副产品的生产能力。集中力量搞好秋收、秋耕和农田基本建设，抓好秋冬菜储存以及冬小麦的管理。积极组织货源，千方百计安排好市场。

治理整顿开始时，干部、群众中有一些思想认识问题。有的对治理整顿的必要性认识不足，缺乏贯彻执行的自觉性、紧迫感；有的对治理整顿与改革发展的关系认识不清，担心治理整顿会使改革受阻，经济发展受到影响；有的等待观望，缺乏信心。针对这些问题，我在市委五届七次全体（扩大）会议上讲话，明确指出治理整顿的方针是正确的方针、积极的方针、发展的方针。我说，中央的这一重大决策是在正确分析了我国政治经济形势的基础上提出来的。它不仅符合全国的实际，也符合太原市的实际。如果不当机立断，下决心加以整治，已经形成的大好形势就会受到严重损害，就会影响社会安定，干扰改革和建设的健康发展。

针对一些同志把治理整顿和改革对立起来的模糊认识，我指出，治理经济环境，整顿经济秩序是在坚持改革开放总方向的前提下进行的，既是深化改革、稳定经济的必要条件，其中的许多措施也是改革的重要内容。经济环境、经济秩序中出现的问题，是在新旧体制转换中难以避免的，也只有通过深化改革才能解决。治理整顿决不是说改革的方向变了，改革要停顿、要倒退。而是要以搞活企业为中心，推进城市体制综合改革，继续前进。只是在价格改革上放慢一下步子。

关于整顿与发展的关系，我指出，治理环境、整顿秩序是经济建设持续、稳定、协调发展所必须的，根本目的是为了更好地发展生产力。从宏观上看，当时的通货膨胀，虽然是国民经济各种矛盾的综合反映，但总的根子是经济过热，社会总需求大于总供给。把过热的空气、过高的速度降下来，就可以减少对总供给的压力，缓解总供给与总需求的矛盾。勉强维持那种高速度，将导致国民经济的失衡，给经济发展带来严重后果。治理整顿，压缩基建，控制消费，紧缩信贷，降低速度，并不是简单地一刀切，而是要根据生产力发展的规律和优化经济结构的原则，具体问题具体对待，该压的压，该保的保，该调控的调控，该发展的还是要发展。

在统一思想的基础上，经过几个月的治理整顿，确实取得了一定成效。一度过旺的社会总需求开始得到控制，但完全消除通货膨胀的压力和总需求过旺的问题，任务仍然十分艰巨。恰在此时，发生了1989年的政治风波，党和政府的各级组织不得不把主要精力放在处理政治风波、保持社会稳定上来。

以江泽民同志为核心第三代中央领导集体确立后，1989年11月，党的十三届五中全会又提出了治理整顿和深化改革的方针，要求继续抓好压缩社会总需求，紧缩财政和信贷；大力调整产业结构，增加有效供给，增强经济发展的后劲；认真整顿经济秩序，继续下大力气清理整顿各种公司；深入开展增产节约、增收节支运动等四个环节。12月，省委召开五届八次会议，通过《中共山西省委关于贯彻中央进一步治理整顿和深化改革决定的实施方案》。次年2月，太原市委召开五届九次会议，进一步研究部署太原市治理整顿和深化改革的工作。

在治理整顿过程中，我们特别注意把中央关于治理整顿的要求和太原的实际结合起来，力求从太原的实际出发，针对性地有效地解决经济社会中的问题。一是1989年在全市开展了宣传发动工作，统一全市各级领导，特别是企业党政领导的思想，坚定了治理整顿的决心和信心。二是在广泛征求意见的基础上，制定了我市治理整顿和深化改革的指导思想、近期目标以及实施步骤，并定期分析全市治理整顿和改革的形势，及时提出指导意见。三是始终把巩固和稳定大中型企业、发挥大中型企业的优势作为工作的重点，制定倾斜政策，优先供应水、电、原材料。1989年九、十月份，由于资金短缺，销售疲软，产品积压等原因，生产速度回落。我们及时分析情况，研究对策，实行“ABC”产品分类管理办法，推广了“产品链”等管理措施，有效地控制了工业生产的滑坡。

在治理整顿中，我们始终坚持了改革方向。比如1989年3月，我市第二轮城市体制综合改革方案开始实施后，我们对计划、投资、物资、金融、财政、外经外贸等方面的管理进行了一系列改革，采取“大稳定、小调整”的方针，继续稳定、完善企业经营承包制。对承包期满的企业，经重新审核对绝大多数企业采取了继续承包的办法，保证了企业承包责任制的稳定性和连续性。由于市委在思想教育和工作部署上都坚定不移地服从于治理整顿和深化改革的大目标，保证了中央和省委有关精神在太原的落实，从而各个方面都有了新的发展。

到 1991 年底，太原市经济基本稳定，各项主要指标全面增长。按 1980 年不变价格，1989 年全市社会总产值达 122.3 亿元，比 1988 年增长 6.8%；经济秩序明显好转，固定资产投资得到控制，投资结构进一步改善，全民所有制固定资产施工项目减少 369 个；物价上涨幅度逐月回落，通货膨胀势头得到控制，全年零售物价指数比 1988 年回落 6.7 个百分点；银行贷款和货币投放得到控制，金融状况明显好转，银行存款余额 64.6 亿元，比年初增长 27.7%，全年粮食总产量 33.85 万吨，比 1988 年增长 4.1%。市场供应基本稳定，人民生活有了一定改善。

经过 1990 年、1991 年两年的治理整顿，集中解决了经济运行中积累的矛盾和问题，加之把治理整顿和深化改革紧密结合起来，始终坚持了改革方向，使太原市的经济形势进一步向好的方面发展。总体上说，太原市比较好的完成了这一时期治理整顿的任务。

以改革创新精神狠抓党的建设

我刚到太原任副书记时分管组织和常务工作，任市委书记后更是把党的建设放在十分重要的位置。尤其是八九政治风波后，党的建设的好坏，党的领导是否坚强有力，既关系太原、又影响山西乃至全国的经济发展和社会稳定。因此，市委一班人按照中央和省委的要求，采取多种措施增强党组织的凝聚力、战斗力，主要是三个方面。

第一是思想建设。我们根据不同时期全市干部党员思想上存在的主要问题和倾向，坚持以正面教育为主，引导党员干部正确看待国际形势，正确处理改革、发展与稳定的关系，进而全面理解和贯彻执行党的路线、方针、政策。在继续搞好干部马克思主义理论正规化教育的同时，市委还加大了对县、局级干部轮训的力度，并把具备马克思主义理论素养作为干部革命化的一个重要标准，作为选拔任用干部的考核标准，明确规定凡新进入领导班子的成员，都要经过相应的党校学习培训。此后，在广大党员中又普遍进行了理想、信念和宗旨教育，改革开放政策和艰苦奋斗教育，社会主义初级阶段理论和党的基本路线教育，现代科学技术知识和岗位业务技能教育，以及党的基本路线、党的基本知识、马克思主义基本理论、基本国情为主要内容的“四基教育”，统一了党员干部的思想，为保证中央和省市委各项任务的落实、为推进全市的改革开放和经济社会发展奠定了思想基础。

第二是狠抓党风建设。执政党的党风关系党的生死存亡。党能否经受住执政的考验，能否经受住改革开放的考验，关键是各级党员领导干部能否真正做到纪律严明，公正廉洁，兢兢业业，卓有成效地为人民服务。针对改革开放中少数党员干部出现的以权谋私、违法乱纪、官僚主义等问题，市委明确提出，在改革开放的新形势下，要从严治党，决不能降低党员标准，放松对党员干部的要求；对待腐败问题要严肃查处，决不心慈手软，无论谁违反党纪，都要动真的、来硬的。为推动全市党风的根本好转，我们在各级党委层层建立抓党风责任制，党政一把手亲自抓，一级抓一级，一级检查一级，上下互相监督。并要求纪检机关要主抓监督，决不放过一个贪官。同时还要求纪检工作者要支持改革、保护改革。我当时要求纪检部门要具体区别改革者与违纪者，在处理改革与守纪的问题上，提出三种情况三种对策：对真心实意搞改革，成绩显著者，要旗帜鲜明地给予支持和保护；对真心实意搞改革，由于经验不足等出现失误或犯有某些错误者，要看主流，处理要恰如其分，实事求是；对钻空子，浑水摸鱼，中饱私囊，以权谋私者，要一查到底，严肃处理。这一时期，我们选择了一批典型案件进行公开处理，既区分和保护了一些勇于改革的人，又打击了消极腐败现象，促进了全市廉政建设的健康发展。

第三是加强制度建设。集中整党结束后，党的建设转入经常性轨道，主要是靠制度、靠健全的民主制度。早在 1987 年，市委从制度建设入手，要求各级党委严格执行《党章》《准则》，以及党和国家现行的各项规章制度。同时，结合实际建立健全本系统、本部门、本单位的有关规定和制度。1988 年，市委出台了《关于在改革开放中从严治党的意见》，要求各级党委建立健全党的集体领导制度、民主生活会制度、党内选举制度、领导与党员定期对话制度、党内外民主监督制度；1989年，市委又出台了《关于建立三级党建工作例会制度的意见》《关于市委、市政府、市直机关党政领导干部廉政工作责任制（试行）的规定》，制定和推行了领导干部廉政档案制度、廉政述职制度等一批行之有效的制度。同时基层党组织也根据市委的要求，进一步完善了“三会一课”、民主评议党员等各项组织生活制度。这些制度虽然是初步的，有的制度还存在相互不匹配等问题，但为全市党的建设步入制度化轨道迈出了重要一步。特别是一些基层组织加强制度建设的实践，为后来不断完善党的各项制度积累了宝贵的经验。

我在太原市工作期间，正值国家进行全面改革和对外开放格局初步形成的重要时期，新旧体制相互缠绕，各种矛盾十分突出，可以说情况复杂、任务艰巨。回想当时全市上下团结奋斗的生动情景，令我永远不能忘怀。工作是大家做的，成绩是全市上下共同奋斗的结果。就我个人来说，在复杂情况和艰巨任务面前，市委、市人大、市政府和市政协的领导和同志们，以及广大党员、干部和群众，都给了我很大的鼓励和支持。作为市委主要领导，我常常废寝忘食、夜以继日，为太原的改革开放，尽了微薄之力。但由于个人主观条件和一些客观因素所限，许多工作应当做得更好而未能如愿，也有一些工作没有做好。回顾往事，我十分感谢所有与我共同奋斗过的同志们和广大市民群众，同时也为我在工作上的缺点和不足，表示真诚的歉意。

在山西工作的若干回忆

张维庆

我在山西生活工作24年。山西是中华民族的发祥地，是红色革命根据地，是我的第二故乡，也是我在山西党组织和人民的关心和哺育下逐步成长进步的沃土。我对山西有着深深地眷恋，留下难忘的记忆。

集 资 办 学

1983年至1986年，我担任山西省副省长，分管科技、教育、文化、卫生、体育等方面的工作。1970年，我刚到山西工作就当了一名小学老师，当时山西的学校，特别是县、乡、村的农村学校条件很差，大多数都是像我在杨家湾学校教书的时的办学条件。杨家湾还是公社所在地，学校还比较大，学生也比较多。那些山庄窝铺的小学就更不成样子了。

经过对全省两个月的深入调查，我内心非常沉重。多数农村学校破旧，危房很多，缺少桌椅板凳，不少是灰暗的破庙。“黑屋子，土台子，泥孩子。”就是当时真实的写照。这样的小学，这样的办学条件，老师怎么能够安心教书？学生怎么能够安心学习？农村怎么能够留住人才？解放几十年了，农村小学落后的教育状况难道不应该改变吗？

改革开放初期，推行联产承包责任制之后，农村的面貌确实发生了翻天覆地的变化，老百姓的温饱问题很快得到解决，到处呈现着生机勃勃的景象。

我想，日本明治维新时期就提出了“教育立国”的战略构想，开展了集资办学。这是日本开始强大的起点。我们难道不能借鉴吗？

党的十一届三中全会以后，老百姓的生活有了明显的改善。当时的口号是“交了国家的，留下集体的，剩下就是自己的”；还说“家家都有技术员，人人都种责任田，又种地来又挣钱，戏没少看、钱没少赚，盖新房、娶新娘，喜洋洋”，焕发了农村农民群众极大的创造热情。如果我们趁此机会发动全省农民群众集资办学，改变乡村的办学条件，会不会出现另外一番景象呢？

有了这个想法以后，我在山西省曲沃县、闻喜县调查研究的时候，发现他们已经这样做了，农民群众开始集资办学。看到他们的创造，我内心十分振奋。曲沃、闻喜能够这样做，全省为什么不能？于是，我让他们进一步搞好试点，取得经验之后，在适当时候开现场会议，推动全省的集资办学。

1984 年，全省在曲沃、闻喜两县召开了集资办学经验交流会。同时，我想邀请国家教育部的同志来参加这个会议。国家教育部没有派领导来，只派了一名处长。

在集资办学经验交流会上，我作了动员讲话。我还在报纸上专门写了一篇文章叫《集资办学好》。参加会议的全体同志情绪非常高涨，都觉得这是一个振兴教育的好办法。当时涌现出很多感人的事迹：有的群众把给儿子盖新房的钱拿了出来；有的老百姓把给儿子娶媳妇的钱拿了出来；有的群众把自己家里准备做棺材的木料拿了出来；有的把自家盖房的砖瓦捐献出来等，有人出人、有力出力、有钱捐钱、有物捐物。这让我看到老百姓希望自己孩子能够有一个好的学习条件的愿望是多么强烈！曲沃县、闻喜县很多生动的现场，让与会同志深受感动。

会上，我们总结了这些成功的经验和做法，也请了一些大队的党支部书记、农村的老百姓现身说法，会议开得生动活泼、情绪高昂。

我再三劝说教育部的同志能在会上讲几句。但遗憾的是，这位处长看了以后告诉我说："维庆同志，你不知道，这件事情比较复杂，我是个处长，我没有办法讲。我个人是赞成你们的做法的，但我是教育部派来的。我们教育部内部对集资办学有截然不同的两种看法，有的赞成、有的反对，你让我怎么表态呢？我表态赞成不合适，表态不赞成也不合适，因为我是代表组织来的，组织内部有分歧，我就不好讲话了。"

听他这样说，我就不好再勉强了。我说："那好吧，你就把我们的经验和做法带回去，向教育部的领导作如实的汇报"。

经过不到两年的时间，全县解决办学条件的问题取得显著的成绩，"一无两有"（即校校无危房，班班有教室，人人有课桌和板凳）的问题得到了有效解决，许多农村学校的面貌焕然一新。国家没有拿多少钱，发动群众集资办学，改善了办学条件，取得了显著成绩，让我信心倍增，也使我感到，我们只有相信、依靠和动员群众，自己动手，改变面貌，就能够取得实实在在的成果。毛主席在延安号召"自己动手、丰衣足食"，就是相信人民的具体表现。改革开放，农村联产承包责任制的实行，就是相信群众会迸发出巨大的创造力和积极性，集资办学同样是也这个道理。

在集资办学的同时，我们还把着眼点放在如何加强农村小学的管理上。通过调查研究，我和大家商量，采取"三级办学、两级管理"的做法：县、乡、村三级办学，县、乡两级管理，实践证明效果是不错的。

2080 工程

在全省农村集资办学的热潮中，我对省城高等院校的情况作了认真的调查研究。

当时，省城五所高等院校教师的住房问题就是一个很大的问题。教师是人类灵魂的工程师，是教书育人的，如果他们自己的住房问题得不到解决，住在十分简陋、拥挤的房子里，又怎么能够全身心地投入教育事业呢？

通过一番认真的调查，我汇总了全省所有高等院校教师住房困难的情况，向省委写出了解决高等学校教师住房困难的报告，并且提出了解决的方案和所需投资。我当时提出，要在一年之内，只要投资到位，首先解决高等院校讲师以上教师的住房困难，并立了军令状。当时测算的结果是，全省五所本科院校讲师以上的教师共1664户，总投资2080万元。

省委接到报告以后，在省委常委会上进行了认真讨论，原则同意实施这样一个有利于教师教书育人的工程。分管教育的省委副书记王克文同志更是旗帜鲜明。他说："我们现在应该有条件解决教师的住房困难问题了"。在王克文书记的亲自督促下，2080万元投资很快到位。我当时也深受鼓舞，钱到位了，关键是如何实施。

我着手组织教育厅、计委、财政厅、建设厅等十五六个单位的厅局级一把手和五所院校的书记、校长，集体讨论工程如何实施。经过一番争论，决定了工程建设的规划，并且就这些工程由谁来实施、怎么保证高质量地完成任务等都提出了明确的要求，并成立了2080工程指挥部，由我任总指挥。

这件事情部署下去后，我一个月检查一次，开一次协调会，请相关部门提出需要解决的问题，及时给予协调，实际就是一个月一次的调度会，随时检查工程的进度和质量、现场办公。同时，我还深入五所高等院校进行实地考察和检查。因为省委强有力的支持和我一月一次的协调调度，工程进展很顺利。经过将近一年的努力，五所高等院校的几十座大楼就盖了起来，而且质量很好。

房子盖好之后，如何分配又是一个大的问题。我当明确提出，这些房子是给高等院校讲师以上的老师住的。所有行政干部一律不能入住，发现一处严肃查处一处，绝不手软！由于态度坚决，新房全部按规定分了下去。1664户讲师以上的教师在春节之前兴高采烈地搬进了新的宿舍。

这件事情对全省震动很大，高等院校的老师也感到新的省委、省政府实实在在为教师着想，办实事、办好事，激发了校领导和全体教师教书育人的热情。后来经过认真检查，没有行政干部住进去，入住的都是教师，我才放下心来。我想，我们的行政领导应该先公后私，应该先教师后领导，这样才能在教师中树立起威信，建立起权威，学校才能真正办好。

我在全省进行调查研究的过程中，发现了一个令我深思的问题，就是师范学院都归地区管理，但是当时每个地区的财政状况都很困难，都没有办法给师范学院投入更多的资金，每个师范学院的办学条件都很差，教学设备极其简陋，教师的待遇也很低。

我想，师范院校是培养人民教师的摇篮。教书育人的老师都面临困境，又怎么能够教育出好的学生呢？师范学院普遍不景气的状况让我感到这个问题的严重性。怎么解决呢？唯一的办法只能把它们先收回省里来管，不管怎么样，省里的财政状况比各地市要好得多。山西又是煤炭大省，如果收到省里统一来管，统一规划、统一投资、统一配备师资力量、统一调配校长人选，可能会使师范院校的教育有一个良好的起点。

经过调查研究，我向省委省、政府写了关于调整师范院校的设想的报告。省委、省政府同意了这个报告。在这个基础上，我让教育厅又进行了调研，把学校收归省里管理的具体办法研究清楚，成熟一个解决一个。就这样，在不太长的时间内，把全省所有师范院校都收归省里统一管理。统一管理之后，由于省委、省政府重视教育，重视投资，各个师范院校的办学条件得到了明显改善，教师待遇有了一定程度的提高，学校的管理也得到了初步加强。师范院校的老师和学生反映都比较强烈，一致认为，省政府的这种做法挽救了师范院校的命运，提高了师范学院的地位，让教书育人的教师有一个更好的学习和深造的条件。

抢救中医

在北京大学读书的时候，因为学习哲学，所以看中医的书相对多一点，其中《黄帝内经》既是一本医学著作，更是一本哲学著作。它用黄帝与伯歧对话的方式，辩证地论述了宇宙和自然界的变化、人与自然的关系、人与社会的关系、人与人的关系以及人的五脏六腑之间的关系。它用金木水火土、阴阳五行说和辨证施治来解决人与自然、人与人以及人自身的问题，首先治未病，而后才是治已病。中华民族医学的瑰宝取之不尽、用之不竭、源远流长、博大精深、充满着朴素的唯物辩证思想。

我想，中华民族上下五千多年的历史，过去没有西医，中国人防病治病靠的是中草药、针灸、按摩、养生等；靠的是中医的理论和实践。这样一套完整的既有理论又有实践又很辩证地预防和治疗相结合的思路和方法应该继承、发扬和光大。

山西是中华民族的发祥地之一，山西具有悠久的历史文化传统，也有悠久的中医药传统。如何发掘中医药的优势，我提出了“抢救中医”的口号。因为我认为，在西医占绝对统治地位的条件下，中国的中医药在逐渐被淡化，逐渐被有些人认为是伪科学，甚至是迷信的情况下，得不到重视和发展。于是，在“抢救中医”的口号下，我作了四个方面的努力。

第一，改造中医研究所。山西省中医研究所有一批优秀的中医人才，在全国也有一定的影响。山西的中药材有一些在全国是打得很响的，比如龟龄集、定坤丹等。如何改变中医研究所的研究条件，让中医研究人才更好地多出成果，需要政府给予支持。我们投资改善了中医研究所的办公条件、研究条件，扩大了中医研究所的范围，使中医研究所能够在条件较好的环境中，具有较好设备的条件下，进行中医理论和实践的综合研究。当时，山西省中医研究所对一些疾病的治疗创造了很多很好的经验和做法。

第二，创建中医学院。山西省有省管的有五所高等院校，还有中央部委所管的高等院校，但就是没有一所中医学院。我想，培育中医人才，没有中医的高等教育不行。因此，我向省政府建议，在王森浩省长的支持下，新建两所高等院校，一所是山西经济管理学院，适应以经济建设为中心、加快经济建设的需要，培育高素质的经济管理人才；第二所是创建山西省中医学院，为山西中医药事业的发展培养高素质的人才。

省政府的这一决定，我作为分管科教文卫的副省长身体力行。在完成了 2080 工程之后，我就立即着手筹备创建山西省中医学院的工作。一是确定中医学院筹备小组。选拔一批懂中医、爱中医，又有管理才能的领导和一部分专家教授共同组成筹备小组，对中医学院的学制、学科、教材、师资进行统筹规划、综合设计，使新建的山西省中医学院从起点上就能站得比较高，看得比较远，并能突出山西的重点和特色，做出一个让大家认可和信服的学校建设的蓝图和未来发展的规划。二是筹集资金。建设一所大学不是一件容易的事，需要政府投入资金。但资金的来源是一个问题。为了做好起步阶段的工作，我和教育厅、计委的同志反复商量，筹措启动资金，先把应该做的事情干起来，然后再争取项目资金来建设。三是对中医学院的选址选在什么地方进行科学的论证。

在我的努力协调之下，中医学院的筹备工作启动了。经过几年的努力，终于把山西中医学院建设起来，新任了中医学院的领导班子。一所中医高等学院终于坐落在山西大地。

第三，创建中医医院。山西中医药资源比较丰富，县级中医院的发展至关重要。除了省里扩建中医研究所和创建山西省中医学院以外，如何在县一级加强中医人才的培养，直接服务于老百姓？我争取政府支持，每年省政府投入 800 万元，从 1984 年开始，连续投资三年，在 20 个县建立了县级中医医院。这些县具有丰厚的中医药资源；具有一定的中医药人才基础。经过三年的时间，20 所县级中医医院终于建设起来了。这为今后中医药的发展，服务于人民群众，创造了比较好的条件。

第四，发展小型专科医院。我在任期间，经过一番调查研究之后，感觉到山西小型专科医院的发展前途非常广阔。

有一次，我到山西省稷山县一个赤脚医生那里去调查。这位赤脚医生叫杨文水，他是治疗骨髓炎的一名农村赤脚医生。他用了十几年的努力，利用道家炼丹术，查阅了大量的中医药资料，进行了大量的实验，研制出一种治疗骨髓炎的特效药。我到稷山去调查研究的时候，到他的村里去看，满村住的都是他的病人，来自全国29个省、自治区、直辖市，大约几百人。这么多骨髓炎病人住在老百姓的家里，条件十分简陋，但疾病治愈率是很高的。在全国各地的大医院，治疗骨髓炎只能采取截肢的办法，但杨文水，一个文化程度不高的赤脚医生，却发明了一种中药，这种药覆盖在骨髓发炎的地方，三个月左右就可以痊愈，就可以不用截肢，就挽救了一个完整的生命。我看了很受感动。

我说："文水，你已经做到这样的规模，为什么不早点向上级反映呢？"

杨文水的一句话让我非常震惊。他说："张省长，得这种病的人都是普通老百姓，都是干重活的人。你们当官的不会得这种病，所以没有人来调查，也没有领导来看望。"

这句话深深地刺痛了我，领导干部不得这种病，所以没有领导来，老百姓的疾苦就没有人过问，没有人去管？

我说："文水啊，你这个话让我感到很刺耳。但你也说到一个重要的问题，我们的领导干部首先要考虑老百姓的疾苦，至于个人得不得病，那不是主要的问题。请你相信我，你有什么困难就告诉我，我帮你解决。"

他说："我的困难很简单，就是想在我们这儿建一所骨髓炎医院，让病人住在医院里，让我进行更好的治疗，让病人有一个很好的环境，有利于疾病的康复。"

我说："你的想法是对的，我会支持你，请你放心。"

回到省城以后，我找了计委的同志，向他们反映了这样一个情况。计委的同志告诉我，他是个赤脚医生，一个个体户。我们国家的投资不能投给个体户啊！

怎么办？我到想一个办法，给稷山县委的领导同志做工作。让稷山县建立一个小型专科医院，专门治疗骨髓炎，投资由省里解决。稷山县的同志们很高兴。土地由他们来划拨，资金由省里来筹措。院长请杨文水同志来当，尽管他文化水平不高，但是他已经治疗了将近一万例的骨髓炎病人，有丰富的经验。

一座小型专科医院就这样建立起来。我后来还给杨文水题了字，鼓励他努力发展，让小型专科医院更具特色。后来，这所医院发展成有1200张床位的专科医院。

在其他地方，我也发现农村治病的偏方很多，治疗疑难杂症用中医偏方效果很好。治疗痔疮的林全保，他发明了一种麻醉药，可以麻醉一个礼拜到半个月的时间，因此治疗痔疮没有疼痛感，当麻药期到了，痔疮也就好了，病人没有任何痛苦。还有治疗创伤骨科的，有治疗白癜风的等。我想，如果农村小型专科医院在省、地（市）和县里支持下，不用花太多的钱就可以解决许多老百姓的疾病问题，何乐而不为呢？

在我的倡导下，省、市、县、乡共同重视，投资建设，400多所小型专科医院很快就建设起来了，发挥了很好的作用。后来由于种种原因，这些小型专科医院有的就自生自灭了，只有一部分发展起来。

在省城，省眼科医院也是一个小型专科医院。院长沙骆同志大胆改革，山西省眼科医院发展得很好，创造了许多改革的新鲜经验，医德医风大为改观，管理和技术水平明显提高，经济效益和社会效益获得双丰收。

实践证明，发展小型专科医院，能够多出人才、快出人才、多出成果、快出成果。老百姓看病方便、花钱少、效果好。这样的小型专科医院如果能够多多发展起来，发挥中医药和中医偏方的优势，就为老百姓防病治病找到了一条好的路径。

重视中医必须抢救中医，抢救中医就是时不我待。如果我们再不抢救，把中华民族的医学瑰宝丢掉了，那就是十几亿人甚至是人类的损失。中国医疗体制的改革如果不发挥中医药的优势，不发挥中医人才的优势，不发挥预防、保健、养生的功能，很难解决看病难、看病贵的问题，我从实践中认识到这个道理。

杨文水小型专科医院的发展过程遇到一些比较复杂的问题。杨文水当了院长以后，如何评定职称，成了一个大问题。因为他没有什么论文，又不懂英语，也没有在杂志上发表过什么有影响的论文、著作。当时，我作为山西省的副省长，主持全省高级职称的评定工作。对杨文水这样一个人，要不要评定职称，怎么样评定职称，是一个亟待解决的问题，这涉及到中医药事业的发展问题。

在职称评定委员会的会议上，有些专家提出，第一，他没有论文；第二，他不懂英语；第三，他不是大学毕业，只是小学文化程度。这样的人怎么能够评定为高级职称呢？专家们提的也有道理。但是，我和他们进行了认真的探讨。

我说："各位专家，按我们现在职称评定的条件他当然不够。但是，中医药是中华民族的瑰宝。中医治病救人有它独特的方式。杨文水能把一万多个病人的骨髓炎治好，而不用截肢，就等于抢救了一万多个生命，让一万个本该截肢的残疾人成为健全的人。这个疗效高不高？算不算成果？如果算，我们要不要给他评定职称？他比那些懂英文、有论文、但治不了病，还有高级职称的人，是不是更应该呢？"

我提出这样的问题，确有所指，专家教授们无法回答。你说不算论文和成果吧，他治了一万多个病人，很大的一个数字啊！你说他这药有问题吗？他治好了一万多人，群众送了很多牌匾。你说他不懂英文，医生的职责就是救死扶伤，治病救人，懂不懂英语有那么重要吗？

经过一番辩论，我出了一道难题。

我说："各位专家教授，我赞成评杨文水为高级职称，因为他是研修中医的，他研究了一种特殊的中药，在全国独一无二，这种药挽救了一万多人的生命。我认为他够得上一个专家，够得上评高级职称。在座的各位专家你们能够代替他吗？你们有办法解决截肢的问题吗？你们没有办法他有办法解决啊，为什么就不能评定呢？你们写的有些论文我看过，有相当多的论文不过是理性的东西而已，真正有价值的论文又有多少呢？能给老百姓解决实际问题、治好老百姓的疑难杂症，有理论，有实践，又有成效的论文有多少呢？许多不是抄来抄去吗？至于英文，对有些人可以提出这样的要求，但有些特殊人才不一定非得用英文来卡他们。马列主义还要灵活运用啊，特殊问题就要特殊处理。我们看贡献，看对老百姓的贡献大小，这是更重要的标准”。

经过我的耐心说服，杨文水同志的职称问题终于得到了解决。从此，他就能名正言顺地去看病、去治病。

所以，我认为，解决小型专科医院的发展，解决中医药人才的未来前途不能完全照搬西医的标准和做法。我们的职称评定也不能简单地搞“一刀切”，还是要具体问题具体分析，从实际出发，这样才能让优秀人才脱颖而出。

由于采取了以上四个方面的措施，山西中医药事业的发展呈现出一个良好的态势。作为一名年轻的副省长，我必须从实际出发，为什么？因为我是学哲学的，我相信，实践出真知，人民是历史的创造者。实践是检验真理的标准。对老百姓有益的事情，老百姓拥护的事情，我们就大胆实践，努力去做，争取做好。一个领导者要善于总结群众创造的经验。实际上，推动历史前进，创造历史的正是人民群众。高手在民间，创造在基层。他们在第一线，在火热的波澜壮阔的实践中积累、创造了许多丰富而有价值的经验和做法，我们只要善于深入基层，深入群众，总结他们的经验和做法，加以理性的思考、稳步的推广，就会收到实实在在的效果。不这样做，凭自己脑袋瞎想、瞎指挥，没有不栽跟头的。

雁北师范学院的搬迁

1984 年夏天，我带领省教育厅的同志到雁北地区进行调查研究。我看到一所高等院校——雁北师专，坐落在朔县（今朔州市朔城区）吉庆村。雁北师专的条件还没有一个高等中学的规模，教师的住宅十分破旧，学校的教学设施非常简陋。但我在调查研究的过程中发现，就是这样一个条件简陋的师范学院，却有一批从北京大学、清华大学、北京师范大学等名牌大学毕业的优秀教师，他们在这里生活和工作已经二三十年了。

我走了几个教师的家庭，被他们这种十分破旧、简陋的住宅所深深触动，也为他们献身教育事业的执着和热情所深深感染。

雁北师专前身是1958年创建的晋北师专，1976年更名为雁北师专。于是，我把雁北师专的校长、副校长和教师们集中起来，我没有讲更多的话，只是对大家说：

“各位领导、各位老师，对不起大家！我没想到，解放35年了，革命老区的一个高等师范院校，条件竟是如此简陋！老师们的生活如此寒酸！我是北大学子，你们这些北大、清华、北师大的学子，响应党的号召，到艰苦山区工作，一干就是几十年，无怨无悔，勤奋敬业，我向您们表示敬意！雁北师专要成为一所培养人类灵魂工程师的高等院校，只有一条出路，一定要搬迁！两年之内，一定要让我们的老师们到新的学院去上课，住进新的住宅”！

雁北师专能不能搬迁，两年之内能不能达到我所要求的目标？我想，学校的领导和老师是不会轻易相信的。因为过去的许愿太多了，承诺太多了，都没有一个结果，每次的答复都不错，但事后都会让他们感到遗憾和伤心。

从雁北师专回去以后，我就亲自率领教育部门和计委的同志到大同市去选择雁北师专的新校址，亲自组织对雁北师专进行重新规划和设计。经认真调查和论证，校址选在大同市御河桥以东文瀛湖畔。这里环境优美，交通便利，地势平坦，利于建设。我努力争取省政府各方面给予的大力支持，筹集了必要的经费，亲自督办。在两年之内，雁北师专终于如期搬到了大同。搬到大同之后，改名为雁北师范学院。

雁北师范学院的搬迁，两年之内完成了这样一项艰巨的任务，学校的领导和老师们感动了。当我到大同去看新的校址，去看望校长和老师们的时候，大家表现出来的激动心情和热烈场面，使我感到我们身上的担子是多么的重啊！如果我们不能取信于广大热爱教育事业的老师，他们又怎么能够培养出成千上万合格的人才？我是北大毕业的，这些北大、清华、北京师范大学的一批在穷山沟里钻了几十年的老师们，他们艰辛的日子和对教育事业的执着，难道还感动不了我们？难道不值得我们用实际行动去温暖这些人类灵魂的工程师吗？

设身处地地想一想，我当了副省长，而他们在穷山沟里几十年。他们的人品、知识、才华和奉献精神，正是中华人民共和国所以能够兴旺发达的脊梁。千万名合格的人才正是通过他们这种献身精神而培养出来，得到了升华，走向了祖国建设的各个岗位。为老师们提供更好的住宅条件，为老师们提供更好的教学条件，为孩子们能够在更好的学校安心地学习、创造性地学习提供更为有利的环境和条件，我们作为分管教育的副省长时时刻刻都要记在心头、努力做好。

师院迁到大同后，经历几代人的艰苦创业，锐意进取，自主发展，成为镶嵌在塞外高原的一颗璀璨明珠。2002年，雁北师院，大同医专等四所院校合并，2006年取消师院建制，成立山西大同大学。占地1500亩，建筑面积23万平方米，设置14个教学系部，成为有影响的多层次、多学科的综合性大学。

我对精神文明建设的思考

1989年4月，山西省召开的精神文明建设研讨会，作为省委宣传部长，我对改革开放十年来的精神文明建设作了一个系统的讲话。这个报告回顾了改革开放十年来精神文明建设取得的成绩，也认真地思考了这十年来精神文明建设所要解决的重大关系，以及当前思想战线上存在的主要问题。最后，也谈到了加强精神文面建设的思路和战略举措。应该说，这篇讲话是我经过认真调查研究以后，对精神文明建设的一个系统的思考。其要点是：

第一，十年来，精神文明建设必须正确处理和解决好的六大关系。

第一个关系是发展社会主义商品经济与精神文明建设的关系。党中央提出建设社会主义的商品经济。在商品经济的条件下，等价交换的原则、物质利益的原则、经济效益和利润的原则，势必渗透到社会生活的各个方面。商品经济的发展，本身就存在着二重性，既有积极的影响，也有消极的作用，它既对精神文明建设产生巨大的推动作用，也会对精神文明建设提出新的更高的要求。所以，在改革开放和发展商品经济的过程中，我们必须正确认识和处理发展商品经济与搞好精神文明建设的关系。

第二个关系是物质文明建设和精神文明建设的关系。这是中国经济和社会发展的两个翅膀，二者相互制约、相互促进。这个问题从理论上讲是十分明确的，但在具体实践过程中并没有得到很好的解决。在相当一些地方和单位，不同程度地存在着重视物质文明建设，忽视精神文明建设的倾向。

第三个关系是人的素质的提高和发展经济的关系。马克思主义讲，人是生产力中最革命、最活跃的因素。它的活跃性表现在人具有高度的主观能动性和丰富的智慧与才能；它的革命性表现在对主观世界和客观世界的不断改造和创新。所以，人的革命性和创造性精神的发挥，取决于人的素质的全面提高，取决于人所具有的思想道德素质、科学文化素质的质和量。特别是在今天新技术革命迅速发展的条件下，人的素质的提高已经成为经济发展和社会进步的关键所在。但是在实践中，我们一些领导干部思想上存在着急于求成和急功近利，只重视经济指标而忽视人的素质的提高，拜金主义、利己主义和个人主义侵蚀了某些人的肌体。

第四个关系是精神文明建设中思想道德建设和科学、教育、文化建设的关系。思想道德建设决定了社会主义精神文明建设的性质，而教育、科学、文化、艺术、新闻出版、广播电视、卫生、体育等各项事业既是物质文明建设的重要领域，也是提高人民群众思想觉悟和道德水平的重要条件，两个方面相互渗透、相互作用。在改革开放的历史条件下，如何提高人们的思想道德素质，如何形成与改革开放和社会主义初级阶段相适应的思想道德观念体系，并没有引起各级领导的高度重视和采取切实有效的措施，这就不可避免地导致一些人价值观念的紊乱，导致形成较为复杂的思想状态和社会现象。

第五个关系是继承传统文化的积极因素和摒弃传统文化消极因素的关系。中国是一个有悠久历史和灿烂文化的文明古国。山西是中华民族的发祥地之一。对传统文化必须批判地继承和发展。我国传统文化有许多有利于社会进步，体现中华民族优秀品质和民族美德的积极成分，对于这些积极的成分我们要继承下来，在新的历史条件下发扬光大。比如自强不息、国家兴亡匹夫有责、先天下之忧而忧，后天下之乐而乐、勤俭节约等。传统文化中也有不少消极的因素，有不少封建的糟粕，这些理所当然地应该予以否定和摒弃。

第六个关系是外来文化的积极作用和消极影响的关系。中国现在的精神文明建设是在改革开放的条件下进行的。在这个过程中，国外的社会文化思潮相继涌入，要想封闭是不可能的，这对我们拓宽视野、增长知识、更新观念大有裨益。但一些不健康的、反科学的、伪科学的东西，甚至靡靡之音的传播和渗透，也会给人们的思想和心灵深处造成不良的影响。因此，对于性解放的问题、人权问题、西方民主自由问题、西方文艺思潮问题、西方消费心理问题等，我们要进行科学的分析和辩证的认识，避免盲目效仿。

第二，十年来思想战线存在的主要问题。

我归纳了九个方面：

（一）社会舆论出现了某种程度的倾斜。这种倾斜主要表现在一部分领导干部讲物质的东西多，讲精神的东西少；讲经济建设多，讲思想政治工作少；讲经济实惠多，讲甘于奉献少；讲民主和权力比较多，讲社会责任和义务比较少。这种社会舆论的不平衡和倾斜在一些地方、单位和一些人心里造成了不同程度的矛盾、困惑和混乱。

（二）理想信念发生了某种程度的动摇。改革开放使我国政治、经济发生了深刻的变化。但一些人不是把这些变化看成社会主义制度的自我完善，相反，竟错误地认为是向资本主义靠拢，对共产主义的理想信念产生了动摇和迷惑，对社会主义初级阶段的理论发生了某种误解，使一些人对改革的前途产生忧虑、彷徨、困惑，从而导致信心不足。

（三）社会心理发生了某种程度的倾斜。一些人产生了对改革期望值过高的倾向，总希望改革能够很快地给自己带来较大的实惠和利益，不愿意看到改革进程中利益的调整总是有先有后、有快有慢，因此就出现了怨言多、牢骚多的现象。

（四）价值观念发生了某种程度的紊乱。在改革开放的历史条件下，发展商品经济的过程中，经济利益和社会意识形态呈现了多层次变化的特点，这对传统的思想观念形成了一定的冲击，也带来了一定程度的价值观念的紊乱和不协调。在新思想、新观念不断产生、形成发展的过程中，拜金主义、利己主义、享乐思想也在逐渐地膨胀。

（五）腐败现象有所上升。某些人经受不住权力和改革开放的考验，以金钱和权力做交易，以权谋私，贪污受贿，敲诈勒索，腐化堕落，严重地脱离群众，危害了党和人民的事业。

（六）丑恶现象成为毒化社会风气的精神“鸦片”。改革开放十多年来，一些城乡的赌博之风成为一大公害，卖淫、吸毒、拐卖妇女儿童、封建迷信活动在某些范围某种程度上的复活，假冒伪劣商品等现象的出现，引起了越来越多人们的关注和忧虑。

（七）社会出现了某些不安定的因素。由于经济生活、社会生活在转型过程中出现的问题，给犯罪分子以可乘之机，导致一些地方社会治安形势较为复杂，犯罪青少年的比例不同程度地有所上升，如果处理不好，矛盾激化，就会发生突发事件。

（八）思想政治工作队伍力量薄弱。一些地方和一些部门思想政治工作被不同程度地忽视了，思想政治工作队伍中的不少同志产生了失落感。在大变革、大转变的历史时期，特别需要加强思想政治工作的时候，这方面反而被削弱了。

（九）社会凝聚力受到了某种程度的削弱。一些地方和单位领导干部的威信有所下降，不同程度地存在着有令不行、有禁不止，上有政策、下有对策的现象，思想政治工作的作用因上述问题的存在而显得相当乏力。

我分析的这九个问题，是我经过认真的调查研究，并用信息化手段进行万人社会舆论调查基础上，进行综合分析所得出的结论。

第三，在这篇讲话中，为什么会轻视和放松精神文明建设，我也分析了一些原因。这些原因主要有。

（一）一手比较硬一手比较软的问题没有解决。一些地方和部门经济上急于求成，没有很好地处理政治与经济的关系，没有认真贯彻“两手抓”的方针，所以一头重一头轻、一条腿长一条腿短。

（二）精神文明建设的理论指导力度不够。对精神文明建设实践中一些好的经验和典型，我们没有认真地从理论上作出进一步的总结、整理、归纳和推广。对社会上出现的消极腐败现象和社会不稳定因素，我们也没有从理论上进行深刻地分析、研究和反思。所以，未能从理论的高度来认识问题，这就使得精神文明建设缺少科学的理论指导。

（三）决策上存在着某些不科学和缺少远见卓识。在一些部门和单位，工作上缺少稳定性和连续性，一个将军一道令。因此，在精神文明建设的总体规划和具体安排上，很少进行总体设计和前后衔接，使我们的工作经常处于运动式、多变式、估计式的状态，随意性比较大。这种低层次的重复劳动，导致了事倍功半，影响了精神文明建设的质量和进度。

（四）存在着一定程度的畏难情绪。精神文明建设是一项系统工程，是一项长期又艰巨的任务，而我们领导干部的任期又是短期的。在商品经济大潮的冲击下，我们面临比以前更加复杂的局面、更加艰巨的任务。所以，一些同志因为任期有限就口头上重视，实际上并不重视，口头上喊得多，实际上做得少。特别是在考核、提拔、任命干部时，只重视经济指标的完成，而忽视思想政治工作和精神文明建设的成绩，这种倾向使得我们一些同志不能把对上级负责和对人民负责统一起来。

第四，在这篇讲话中，我经过认真的思考，提出了今后加强精神文明建设的思路，主要提出了九个问题：

（一）要解决党政领导干部对精神文明建设战略地位的认识问题。我特别强调，社会主义精神文明建设在一定意义上讲是社会主义初级阶段发展生产力的主导因素。所谓主导因素，第一，从人是生产力最主要的因素这个意义上讲的。精神万能不对，金钱万能也不对，最终还是人的因素决定一切。第二，社会主义精神文明建设是社会主义的重要特征之一，是优越性的重要体现。第三，社会主义精神文明建设是现代化建设总体布局不可分割的部分。这个总体布局是以经济建设为中心，坚定不移地进行经济体制改革，坚定不移地进行政治体制改革，坚定不移地加强精神文明建设，互相配合、互相适应，不能顾此失彼。

（二）要强化精神文明建设的战略统筹意识，科学地制定精神文明建设的总体规划和近期实施方案。

（三）要加强党的建设，增强党的凝聚力，这是推动精神文明建设的关键所在。我特别强调，目前主要是加强廉政建设，抵制和消除一切腐败现象，特别是各级党政领导干部、在国家机关工作、掌握人财物实权的干部要为全社会做出榜样、做出表率，为政清廉。在改革开放的条件下，必须坚持民主集中制的原则；必须弘扬艰苦奋斗、勤俭建国的精神，必须大兴调查研究之风，从群众中来到群众中去的工作作风；必须坚持党的思想政治工作的传统和优势；必须发扬共产党员吃苦在前、享受在后，克己奉公，忘我牺牲的精神。我们党的优良传统和作风是举世著称的，是法宝，这些都没有过时，也永远不会过时。各级党员和领导干部必须率先做出表率，只要各级领导干部能够率先做出榜样，广大基层干部和人民群众就会跟上来。

（四）加强基层党组织和政权组织的建设，这是最基础性的工作。只有每个细胞有了免疫力，有了造血功能，整个党的肌体和政权组织才会充满生机和活力。因此，我们必须从基层工作做起，把每一个基层乡镇政权组织、每一个基层党支部、村委会的自治组织建设好、整顿好，这样，我们的事业才会更有希望。

（五）理顺精神文明建设的领导体制。我提出应在省地市县都能够组建精神文明协调或者叫指导委员会。这个指导委员会要具体地制定精神文明建设的目标、规划和近期方案，负责解决精神文明建设的有关重大政策问题，负责协调精神文明的各个部门、各个单位，进行综合治理。后来省委根据宣传部的提议，很快就在全国率先建立了精神文明建设指导委员会。

（六）要充分重视科学技术和文化教育在精神文明建设中的重要作用。特别是要发挥科委、科协、教育、文化部门在精神文明建设中的重要作用。

（七）要强化精神文明建设的舆论引导。充分重视广播电视、文学艺术、图书出版部门的作用。要整顿文化市场，整顿图书市场，坚决查处淫秽图书和淫秽录像，一方面疏导；一方面搞活健康的有益的影视文艺和图书。

（八）要重视解决当前精神文明建设的几个重点问题。一是按照区域经济发展的特点和规律，搞好区域“双文明”建设的规划和实施方案。我把山西分为中部地区、东部地区、西部丘陵地区三大块，根据三大块的经济发展水平来确定精神文明建设的重点和任务。

（九）各级宣传部门在精神文明建设中要发挥重要职能部门的作用。

这九个方面提出了解决精神文明建设的一些大的思路和战略举措。同时，我在1989年4月份的精神文明建设研讨会不久，也谈到了山西的生态环境问题。我当时讲到，人类生存的地球生态环境在不断地恶化。一方面，人类是文明的象征，通过科技的发展创造了空前的文明；一方面，通过空前的文明又创造了空前的破坏。中国是一个发展中的国家，山西是能源重化工基地，生态环境确实是一个大问题。现在应该把环境保护作为精神文明建设的重要内容来思考，把治理环境、消除污染、美化环境、净化空气、净化饮水作为一件大事来抓。

对精神文明建设的一些思考是在1989年政治风波之前所讲的。不幸的是，这次研讨会之后，5月份政治风波的暴风骤雨就到来了。

在这次精神文明建设研讨会我作系统报告之前，我参加了全国宣传部长会议。我根据自己的调查研究和系统分析，根据连续几年的万人社会调查汇总信息所得出的数据和结论，在宣传部长讨论当前形势的时候，我作了一个发言，题目就定为“居安思危”。

我的这篇讲话中讲的九个问题，就是我在宣传部长会上发言的内容。因为形成文字以后我作了一些推敲，发言的时候我问题提得很尖锐。讲了九个问题之后，我说：“从目前情况来看，八六年出现了部分学潮，八七年学潮又进一步发展，现在是八八年。如果这些问题得不到有效遏制，继续发展下去，极可能引发局部甚至全国的动乱。作为宣传部门的领导我深感忧虑。希望中央对当前人们在思想领域和意识形态领域存在的问题予以高度关注，防止动乱的发生！”

我的这个发言被整理成快报，送到了中央领导手里。据有的同志跟我讲，说这个快报送到了当时分管意识形态的中央领导同志手中。据说他看过了，但把这个快报压了下来，没有再送。

事后我也在想，当时我对形势的分析还是比较理智的，判断还是比较准确的。这主要得益于我用信息化手段进行全方位、多层次的社会舆论调查，进行综合分析，才对形势有了较为清醒的认识。

轰动京城的“煤海之光”彩灯展

1989年政治风波以后，全国各个城市的气氛在一段时期内还是比较紧张的，北京更是如此。李瑞环同志在讲话中提到，要让老百姓过一个祥和的节日，要创造祥和的气氛。我想，他讲话的用意是要让人们从政治风波中逐步解脱出来。

1990年，中国要举办第十一届亚运会，这是一个良好的契机，既能展示中国体育健儿的风采，又能扩大中国的对外影响，还可以创造一种淡化政治气氛的祥和氛围。

我当时在想一个问题。山西这两年春节的时候，各个矿务局都在举办规模不同的彩灯展览。这些彩灯大多都是矿工把矿工器材的边角废料利用起来做成的。做成以后，就成为一个个精美的艺术作品，给人以温暖、祥和、欢乐的享受。

我和宣传部的同志们商量，请示省委，能不能在北京搞一次彩灯展，展示山西的形象。王茂林副书记作为分管宣传意识形态工作的领导，非常支持我的想法。于是，我们就抓紧和北京市政府进行联系，得到了北京市政府的欢迎和支持，同意在北海公园举办这次彩灯展览。这个彩灯展览该叫什么名字呢？我们研究之后决定叫“煤海之光”。为什么叫“煤海之光”？因为山西有80多万名煤矿工人，有六大矿务局，还有地方国营中小煤矿。彩灯展就是矿工的发明和创造，用“煤海之光”可以展示山西能源大省、中国煤都煤矿工人的智慧、风采和创造。

接受这个任务之后，我们积极组织全省各大矿务局、各地方国营煤矿，大家共同制定这次到北京北海公园进行展出的方案、计划和措施。

“煤海之光”彩灯展规模空前，气势恢宏，工艺精美，众口皆碑。此前在山西不同地方的展出，大家已经得出了这样的结论，这次如果能到北京去展览，可能会产生更广泛的影响。我看了彩灯都深感震惊，如临仙境，令人神往，使人陶醉。它是中华民族传统彩灯艺术和科学技术相结合的产物，是中国矿工的伟大创造。“煤海之光”被大家称作智慧之光、科技之光和希望之光，展示了中华民族优秀文化的勃勃生机和青春活力，更反映出煤矿工人的奉献、求实、创新、自强的伟大精神。

“煤海之光”以“迎亚运为国争光，借东风扬名天下，展彩灯改变形象，振民心弘扬正气，抓效益搞活经济”作为这次活动的宗旨，76天展览、100多万人参观，中共中央、全国人大、国务院、全国政协、军队、国家各部门以及北京市的领导都出席、参观了“煤海之光”彩灯展。应该说，它在山西文化的历史上写下了不可磨灭的令人难忘的光辉一页。

这次“煤海之光”彩灯展组织起来很不容易。省委宣传部确定了由宣传处处长籍振芳牵头，负责组织这次“煤海之光”的展览。为准备这次彩灯展，各大矿务局的工人们昼夜苦战，吃苦耐劳，精心打造各种灯具。各大矿务局、各地方国营煤矿和山西煤炭博物馆都争先恐后，比学赶帮，谁也不愿意落后，都想在这次“煤海之光”彩灯展中展示自己的形象。

由于我们作了统一的规划，每个矿务局负责制作的彩灯内容各有千秋，不重复。最后我们选定了176组大型彩灯，内容十分丰富和广泛：有反映山西悠久文化名胜的彩灯，像悬空寺、应县木塔、云冈石窟、晋祠等；有反映四大名著西游记、红楼梦、三国演义、水浒等历史人物造型的大型彩灯；有反映昭君出塞、关公等中国历史上有名的传奇人物；也有像西厢记、白蛇传这样的传统故事；有鲤鱼跳龙门，有大雄宝殿等辉煌的建筑和神话传说故事麻姑献寿等。这些彩灯的制作非常精巧，而且人物都在活动之中，给人一种彩灯之下的动态之美。

要将176组巨型彩灯有规律地安全地安装部署在北海公园，不是一件容易的事情。我和振芳同志对彩灯的布局作了科学的分类，确定了彩灯布点的各个方位。每个矿务局负责的地方建立责任制，实行安全保卫措施。因为北海公园彩灯展就靠在中南海的旁边，出一点事情或者出一点安全事故，影响都会是巨大的，不能掉以轻心。作为宣传部长，筹备这样的展览，而且就在中南海的旁边，我的心理压力是巨大的，生怕出一点安全事故，影响会非同小可。因此，我们对参展、制作灯具的三千多名矿工和将近一万多名协助工作的人员经常开会提醒，让大家要有强烈的安全意识，无论如何要保证彩灯展的圆满成功，确保万无一失，不能出现任何的问题。一旦出现问题酿成事故，就会前功尽弃。大家带着神圣的使命和确保安全的压力，昼夜奋战在北海公园的工地。

要装176组大型彩灯，我们共动用了1600多辆大卡车，集中时间往北海公园拉器械、拉材料。籍振芳亲自指挥，场面何等壮观。有一次集中拉灯的过程中，长安街发生了大堵塞现象。数千米长的汽车车队就排列在长安街上，动弹不得。籍振芳心急如火，一方面和北京市交管局抓紧联系疏通；一方面又为工人们去买面包、榨菜、火腿，用小塑料袋一袋一袋装好，发送给汽车司机和押运材料的矿工工人。参加布展的三千多人每天的吃饭、喝水都是问题。但是为了首都的祥和，为了展示山西的形象，工人们带着干粮，忍着饥渴，坚忍不拔，吃苦耐劳，昼夜奋战无怨无悔。当时的天气非常炎热，大家每天汗水不干。矿工们的这精神和毅力深深感动了北京市的领导。北京市旅游局局长薄熙成和刘毅专门给我们山西的彩灯展览配备了当时十分先进的国外进口的十部大哥大。当时的大哥大就是现在的手机，每个大哥大重量在一公斤左右。北京市领导还协调北京军区，从北京军区的仓库里调用了三千多件军用雨衣。一旦下雨，矿工们要穿上军用雨衣，在雨地里干活。

有一次，在安装彩灯的过程中，一组彩灯突然冒烟了。我们和当时的北京市委副书记都十分紧张，立即赶到现场，用最快的速度把短路的彩灯迅速修好，才没有发生事故和意外。这件事让我们压力倍增，从此，我们对安全问题就更加重视了。

这次彩灯展从 7 月到 8 月整整 76 天的时间，我们对售出的票数作了严格的规定。按照北京市政府的测算，每天的人流不能超过八万人。因为北海是陆路和水路都有，一旦发生拥挤，就很可能酿成重大事故。所以，控制人流、限制票数是确保北海公园安全的重要举措。

我一直在“煤海之光”彩灯展的现场和籍振芳密切配合，负责组织动员，安全保卫，确保这次彩灯展能够圆满成功。我们和工人们吃在一起、住在一起、干在一起，用我们的行动来影响这些朴实的矿工们。因为他们从没有在北京搞过这样的展览。两个多月的时间，我对矿工们的认识又加深了一层。我感到他们不仅仅是财富的创造者，他们在黑暗的地下采掘出煤炭，温暖着全中国、全世界的人们，把光和热献给了人类。他们同时也是文化的创造者，他们用边角废料制作出来的精美彩灯凝聚了他们对艺术的渴望，对真善美的追求，对美好传说的向往。工人们伟大，我要由衷地喊出：矿工万岁！

这次彩灯展，江泽民、李鹏、乔石、李瑞环等中央政治局常委，中央政治局委员、中央和国务院领导同志、各部门的负责同志、军队的领导以及山西的老领导彭真、徐向前、薄一波等，都出席、参观了“煤海之光”彩灯展。为了摸清领导们参观彩灯的时间和安排，我们与中央办公厅紧密联系，然后，报告省委领导决定什么领导陪什么领导，作了精心安排。我接待陪同的是李瑞环同志。

李瑞环同志我很熟悉。他看到我十分高兴。

他说：“维庆同志，你在政治风波期间抓得很好啊，你们的宣传舆论导向是全国搞得最好的”。

我说：“谢谢领导！当时我得不到任何消息，只能凭自己的判断去工作，没有失误是万幸呀”！

李瑞环说：“你们这次彩灯展搞得很好啊，一下子把首都的气氛改变了，创造了一种欢乐祥和的氛围”。

山西的各位领导分别陪同了中央领导同志，大家的心情都很愉快，对这次彩灯展给予了极高的评价。这次彩灯展被文化部特别授予“群力奇葩”这样的称号。文化部代部长贺敬之同志专门写了“华夏第一灯”的牌匾。这次“煤海之光”彩灯展也为全国迎接、搞好第十一届亚运会创造了祥和欢乐的气氛。

这次“煤海之光”彩灯展是借亚运会的强劲东风，把为国争光、为山西争光、为矿工争光紧密地结合在一起，把全省矿工的聪明才智凝聚起来，大家克服了难以想象的困难，成功举办了空前规模的彩灯展览，取得了誉满京城的轰动效应。

这次“煤海之光”彩灯展充分体现了团结协作的强大威力。120 多个参展单位，上万人参与彩灯制作，一千多辆汽车载灯进京，三千多人的安装调试，一千多人负责安全保卫，大家都能同心同德、顾全大局。人不分老幼、物不分你我，保证了安全展出，创造了最佳效益。

这次“煤海之光”彩灯展从彩灯的制作、运输、安装及安全展出，前后历经半年之久。可敬的煤矿工人顶烈日、冒酷暑、战狂风、斗暴雨、住工棚、打地铺、吃大苦、耐大劳、不计报酬、昼夜奋战，晴天一身汗，雨天一身泥；对工作极端负责，对艺术精益求精，对观众充满热忱，家事服从国事，个人服从组织，舍己救人，拾金不昧。矿工们用甘于奉献、争创一流的精神，为首都营造了光明和温暖，带来欢乐和祥和。

这次“煤海之光”彩灯展雄辩地说明，人民群众既创造了物质财富，又创造了文化财富，也创造了精神文明。我们可爱的矿工不仅是物质财富的创造者，也是精神文明的创造者。我们的人民群众不仅求富，而且求美、求乐、求新、求知。

这次“煤海之光”彩灯展展出之后，不少省、区、市纷纷要求到他们那里展出，新加坡专门邀请彩灯和山西歌舞参加“春到河畔迎新年”活动，经费全包，受到国内外广泛赞誉。

“煤海之光”彩灯展是无名英雄创造的，它是集体智慧的结晶，它是群体形象的展示。它把群众广泛参与的彩灯艺术提高到了一个新的水平。我们怎么能不相信人民群众是创造历史的动力呢！

山西革命历史题材电视剧创作的丰硕成果

山西是中华民族的发祥地之一，也是在中国革命的根据地之一。20 世纪 20 年代初期，以高君宇、贺昌、彭真为代表的一批我们党的早期革命活动家就崛起于三晋大地，推动了马克思主义的传播和党的组织在山西的创建。

1936 年，红军长征到达陕北以后，发起的“东征战役”进入了山西。全面抗战爆发以后，八路军的三大主力东渡黄河，开辟了晋察冀、晋冀鲁豫、晋绥抗日根据地。在中国革命战争的历史上，发生在山西大地的是一段民族精英荟萃，革命业绩恢弘，彪炳斗争史册的历史。

党和国家的老一辈革命家大多数都在山西这块土地上生活、工作和战斗过。1936 年，薄一波奉党中央之命返回山西，促进西盟会的改组和山西新军的建立，为执行党的抗日统一战线创造了成功的经验。在解放战争时期，上党、运城、临汾、晋中、太原等重大战役，歼灭了国民党军队的大批有生力量，创造了围敌攻城的经验，在中国革命史上写下了光辉的一页。这些重大的革命历史事件为我们进行艺术创作提供了丰富的题材资源。

对这一些丰富的革命历史题材的资源和优势，省委、省政府非常重视，省委宣传部把拍摄革命历史题材电视剧作为重要任务，制定了“七五”规划，采取了有力措施，推动了革命历史题材电视剧的创作。在创作的基础上，几年时间就拍摄了 18 部 117 集电视剧。

山西集中人力、财力、物力集中攻关，连续作战，取得了丰硕的成果。其中，《上党战役》拍了 7 集、《尹灵芝》拍了 3 集、《李林》拍了 12 集、《大敌当前》拍了 6 集、《晋华风云》拍了 5 集、《古城女杰》拍了 2 集、《战火在运城熄灭》拍了 7 集、《虎啸太行》拍了 6 集、《平梅女士》拍了 4 集、《攻克太原》拍了 10 集、《忻口战役》拍了 6 集、《临汾攻坚战》拍了 6 集、《赵树理和他的乡亲们》拍了 10 集、《断线之后》

拍了3集、《晋中大捷》拍了8集、《中国有个工人旅》拍了10集、《红军东征》拍了8集、《翻身》拍了4集，共计18部117集。

后来，省委宣传部委托华尔实，也就是电影《知音》的创作者、著名的作家，由他牵头，将已经拍摄完成的18部117集革命历史题材电视剧加以筛选，缩编成了一套20集“山西省革命历史题材电视系列剧精编版教育带”起名为《丰碑》，发行到各地市县宣传部、广播电视局、教育局、工会、团委、省直各单位、各驻晋部队、各军区和地市军分区以及厂矿、学校等单位，让他们作为革命传统教育的重要教材，收到较好的效果。

这些电视剧多数在中央台播出过。其中《上党战役》获得1985年“全国优秀电视剧飞天奖”三等奖；《平梅女士》获得华北地区第一届“王朝杯”电视剧二等奖；《大敌当前》获得华北地区第二届“天鹅杯”电视剧二等奖；《忻口战役》获得华北地区第二届“天鹅杯”电视剧三等奖和1989年“全国优秀电视剧飞天奖”三等奖。

山西为什么在短短的时间里就能够拍出这么多革命历史题材的电视剧，主要是山西省委、省政府领导的高度重视。

1986年11月7—15日，在省委和省顾委的倡导和支持下，中国电视艺术家协会和中央电视台联合在山西召开了革命史题材电视剧研讨会。这次会议讨论了山西省革命历史题材电视剧的创作形式，分析总结了已经摄制完成的和正在摄制的几部革命历史题材电视剧的成败得失，并且评论了提交会上讨论的20部电视剧剧本，听取了我国著名电影电视剧艺术家王新宇、赵勋、杜高、徐红等的学术报告。这次会议开得很好，使大家对革命历史题材电视剧的革命性、真实性、时代性、艺术性等问题有了更深一步的理解。

在这次研讨会上制定了山西省革命历史题材电视剧创作和制作的规划。因为这个规划在会前经过了充分的调查研究，又经过会议的认真讨论制定出来，所以会后落实的情况比较好。几年之内便完成了十几部规划作品的拍摄。

1990年7月10—12日，我们省委宣传部又召开了山西省第二届革命历史题材电视剧的研讨会。全省各地市宣传部分管文艺工作的副部长，各地市广播电视局、电视台的负责同志，部分革命历史题材电视剧的主要创作人员，省广播电视厅、文化厅、省文联、省电视艺术家协会的负责同志都参加了这次会议。中央有关部门和北京、天津、河北、内蒙古等省、市、自治区的电视艺术界的负责同志以及一批专家学者应邀到会。中宣部、文化部的领导同志也专程赴会，代表中宣部、文化部宣读贺信，作重要讲话。

这次会议我们认真总结了山西在创作、摄制革命史题材电视剧方面取得的成功经验和存在的主要问题。对如何正确处理好主旋律和多样化的关系，如何正确利用历史资料等问题进行了深入的研究和探讨。著名艺术家、评论家赵勋、戴林峰、阮若琳、仲艺兵等在会上讲解了拍摄革命历史题材电视剧应该把握的问题，使代表们受到了很大的启发。

拍摄革命历史题材电视剧经费的筹集是一个难题。为了确保规划中的作品能够按质按量按时地完成，我们实行了省、地（市）两级财政拨款和社会集资相结合的办法。已经完成的 18 部 117 集和 20 集精编版教育带《丰碑》共投资近 800 万元，其中四分之三是省、地市两级财政拨款，四分之一为社会各界赞助。我们注意发挥省和地市电视台的积极性，除山西省电视台承担重点作品的任务以外，也发挥各地市电视台的作用。由地市电视台独立摄制完成的就有七部。

在改革开放的初期，人们的市场观念还没有完全解放的情况下，电视剧刚刚兴起之时，能够做出这样多的精品，是很不容易的事情。

第二，剧本质量的把关是拍摄好革命历史题材电视剧的又一个重要问题。山西有一批作家，他们对创作革命历史题材电视剧有着巨大的热情。所以，创作革命历史题材电视剧剧本，是我们省委宣传部动员全省作家完成的一项重要任务。我们主要是做好组织和协调工作，重视对剧本质量的把关：一是依靠当地党委对剧本进行初审和把关；二是我们派出专人直接参与剧本的讨论；三是我们要求省顾委、省委党史研究室以及参加过山西革命斗争的老同志共同参与把关；四是重大题材我们要送省委和中央有关领导同志直接审阅；五是按照有关规定，我们必须报请中央重大革命历史题材电视剧创作领导组进行严格审批。

由于采取了这些措施，电视剧剧本创作的质量就得到了保障。

在创作革命历史题材电视剧的过程中，我们特别注意培养和建设一支能编、能导、能摄、能演和组织制片队伍的工作。经过几年的努力，这支队伍基本形成了。编剧队伍中既有老作家，也有中青年作家，而且分布在全省的各地。山西作家为山西省的革命历史题材电视剧的创作做出了很大的贡献。

革命历史题材电视剧的创作有一个重要的问题就是历史的真实和艺术的真实之间的关系问题。真实性是一个重大的原则性问题。我们首先要强调历史真实，也就是说历史环境要真实，主要事实要真实，主要历史人物要真实。对重大的史实不能虚构，对历史人物的描写不能歪曲。但是，革命历史题材电视剧是一部艺术作品，艺术作品就有一个艺术情节的虚构问题。因此，我们提倡允许建立在历史真实基础上的艺术虚构。比如说人物的某些对话、环境的某些特点等细节，虽然当时并不一定会有，可是按照人物的性格和故事情节的发展，那样说、那样出现是合理的，是一种艺术的真实。这个关系处理好了，拍摄出来的革命历史题材电视剧才会有不同的艺术追求，浓厚的传奇色彩，注重内在情感的抒发，创造生动感人的情节。

还有一个问题，革命历史题材电视剧的处理还要把握如何继承革命传统和服务改革现实的问题。我们力求使革命历史题材电视剧的创作具有时代精神，具有现实意义，能够达到与当代观众的思想感情相互沟通。忘记过去就意味着背叛，表现历史也是为了启迪今人。所以，我们不仅要求一部电视剧要具有很强的史实性，而且采用的艺术手法将故事片和专题片按照内在的联系有机结合起来，融教育性、理论性、艺术性为一体，这样，在群众中就会产生热烈的反响，自然会成为一种有生命力的思想教育的形象化教材。

在处理领导把关与调动创作人员积极性的问题上，我作为宣传部长特别把握一条，对革命历史题材电视剧所反映的主要历史事实、历史人物和思想倾向，我要主动地积极地提交中央、省委、省顾委的领导同志和参加过革命斗争的老同志审核。特别是涉及一些老一辈革命家的创作，更应当谨慎从事，不能有任何疏忽。比如，《百团大战》就是把剧本送交中央重大革命历史题材电视剧创作领导组审查，认为重大史实无误，我们才开始拍摄。

当然，在有些问题上，我们也要坚持。比如在拍摄《大敌当前》这部电视剧时，当时涉及到薄一波同志来山西组织新军的问题。薄一波同志办公室两次提出，说电视剧《大敌当前》的剧本写得不完全是事实。薄一波同志两次到山西，而不是一次到山西。对这个问题，当时电视剧已经开拍了，而且正在紧张地拍摄制作过程中，薄老办公室要求立即停拍。

省委书记李立功告诉我说："薄老办公室有意见，要求这个电视剧停拍，把事实搞清楚再说"。

得到这个消息，我一直在想，怎么办？如果停拍了，300 多名演员解散了，摄制组解散了，再重新组织将是十分困难的事情，就等于半途而废了。

于是，我就找到电视剧拍摄制作小组的领导和演员，和他们商量，薄老办公室有意见，要求我们停拍，主要的问题是薄一波同志是两次到山西而不是一次，电视剧里只反映了一次，这个问题怎么处理。

制作小组的同志告诉我，这是艺术作品，不是历史的还原。电视剧中薄老一次去和两次去没有本质的区别，没必要把历史的真实完全搬到屏幕上，这样，电视剧就没有办法去创作更生动的情节了。

我听了他们的意见，认为他们讲得很有道理。

我问他们，这部电视剧拍摄完成还需要多少时间？

他们说，再有一个礼拜就可以拍完了。

我说，好吧，你们抓紧时间来拍，剩下的问题我来解决。

我回到省委宣传部和主管文艺的副部长商量了一下。我想，咱们采取一个办法，一方面向薄老办公室写报告，说我们已经停拍了，但书面报告日期要推后一个礼拜，不能用现在的日期；二是请督促摄制组，务必在一个礼拜的时间内完成这部电视剧的拍摄工作。一个礼拜之后，电视剧拍完了，进入了后期编辑的过程中，我心里也就踏实了。

过了不久，薄老办公室又传来消息，说薄一波同志肯定了《大敌当前》这部电视剧，认为写得很好，问拍完了没有，要送给他去看。

省委书记李立功把我找去，问我："《大敌当前》这部电视剧停拍以后情况怎么样？”

我说：“立功书记，你原来要求停拍，我们已经停拍了，现在又要看电视剧，我们怎么办呢？已经解散了的演员再组织起来可不容易啊”！

立功书记也发愁了。现在薄老要看这部电视剧，我们该怎么办？

我看李立功书记着急的心情，我就说：“立功书记，幸好我们接到您传达的薄老办公室的指示以后，我找了摄制组的同志问了情况，他们说一个礼拜之内就可以拍摄完成。于是我把给薄老办公室的书面报告推迟了一个礼拜，报告送上去了。现在薄老既然要看，电视剧已经拍完了，正在后期编辑制作中，很快就会编完，编完以后我们再送薄老去看”。

“好吧？”立功同志听我这么一说，脸上露出了笑容。

他说：“维庆同志，很好啊！那你们就抓紧后期制作，做完之后送薄老去看，最后审查之后，如果合格再对外播出。”

这件事情说明，作为一个宣传部长，要清醒地意识到拍摄电视剧过程中可能遇到的障碍和问题，要头脑清醒，要敢于担当。否则，拍摄革命历史题材电视剧就可能会中途夭折。

我任宣传部长期间，把山西省重大革命历史题材创作的剧本、重大历史事件都拍成了电视剧。不管以后人们怎么看，我总觉得我在任期内，能够把发生在山西的重大革命历史题材的电视剧创作完成，留给后人，就是我对山西历史的一个负责任的态度，一个有使命感的交代。以后人们如果要了解哪一段历史，都可以把这个电视剧重看一遍，这样，就可以比较清晰地了解到山西重大革命历史事件的全貌。

邓小平南方谈话后的太原

——太原工作几点回顾

王云龙

我在山西工作近30年，其中有近20年恰逢我国改革开放，特别是邓小平同志南方谈话后山西蓬勃发展的重要时期，我既是亲历者、见证者，也是参与者、推动者。当时组织安排我进入山西省委班子工作后，主要任务是负责太原市各方面的工作，因此把太原市深入推进改革开放的工作情况作为我的主要内容回忆如下。

太原是山西省会和全国能源重化工基地的中心城市，历史上工业基础好、资源禀赋高、配套能力强，大中型企业多，拥有一支素质较高的科技队伍和产业大军，是搞好、搞活山西经济和社会的龙头城市，在全省乃至中西部地区，都具有十分重要的地位。但从20世纪90年代初的情况来看，作为内陆城市和传统重工业城市，长期实行高度集中的计划经济体制，即使经历了10多年的改革，计划经济意识、产品经济意识、小生产意识仍然比较深，相对沿海地区，还是比较缺乏改革开放所需的开拓创新精神、奋斗精神和工作气氛。同时，太原当时有一批在全国占有重要地位和影响的重化工大企业，但长期站在煤炭和重化工老大位置上，产业结构单一，第三产业发展缓慢，城市建设落后，环境问题突出，民生和社会发展方面历史遗留的包袱也很重。如何通过抓改革开放，促进太原市经济社会发展、城市建设和环境保护上一个新台阶，是全省上下都十分关注的，在国家中西部发展的战略规划布局上，也有很重要的影响作用。

我是1992年3月被任命为省委常委，4月由晋城市委书记调任太原市委书记，1996年1月任省委副书记，同年3月不再兼任太原市委书记，1996年10月调离山西到重庆，在太原市委书记岗位上算起来正好有四年，并先后同孟立正、张泽宇、曹中厚三位市长搭班子。在改革开放又一轮高潮掀起的重要时期，做为这样一个特大内陆城市的主要负责人，我一直深感担子不轻，责任重大。记得刚到太原工作，就赶上小平同志南方谈话发表，一下就为我们打开了太原发展的整个工作思路。正是小平同志南方谈话精神，为当时太原市委狠抓思想解放，以开放促改革、以改革谋发展、以发展促建设、以建设促环保、定下了大的工作基调和思路，使太原改革开放、经济发展、城市建设和环境保护在几年内就切实向前迈了一大步，上了一个新台阶，成为改革开放以来太原发展最快最好的时期之一。四年间，太原市的地区生产总值、社会消费品零售总额、地方财政收入、城市居民人均生活费收入、农民人均收入等主要经济指标保持两位数的增长速度，全市地区生产总值1995年达到240亿元，是1991年97亿元的2.47倍；城市居民人均生活费收入达到3584元，是1991年1601元的2.38倍；农民人均收入达到1444元，是1991年776元的1.86倍，提前两年完成了“八五”计划原定的目标。全面改善太原基础设施条件的12件大事，包括环保工程、道路交通工程、电信供电工程、城市供水工程、科教文化娱乐设施工程、商贸设施工程、旧城改造工程等60个项目，都全面启动，部分项目如期完成，使太原市城市建设以及环境保护有了很大的改观，为以后太原的发展奠定了一个好的基础。其中有几个方面的工作，我迄今记忆犹新，历历在目，想来还有些激情澎湃的感觉。

狠抓干部群众思想解放，全力营造改革开放新氛围

1992年3月，小平同志南方谈话后，全国各地掀起了一股改革开放争先争上的热潮。当时《太原日报》及时转载了《深圳特区报》刊登的邓小平南方谈话内容，在干部群众中引起很大的反响。从当时太原情况来看，我们市委班子普遍感到，在太原干部群众中不同程度地存在着"等、靠、要"的计划经济思维和求稳怕冒、小富即安的内陆意识，"有了计划心里就踏实，没有计划就难干"，不大适应改革开放和市场经济发展的新形势。要想打开工作局面，就要深入学习小平同志南方谈话，以小平同志南方谈话精神，解放广大干部群众的思想，在推动改革开放上形成一种大胆的试、大胆的闯的思想氛围和工作氛围。为了抓好这方面工作，太原市委主要抓了两个大的工作。

一件工作是组织太原党政干部深入广泛学习小平同志南方谈话，并以南方谈话精神为指导制定相应的工作方针和实施意见。1992年3月中旬，市委召开全市宣传工作会议和学习邓小平同志重要论述座谈会，强调用"思想上的艰苦"学习邓小平南方谈话。1992年5月6日到8日，中共太原市委六届三次全体（扩大）会议召开。会议学习贯彻邓小平同志关于建设有中国特色社会主义的一系列重要论述、中共中央政治局会议精神和中共山西省委六届三次全体（扩大）会议精神，讨论制定了市委、市政府《关于进一步解放思想、加快改革开放和经济发展的实施意见》。会议提出，解放思想要有大突破，经济发展要有大动作，对外开放要有大跨度，深化改革要迈出大步伐，抓落实要下大力气，树立"团结、拼搏、主动、唯实、创新"五种精神和争创一流的工作标准，提前一年完成"八五"计划，提前两年实现国民经济翻两番。1992年11月13日至14日，市委召开六届五次全体会议，我在代表市委所作的讲话中明确提出，加快改革开放步伐，推动太原经济尽快迈

上一个新台阶，至关重要的仍然是解放思想、实事求是，清除各种思想障碍，真正排除那些长期以来形成的旧的、僵化的思想观念，冲破传统的“禁区”“左”的禁锢，摆脱姓“资”、姓“社”的困扰，克服“内陆保守意识”。一切从太原实际出发，只要符合“三个有利于”，就要放开手脚，勇于探索，大胆试验，创造性地开展工作，敢于走前人没有走过的路，走出一条内陆开放城市改革开放和经济发展的新路子。

另一件工作是在全市范围倡导和组织了“太原·开放·未来”主题宣传教育活动，在广大干部群众中开展了解放思想、转换脑筋的大讨论，开展了“市场经济与太原发展”的宣传教育活动。明确提出“四个突破”的要求，就是要突破姓“社”姓“资”的困扰，突破产品经济观念的禁锢，突破小生产意识的桎梏，突破无所作为和满足于现状的心理影响。转换脑筋，最重要的是清理和换掉被计划经济束缚得已经僵化的旧脑筋，迅速换上社会主义市场经济的新脑筋。换掉小生产的旧脑筋，特别是不能满足现状、怀旧固守、不愿接受新事物的旧脑筋。改变以往那种依赖计划、迷信计划的旧意识，自觉以市场为导向，到市场经济中去闯、去干。这种脑筋不换，我们在市场经济中肯定要吃败仗。我多年从事科委领导工作，深知电脑软件升级的重要性。所以常以电脑软件打比方说明换脑筋的重要性，计划经济的软件不会输出市场经济的程序；小市民的软件不会输出大市场的规则；太平官的软件不会输出创业者的蓝图。要建立社会主义市场经济体制，我们头脑中就需要输入社会主义市场经济的软件程序。要求大家大胆的试、大胆的闯。我代表市委明确提出，因为解放思想干错了，绝不追究个人责任。通过这场大讨论，解放了干部群众的思想，确立了发展市场经济的观念和意识，为全市改革开放的进一步深入奠定了比较好的思想基础。

用好用活内陆城市开放政策，推动形成对外开放新格局

改革和开放密不可分。在改革开放之初，中央就是借特区和沿海城市开放，全面推动各项经济体制改革，通过开放促改革促发展。进入20世纪90年代以后，在中西部各省区的积极争取下，我国对外开放的步伐逐步由沿海向沿江及内陆和沿边城市延伸。1992年8月，党中央、国务院决定进一步开放合肥、南昌、长沙、成都、郑州、太原、西安、兰州、银川、西宁、乌鲁木齐、贵阳、昆明、南宁、哈尔滨、长春、呼和浩特共17个省会为内陆开放城市，实行沿海开放城市的政策。如何抓住太原被国家列为内陆开放城市的机遇，积极贯彻国家赋予的优惠政策，充分发挥政策效应，使对外开放和改革发展形成新的局面，是太原市委所面临的紧迫任务和重要的工作平台。为了更好地抓住内陆开放城市的政策机遇，真正把扩大开放作为太原加快改革和加速发展的突破口，市委主要抓了三个方面的工作。

第一个方面要抓好的是争取省委、省政府以及各有关部门的支持，使沿海开放政策在太原能实实在在、不打折扣的落地。在省委、省政府的支持下，1992年8月市委、市政府经过调查研究和反复讨论，制定了太原市实施内陆开放城市政策推动太原经济上新台阶的总体方案，同年10月8日及时召开贯彻沿海开放政策、推动经济上新台阶动员大会，会上宣布了省政府《关于贯彻国务院批准太原市为对外开放城市决定的有关问题的通知》，通知要求省直各经济管理部门把促进沿海开放城市经济发展的各项政策措施不折不扣地全部尽快下放给太原市。1993年5月召开了全市首次对外开放工作会议，在会上我特别强调了抓住机遇、用好用足开放政策的问题，要求同志们充分认识沿海开放政策的时效性，进一步增强紧迫感、危机感，切实抓住政策发挥作用的有效时间，把对外开放工作推向一个新阶段。四年期间，太原市委和市政府先

后制定出台了《关于进一步扩大开放的实施意见》、《关于鼓励外商投资的规定》、《关于引进资金和推荐投资项目实行奖励的规定》等一系列政策性配套文件，为沿海开放政策在太原具体落实打下了较好的基础。

第二个方面重点抓了太原高新技术开发区和经济开发区的建设。太原高新技术开发区是我来太原之前任省科委主任时建立的，当时的省科委副主任兼任太原高新技术开发区管委会主任。1992 年 11 月太原高新技术开发区被国务院批准为国家级高新技术开发区。太原经济区是我到太原后 1992 年 6 月搞起来的。高新区和经济区的建设对推动太原市的对外开放工作发挥着十分重要的作用。我们给两区的定位就是要使之成为山西、太原经济发展的新生长点、示范区和辐射源。因此，市委对两区建设非常重视。市委、市政府定期要研究两区建设的进展情况，及时协调两区建设中出现的各种矛盾和问题。两区起步之初，为了吸引企业参与两区建设，我们颁布了“一厂两制”（在一厂中选择其部分基层单位引进中外合资企业的经营管理机制进入太原高新区）及吸引项目资金的诸多政策，吸引了一批高新技术企业和外资企业进入两区，打开了两区发展的局面。

第三个方面是走出去、请进来，打通对外开放渠道，利用各种方式招商引资。这一期间太原先后与美国、俄罗斯、澳大利亚等国的一些城市结为友好城市，与连云港市、厦门市和上海杨浦区结为友好市（区），进一步发展了同国内先进城市和发达地区的经济、技术、贸易合作和友好关系，并与晋中、忻州、吕梁三地市组成太原经济综合协作区，为发挥辐射作用，带动区域经济发展创造了条件。为了打通陆运口岸，1993 年 7 月太原津港国际集装箱货运有限公司成立，该公司由太原市联运公司、香港华美公司、天津集装箱公司合作筹建，系中国内地与香港合资股份制企业，到 1996 年 1 月 18 日太原陆运口岸建成并正式对外开放。在招商引资中，除了通过建立友好城市和地方企业合资合作项目等形式，我们还积极利用山西的历史文化资源搭台唱戏，如在招商引资中比较好的发挥了王氏宗亲联谊会的作用，1993 年 6 月在太原晋祠成功举办了第一届世界王氏恳亲联谊暨经贸洽谈会，来自泰国、菲律宾、马来西亚、新加坡、缅甸等五个国家的海外王氏社团 200 余人参加了大会。洽谈会上，太原展出了以轻工、工艺、小五金、纺织、机械为主的商品，对外发布了包括工业技术改造、城市基础设施建设、大型游乐和商贸服务设施及农业综合开发等240个经济技术合作项目，收到了很好的效果。这一活动延续成以后每年一次的经常性招商活动，为太原也为全省各地市对外招商引资搭建了一个平台。

经过多年努力，太原对外开放形势有了很多变化，如与1990年相比，1995年外贸商品进出口总额达1.93亿美元，增长11.6倍，其中直接出口商品总值达1.22亿美元，增长7倍，年均增长51.4%，同期新增“三资”企业721家，合同引进外资5.1亿美元，为太原的改革开放创造了对外开放的良好环境。

细致谋划改革发展思路举措，加快建立适应社会主义市场经济的新体制

20世纪80年代，山西乃至太原经济发展集中在能源重化工基地建设上，经济发展比较单一，大批大企业、老企业经营面临困境。太原国有大中型企业相对集中，长期在计划经济体制下运行，历史包袱和社会负担过重，加上设备老化、工艺落后，自有流动资金严重短缺，发展后劲明显不足。多年来，这些问题一直困扰着全市经济发展，而且由于多方面的原因始终不能得到很好的解决。特别是小平同志南方谈话和党的十四大之后，全国改革发展步入建立社会主义市场经济体制的新阶段，如何在社会主义市场经济体制条件下集中精力抓好改革发展，是市委班子的中心任务。在这方面，我们的主要着力点有两个，一是抓总体发展目标、思路和战略规划，明确全市重大方向；二是集中精力抓好各项重大改革和发展措施。

在太原的几年，市委注意对经济发展中具有全局性、前瞻性、方向性、战略性的重大决策以及一些重大经济建设项目进行认真研究，我和其他常委们及其他市级几大班子一道，经过反复调查研究，适时提

出经济发展的总体思路、主攻方向和奋斗目标，把握指导全市经济工作的主动权。如在1992年邓小平同志南方谈话发表后，全国经济开始进入新一轮快速上升期。面对这一有利机遇，市委、市政府一班人，对太原市情进行了深入的调查和周密的分析研究，提出了放开胆子、放活政策、放大步子，实现六个突破（外经、外贸、投资环境、企业经营机制转换、流通领域改革、政府职能转变），改造40个老企业，夯实四个基础（农业基础、工业基础、城市基础设施和城市管理基础）突出解决涉及民生四个问题（水、路、气、热），并明确了从根本上解决太原经济发展中的深层次问题的主攻方向。1995年在认真总结几年的经济建设经验的基础上，又提出了实现“123”的奋斗目标，即地方财政收入超过10亿元，地区生产总值超过200亿元，工业生产总值力争达到300亿元。这些目标的提出，既起到了鼓舞人心的作用，也对进一步挖掘全市经济发展潜力，加快经济发展起到了积极的推动作用。

在提出目标的同时，市委常委一班人坚持定期分析研究全市经济发展的形势，及时掌握全市经济运行的状况，加强对全市经济工作的指导。应当讲，太原经济在1992年全面回升后，呈现跳跃式发展，增势强劲的势头，也是改革开放以来少有的态势。但通过分析我们发现，我市经济生活中还存在不少问题和矛盾。特别是面对国有大中型企业困难大、亏损严重的情况，我们组织市级几大班子和有关部门领导深入企业、调查研究、分类指导、包点帮促、解决问题、收到了比较好的效果。同时，作为书记，我提出把太原重型机器厂、太原五一机器厂、太原造纸厂等企业作为自己的联系点，并经常深入这些企业面对面地指导工作、解决问题，以此带动面上的工作。后来市委提出在国有企业中引进“三资”企业管理模式的思路，就是我在五一机器厂调研时提出的。这个厂有一个中外合资车间，通过调研我感觉他们的管理机制实质上就是市场经济条件下企业必须具备的经营素质和管理模式，所以提出把三资企业的机制推广到他们全厂，新机制一推广，五一机器厂的生产经营很快跃上了一个新台阶。

针对建立社会主义市场经济体制的新形势，特别是太原市成为全国、全省改革试点城市的新机遇，我们在总结以往改革经验教训的基础上，认真分析研究，形成了以企业“转机建制”也就是企业转换经营机制，建立现代企业制度为主要内容的总体思路：包括推进各项改革的“三转”（转变观念、转换机制、转变职能）、“三调”（调整所有制结构、调整产业结构、调整产品结构）、“三建”（建立现代企业制度、建立社会保障体系、建立要素市场体系）、三让”（有偿出让土地、有偿出让住房、有偿出让企业）。1993 年在获悉国家准备搞“优化资本结构”试点城市的信息后，我们积极准备和申请，多次向省政府和国家有关部门汇报，最终在 1994 年 2 月使我市成为国家“优化资本结构，增强企业实力”首批 18 个试点城市之一。之后，我们又很快制定了《太原市“优化资本试点，增强企业实力”实施方案》，经省政府报请国家经济贸易委员会等部门。8 月 24 日，国家经贸委等 9 部门批复了我们的实施方案，并对我们提出的有关问题作出明确答复。这就为我市国有企业进行“转机建制”改革争取到了政策支持。围绕搞好国有大中企业这个中心，按照“优化资本结构试点”城市的要求，确定了不同类型的 26 户企业为“点中点”企业、16 户企业为建立现代企业制度试点企业。1995 年，又选择 15 户企业为增资试点企业，选择 10 户企业进行派出监事会的试点工作，选择 10 户企业进行减人增效的试点工作。

在国有企业改制过程中，随着国有企业富余人员的分流和企业办社会职能的分离，我们围绕社会保障制度改革，加快了建立社会保障体系的步伐，组织制定并推选了职工养老保险、生育保险、失业保险、工伤保险、职工养老金计发和城镇职工养老保险等 7 个政策性文件，受到劳动部的充分肯定。伴随着经济改革的深入，市委、市政府围绕理顺关系，转变职能，在娄烦县、南郊区机构改革试点的基础上，研究制定了全市党政机构改革总体方案（草案）和有关配套文件。完成了纪检、监察的合署办公，撤销了组建时间不长的市委企业工委和事业工委，成立了市委工交工委、财贸工委、城建工委和教育工委，为下一步全面推进机构改革打下了基础。

全力实施12项重大基础设施建设，努力打造城市发展新平台

由于历史上长期实施先工业后建设、先生产后生活的经济建设方针，到20世纪90年代初，太原城市建设特别是各项基础设施建设的历史欠账已经相当严重，极大制约和影响了太原经济发展、对外开放和人民生活。当时市委一班人谈论到太原城市基础设施和生产生活环境时，真有些百废待兴的感觉。如何根据太原当时的具体情况，全面规划各项城市基础设施建设，如何把各个项目落实下去，如何有效解决建设资金，是我们面临的几个主要问题。

经过深入调查研究论证，市委、市政府提出了全面改善太原基础设施条件的12件大事：第一件是环境保护设施建设，包括煤气工程、集中供热、三大污染治理；第二件是公路交通建设，包括太原市东山过境公路、迎泽西大街打通工程等；第三件是航空电信供电设施建设，包括太原机场改扩建工程等；第四件是火车站、五一广场建设，包括火车站高架候车楼，火车站商贸中心等；第五件是文化娱乐设施建设，包括少年科技城、电视城、多功能文化娱乐城等；第六件是商贸设施建设，包括云山商业贸易城、太原市商业城等；第七件是汾河改造，包括汾河蓄水工程、汾河大桥改造、东西滨河路的修建；第八件是城市供水工程建设，包括南庄引水工程，汾河二库工程；第九件是经济技术开发区建设；第十件是旅游综合开发区建设；第十一件是旧城改造，包括解放路北端改造工程、城西水系工程等；第十二件是住宅小区建设，包括漪汾苑小区、北张别墅小区等。这十二件城市基础设施建设的大事，又具体分解为环保工程、道路交通工程、电信供电工程、城市供水工程、科教文化娱乐设施工程、商贸设施工程、旧城改造工程等方面的60个项目，并制定了明确的工程建设进度表。

为了确保12件大事和60个项目落实，市委建立并坚持实行了由市

级四大班子牵头的项目负责制，12 件大事、60 个项目分别包给每一个市级领导，把分包项目名称和负责项目协调工作的领导同志姓名，在《太原日报》上张榜公布。我的办公室里就挂着重点工程建设进度表，市委常委和副市长及市人大副主任、市政协副主席每人都建立了项目联系点，定期下去了解情况，面对面地具体指导。当时太原市的财力有限，搞重点工程建设难度很大，许多工程连起步资金都不足。像少年科技城奠基后起步资金缺乏，是靠部队、企业和开发单位的捐款建设起来的。少年科技城也因此成为名副其实的“双拥工程”。但就是在这样困难的情况下，全市仍有一批重大项目如晋祠到夏家营公路、太榆路、打通南出口和北出口的道路工程等相继竣工投入使用，在全省率先实现了“乡乡通公路”“村村通机动车”的目标；太原火车站高架候车室、飞机场候机楼建成使用；完成城市集中供热 360 多万平方米。从而使我们的城市基础设施得到较快发展，人民的生活环境得到改善，为经济发展创造了比较好的环境。

在项目落实过程中，市委、市政府因地制宜地制定了一系列配套的筹措建设资金的政策。除了鼓励各部门积极争取国家和省里的资金支持外，鼓励金融部门完善资金拆借市场、票据贴现市场，鼓励企业内部发行股票和开展信托投资，有计划、有步骤开发土地和发展房地产业，实行供电供热等公用事业加价收费办法，根据项目具体情况，通过多种方式筹措建设资金。

开展工业和城市环境综合整治，有效展现城市建设新面貌

20 世纪七八十年代，太原的工业和城市燃煤污染是非常严重的。外地凡到太原的同志都有体会，一出太原火车站就能闻到煤烟味，站在太原西山向市区瞭望，经常是烟雾笼罩。从当时情况来看，如何抓好太钢、太化等大企业污染治理和全市居民直接燃煤污染，是需要集中

精力先要解决的两大方面的问题。在太原污染治理原有工作的基础上，市委、市政府集中开展了工业污染防治和城市环境治理等方面的工程项目。

在工业污染治理工程方面，推动各大企业发扬太钢“双良精神”和古交煤矿的“古交精神”，在企业技术改造和扩大生产的过程中，持续做好各项配套的污染治理工程项目。当时主要是集中开展了太钢、太化、太原电厂等企业的污染治理工程项目，经过几年努力，太钢一钢、三钢等烟尘治理，太化硝酸尾气改造，太原水泥厂竖窑改造等工程都顺利完成。市政管理处沥青加工系统改造工程完工。赵庄、南堰污水处理厂和太化染料厂废水处理、太原绒织印染厂污水处理建成运行。危害全市人民长达六十余年的太钢一钢平炉红烟和太原造纸厂的制浆黑水得以彻底根治，当地老百姓对此欢欣鼓舞。

在城市环境治理工程方面，为结束城市居民直接燃煤的历史，取消城市煤堆，全力推进集中供热和煤气化工程。到 1994 年 1 月 11 日，太原市集中供热首期工程（太原一电厂集中供热Ⅰ期工程）竣工运营，实现 340 万平方米集中供热，5 万户 30 万居民成为集中供热首期工程的受益者，并取得了良好的节能和环保等社会效益。这项工程在市区减少采暖锅炉 163 台，年可减少粉尘排放量 1713.96 吨，减少排放二氧化硫 4509.93 吨。1994 年以后，通过多次扩网，到 1997 年太原市热力公司集中供热面积达到了 569 万平方米，取消供热区域内大量分散的燃煤锅炉，拔掉了烟囱 1000 多个。同时，为了把太钢、太化等企业的煤气输送到市区，新建了汾河煤气管道过线桥和市区煤气管网建设等一系列工程建设，为逐步提高太原市区气化率奠定了稳固的基础。

在治理污染的同时，当时还规划建设了森林公园和碑林公园，同时开展了北起森林公园沿汾河两岸南下到晋阳湖，由北向南的大面积绿化、园林化工程，为汾河治理打下了一定基础，同时市区绿化取得显著进展，被建设部命名为“全国园林绿化先进城市”。

充分发挥党建统领作用，不断激发促进改革开放新动力

我们这一届市委、市政府在抓好物质文明建设的同时，还坚持两手抓、两手都要硬，抓好精神文明建设。围绕落实“八五”期间社会主义精神文明建设规划，开展了“学雷锋、学双良”“做文明市民”“五爱五献”（爱祖国、献终生，爱太原、献力量，爱集体、献才能，爱岗位、献本领，爱他人、献热忱）等形式多样的主题活动。开展了“创三优”（优美环境、优良秩序、优质服务）、“建三城”（双拥模范城、国家卫生城、社会治安模范城）。同时为了避免活动忽冷忽热、不能长久保持的现象，在夯实精神文明建设基础和精神文明活动经常化、规范化、制度化方面做了一些探索性工作。1993 年和 1994 年，我市连续两年被国务院命名为“全国双拥模范城”。新建了电视技术大楼、太原体育中心等文体设施，建立了省立国民师范革命活动旧址纪念馆、徐向前元帅铜像广场等革命传统教育基地，加强了精神文明硬件建设。

当时我们市委一班人坚持把加强党的建设，改善党的领导作为关系到改革开放和现代化建设兴衰成败的关键来抓，始终紧紧围绕班子、队伍、作风三个环节抓党的自身建设。

突出抓了领导班子建设，着力解决领导干部中不同程度存在的官僚主义、形式主义、自由主义、个人主义、好人主义等问题。有计划地抓了县处级领导干部的培训，在全市机关干部中开展学习党的基本路线及市场经济知识和经济理论知识的活动，干部队伍的理论素质和工作能力得到提高。开展了领导干部廉洁自律、纠正行业不正之风和查处大案要案等工作，进一步引申了党风廉政建设和反腐败斗争。建立和健全了由防范、制约、监督、惩处四个环节构成的反腐倡廉机制，不断增强了具有太原特色的惩防体系建设整体合力；以自查自纠专题民主生活会为主要形式，认真清理和纠正各种不正之风，切实维护好群众利益；采

取建立责任制、领导包案等措施，对严重违法违纪的大要案进行了严肃查处、惩治了一批腐败分子，为推进改革开放扫清了障碍，净化了政治生态。

按照“四化”标准，选拔了一批德才兼备、年富力强的中青年干部进入各级领导班子，班子队伍的结构趋于合理，进一步增强了凝聚力和战斗力。建立了一支由年轻干部、非党干部、妇女干部组成的后备干部队伍，为太原干部队伍建设注入了新鲜血液。同时，根据当时基层党建工作情况，修订和完善了堡垒工程四年规划，开展了“标准化支部”建设和“党员就是一面旗”活动，充分发挥了基层党组织特别是农村基层党组织的战斗堡垒作用和先锋模范作用。

抓好作风建设，进一步密切党同人民群众的血肉联系。教育引导各级领导干部树立正确的权力观、事业观、政绩观，弘扬勤勉务实、敢于负责、勇于担当的作风，不推诿、不扯皮、不懈怠，多做打基础、利长远的事，不搞劳民伤财的“形象工程”“政绩工程”。坚决整治损害发展环境的行为，严肃查办阻挠项目落地和推进等破坏发展环境的案件，坚决整治不作为、慢作为和乱作为。切实解决了一批事关人民群众切身利益的热点难点问题，进一步促进了干部作风转变，增进了党群干群关系，提升了党委、政府的公信力，让人民群众更好更多更全面地享受到了我市改革开放成果。

通过抓好党建工作这个龙头，抓班子、带队伍、强作风，为做好太原包括改革开放在内的各项工作提供了有效的保障，也增强了新的动力。我是山西人，是吃山西的小米、喝山西的水长大的，是山西这片土地哺育了我，山西人民培育了我，在山西的工作锻炼了我。而且太原是我度过中学时代的地方，是我曾经学习、生活和工作过的地方，我对山西、太原有着深厚的感情和眷恋。虽然因为工作关系，离开了太原、离开了山西，但我仍时刻关心、关注着山西、太原的发展和进步。看到现在山西、太原日新月异的发展，看到山西、太原的巨大变化，我感到由衷的高兴和喜悦。这是在历届党中央、国务院，省委省政府，市委市政府的领导下，广大干部群众努力奋斗的结果。当前中国特色社会主义已经进入了新时代，这是我国发展新的历史方位。在新的历史方位下，解决社会主要矛盾，全面深化改革仍是必由之路，党的十九大站在更高起点上已经对推进改革进行了谋划，开启了全面深化改革的新征程。我相信在以习近平同志为核心的党中央的坚强领导下，在习近平新时代中国特色社会主义思想和党的十九大精神的指导下，山西太原的改革开放事业会不断迈上新的台阶，山西太原的明天会更美好，山西太原人民的日子一定会一天比一天更红火！

太原世纪之交的改革与发展

纪馨芳

1996 年 2 月至 2000 年 1 月，我任太原市委书记。在世纪之交的这四年间，太原市的改革与发展正处于一个承前启后的阶段。在省委、省政府的支持下，当时市里的几套班子以高涨的改革热情，做了一些大胆的探索和艰苦细致的工作。

召开市第七次党代会

记得是 1996 年春节前一天晚上，省委有关同志到太原市宣布了我的工作任命，当时恰逢太原市第七次党代会即将召开。为按时召开太原市第七次党代会，春节期间我们班子里的同志就到工厂和农村进行调研，抓紧起草市委的工作报告和《中共太原市委关于太原市国民经济和社会发展第九个五年计划和 2010 年远景目标的建议》，抓紧大会的各项筹备工作。

当时，经过中华人民共和国成立以来特别是改革开放以来的建设，太原市的经济和社会发展取得了长足的进步，“八五”计划所提出的主要任务都已完成或超额完成，改革开放不断深化，各项建设事业持续发展，人民生活不断改善。同时，太原市改革与发展还面临着很多突出矛盾和问题，主要是经济的市场化程度低、发展的环境差、综合实力与城市规模和省会城市的地位不相适应。太原在全国省会城市中相对落后的排位，使大家对发展的紧迫感非常强烈，并对进一步深化改革和促进发展充满期望。为了开好这次党代会，谋划好太原跨世纪发展的宏伟蓝图，切实解决好存在的矛盾和问题，我们在充分调研和分析市情的基础上，根据国家和全省的总体要求，对下一步太原市工作的指导思想、推进改革与发展的思路相奋斗目标进行了反复的研究和论证。

在指导思想上，我们明确要以邓小平理论为指针，全面贯彻党的基本路线和基本方针，进一步解放思想，转变观念，始终不渝地抓住经济建设这个中心，大力推进改革开放，努力建设经济繁荣发达、社会文明进步、人民生活富裕的新太原。

在推进改革与发展的思路上，我们制定了以“赶超”为选择的经济社会发展战略。当时的太原面临着重要的发展机遇，只有以更快的速度发展，才能缩小与先进城市的发展差距。为此，制定了“赶超”战略，即，经过三个阶段的努力，迈上一个新的台阶。第一阶段，即“九五”时期，要在经济体制和经济增长方式两个根本性转变上取得突破，按照外向牵动、结构优化、科教兴市、基础推动的总体发展思路，着力解决关系经济社会长远发展的关键性问题，为进一步的赶超积蓄力量、打好基础、创造条件、增强后劲，到世纪末人均国内生产总值达到中西部地区省会城市的平均水平。第二阶段，即 21 世纪头五年，全市经济社会发展步入良性循环轨道，综合经济实力明显增强，到 2005 年人均国内生产总值、城乡人均收入达到全国省会城市中等偏上水平。第三阶段，即 2006 年至 2010 年，全市国内生产总值在“九五”的基础上再翻一番半，人均国内生产总值、人均财政收入和城乡人均收入等主要指标达到全国省会城市先进水平，太原市跻身于全国先进城市行列。同时，为了把“赶超”战略落到实处，我们坚持经济与社会协调发展和两个文明共同进步的原则，明确提出了推进国有企业改革、培育和完善市场体系、改革投资环境、扩大对外开放、实施科教兴市战略、发展非公有制经济、转变政府职能等具体政策举措。

在确立奋斗目标时，我们既立足当前，又着眼于长远，规划了“九五”时期的奋斗目标和2010年远景目标。“九五”时期的奋斗目标主要是，全市综合经济实力显著增强，经济结构进一步优化，初步建立社会主义市场经济体制的基本框架，形成宽领域、高层次对外开放格局，城市综合服务功能更加完备，人民生活达到小康水平，城市整体文明程度明显提高，民主法制建设取得新进展。2010年远景目标主要是，在“九五”发展的基础上，经过21世纪初十年的建设与发展，全市建成比较完善的社会主义市场经济体制，基本实现城乡一体化，人民生活在普遍小康的基础上更加宽裕，将太原建成以能源重化工为基础的高科技、大流通、多功能、开放型的现代化城市。

在充分准备的基础上，市七次党代会于1996年3月11日在南官胜利召开，500多名代表参加会议。会上，我受市委六届委员会的委托，作了题为《团结奋斗，开拓进取，兴边富民，再创辉煌，满怀信心地阔步迈向新世纪》的工作报告。大会进行讨论时，与会代表认为《报告》和《建议》提出的指导思想、改革与发展的思路和奋斗目标贯彻了中央和省委、省政府的方针政策，符合太原市的实际，对于推动全市经济社会的新发展，具有十分重要的指导意义。大会通过了市委的工作报告和《中共太原市委关于太原市国民经济和社会发展第九个五年计划和2010年远景目标的建议》，还选举产生了新一届市委领导班子，为贯彻落实大会精神提供了有力的组织领导保障。

七次党代会闭幕后的几年间，按照大会的精神，我们团结带领全市广大干部和群众，认真贯彻落实大会的各项决策部署，加快了改革开放的步伐，推进了全市经济社会的进步与发展。

推进国有企业的改革与发展

国有企业是太原市国民经济的支柱，从历史的发展和现实的状况看，它对国家和社会的贡献很大，也充分体现了公有制的主体地位。但是，当时全市国有企业经营普遍困难，问题十分突出。1995年上半年，江泽民同志就搞好国有企业先后发表了几次重要讲话。之后，党的十四届五中全会对大力推进国有企业改革作了明确部署。从全国的形势看，国企改革正步入攻坚阶段，我们及时把国有企业的改革与发展作为市委和政府的工作重点，摆在工作日程上。

在认真调研的基础上，我们发现太原市国有企业改革与发展滞后的主要症结就是思想不够解放。面对改革开放的新形势．等待观望的思想比较严重，普遍存在着凡事都要等上级下文件、定调子、划框框，不少领导干部求稳怕乱，不愿大胆试，大胆闯。针对这些现象和问题，我们一开始就把解放思想作为全市国有企业改革与发展的突破口来抓，在全市广泛开展了以“解放思想、抢抓机遇”为主题的大讨论活动。这次活动的开展，为深化国有企业改革和促进发展创造了良好的条件。太原自行车厂是一个老国有企业，当时因长年亏损，给职工发不出工资，但当太原服装城提出要兼并这个厂时，厂里不少干部职工却说“宁可喝西北风，也不能让乡镇企业兼并”。通过解放思想的大讨论活动，这个企业的干部职工最终以新的思路和发展理念，正确对待企业改革发展中遇到的新情况新问题，并积极投身到企业的改革发展中。

在解放思想的基础上，我们按照“三个有利于”的标准，确立了分类指导、因厂制宜、整体推进国有企业改革与发展的思路，以抓重点和攻难点、抓大的和碰硬的为突破口，制定了《中共太原市委关于推进国有企业改革和发展的意见》、《太原市调整产业结构实施方案》以及关于加快国有资本营运体制改革、大力实施股份合作制、推进再就业工程等政策举措。这些政策的贯彻和落实，不断地推进了全市国有企业的改革与发展。

工作思路和政策举措明确后，我们就狠抓国有企业改革的难点和热点。山西纺织印染厂是山西省纺织系统最大的一家国有工业企业，它曾为山西的经济建设和社会发展作出过重要的贡献。但是，多年来，由于多方面的原因，企业生产经营十分困难，经济效益每况愈下，企业发展举步维艰。当时，这个企业有在职职工1.06万人，离退休职工近4000人，总负债7.8亿元，资产负债率达到180.88%，已经连续四年巨额经营性亏损，累计停产26个月，欠发职工工资6个月。为了帮助企业走出困境，省、市两级政府曾先后注入近亿元资金，采取兼并、合资等途径予以救助，但因企业规模大、职工多、负债重等原因，均未能奏效。最后靠全市干部捐款也没能挽回全面停产的局面。对这个企业的问题，我和市委一班人经过认真研究分析后，认为山纺这个难点不突破，不仅全市国有企业改革的局面难以打开，而且会严重影响全市的社会政治稳定，企业职工的生活也将更加困难。在这种情况下，山纺的出路只有一条，那就是利用我市当时是全国优化资本结构试点城市的政策，果断地对其实施破产。然而，对这么大的企业实施破产，当时在全国尚无先例。对山纺实施破产，省委、省政府非常重视、全力支持。省主要领导亲自到山纺调研，并提出具体指导意见。为了搞好山纺的破产工作，我们成立了由我担任组长的市山纺改革领导组。经过省政府常务会、市委常委会、市政府常务会、山纺改革领导组会等累计一百多次的专题研究和反复比较论证，并向国家经贸委、工商银行总行作专题汇报，我们最终确定了山纺整体破产的改革方案。在省、市两级党委、政府的共同努力下，在广大干部职工的大力支持下，通过各方面艰苦细致的工作，山纺顺利实现了依法破产。山纺的破产改革，不仅对我市国有企业的改革产生了积极的影响，而且在全国也引起广泛的关注。

与此同时，我们深入学习、理解党的十五大提出的“公有制实现形式可以而且应当多样化”、“一切符合‘三个有利于’的所有制形式都可以而且应该用来为社会主义服务”的科学论断，抓住机遇，积极实践，不断推进国有企业改革向纵深发展。太原砂轮厂是一家专门生产棕刚玉产品的国有企业，当时生产设备先进、产品市场广阔，但由于受资金、规模、能耗、场地等因素的影响，企业发展受到很大制约。针对这种情况，我们协调企业间打破行业界线，确立了按股份制实现强强联合的重组模式，利用太原砂轮厂的产品市场优势、东山煤矿电厂的动力资源优势和五一机器厂的仓储优势，组建了太原刚玉股份有限公司，并通过发行股票上市融资近三亿元，有效地促进了企业的发展，也实现了太原市上市公司零的突破。还以优势国有企业为龙头，不断加大资本运营的力度，积极支持太原水泥集团等实行强弱联合，通过兼并上规模，同时以盘活存量资产为目的，实现国有资产优化重组。继山西纺织印染厂破产之后，又对太原羊毛衫厂、太原第二毛纺织厂、清徐露酒厂、中元玻璃厂等一批国有企业依法破产，盘活资产近7亿元，推动了国有资产优化重组。另外，在一大批中小企业，特别是商贸服务企业中推行了股份合作制。

在推进国有企业改革过程中，我们特别注意做好企业干部职工的思想政治工作和下岗职工再就业工作。1997年，我们在全市范围组织开展了万名机关干部与万名企业职工“结对子、交朋友”活动。在活动中，机关干部深入企业、进家入户，宣传企业改革的方针政策，消除企业职工思想困惑和疑虑，帮助企业和企业职工解决实际困难。当时，我与山毛厂职工张杰同志结为对子，通过家访、谈心，让我更多地了解到了企业职工的心声，也为我们推进企业改革发展提供了不少好的思路和办法。在活动中，很多企业的职工说，机关干部来到我们中间，和我们手拉手、面对面地交流，使我们感受到了党和政府的关心。还有的职工说，过去只是在报纸、电视上见过领导，现在领导就在身边，而且成了推心置腹的好朋友，无话不谈，不用说解决了什么问题，就是这股温暖劲，也令人感到十分满意。“结对子，交朋友”活动的开展，取得了积极的成效，较好地推动了国有企业改革与发展，也促进了机关工作作风的转变。对太原市创新企业职工思想政治工作的这种做法，《人民日报》、中央电视台、《经济日报》、《光明日报》等媒体，亲自派员到山纺采访调研，并提出具体指导意见。对山纺实施破产的做法、经验，《工人日报》、《法制日报》等中央媒体先后都在显要位置和黄金时段进行了报道；中组部和中央政策研究室还派专人进行了考察调研，给予了高度评价，并在《党建研究》上进行了经验交流。企业思想政治工作的有效开展，为企业改革的顺利进行奠定了良好的群众基础。做好企业下岗职工再就业工作，是深化和推进国有企业改革的重要保障。为了确保全市国有企业改革的顺利推进，市、区、县各级政府广开渠道，积极探索安置下岗职工再就业的途径和形式，建立了“纵到底、横到边”的服务管理网络体系，制定出台了一系列政策措施，支持和帮助下岗职工更新思想观念，实现再就业。

推进国有企业改革与发展，始终是促进经济社会发展的重要内容。当时，在省委、省政府的正确领导和有力支持下，我们在组织和推进国有企业改革与发展方面，做了一些积极而大胆的探索，形成了国企改革攻坚的热潮，这中间取得了一些成绩，也积累了一些经验，但在很多方面还做得不够，一些工作也还未来得及展开。在后来者的努力下，看到今天太原市国有企业改革与发展的新进展，我甚为欣慰。

探索城市建设与管理的改革

城市是现代文明的载体，是经济社会发展的核心舞台。通过改革开放十几年的努力，太原市城市面貌发生了可喜变化，城市综合服务功能也有明显增强。但是，从总体情况看，太原市在城市建设和发展方面还面临着诸多突出问题，如城市面积狭小、人口密度过大、功能分区混乱、产业布局不合理、环境污染比较严重等。针对存在的问题，我们提出了统筹规划、新旧结合、综合发展、突出重点的城市建设与管理的新思路。按照这一思路，我们立足城市未来发展的要求，坚持改造、新建与管理的有机结合，加大投入，积极推进城市基础设施由制约型向适应型和适度超前型的转变，不断增强城市承载运行功能，努力建设高科技、大流通、多功能、开放型的现代化城市。为实现上述目标，需要在城市建设和管理方面加大改革开放的力度。

一是科学调整城市行政区划。长期以来，太原市的城市行政区划分为南城区、北城区、河西区三个城区和南郊区、北郊区两个郊区。这样的行政区划定位，虽然曾经在促进城市经济社会发展方面发挥了积极的作用，但随着全球和全国范围内城市化进程的发展，太原市当时的行政区划管理体制已很不适应城市建设与发展的新要求。我们从 1996 年开始，立足于建设现代化城市的目标，着眼于构建城市发展框架，为适应未来城市发展和人口增长提供发展空间，针对城乡交错区矛盾突出的问题，按照城乡一体的原则，对改革城市管理模式，调整全市行政区划的问题进行了深入细致的调研，并反复论证，制定了实施方案。实施方案经报请国务院批准，于1998年对太原市城市行政区划进行了调整。将原来的三个城区、二个郊区调整为迎泽区、杏花岭区、万柏林区、尖草坪区、小店区、晋源区六个城区。太原市这次区划调整不仅有效地解决了当时制约城乡一体化进程的一些矛盾和问题，而且为城市的进一步发展拓宽了空间，增强了发展潜力。

二是大力实施环境污染治理。由于受产业结构、地理条件等多方面因素的制约，长期以来太原市的环境污染十分严重。那时的太原已被一些媒体列入全世界空气污染最严重的城市之一，为了改善环境污染严重的状况，我们将环境治理和保护列入重要议事日程，从解决群众反映较强烈的问题入手，加大力度，不断推进环境整治和保护工作。1997年10月，制订了《太原市大气污染排放总量控制管理办法》。市人大通过了清洁生产的立法，明确了太原的发展选择清洁生产的道路。1998年，联合国环境规划署在太原召开了国际会议，并将太原市确定为该组织在中国的清洁生产第一个示范城市，同时太原市也被国家经贸委、国家环保总局确定为我国第一个清洁生产试点城市。我们利用这一重大机遇，在全社会特别是在企业当中大力推行清洁生产计划。同时，针对城区大气污染严重的问题，对工业污染排放实行总量控制，对城市的燃料结构进行调整和提高气化率，并下决心拆除了市区集中供热范围内的300多座分散锅炉，改造饮食娱乐行业锅炉、茶炉800多台。这些措施的实施，有效地改善和提高了太原市的环境质量。

三是不断提高城市综合承载能力。城市基础设施建设水平，反映着城市综合承载能力的高低。针对长期以来太原市基础设施建设落后、环境差等制约城市综合承载能力提高的矛盾和问题，我们围绕建设高科技、大流通、多功能、开放型的现代化城市的目标，以城市基础设施建设这个启动点为抓手，解放思想，更新观念，创新建设与发展的体制模式，攻坚克难，努力推进城市综合承载力的提高。1996年，为改变市区道路交通紧张的状况，我们多方面筹集资金，新建、改扩建了七条主要道路。这个力度在太原道路建设史上，是前所未有的。同时我们撤掉了汾河上的六个桥头收费站，改革了道桥收费办法，为一桥两路和汾河公园的建设解决了资金渠道。1997年，通过各方面的共同努力，我们又争取到国家基础设施建设投资55亿元，为当时全国省会城市中最多。那几年，太原打通了迎泽西大街，使迎泽大街成为名副其实的十里长街，不但实现了太原市几代人的夙愿，而且成为带动城市东西部协调发展的纽带，为促进城市两部地区的发展和繁荣创造了条件；建成了东山过境高速公路，结束了太原没有高速公路的历史。迎泽大桥改造和滨河东西路“一桥两路”工程的建设和完工，不仅形成了南北向城市道路主轴线，扩大了城市容量，改善了城市环境，而且带动了汾河两岸市区的治理和开发。特别值得一提的是，在这些基础设施建设的过程中，大家还创造了“只争朝夕，吃苦奉献，团结协作，科学务实”的“西大街干劲”和“一桥两路速度”，在全市的各项建设中产生了积极影响。通过几年来的努力，太原市的综合承载能力得到了明显提高。

四是大力实施城市美化工程。一座城市有了水系，才能让人感觉有灵气。汾河是山西最大的河流，从太原市穿城而过，太原市的城市建设应当藉此形成美景。但是，长期以来由于太原城区段汾河水量逐年减小，水质也差，加之河道淤积、杂草丛生，不仅起不到美化城市的作用，反而严重影响了城市的外在形象。随着太原经济社会的发展，人民群众对生态环境的改善越来越关注，迫切地希望太原的天蓝起来、水清起来、地绿起来。面对太原市汾河城区段的问题和人民群众建设美好家园的期望，我们经过认真研究，科学规划，启动了太原市汾河城区段治理工程。工程启动后，社会各界广泛参与，当时全市共40万人次的干部群众参加了首期治理汾河的义务劳动。在广大市民的支持下，汾河治理首期工程仅仅用了28天就顺利完成，创造了一个奇迹。此后，汾河治理的清污分流、蓄水橡皮坝施工及绿化美化设计等各期工程相继推进。经过几年来的努力，昔日荒草遍地、污水横流的城区段汾河河床，如今变成了清水流淌、游人泛舟的美景。在治理汾河的同时，我们还大力推进城市主要干道和小街小巷的环境综合整治和美化工程，有效地提高了全市绿化、美化和亮化水平。现在看来，太原市汾河治理，“一桥两路”建设开启了太原生态文明建设的先河。

大力实施扶贫攻坚

由于受自然地理等条件的制约，到1996年太原市还有一部分农村很落后，全市农民人均纯收入500元以下的还有5个乡镇189个村63308人，其中仅娄烦县就有151个村52037人，古交、阳曲也有一些插花贫困村。我到太原市工作不久，第一次到娄烦县调研时，看到那里的群众生活条件十分困难，心里很不安，改革开放也近20年了，我们有责任让他们共享改革开放的成果。为了切实解决这部分农民群众的贫困问题，实现共同富裕，我们坚持把扶贫攻坚作为一项重要工作任务，认真研究，及时部署，狠抓落实。

七届市委的第一次常委会，就专门研究了扶贫攻坚问题，明确提出了“三年基本脱贫、二年巩固提高”的奋斗目标，制定了“系统包乡、单位包村、专人驻点、干部联户，一年一交账，脱贫不实现，扶贫不脱钩”的总体扶贫措施，并占全市贫困人口80%的娄烦县作为扶贫攻坚的主战场，集全市之力进行攻坚。当时，我们组织市、县两级300多个单位包扶了全市348个贫困村，30多位市级领导也参加了包点扶贫。在市委的动员下，有不少非公有制经济和民间力量也尽其所能，开展了形式多样、各具特色的扶贫济困活动。包扶活动的广泛开展，在全社会营造了有利于扶贫济困工作的良好氛围，形成了扶贫攻坚的强大合力。

在扶贫攻坚工作中，我们特别注重开发式扶贫。针对娄烦等贫困地区水利、交通、电力、通信等基础设施落后的现状，为他们多渠道争取和筹集资金，大力开展农村农田水利基本建设和农村基础设施建设。在扩大粮食种植面积、集中改造中低产田、提高粮食单产、努力解决群众吃饭问题的基础上，充分利用当地的农村资源，积极适应市场需求，发展养殖业、农产品加工业，努力提高农业产业化水平。与此同时，积极动员群众在接受政府扶持的基础上，努力培育群众依靠自己的力量来改变贫穷落后面貌的理念，大力推行参与式扶贫的模式，并通过开展广泛的民主管理和民主参与活动，充分发挥了群众在扶贫攻坚中的主体作用。

在各方面的共同努力下，全市的扶贫攻坚工作不断推进。1996 年，娄烦县有三个乡镇整体脱贫，98 个村基本解决温饱问题。1997 年，全市 6.3 万贫困人口中已有 5.7 万人超过温饱线，脱贫率达 90%。到扶贫攻坚的第三年，全市已累计有 6 万贫困人口越过了温饱线，占到贫困总人口的 95%。

抚今追昔，我深感改革开放是决定当代中国命运的关键抉择，是发展中国特色社会主义、实现中华民族伟大复兴的必由之路。在太原工作的那段时期是我人生经历中最充实、最丰富、最难忘的一段时光。四年间，太原市在改革、建设与发展中取得的成绩，是市委班子集体领导的结果，也是全市广大干部群众共同奋斗的结果。作为亲历者，把当时一些情况记述下来，以示对曾支持和配合我工作的太原市广大干部群众的感激。展望未来，改革开放符合党心民心，顺应时代潮流。我相信，只要我们坚定不移地推进改革开放，中国特色社会主义道路就会越走越宽广，全面建设小康社会和现代化的目标就一定会早日实现，太原市的明天会更美好。

在太原工作期间的回忆

云公民

我是2001年7月从内蒙自治区副主席调到山西工作的。到山西不到三个月时间，就到太原市任职，担任省委常委、副省长、市委书记。2003年6月，任省委副书记、市委书记。从内蒙到山西工作、从省政府到太原市任职。两次工作变动都比较突然，毫无思想准备。特别是来太原工作感到有一定的压力。太原是全省的经济、政治、文化中心，在全省经济和社会发展中有着举足轻重的地位，太原市的工作优劣直接影响到全省的经济发展和社会整体进步。尽管有压力，但心里仍然是踏实和托底的。因为，在历届市委、市政府的共同努力下，太原市已经形成了一个很好的发展基础，也积累了大量改革开放的经验，特别是省委、省政府非常关心和支持太原的发展，省八次党代会明确作出促进太原率先发展的战略决策。这一切都为太原的健康持续发展奠定了坚实基础。直到2006年1月我回省里任省委副书记、宣传部长，在太原工作了近五年，恰好参与了一个较为完整的“十五”发展期。这一时期，我和常委会一班人，全面落实中央和省委的部署，以率先发展为主题，以结构调整为主线，以推进工业化和城市化为重点，深化改革，扩大开放，紧紧抓住全国能源原材料市场需求强劲回升的有利时机，克服水电运全面紧张的多重困难，战胜“非典”疫情和自然灾害的挑战，圆满完成了

“十五”计划和八次党代会确定的目标任务。2005年全市地区生产总值达到895.49亿元，比2000年翻了一番多，按可比价格计算，年均增长14%；人均地区生产总值达到26175元，年均增长13.1%；财政总收入163.05亿元，年均增长23.7%；一般预算收入56.95亿元，年均增长21.5%；社会消费品零售总额384.03亿元，年均增长15.2%；城镇居民人均可支配收入达到10476元，年均增长11.7%；农民人均纯收入达到4402元，年均增长10.7%，成为太原改革开放以来发展最好、最快的时期之一。

推进城市化，不断优化发展环境

来太原前，省委田成平书记跟我谈话，他说，太原有非常好的区位优势和发展基础，作为省会，太原是全省的政治、经济、文化中心，但是近年来太原的发展比较慢，各项指标在全省处于中下游，特别是总量占全省的比重在下降，省会城市的作用没有很好发挥出来。太原要率先发展，当好全省经济发展的火车头，充分发挥太原在全省经济建设中的龙头作用、精神文明建设的示范作用、对外开放的窗口作用和社会稳定的支撑作用，带动和促进全省经济快速发展和社会全面进步。这是省委的战略决策，你的任务是确保这一决策的顺利实现。来太原后，我感到，制约太原经济社会率先发展的症结，主要是发展的软硬环境。环境是城市竞争力的核心内容，推进工业化和城市化进程，优化发展环境必须先行。我到山西后住在迎泽宾馆，一到下午，马路市场随处可见，加上伸舌头的违章建筑，在全国久负盛名的迎泽大街被搞得大煞风景，给城市交通和人民生活带来不便，特别是立面陈旧、绿地稀少，与省会城市身份极不相符的脏、乱、差现象，严重影响人居环境和太原的投资环境。一位退休的高级工程师曾给我写信说，“这样的环境，外商，沿海地域的投资者，谁愿意到这样糟糕的地方来投资呢？”针对这样的状况，我与时任太原市长李荣怀、市人大主任曹中厚、市政协主席李海恒及党政领导形成高度共识，我们提出要加快以“提质扩容”为重要内容的城市化进程，决定把“六项综合整治”作为城市化进程的切入点和突破口，迅速改善太原发展的硬环境。

“六项综合整治”包括拆除违法建筑、取缔马路市场、更新铺装便道、整饰建筑立面、建设园林绿地、规范交通秩序等六个方面。由于“六项综合整治”势必会损害一些既得利益，是会伤筋动骨的攻坚战役。存在畏难情绪在所难免。我跟同志们讲，顺党心而治逢坚必克，顺民心而动凡难可排。甚至我还与荣怀市长下达了“拆违铁令”：拿不出省里四大班子的书面决定必须拆；拆不动的就换人。在拆违过程中，我们还形成了这样一条原则，即：“拆民先拆官，拆人先拆己”。市政府首先将周围的5000余平方米的临时建筑进行了拆除，并在“五一”期间拆掉大门和围墙，建设了大面积绿地，政府大院成了居民休闲纳凉的小公园。由于思路明确、工作到位，六项综合整治得到全市人民的理解和支持，进展顺利，成效显著。几个月时间，共拆除违法建筑和过期临时建筑350万平方米，取缔马路市场185个、新建规范蔬菜市场90个，铺装便道115万平方米，整饰建筑立面671万平方米，新增绿地317万平方米，完成了32条主干道、15个出口路的整治和美化亮化。六项综合整治之后，我们又提出改造提升老城区和启动建设新区的思路，完成了黄河水源太原供水、滨河东西路延伸、和平北路和胜利桥拓宽改造、内环道路贯通、城西水系和迎泽公园改造、南北沙河治理、动物园搬迁和龙潭公园改造等一批重大基础设施工程，新建了一批贴近百姓的公园、游园和绿地，使全市人均绿地面积增加了2.6平方米，改善了人居环境，提升了城市形象。同时围绕生态环境建设，全面实施企业达标升级、蓝天、碧水、生态、净化五大工程，环境质量大为改善，全市二级以上天气数由2000年的45天增加到2005年的245天。

遗憾的是，由于次年“非典”侵袭，原定的居民区绿化、美化的重点城市整治工程落空，没能兑现我对太原群众的承诺。内心至今不安。

世纪之初的太原，由于政府职能转变迟缓，审批环节过多，影响了投资环境。一个房地产需要29个部门、57个环节、74个图章、一年时间才能拿到手续。甚至出现了“政府权力部门化、部门权力个人化、个人权力商品化”的现象，客观上导致太原形成了“外面的进不来，自己的起不来”的被动局面，严重制约了太原的率先发展。为了改变这种状况，我们组织有关人员到青岛、广州、深圳等地学习考察，我与荣怀市长还带领县（市、区）和市直主要负责同志组成党政考察团到南京学习考察。时任南京市委书记李源潮同志曾对我讲，判断政府部门是否高效廉洁的标志，一看是否有人老找，哪个部门门庭若市、老有人宴请，肯定没有放权；二看是否有人老告状，哪个部门总有人告、有案件，就肯定有问题；三看部门的福利待遇，哪个部门福利待遇特殊，肯定有不正常收入。这些有权、有钱，政务不公开的部门，不仅影响发展环境，自己也很容易出问题。通过学习考察，更坚定了改革信心。中部地区的太原，要实现跨越式发展，更应该着力环境创新，真正把投资环境作为太原率先发展的生命线，作为“第一要务”的核心工程。2002 年 10 月，市委、市政府全面启动了以“推进政务公开、深化行政审批改革、实行集中收费、下放管理权限、推行综合执法、强化效能监督”为主要内容的优化发展软环境综合整治。我在动员会上明确，谁砸太原率先发展的锅，我就砸他的饭碗，摘他的乌纱帽。为了保证软环境攻坚战役的全面胜利，我们提出要重拳出击、重典治理，敢于动真碰硬，制定出台了《优化发展环境的意见》、《行政机关行政过错追究办法》等文件。通过优化发展环境综合整治，启动运行了集审批与收费、信息与咨询、管理与协调、投诉与监督为一体的太原政务大厅，统一了政务平台，简化了审批程序，缩短了审批时间，提高了审批效率；启动运行了城市管理行政执法局，全面推行相对集中行政处罚权试点工作。2005 年中国（浙商）最佳投资城市评选活动中，太原被评为十大最佳城市之一。客观地说，发展软环境不好是体制性的顽症。在“官本位”体制未进行重大改革前，任何来自局部的努力，能够改善却难以根治其弊端。所以，太原的改革开放大业，在任何时候都不能放弃这样的努力。

推进工业化，加快发展两个园区

太原是一个工业城市，工业经济是全市国民经济的主体。率先发展也要把工业经济作为主体。当然，发展工业经济要有新理念。到太原不久，看到“南方窗”发表了一篇《山西突围》的文章，认为，山西经济是“挖煤、修路、再挖煤”的“黑色思维”，陷入了“资源性陷阱”。“黑色思维”压缩了发展空间，以致北京经济学家放言“如果规定山西100年不采煤，山西就会成为第二个浙江”。当然山西的煤还要挖，短期内难以改变“能源重化工基地”的地位。问题是，太原这个省会城市是否也要受“黑色思维”左右，以国家能源重化工基地自居？那我是不赞成的。新世纪，太原市的工业决不能按计划经济时期的定位照搬照套，必须放到全国和全球的未来竞争格局中进行有利于太原比较优势和竞争优势的形成发挥，给予重新定位，坚持走新型工业化道路，推动传统产业新型化、新兴产业规模化。再一个理念就是，太原是全省的太原，不论是央企还是省企，在太原都要一视同仁，要主动为他们排忧解难，创造良好的发展环境，使其尽快与太原的工业化进程融为一体。根据这样的理念，我们提出“产业结构调高调优，优势企业做大做强”的推进工业化总体思路。2002年7月，出台了《关于加快推进工业化进程的意见》，提出了加大工业结构调整的任务，并从鼓励引进外资、支持企业改革、引进人才、加大财政支持力度等方面制定了可操作性的政策。2002年12月，市委八届五次全会，又提出要形成以高新技术产业为先导、基础产业和制造业为支撑、服务业全面发展的产业格局。实际操作中，坚持实施项目推动战略，通过开展工业项目推进年活动，引进和建设了一批产业结构升级的重大项目。特别是太钢、太重、西山煤电等重点企业技改项目和新东方铝业、太钢150万吨不锈钢、古交电厂等重大项目的建设，推动了行业结构优化升级和产业素质的提高。

实施产业集群战略，走“经济园区化、园区专业化”的路子，是推进太原工业化的重要途径。高新技术开发区和经济技术开发区是国家级的开发区，但功能没有充分发挥出来。2002 年，市委常委会把高新区、经济区的发展放在全市优化产业布局、培育新兴主导产业、增强城市竞争力的战略高度，着眼于建设全省与 WTO 接轨示范区，做出了两区分设的重大决策，在全省范围内公开选拔招聘两区管委会主任。同时，相继出台《关于进一步加快太原高新技术开发区发展的指导意见》、《关于加快太原经济技术开发区发展的指导意见》，授予两区行使市级综合经济管理权限和部分行政管理权限，为两区的发展创造了宽松的政策环境。张新伟、张金旺上任后，按开发区的思路办园区，创新理念、创新体制、创新机制、创新环境、创新管理，使两区在较短的时间内呈现出迅速扩张、高速增长的态势，发挥了结构调整的带动作用和体制创新的示范作用。富士康等的进入就得益于经济区功能的完善。富士康集团是台湾鸿海工业股份有限公司在深圳地区投资兴办的专业生产计算机系统组装、无线通讯关键零组件、消费性电子等 3C 产品的高新科技企业。十多年来，已在我国各个开发区兴建了 40 多个分公司。当初富士康老总郭台铭先生不愿到家乡山西办企业，用他的话说是只许成功不能失败。为了让郭台铭看到我们招商引资的诚意，我们表示，凡是太原能够给予企业的优惠政策，对富士康集团一律给予。2002 年 3 月 9 日，我与荣怀市长带领考察团专门到深圳考察富士康企业集团，与郭台铭先生面对面交换了意见。后来又从晋城把郭先生亲自接回太原。2003 年 10 月富士康太原科技工业园在太原奠基，2005 年 1 月投入试生产。富士康企业集团等世界 500 强企业进驻太原经济技术开发区，实现了山西省和太原市世界 500 强企业直接大规模投资零的突破，对于整合全市乃至全省资源优势、发展高新技术产业、优化经济结构、提升产业竞争力，有着积极的促进作用。富士康的引进起到了很好的示范作用，以后又有日立电梯、宏全食品包装、沃尔玛、家世界等一批知名企业进入太原。在发挥高新区、经济区功能的同时，市委支持民营区办成以非公有制经济为主体的新兴产业基地，支持太钢延伸产业链、搞不锈钢深加工园区。2004 年 8 月，太原不锈钢生态工业园区正式开园，初步形成了“北有不锈钢、南有富士康”的新型产业发展格局。

推进社会建设，统筹经济社会发展

2003年3月，遇到了突如其来的“非典”疫情，太原是全国的重灾区。4月20日，我受命于危难之中，成为太原地区防治“非典”的第一责任人。在防治“非典”期间，市委常委会坚决贯彻中央、省委应对“非典”的一系列重大决策和温家宝、吴仪视察山西时的重要指示精神，始终保持清醒头脑，密切关注“非典”动态，把握大局，果断决策，在关键阶段和重大问题上，及时进行科学审慎的研究和全方位的部署，在全市上下形成了党政一把手挂帅的强有力的组织领导体系，形成了防治工作的合力，打赢了抗击“非典”的攻坚战。在抗击“非典”最困难的日子里，省委主要领导经常深入重点疫区，对太原的抗击“非典”工作精心指导，提供一切支援帮助。更难忘的是县区委局领导们与我一起渡过的日日夜夜。那是支多么好的队伍，没有㞞包、没有孬种、更没有逃兵。哪里有困难，哪里最危急，哪里就有他们的身影，即使病倒还在坚守岗位。那些感人的情景至今还历历在目难以忘怀。“非典”疫情的蔓延，暴露出了我们在社会体制和社会建设领域存在的不足。疫情过后，我与市委一班人把落实科学发展观作为推动全局工作的总纲，不断深化对发展目的、手段、途径的认识，把社会事业放在优先发展的战略地位，把维护人民群众的根本利益作为做决策、定措施的立足点和着力点，全面实施科教兴市战略和文化强市战略，促进了全市经济社会的协调发展。

在事关人民群众切身利益的热点难点问题方面，突出抓了就业再就业和社会保障工作，解决了一批历史遗留问题。太原是一座老工业城市，随着国有企业改革和经济结构调整，就业结构性矛盾越来越突出。针对这一现实，我们实施积极的就业政策，探索由政府出资为“4050”人员购买公益性就业岗位的新路子，健全了四级劳动保障工作平台和信息网络，建立了国有企业下岗职工基本生活保障、失业保险、城市居民最低生活保障“三条保障线”和养老、医疗保险制度，在全市农村实行统一的低保制度。2004 年，积极推进医疗卫生体制改革，加快省城卫生资源的优化整合，加强农村和社区公共卫生基础设施和服务网络建设，建立了突发公共卫生事件应急机制，在全省率先建立了较为完善的卫生监督和疾病防控体系。另外，在全面免除农业税及其附加的同时，重点解决了娄烦库区遗留问题。娄烦是太原惟一的国家级贫困县。1958 年兴建汾河水库时，娄烦人民做出了很大的牺牲。库区 22 个村的人民仓促搬迁到山梁沟岔中，经历了从全县最富裕到最贫困的坎坷历程，甚至部分群众连基本的温饱问题都解决不了。40 多年来，尽管各级政府采取了不少措施，但都没能从根本上解决库区的移民问题。我先后 16 次到娄烦调研，多次与省委、省政府研究彻底解决库区移民历史遗留问题的办法。2004 年底，最终决定由省、市政府拿出 2.4 亿元，本着“移得出、稳得住、能致富”的目标，在充分尊重群众意愿的前提下，按照先易后难和确保稳定的原则，因地制宜，分类补助，采取多种搬迁安置方式，分三年时间使库区移民全部搬迁，彻底解决了 46 年的历史遗留问题。世纪之交，老工业城市贫困人口突增。迎泽区委书记郝小军最先在区内建“爱心超市”，实施城乡困难群众大病医疗救助，保障困难群众的基本生活权益。市委充分肯定这些做法并在全市推广，先后建成 121 个“爱心超市”，把大病医疗救助试点范围扩大到全市，在构建和谐社会中较早地进行了有益尝试。

在实施文化强市、科教兴市战略方面，突出抓了党政领导科技顾问制度和建城 2500 年纪念活动。2003 年，常委会提出并大力实施文化强市战略，以纪念建城 2500 年活动为契机，举办了晋阳文化艺术节、太原国际面食节和一系列广场文化活动，唱响了“让世界了解太原，让太原走向世界”的主题，展示了太原悠久深厚的历史文化，树立了太原的文化品牌和开放形象。我们把加强教育和科技作为提升全市综合实力和核心竞争力的根本举措，不断深化教育和科技体制改革，优化整合教育资源，完成了一批企业学校剥离和布局调整。为了实施“借脑引智工程”，充分发挥国内一流和省内各类科技专家在我市科技进步和经济社会发展中的作用，进一步促进决策的科学化、城市化进程，2004

年，市委、市政府决定建立太原市党政领导科技顾问制度，从中国科学院、中国社会科学院、清华大学、北京大学聘请20名国内一流科技精英，作为我市党政领导的科技顾问，对太原市经济目标规划建设中的重大决策提出咨询和建议，对经济、科技发展等重大项目进行论证，对改革发展重大课题进行攻关，推荐与太原发展相适应的优秀科技推广应用。以后，又进一步完善了科技顾问制度，建立了科技专项首席科技顾问制度。

在维护社会稳定方面，突出抓了社会治安综合治理和安全生产。几年来，我们以建设平安省城为载体，建立了社会预警体系和应急机制，持久推进严打整治斗争，全面落实社会治安综合治理的各项措施，省城社会治安形势持续稳定，荣获“全国社会治安综合治理优秀城市”称号。我们高度重视安全生产，针对“严格不起来、落实不下去”的问题，进一步落实安全生产的各项措施，开展了以“打击私藏炸药、整顿煤矿及非煤矿山生产秩序”为重点的安全生产六项整治，保障了人民群众生命财产安全。

推进干部制度改革，加强和改进党的建设

党的建设是推进率先发展的根本保证。在工作期间，市委以党的执政能力和先进性建设为重点，全市范围兴起学习“三个代表”重要思想新高潮，开展保持共产党员先进性教育活动，扎实推进党的思想、组织、作风和制度建设，为全市经济社会的全面协调可持续发展提供了可靠的政治保证。

在领导班子建设上，市委围绕强化领导班子整体功能，积极推进干部人事制度改革，坚持用发展的硬道理管干部和在率先发展的主战场上考察、识别干部，认真贯彻《干部选拔任用条例》，端正用人导向、匡正用人风气，注重建立公正选人用人的长效机制。2001年12月，采取公开推荐和考试考察相结合的办法，首次在全市公开选拔了20名市管县级领导干部。2002年6月，市委八届四次全会首次通过“票决制”

产生了4县区8名党政正职的拟任人选。11月，又在全市范围内公开选拔10名县（市、区）政府副职领导干部人选。2004年通过“双推双选”的方式选拔400名市管领导班子副县级后备干部。与此同时，推出了“目标责任制”、“末位淘汰制”等一系列改革措施，强化了领导班子的激励和约束机制，使各级领导班子保持了团结和谐、奋发有为的精神状态，增强了凝聚力、战斗力。

在基层组织建设上，市委始终把基层组织建设作为党的建设新的伟大工程的基础工程，实施“凝聚力工程”，开展“三级联创”活动，先后出台了《关于加强和改进企业党建工作的意见》《关于加强和改进街道、社区党的建设工作的意见》《关于巩固农村“三个代表”重要思想学习教育活动成果，进一步加强农村基层党组织建设的意见》，加强了国有企业和非公有制企业的党组织建设，构建了区、街、社区党建工作网络，规范了农村基层党组织的工作程序，扩大了党建工作的覆盖面，巩固了党的执政基础。

在作风建设上，市委牢牢把握立党为公、执政为民的本质要求，把弘扬求真务实精神同贯彻“三个代表”重要思想、落实科学发展观紧密结合起来，完善了加强和改进县级领导班子思想作风建设的意见，在全市领导干部中倡导当公正廉洁的“清官”、勤政爱民的“好官”、开拓创新的“能官”，要求党员干部把精力放在实现率先发展的目标上来，放在解决制约率先发展的难点上来，放在为群众办实事、办好事、谋利益上来。坚定不移地加强党风廉政建设，积极推进教育、制度、监督并重的惩治和预防腐败体系的建设，完善了党委统一领导、党政齐抓共管、纪委组织协调、部门各负其责、人民群众积极参与的反腐倡廉领导体制和工作机制。针对发生在省城的几起涉嫌腐败案件，加大查处大要案的力度，深入开展行风“双评”和行政效能监察工作，坚决落实“五个不许”，增强了各级领导干部的廉洁自律意识。

总之，在太原工作近五年间，太原的率先发展取得了较为满意的局面，我始终认为，太原之所以会发生深刻的变化，是市委常委会坚定不移地贯彻执行中央和省委正确决策的结果，靠的是用“三个代表”重要思想振奋党心、凝聚民心，以科学发展观统领经济社会发展全局，是

330 万人民群众共同努力的结果。我为能有幸参与太原改革开放事业而感到骄傲，也为能与太原的干部群众有着不同寻常的感情和信任而感到自豪。我永远不会忘记李立功、李修仁、王庭栋、郭裕怀、卢功勋、郑社奎以及谷文波等一批德高望重的老领导对我的关心爱护，我也不会忘记太原的干部群众给予我的厚爱信任，是你们陪伴着我渡过率先发展的难忘岁月。由于工作变动，我离开了太原、离开了山西，但我会一如既往地关注、支持太原，促进太原的率先发展。相信，太原的未来一定会更美好。

太原市推动工作重点转移的回忆

王绣锦

开展真理标准问题讨论补课

1978年5月，全国范围内开展了一场实践是检验真理的唯一标准问题的大讨论，由于种种原因，太原没有很好地开展起来，没能达到党中央所期望的效果。党的十一届三中全会结束后，为尽快使广大干部群众从“左”的思想桎梏中走出来，进而解放思想，更新观念，真正实现党的工作重心的转移，按照党中央和山西省委的指示精神，全市组织开展了真理标准问题讨论的补课。市委要求各级党组织理论联系实际，用实践是检验真理的唯一标准来衡量是非曲直，成败得失，进而为工作着重点的转移奠定好思想基础。1979年年初，市委多次召开常委会议或常委扩大会议，学习中央工作会议、十一届三中全会及省委扩大会议的文件，对一些重大问题反复进行研究讨论。3月13日至22日市委召开工作会议。会上，大家联系太原实际，开展实践是检验真理的唯一标准问题的讨论，围绕工作着重点转移这个中心议题，研究我市亟待解决的历史和现实问题，畅所欲言，对市委的工作提出了直率的批评和很好的建议。通过广泛的讨论后，会议认为，全市广大干部和群众能够人心思定、人心思治、人心思上、人心想四化。这是太原形势的主流。但也必须看到，要顺利实现这个转变，还有大量的工作要做，有一系列问题需要解决。因此，必须坚持实践是检验真理的唯一标准这一马克思主义的根本原理，彻底清算林彪、“四人帮”的极左路线，进一步解放思想。

当时，我多次强调，实践是检验真理的唯一标准的讨论，实际上就是要不要解放思想，实事求是，坚持唯物主义的思想路线的问题，是个政治问题，是个关系到党和国家前途和命运的问题。这个讨论是我们党带领全国人民开始新的长征的重要历史关头，又一次伟大的马克思主义的教育运动。要把真理标准问题的讨论普遍深入地开展起来，一定要使干部群众进一步认清这场讨论的伟大意义，克服某些干部和群众中存在的顾虑和抵触情绪。因此，在补课讨论中，我们提出，要心平气和，摆事实、讲道理，心情舒畅地解决问题，不要采用简单表态的方法。经过市委的部署，真理标准问题补课的讨论在全市得以开展，多数部门和单位讨论的比较好，但有的部门和单位讨论的不深入。有不少同志对这个问题懵懵懂懂、昏昏沉沉，总以为是单纯理论问题，与实际工作无关。为此，1979 年 8 月到 9 月上旬，市委连续召开常委会议，认真讨论实践是检验真理的标准问题。9 月 11 日，召开了全市真理标准讨论经验交流会，推广阳曲县委和太钢炼铁厂党委联系实际开展真理标准问题讨论补课的经验。市委认为，补课要搞好，关键在领导。这两家的经验表明，党委首先切实补好真理标准问题讨论这一课，并且迅速推广到基层单位，普及到群众中。

真理标准问题讨论补课，促进了干部思想解放，推动了全市各项改革事业的发展。从 1979 年开始，我们纠正了学大寨运动中出现的“穷过渡”、取消自留地、关闭集市贸易、限制家庭副业等“左”的做法，恢复了生产队核算体制，广泛实行多种形式的生产责任制。南郊区的郝庄公社港道大队、杨家峪公社伞儿树大队和古交区南坪公社南社大队等 12 个生产大队和生产队，1979 年率先实行了包产到队、包产到组责任制。同时积极稳妥地调整农业内部结构，拿出较多的资金和物资扶植郊区的蔬菜生产，发展多种经营，改变了单一经营的倾向。从 1978 年到 1981 年，全市农村经济作物种植面积所占比例，由 4.1% 提高到 7.8%，多种经营的收入增长33.3%，1982年上半年又比上年同期增长14%。

在工业方面，我们结合工业调整进行了必要的改革。一是按照省委安排开始进行扩大企业自主权的试点，在38个全民所有制企业中推行了经济责任制；二是按照发展短线产品、重点产品和加强技术后方的要求，组织76个企业实行专业协作生产，发展各种形式的经济联合。这些初步的改革，对于克服企业中普遍存在的平均主义、吃“大锅饭”等现象，对于调动企业和职工的积极性，对于提高企业的管理水平和生产水平，增加企业的活力，发挥了积极的作用。1982年，按照中央提出的“三项建设”、“六好企业”的要求，太原对45个全民所有制企业进行了全面整顿，多数单位从实际出发，抓住企业的主要矛盾进行整顿，开始见到效果。工业战线经过三年的调整，特别是1982年前八个月，强调速度和效益的统一，在抓产值、产量的同时，注意抓质量、品种、消耗、成本，经济效益有所提高。

在商品流通领域，我们实行了多种经济成分、多种流通渠道、多种经营方式并存、减少流转环节的方针，集体商业和作为国家、集体商业补充的个体商业都得到较快的发展，城乡普遍恢复了农贸市场和集市贸易。商品流通渠道，由过去按行政区划调拨商品，改为按经济区域组织商品购销活动，并对部分商品允许自采自销。这些措施的实施，促进了市场的繁荣。1981年全市商品购进总值比1978年增长45.5%，社会商品零售额增长49.3%。

落实党的相关政策

太原是“文化大革命”时期的一个重灾区，派性斗争比较严重。粉碎“四人帮”后，保持省城的社会稳定和各级领导班子团结的任务依然艰巨。省委让我到太原担任市委第一书记，又于1979年8月调老市长、省革委会副主任岳维藩同志回太原担任市委书记，主持革委会工作，原因之一是我俩都没有参与太原的任何派系，能够比较公正地对待

“文革”中曾经参加各派别组织的干部和群众，比较客观地批评一些有派性倾向或派性思想比较严重的干部，引导他们按照党性原则办事。三中全会后，针对我市“文革”中反复多、受害重的实际，我们认真学习中央领导同志关于清除派性的指示精神，开展群众性的自我教育，“活血化瘀，舒肝理气”，进一步解开多年来在部分干部中结成的疙瘩，增强了团结。特别是1979年以来，市委坚持以党的十一届三中全会确定的路线、方针和政策，统一领导班子和全市党员及广大干部群众的思想，加快落实党的各项政策的步伐。2月28日，市委召开“张珉、赵风岐反革命集团”重大错案彻底平反昭雪座谈会。4月，为原市委候补书记、秘书长、宣传部长苏平同志彻底平反昭雪，恢复名誉。10月8日，按照3月召开的工作会议确定的原则，作出《关于给贾俊等同志平反的决定》，为原市委代理书记贾俊，原市委书记处书记赵力之，原市委书记处书记、副市长刘舒侠，原市委候补书记兼组织部长徐镇海，原市委候补书记兼秘书长苏平，原副市长李文杰等六同志彻底平反，恢复名誉。

“文化大革命”以来的“农业学大寨”运动，由于极左路线的影响，有许多干部和群众被戴上“假学大寨”“反大寨”“五种人”“走资本主义道路”等一顶顶帽子，遭到解剖和批斗。太原落实党的政策绕不开这些问题的解决。为此，我们把解决“农业学大寨”运动中的遗留问题作为落实政策的重要内容，专门下发了“彻底解决‘农业学大寨’运动中遗留问题”的通知，要求各级党组织，结合各自的工作实际，对学大寨运动中的遗留问题一个一个地澄清情况，为被戴上“反大寨”“搞集体资本主义”等的帽子的个人和单位恢复了名誉，对被免职、撤职的恢复或安排了适当工作，对被关押或致残致死的予以平反昭雪，对受到株连的人均彻底给予了纠正。

粉碎“四人帮”后，清查同“四人帮”有牵连的人和事，取得了重要的成果。但清查运动由于派性干扰，导致清查扩大化，造成了一批冤假错案，伤害和压抑了不少干部和群众的积极性。为了全面落实党的政策，三中全会后，我们开展了清查善终工作。1981年，在省委第二书记、省长罗贵波的亲自督导下，全市加大了清查善终的力度，纠正了清查中出现的人为扩大化问题，为牛发和、张华廷、仝云、贾茂亭等同志彻底平反，恢复名誉。

培养选拔优秀中青年干部

党的十一届三中全会之后，为了提高全市广大党员干部尤其是领导干部的理论水平，市委开始系统地组织干部学习马克思主义哲学和社会主义经济理论，引导干部们运用马克思主义的立场、观点和方法来分析、研究和解决太原现代化建设中出现的新情况和新问题。1979年4月，市委先后发出《关于当前干部理论学习的通知》和《关于轮训县级以上干部的通知》，决定对全市县级以上领导干部，采取短期离职学习的方式，分期分批进行轮训，并要求全市各系统、各大厂矿分期分批培训本单位的中层干部。为使全市干部学习马克思主义哲学原理工作进一步引向深入，市委于6月20日发出《关于在职干部学习社会主义经济理论的安排》，决定从7月起到1980年3月底，推进干部理论学习工作全面开展。通过学习，使广大干部对社会主义经济建设的基本理论有了比较系统的了解与认识，进一步澄清了林彪、“四人帮”搞乱了的路线是非、思想是非和理论是非。12月4日，市委发出《关于开展社会主义生产目的的讨论的通知》，在全市干部职工中广泛开展了社会主义生产目的的讨论，进一步端正了发展社会主义经济的根本方向。

当时，太原各级领导班子中具有专业知识的中青年干部很少，各级领导班子成员普遍存在一高（年龄偏高）、二低（文化程度偏低）、三少（专业干部少）的状况，268个县级领导班子成员中仅有12名中青年干部，平均两个半县级领导班子才有一名大学生。有些基层单位领导成员的年龄更高，文化程度更低。经过分析，我们认为，面对党的工作着重点转移到社会主义现代化建设上来这一新的历史任务，太原出现的一个尖锐问题就是干部队伍状况与四化建设的要求不相适应。为此，市委作出了积极培养、大胆选拔具有专业知识的中青年干部的安排，决定采取得力措施，有计划有步骤地积极培养、大胆提拔具有专业知识的中青年干部，计划到1982年底，培养提拔900名具有专业知识的中青年干部，配备到县级以上领导班子中。同时市委还决定，对全市年老体弱、长期患病不能坚持工作和只能坚持上半班的领导干部，要逐步安排退居二、三线，或离职退休，以使这些有过贡献的老同志能够延年益寿，欢度晚年，搞好对青年干部的传帮带。

1980年2月29日党的十一届五中全会闭幕，为了加强党对社会主义现代化事业的领导，党的各级领导机构必须努力吸收那些能够坚定地执行党的路线，具有独立工作能力而又年富力强的同志，参加领导工作。当晚，市委常委们与各部委负责同志在常委会议室集体收看了全会公报，结合我市党政领导班子年龄普遍偏大的问题，大家普遍感到全会作出的这一决策，不仅是为了适应现代化事业的繁重工作的需要，而且是为了保证党的路线、方针、政策的长期连续性，保证党的集体领导的长期稳定性的需要。据此，3月20日，我向省委提出免去我的省委常委、太原市委第一书记的职务，在市委暂时担任副职或顾问，准备将来退休。6月3日，省委召开常委会议，由胡晓琴同志传达中组部召开的选拔优秀中青年干部工作座谈会的精神，当时，我在阳曲下乡，没有参加。6月15日下乡回来后，学习了中央领导同志在这次座谈会上的讲话和有关文件，进一步地受到了教育和启发。6月18日，我给省委第一书记王谦和省长罗贵波写信，请求批准我在3月20日信中的请求。考虑到修仁同志已经在太原实地工作了五个多月时间，对太原市的情况比较熟悉，我建议省委主要领导让李修仁同志留在太原担任市委第一书记。当时之所以这样做，首先是基于我对修仁同志很了解，并且早就熟悉。1949年4月太原解放后，我们俩就同在省委政策研究室工作。1982年2月23日，我又给霍士廉、罗贵波、李立功并省委常委写信，请求省委考虑免去我的现任职务，选拔年富力强的优秀干部接替我的工作。我当时就在信中表示，衷心地拥护党中央积极选拔优秀中青年干部到各级领导岗位的战略决策，老同志逐步退居二线，让年轻的同志上来，这有利于社会主义现代化事业的发展和改革开放的顺利进行。1982

年 9 月，省委第一书记霍士廉和第二书记罗贵波等领导考虑了我的多次请求，同意我回到省委统战部工作，担任省委常委、统战部部长、政协山西省第五届委员会副主席。修仁同志到市里担任市委第一书记后，全市各项工作很快就有了比较明显的变化，各方面的改革都有了显著的成效。

我所经历的山西实行家庭联产承包责任制的情况

霍　泛

党中央提出改革开放后，山西的少数县、乡也出现了包产到户。为了统一干部对家庭承包责任制的正确认识，省委决定以县为单位举办县、公社、生产大队三级干部学习班。建立家庭承包责任制的消息一经传开，迅速成为农村议论的中心。领导还未来得及统一部署，农民已自发行动起来。

1981年初，我调回山西任省委常委、省政府副省长。受省委的安排，分工负责农村工作。从当时的全国农村形势看，由于各省、市、区的领导对生产承包责任制认识不同，发展早、缓不一。但“山雨欲来风满楼”，一个以家庭承包责任制为中心内容的农村改革大潮，已然就要到来。山西过去在发展农业互助合作方面是先行者，在巩固合作加强经营管理方面，也积累了一些经验，因而各级领导对家庭承包责任制表现得非常审慎。但人们都在关心和议论，而且在农村基层也出现了各种类型的承包责任制。省委第一书记霍士廉特意要我在有关党的农村政策方面多加考虑，其中特别是对家庭承包责任制的动向和发展特别关注。而我从1948年底调党中央政治局政策研究室工作（任农村组组长），以后就一直参与农村工作，对家庭承包责任制成了我探索思考的一个重要问题。

我到达太原的第二天，士廉同志即来看我，要我当天就陪同他下乡考察。他此次下去的主要任务是了解临汾和运城两地区的干部情况和处理文革后期清查中的一些遗留问题；而我则主要想了解下面干部和农民群众对家庭承包责任制的反映和意见。两人的目标不一所到地方也就各异了，开始他到了襄汾，我到了洪洞。

洪洞县委书记王德贵同志是一个思想比较解放的领导人，他很赞成包产到户这种责任制，并陪我到已经实行包产到户的辛北大队了解情况。我们和村干部及几个农民进行了座谈，他们给我谈了包产到户的许多好处，让我很开脑筋，对农民谈的话我都作了比较详细的记录。在此次下乡调查中，收获最多的是在闻喜县，我万没想到这个县已经有相当一部分村子搞了包产到户。这个县能有这么多村包产到户，主要是县委书记张世贤的支持和推动。关于张世贤，我从县委机关几个干部了解到，他生活俭朴，工作细密深入，很能联系群众，在群众中很有威信，他的名声在全县农民中几乎是有口皆碑。他由于了解群众，深知包产到户是农民的迫切要求。为了了解包产到户的实际效果和具体做法，他曾秘密派人到河南省包了产的村子进行私访取经，这样使闻喜县能够不声不响地在农村里很快把家庭承包责任制（包产到户）推广起来。事情总是没有不透风的墙，很快地委知道了，有些县也知道了，张受到压力和攻击，说他在搞单干。士廉同志和我到了闻喜后，对他的作法表示支持，把他受到的压力解除了。他陪着我走了几个搞了包产到户的村子，基层干部和农民，向我讲了好多包产到户的好处；也说了好多旧体制的缺点和错误。基层干部和农民对责任制，件件都说得生动具体，特别是为我背诵了许多农民编创的“顺口溜”，语言生动，好坏分明，道理清楚，真是入木三分。我都作了详细的记录；因为太重要了，记不到的，座谈后再作了补记。有了这些现实材料，我心里就有了底。同时也了解到一些反面的情况。在我接触到的县级领导和基层干部中，还没有遇到公开反对包产到户的；但据张世贤告我，在基层干部中反对者还不少。这些反对者有各种不同情况和怀有各种不同的出发点：（1）坚决反对的，认为包产到户就是单干，“辛辛苦苦二十年，一夜退到解放前”。（2）同意搞承包责任制，但怕以后政策变，“共产党的政策像月亮，初一、十五不一样”，到那时变了，反对右倾了，还不是又要整人。（3）怕丢失手中的权力，因为包产到了户，农民生产都自主了，领导就管不住了；也有的干部本质不好，担心不能凭手中的权搞特殊化。（4）想乘机卸包袱、不想当干部的。说“包产到了户，用不着党支部”，“当干部是受骂不讨好，受够了”，“包产到户了，生产农民自己干了，好回家一心搞生产”。

经过这些天对责任制情况的了解，霍士廉同志要我在运城地委专门召开的会议上对家庭生产承包责任制问题做一次讲话。开始我有顾虑，忌犯“下车伊始”就讲的毛病。受士廉同志催促，我只得讲了。回忆起来，主要说了这样几点：其一是，家庭生产承包责任制（不论其中的哪一种），只是一种经营方式小的或大的一种改革，而不是集体所有制的改变，因为土地和农业机械和耕畜等主要生产资料仍归集体所有，它们与解放前的单干有着本质的不同，以打消他们的顾虑。其二，包产到户在农业合作化实现后，全国各地自发地发生过，它们符合中国农村的实际，是农村生产力发展的实际状况所要求，只是我们过去一直把它们看作是右的和走向单干的，从而受到批判与禁止，未能得以实行。其三，对承包制所以正确和所以必需做了一些具体分析，我尽可能运用了调查中取得的农民那些生动语言进行阐述。其四，批驳了对家庭生产承包责任制的一些错误论点与看法。其五，指出建立家庭生产承包责任制的主要指导方针和政策是：（1）搞承包责任制，一定要坚持自愿原则，不得强迫命令；（2）要多种形式并存，包括现在完全集体经营的在内，不搞一刀切，任农民择优选取；（3）领导亲自动手，由点到面，分批展开，稳步前进；（4）建立家庭生产承包责任制，主要是一种经济体制改革，就是要按照它自身的发展规律来进行指导。又因为建立与不建立家庭生产承包责任制和采取哪种责任制形式，都是广大社员与他们干部自己内部的事，因此绝不可以像过去那样，采取开展两条路线斗争，批左批右，形成一种政治压力来解决问题，伤害持有不同意见的人；（5）建议在工作开展之前，最好是把干部集中训练一次，解决各类思想问题，统一认识，交代清楚建立家庭生产承包责任制的指导方针和党的有关政策。这些意见有些是遵照中央《关于建国以来党的若干历史问题的决议》和党中央现有的一些指示，有些则是自己在过去 20 多年的农业合作运动中所经历和亲自体验到的一些感受。霍士廉同志当场表示完全同意这个讲话，并且也做了讲话，要求各地、县解放思想，积极领导建立家庭承包制。大概是在本年的 5 月间，《山西日报》发表了霍士廉同志的一个谈话，表明山西省委积极支持建立和发展家庭承包责任制，要大家积极参加农村这项改革。这次表态很重要，因为在这之前，家庭生产承包责任制特别是对其中的包产到户和包干到户，在山西还是处于忽明忽暗、混浊不清的状态，有了省委主要领导这一表态，情况就明朗化了。

根据这次下乡局部所了解到的情况，固然多数地、县领导干部以至大部分基层干部，都是支持家庭承包责任制的；但另一方面，也还有些干部，特别是基层干部，认识还十分混乱，各式各样的抵触情绪还比较广泛地存在着。思想认识的正确与否，是行动正确与否的先导。为此我正式建议省委，可否以县为单位，开办为期十天到半个月的学习班，由县委书记亲自主持，调县、公社、生产大队三级主要干部（特别注意吸收已经实行承包责任制的村干部参加）参加学习。学习的方法和内容主要是：根据党中央已有的有关家庭承包责任制文件指示精神，结合本地区家庭承包责任制的已有经验，在充分发扬民主的基础上，不批左不批右，让受训者解放思想，开动脑筋，畅所欲言，通过自身经历，在农业合作生产过程中，反思农民的真正思想和要求是什么？对家庭承包责任制是怎样看的？家庭承包与不承包效果又是怎样？我们当干部的对农民的要求应该采取什么样的态度？从中得出正确的认识，然后向他们交代清楚党建立承包责任制的主要指导方针和政策。省委同意了这个建议，并拨出 120 万元现金给各县，供学习班使用。我代省委起草了关于集中干部学习的通知文件。事后证明，这项集中学习措施非常重要，对以后建立家庭承包责任制的全面顺利展开，中间没有出现什么偏差，结果比较圆满，起了极好的作用。

省委为了使省直干部了解家庭承包责任制的情况，由霍士廉同志亲自主持，要我向省直厅、局以上干部，作了一次介绍；接着又在省人大常委会和政协常委会上做了同样的介绍；以后还由省直机关党委主持，在省直机关干部会上做了介绍。现在看来，在农业集体合作组织内进行家庭承包责任制这样的重大体制改革，对上上下下的干部多做思想解释和宣传工作，求得认识一致，减少阻力；不搞那种批左批右，对于纯粹属于认识问题，耐心从认识上解决，是一条重要经验。

大体是从本年5月底到6月初，各县集中干部学习工作先后结束了，也就迅即在农村正式展开承包责任制的宣传与建立工作。到本年7月7日，省委召开的地、市、县委书记会议之前这一段时期，就成为生产承包责任制在全省范围内的酝酿与发动时期。在这近一个月时间内，使领导了解到在农村中自发的或有领导的、公开的或秘密的存在着的各种类型的生产承包责任制，已经有了相当普遍的发展，这是省领导没有估计到的，特别是许多隐蔽的包产到户和包干到户，一旦亮相，已经不是个别的了，在穷困山区县，已有相当大的数量存在着。

在7月7日省委召开的县委书记（包括地、市委书记）会议上，我受省委委托，作了《关于农村家庭承包责任制》的报告，报告主要说了以下这些内容：

（一）综合介绍了当前全省农村家庭承包责任制的类型和发展情况。全省现有不同形式的承包责任制约有七种，即联产专业承包，联产包产到劳，联产包产到组，联产包产到户，包干到户，小段包工定额计酬和“两田”制（分为口粮田和责任田）。其中包产到户和包干到户的，合计占农村总户数的21.8%；专业承包、包产到组和到劳的占60.1%；其余18.9%为不联产的小段包工定额计酬和完全保留原来集体集中经营者。上述统计数字表明，全省各种形式的承包责任制已经有了重大的发展，并且已经开始形成了规模，但仍属于起步阶段，因为其中的包产到户和包干到户，还只属少数，而其他形式的占多数。原因有二：一是中央政策还放得不够，如把包产到户和包干到户的建立，一般还只限于困难的山区；二是有些干部群众思想上对包产到户和包干到户，是否是单干还有顾虑。

（二）介绍了已经建立的各种类型家庭承包责任制，在生产实践中所发挥出来的巨大作用，使生产的产量显著地增长起来。根据调查所得，凡是在1979年、1980年实行了家庭承包责任制的生产队，其生产一般要比不承包的提高20%—30%，而包干到户和包产到户的，增产尤为显著，有成倍增长的。这样在一些地方就出现了“灾年不见灾”的好景象。农村现在有个普遍反映是：“只要生产承包责任制三年不变，农村就要大变样”；有的农民还说：“一年吃饱饭，二年有钱花，三年花花媳妇娶到家”或“一年吃饱饭，二年有钱花，三年小康家。”还有人说：“社员的积极性之高是合作化以来从没有见过的”，“过去领导上治农村的病，吃了许多种药，都药不对症，只有生产承包责任制才吃对了药”，“责任制实在是合乎人心，顺乎民意的。”其中特别是对包干到户这种形式，简直是赞不绝口：“大包干，大包干，直来直去不拐弯；交足国家的，留够集体的，剩下都是自己的”，“大包干，一眼看到边，投资投工自负担，不记工，不统分，上交提留就算完”，“包字是个宝，哪里用了哪里好；土地实行包，产量节节高；羊群实行包，一胎产双羔；荒山实行包，又长树来又长草。”对包产联产计酬的说“联产连住心，庄稼当儿孙，一日不得见，一日不放心”。由于在生产上取得飞速发展与提高，运城地区1980年度到1981年3月，只回销了0.4亿斤粮，没有进行生产承包的1979年度农村回销粮食1.8亿斤，农民在生产、生活上变化之迅速之巨大由此可见了。

（三）介绍了农民对完全的集体经营和家庭承包责任制从两者的生产实践结果的对比中所引起的人们精神的、劳动态度的、党和群众关系的各种变化。变化主要有如下一些方面：

（1）社员对生产的主动性和积极性空前地提高了。农民说过去劳动是“上地人叫人，地头人等人，干活人看人，收工人撵人”；现在是“什么时候醒来什么时候干，什么时候累了什么时候算，不用催，不用喊，一个比一个起得早，一个比一个干得欢”。

（2）社员在所承包的土地上，有了完全安排种植的自主权，因地种植，地尽其力；过去的瞎指挥停止了，土地也得到了充分的利用。农民说，“过去是沙地种了芝麻，硬邦地种了西瓜，结果芝麻西瓜都不长；现在是长什么种什么，庄稼长得秆粗穗又大”；“过去是方地种成圆地，长地种成短地”；现在是“圆地种成方地，短地种成长地”。

（3）社员有了充分支配生产劳动时间之权，耕作适时了。过去是“节令到了地不平”；现在是“地平垧好等节令”。因而工效也大大提高了，社员说：“不用干部管，小车推得满，一车顶两车，一天顶天半。”劳逸也结合了，过去集体出工那种形式上表现得很紧张，实际上工效很低的情况，现在改变了，农民说过去是“早上五点半，地头两顿饭，黑夜还得加班干”，现在是“工没有少做，戏没有少看，集市没有少赶，粮没有少打，钱没有少赚”。

（4）农村中整、半劳动力和闲散劳动力，都被最大限度地使用起来，投入了生产，社员说是“一人包工，全家出动，男女老少齐上阵，浑身都是劲”。

（5）农活质量大大提高了。农民说：“自己就是质量的监督员，自己不会骗自己，才用不着别人操心哩。”还有人说：“土地整得平，茬子拾得净，要问是谁家地，包产到户的没疑问。”这样使多年失修的老堰，现在修好了，多年不平的土地，平整了；有的把土地翻了一尺多深，“要叫土地来个大翻身，产量来个成倍增”。

（6）集体生产投资成本大大下降，一般下降20%—30%，而承包社员投资却大大提高。过去化肥积压推销不出去，现在是供不应求。过去集体施肥时，由于社员施用时不负责，造成既浪费而肥效又不好；现在使用同样数量的肥料，用在社员承包的地里，据测算，肥效要增二分之一到一倍。

（7）建立起一种新的干群关系。农民说，过去干部是“抓斗争，割尾巴，社员见了心害怕”；现在干部是“问生产，讲致富，社员见了热乎乎”。过去规定队干部每年每人必须参加劳动150—200个，实际都不做，社员说“队干都是领工头，只动嘴来不动手”，严重脱离了群众；现在干部和社员一样都承包了土地，“不劳动，不得吃”，被逼得真正成了“参加生产指导生产的一员”。

（8）解除了社员对集体经济在财务收支等方面的不信任。过去社员说“生产队是个匣匣，社员是个钯钯，不怕钯钯没刺，就怕匣匣没底（指贪污浪费）”；现在都承包了，集体在生产上投放给社员多少，社员交回多少，“都记得看得一清二楚，瞒不住社员的眼，放心了”。

（9）改造了懒人和拈轻避重的尖头人。过去这些人是在集体劳动中混，钻劳动混乱的空子。过去他们是“你歇着，我坐着，打不下粮食伙饿着”；现在是“磨不推自转，人不催自干，既治了懒人的病，又鼓了勤人的劲”。

（10）农民学习和采用新的农业科学技术，开始形成一个热潮，改变了过去社员认为采不采用新技术，是集体领导的事，自己不闻不问，漠不关心。现在都主动向有经验的老农请教，向技术人员取经；过去无人问津的农业技术书，现在被抢购一空；农村里召开一般性会议，很难把人召集起来，唯独讲农业技术和科学种田的会，却不召自来。

（11）热烈拥护党的家庭承包政策，热爱党。农民说，“千好万好，不如党的家庭承包政策好，爹亲娘亲不如党亲”；“三中全会解开紧箍咒，责任制铺开幸福路”；“同样社会不一般，三中全会无界限，过去致富受批判，今天致富当模范”；“毛主席领导我们挖穷根，邓小平带领我们栽富根”。

上述农民总结出这十一个方面的变化和农民对责任制的看法，生动而具体地描绘出执行家庭承包责任制后在农村所引起的巨大变化，也是对从事农村工作的同志们上了一堂最好的社会主义政治思想教育的课。

（四）介绍和解释了家庭承包责任制，特别是其中的包干到户和包产到户，产生的原因和它们所以能够对农村生产发挥巨大作用的所在，在本文前面已有五点申述，这里就从略了。

（五）指出由于发展家庭承包责任制，在山西和别的省区比较起来有一些比较特殊的情况，启动广大干部进一步解放思想，仍然是十分必要的。这主要是因为：

其一，最早提出组织和发展农业生产合作社，并且把它作为土改后农村主要发展方向的，是山西省。这是一个有历史意义的创意，以后在农业合作的经营管理方面，也取得了一些好的经验，这又是应该继承的。但另一方面，也就容易产生只囿于旧的经验与成就的一面，而看不到问题存在的另一面，对像家庭承包责任制这样发自群众的革新与创造，很自然地或则予以拒绝或则顾虑多端，畏首畏尾，绕开走等情况就容易产生，遂使这项改革进行地比较迟缓或处于自发、自流状态。

其二，农业生产全国闻名的（在全世界也有名）大寨也出在山西，它早期那种艰苦创业和自力更生发展生产的精神与做法，是永远值得学习的。但到学大寨后期，特别是“文化大革命”中，接受极左错误的影响，把大寨一些不正确的东西，也当作好的经验，并模式化，大寨的一举一动几乎形成“一本经”，“学与不学”“真学与假学”，成为一个严重的政治立场问题，其影响几乎遍及于全国。而山西呢？在“大寨在山西，山西怎么办”的提问下，就是要求山西要学得更积极些和走得更远些。这样对干部和广大群众“左”的压力就要更大些和更深刻些；而家庭承包责任制这样长期被列为是“右”的和走向单干的做法，自然就在严厉排除和禁止之列，对广大干部和群众造成的另一种压力也就更深，消除更要难一些。省委在 1980 年 11 月 23 日，曾对全省学大寨中的经验教训进行了检查，这是好的；但冰冻三尺非一日之寒，“左”的残余和怕犯右的错误的心理会残存着。

其三，对“实践是检验真理的唯一标准”的提出和学习，是对从“两个凡是”下解放思想、对过去执行“左”的路线的经验教训的接受，对农业合作在历史上受“左”的反复折腾予以总结清算，得到借鉴以启后来，是万分重要的。但山西抓得晚了一些，松了一些。本来“亡羊补牢”仍未为晚，但这一课也未补或补得不够。

从上述三方面看，在家庭承包责任制这一问题上，在山西虽然已经出现了好的形势，但对广大干部来说，消除各种顾虑，大胆解放思想，仍然是必须强调的。

（六）在建立家庭承包责任制的指导方针和一些有关政策方面，再次重述了这样几点：（1）搞不搞家庭承包责任制和选择哪种责任制（包括完全集体经营的旧体制在内）要坚持群众和干部自愿原则，不得搞强迫命令，也绝不可搞一刀切。（2）要照顾地区特点，山区、丘陵与平原不同地区的差别，分批展开，稳步建立，扎实工作，不搞运动，绝对避免大呼隆。（3）重在思想教育，讲清政策，说清各种生产承包责任制的具体内容和做法。对不同意见甚至反对的人，要耐心讲清道理；讲而不服，允许保留意见，并给于耐心等待。绝不可把建立生产承包责任制搞成政治运动，批左批右，在精神上伤害干部或群众；过去对待承包责任制有错误，领导要多承担责任，不得埋怨基层干部和群众。(4) 在一些具体政策上，对土地承包的产量，不要抬得过高，以便更多地照顾承包农民的实际利益；公有财产要坚决保护，不得破坏，除应该下放于农户对生产有利者外，其他一律暂时封存，以后正确处理。

以上这六个方面，就是报告的主要内容。与会的县委书记，依照省委报告的精神，联系本县的实际情况，作了比较深入的讨论。会议开得是很有成效的，反映是比较好的。

全省县委书记会议结束之后，很快就使家庭承包责任制的建立工作从原来酝酿时期，而走向全面建立的高潮。发展速度之快，如狂风骤雨，势不可当。这样的发展形势，完全超出了省委原来所规定的分批展开，稳步前进的做法。绝大多数基层干部，都能顺应形势的发展迎潮而上，和农民站在一起，得到农民的称赞，说"这才是干部群众心连心了，过去工作上的毛病，一笔勾销吧"，无形中干群关系更加密切了。其中也有极少数基层干部思想不通的，被农民喻为"上边放（中央），下面推（农民），中间插个抵门杠"。对这些抵门杠，农民都没有给这些干部以压力和批评，而是绕开他们，在积极赞成搞生产承包责任制的干部领导下，起来评议土地和把土地分配到承包户；而这些干部由于抵不过群众的要求和行动，思想又不通，就只好靠边站着看。这样免除了矛盾与对抗的情况，这在过去历史上是少有过的。原来省委估计，在具体分配土地到户这个复杂问题上，一定很困难，而且会费时间，甚至会引起干部与群众和群众与群众之间的纷争。但事实并不是这样，只要把权真正交到群众手中，难事也会变得不难了，如在许多地方出现了在分包土地之前，就由一些有经验和熟悉土地情况的老农们（他们大多是拥护生产承包责任制的最积极分子）早把村里的好地、坏地和远地、近地作出了合理的搭配，以便能公正地、有条不紊地分包到各户；由于他们早把计划谋算好了，只要社员会一开，竟能在一个晚上就能把土地分包下去。这实在是个奇迹。由于在县委书记会上，再三强调了采取哪种生产承包责任制形式，要由群众选择，特别是对不愿意搞生产承包责任制而继续完全集体经营的，要特殊的尊重，务必尊重这里的农民和村干部的意见办，因为发生强迫命令和不遵守自愿原则的，可能就发生在坚持完全集体经营这个方面；但形势的发展是，包干到户很快由极少数成为大多数。到10月份统计，它已经占到各种形式责任制的60%以上。农民兴奋之情，对党的热爱，党群关系之间的团结一致，迅速提高到一个新高度。农民说，“土改是农民第一次大解放，责任制是第二次大解放”，“第一次翻了身，这一次吃饱了饭”，“毛主席领导翻身，老邓领导有饭吃”。这些发自农民内心的呼声，是到处可以听到的。

在县委书记会议之后，霍士廉同志告我要到各专区走走，再做些调查和思想宣传工作。我就一连走了好几个专区，除一些领导要我给干部们讲讲，做做宣传外，主要是访问了许多基层干部和农民。他们对形势之好，都是喜悦欢腾，溢于言表。而对我这个新来山西不知名的人，却能开怀畅谈，毫无芥蒂，我很受感动。

我下乡是坚决要吃派饭的，据秘书告诉我，往时到农民家吃派饭，农民总是愁眉苦脸，待理不待理你，甚至为了表示他们生活很困苦，故意把饭做得更差些来让你看。现在给我吃的情况就大大地变了，不但热情相待，谈好些心里话，竟特别为我包肉饺子，还陪上酒和四个肉、蛋菜，这在当时农民生活还贫苦的情况下，是不易办到的。对此我心里十分愧歉而又感动。但农民说：“在过去那些年，我是不会给你们这样吃的，现在共产党和政府政策好，把土地包到户了，日子眼看要好起来，吃了我心里才高兴，不吃倒反而心里过不去。”这仅仅是一顿饭，但从饭里表现出家庭生产承包这项政策，是多么得人心和引起农民情感上多么巨大的变化。

在我过去40余年的农村工作中，前后有两次真正看到党的政策发动了农民，一次是1942年在太行区黎城县的减租减息和退押运动中(时任该县县委书记)。这次运动充分贯彻执行了党的减租、减息和清债退押政策，调动了广大农民的政治积极性，把党的政策作武器和依靠组织起来的农民，通过揭露封建地主们的残酷剥削和进行新（抗日根据地）旧（抗战前）两种社会农民所处的社会地位高与低和生活状况好与坏的对比教育，对地主和高利贷者们展开说理斗争。运动中对斗争对象没有发生任何打骂关押，而把一项伟大的改革任务实现了，广大农民充分发动起来，取得了巨大的物质利益，政治上成为农村的主人。在一个不长时期内，在一个仅有 8 万人口的小县，在经济上取得了减租 3 万余石、退回押地 4 万余亩、废除了 5 万多元（银洋）的高利贷债务；在工作方面，以往困扰领导和各级干部的扩兵难与屯集公粮难的问题，都迎刃而解了，都不费什么力就超额完成了任务。斗争所取得的巨大政治的物质的利益，使全县人民的生活得到了大的改善，从而全县人民精神振奋，各种积极性提高起来，在很大程度上医治了过去五年日寇扫荡所造成的严重摧残与破坏；克服了自然灾害所造成的多种困难；扭转了以往在对敌斗争上的被动局面。

第二次，就是这次建立家庭生产承包责任制，在它建立的整个过程中，并没有像农业合作化那样，提什么要依靠贫下中农，也没有开展什么批右的两条路线斗争，而农民的积极性一触即发，全省沸腾。省委原来所计划的分批展开，稳步建立，不搞群众运动的方针，在实施过程中，恰恰不是这样，却成为一次真实的发自群众内心的自觉的运动，也正因为是群众自觉的运动，使改革工作进行的速度快而不粗糙，面铺得虽广而进行得有序，如一些干部所反映的那样，是“顺水推舟，一帆风顺”，“瓜熟蒂落，水到渠成”。总体上是非常好的。运动的声誉所及，不仅遍及山西全省，而且波及相邻的省区。那是 9 月间，我从柳林县过黄河访问了陕西省吴堡县。该县县委同志告诉我说，搞生产承包责任制，他们的上级是不让搞的；但农民却耐不住了，不少农民偷过黄河到山西去取经，回来以后，便都不声不响地搞起来。我们县委是夹在上级领导和下边农民两者的中间，左右为难，就只好睁一只眼，闭一只眼，任农民自发地去干。在山西的东邻河北省，我也听到有类似的情况。可见形势的发展是阻挡不住的，因为上有中央政策，下有广大农民的热切要求。

建立生产承包责任制在全省农村展开之后，有少数公社和生产队由于放松或放弃了领导，使建立工作陷于自流，于是发生了部分农民出来私分或哄抢集体的生产资料和其他的资财等的严重情况。省委为了迅速制止和纠正这些不法的、破坏的行为，召开了有地、县委参加的电话会议。

在一个迅速发展起来的和有2000万人口参加的伟大的改革热潮运行之中，总不会是十全十美的，总是会有缺点和失误的。这主要是：

（1）由于形势发展得过快，而且展开的面又广，领导照顾不过来，有少部分村建立家庭承包责任制的工作，陷于无领导的群众自发和自流状态，出现了这样或那样的一些问题。

（2）在少数村，发生社员分掉和拆毁一些不宜承包下放的比较重要农机具和少数公房。发生的主要原因，多数是发生在基层干部对家庭承包责任制思想不通，撒手不管，而上级领导又顾不过来，使工作陷于自流和无人负责的状态，于是便有少数社员在占便宜和捞一把自私思想支配之下，起来偷搬乱抢；也有的就是基层干部出于对承包责任制不满，认为集体经济反正搞不成了，“散摊好了”，就在背地挑动部分农民干的。这两种分掉都是错误的，是必须纠正的。还有的是，多数社员主张分掉，源于他们对集体经营长期以来就不信任，特别是由于这些集体财务平时一贯管理不好，损坏、丢失，甚至被一些坏干部利用来搞贪污腐败，一些社员就认为与其把他们留给集体，让情况坏下去，还不如分到社员手里有用处，于是在多数社员要求下，干部也就同意分掉了。对这种分掉是不能过分责备社员的，而这样的分掉，却又是占多数的。除了上述几种外，另有的是，社员们考虑到土地已经下放到户了，而社员耕种土地需用的较大的农具、车辆和耕畜（包括部分树木），仍归集体统一管理，这与分户使用是有矛盾的，即使用起来往往既不合套也不方便，使用坏了谁负责，是说不清的，不如随户随地走，于是分掉了。这种分掉，是合理的正确的，但也有不完整之处，没有规定出占有的农民要作价归还集体。有些人对这些不同情况的出现，不加具体分析，直到现在还藉以攻击生产承包责任制，说它把集体财产破坏了，使集体经济“变成空圪篓”。

（3）生产队建立起生产承包责任制后，相当普遍地发生了生产队干部不懂如何进行新的领导，即哪些事该集体管和哪些事由承包者自己管。很显然，这个问题不适当解决，是会影响集体与承包者两方关系的。

为了处理上述三个方面的问题，省委于9月间，召开了电话会议，电话会由我代表省委讲了话。对上述问题，（1）主要是加强领导，建议各地把主要领导力量适当转移到工作薄弱的公社和生产队来。（2）对分了集体财物的情况，各地领导要作具体分析，对其中干部有意放弃领导，而任农民拆、拿、破坏的，应严厉制止，指出这是对集体财产的严重侵犯和破坏，是一种犯罪行为；被拿走的东西要原物退回，损坏者折价赔偿；对为首或背后教唆者，应予一定的处罚；对那些经过社员公决而有计划分散并有利社员生产的，应视为正常的做法，不予追究，但应规定合理价格，由社员购买，定期偿还。（3）上级领导应帮助生产队把各项任务和工作，作出很好的划分，哪些工作和任务是应由集体这个层次做的，哪些是社员家庭做的，以及有一些还需要集体和家庭两个层次协同做的，以明确各自的职责范围。总的说，对集体领导者们来说，原则就是，凡是"宜统的则统，宜分的则分，实行统分结合的经营体制"。

到1981年底，建立承包责任制这一具有伟大历史意义的"中国农民的伟大创举"（邓小平同志语），就基本上完成了。按全省农村有12.6万个核算单位计算，其中各种承包责任制存在的情况是：小段包工定额计酬的，占核算单位的1.9%；专业承包联产计酬的，占5.4%；统一经营联产到劳的，占1%；统一经营联产到组的，占1.5%；统一经营包产到户的，占9%；包干到户的，占69%；两田制的占1.9%；保持完全集体经营的占0.3%。到1982年初，包干到户的，就占到98.5%；其他形式的只占1.5%。由上述两年各种承包家庭责任制变化的统计来看，在整个发展过程中显示：其一，对各种形式的承包责任制没有一刀切，而保持了多种形式的存在；其二，各种形式所占比例数字的变化，包干到户所占的比例，在飞速地上升，最后上升到98%，几乎成了唯一的形式。经过两年的生产实践和农民两年的冷静观察比较，他们最终选择了包干到户，证明它是发展生产和符合农民要求的一种最好的经营方式。

全省建立家庭生产承包责任制，如果从1981年7月正式启动和全面展开算起，前后只用了半年时间就基本上完成了；如果从省委领导最先表态开始，前后也不过只用了八个月。家庭生产承包责任制（特别是包干到户）的建立，是农村集体经济在体制上一次重大改革，即把过去单一的集体经营，改为以家庭承包经营为基础的双重经营，像这样关系到全省农村2000万人切身利益的大事，能在如此短的时期内顺利完成，这是出乎省委预料的。它之所以能发展得如此迅速、顺利，主要原因在于：

（一）在农业集体经济中，建立家庭承包责任制（主要是包干到户）这项改革，是生产关系必须适应生产力发展状况的表现；从广大农民来说，是他们经过痛苦的实践所创造，它虽然受到反复多次禁止与挫折，但愈益证明它是必须采取的一种经营方式。生产关系是必须适应生产力发展状况的，这是一条不可违背的客观法则，违背了，用毛主席话说：生产力就要造生产关系的反；用恩格斯的话说，用行政的强力，可以使生产力暂时屈从于不适应的生产关系于一时，但最终还必须服从于生产力。同样，广大农民提出的对发展生产非常有利的要求，如包干到户，由实践证明这种要求是合理的和必须采取的，这样的要求，也是不可违背的。违背了，农民对生产会消极怠工，以至抗拒，单一的集体经营在生产上所以畏缩不前，就是农民消极反抗的表现，最终也必须服从农民，民意是不可违背的。这就是家庭生产承包责任制所以发展异常快而一帆风顺的根本原因，用农民的话说，是“顺乎天理（客观规律），合乎民意（广大农民的意愿）！”十一届三中全会后，在改革的大潮中，农村家庭承包责任制的改革，涉及到对所有领域，农村的、城市的以至精神和意识形态的改革，都起到伟大的先锋带头作用，可谓“一马当先，万马奔腾”。新中国成立以后，从50年代中期开始，在生产关系改革上执行的“左”的错误，要以农村表现的最为突出；而农村表现的重点，又主要集中在农业合作的体制问题上。情况是，一方面是飞跃式的农业社的高级化和马不停蹄的公社化，使生产关系和农村生产力的实际情况脱离得愈来愈远，远到几乎是理想化的地步；另一方面，适应农村现实情况的家庭承包责任制，在产生和发展上受到愈来愈大的压力和打击，也正因为压力和打击愈大，它的反弹力也愈来愈强，一旦拨乱反正，左的路线被纠正，它就如箭在弦，引弓待发，捷足先登，成为改革的先锋。农业是国民经济的基础，特别是我国还是一个落后的农业大国，基础改革的展开和初步实现，带动了上层各个方面的改革，这也是必然的趋势。

（二）省委在指导上，始终坚持了以下几点：（1）建立与不建立家庭承包责任制和建立哪种形式的承包责任制，反复强调和始终坚持了自愿的原则。这一原则不仅对基层干部和农民是这样，对每个地区每个县的领导也是如此。所以这样，是要让实践来做出比较和鉴别。在运动一开始，省委对像大寨、西沟（李顺达所在的公社）、贾家庄、赵家堡等这些有名的合作组织，……都向它们的有关领导打过招呼，搞不搞一定尊重他们的自愿。以后生产实践证明这些合作组织，除贾家庄坚持完全的集体经营一直保持到现在外，其他几处在实际观察思考了一、两年之后，也都建成了以家庭承包经营为基础的双层经营体制。武乡县王锦云的集体经营合作组织（它是 1951 年晋东南地委试点办的十个老初级社之一），社员要搞包干到户，王不同意，形成顶牛，两方相持不下。王亲自找到我，要我表态，我只能劝说，“如果你认为还是老办法好，就向社员再多做工作，看怎样？最后还是由你们干部和农民自己商量决定”。后来听说，“领导顶不过群众”，也只得承包了。晋中地委主要领导是一直不同意搞包干到户和包产到户的，省委尊重地委的意见，由地委自定，甚至没有对他们提出过任何有倾向性的意见。这样该地区所属的各县，除农民和基层干部自发起来搞家庭承包责任制外（实际上农民都自动搞了），地委领导对这项工作消极了一至二年，最后才首肯了家庭承包责任制。（2）坚持了多种形式并存，不搞一刀切。建立什么样的生产经营形式要从不同地区特点和干部的经营水平出发，择适宜者采用，并再三指出，要有意识地保留一些完全集体经营的老合作组织，以便作出比较，有比较才能有好的鉴别。忻州县有一个村的支部书记，周围村都搞起生产承包了，他所在的生产队已成为一个孤岛，他仍坚持老办法不搞生产承包责任制，并向各村发出公开挑战，“看来年生产谁战胜谁”。我听后很高兴很欢迎，曾建议忻州地委负责同志，要热烈欢迎和认可这一挑战。经过一年的生产实践之后，他认输了，才让社员搞了生产承包责任制。（3）在建立生产承包责任制的过程中，省委明确向干部和农民说明，建立责任制，主要是农村的经济体制改革，而不是政治运动，不得对有不同意见的干部和群众，进行批右批左的两条路线斗争，只能做思想教育工作，对干部思想还不通的，允许保留意见；工作消极不顾工作的，可以暂时靠边站；只是对极少数出于个人不正当目的进行破坏的，如乘机煽动农民乱抢和破坏公共财物者，才予以严厉批评或给以适当的处理。这样就保证了运动的平静而有序地前进，基本上没有在政治上和情感上伤害干部和群众。正如有的干部反映的那样，“从来的运动，都没有像建立生产承包责任制这样令人精神振奋，心情舒畅，皆大欢喜，上上下下团结一致，省心省力地把事情办得这样快，这样好”。

家庭承包责任制的全面建立，农村的生产、生活等方面引起了重大的变化。据1984年终统计，全省农村人均占有粮食达到833斤，基本上解决了温饱问题；乡镇企业总收入43亿元，较前增长1.5倍；农民人均纯收入增加3.3倍；由于农业劳动效率提高，从农业转移出的劳力200余万人从事了其他行业生产，农村分工分业勃兴，过去那样单一农业生产的局面被打破。

以家庭承包责任制为基础的双重经营体制的建立，在农村各个方面，引起了巨大的变化，用农民的话说是土地改革以后的“二次大解放”。主要表现在：

（一）在农业生产大幅度增长的同时，其他新兴产业也蓬勃地发展起来，农民的收入得到了成倍的增长。（1）作为全省农村主导生产的粮食，据统计，1981年总产为145亿斤，农村人均占有707.66斤；1984年，总产为174亿斤，农民人均占有为833.33斤。两者相比较，总产三年增加29亿斤，人均增126斤，人均占有粮超过国家规定人均应保有粮800斤的水平线，也就是基本上解决了山西农民温饱问题。（2）所谓“异军突起”的乡镇企业，1981年共有68477个，总收入171916万元，1984年159033个，总收入428936亿元。三年企业数量增长1.3倍，总收入增长1.5倍。（3）农民的人均纯收入，1979年79.5元，1984年338.78元，增长3.3倍。

（二）家庭承包责任制的建立使劳动效率大大提高，加上社会从业的开放，就使一大批以往从事农业的主要劳动力转移和从事了其他生产。其中，（1）转入乡镇企业的，1981年86万人，1983年上升至96

万人，到 1984 年猛增至 151 万人，接近翻了一番。（2）从事其他专业生产的专业户，有 17.7 万余户，分离出的主要劳力，约有 40 万个。在专业户中，主要包括了这样一些生产门类：特种种植业（如水果、棉花、蔬菜、西瓜等）、林业、牧业、渔业、建筑业、运输业、商业、铁木手工、采矿、炼焦……以及其他行业。四年总计约有近 200 万个劳动力从农业中转移出来，但粮食生产不仅不减产，反而大增产，可见单一的农业集体经营浪费了多么巨大的劳力，而这部分劳动力转移出来后，又为社会创造了多么巨大的价值与新的财富。（3）乡镇企业崛起和农村分工分业的出现，为农村的工业化指出了一条正确的发展道路，也为农村小城镇的兴起与建设，初步绘出一幅蓝图；这也就是把工业与农业、城市与农村密切联系起来，为社会主义市场经济开辟了一条农村城市化、工业与农业共同发展的道路。引起这些巨大变化的原因，是党在建立生产承包责任制的同时，还制定和实施了许多有利于调动农民生产积极性的政策与措施，如适度地提高了农副产品的价格；调整与减轻了农业税和其他负担；开放了农村市场；奖励劳动致富和允许一部分人先富起来等，对促进农村各种生产，起了好的作用，但家庭承包责任制是其中最主要的决定性的一环。

家庭承包责任制从 1982 年起，已从承包土地为中心，转入其他生产领域的承包，如林业、水利、果园、渔塘、重要农业机具（如拖拉机、农用汽车等）以及荒山、荒坡和小流域治理等。这些承包，除荒山、荒坡和小流域治理外，其他到本年内也都基本结束了。按照中央前后五个“一号”文件指示精神，把工作重点转向巩固与提高以生产承包责任制为基础的双层经营体制的建设，正确执行统分结合的经营方针；建立为社员家庭生产服务的产前产后服务体系，把发展市场商品经济作为中心任务。1983 年 10 月 12 日《中共中央国务院关于实行政社分开建立乡政府的通知》发出之后，政社合一的人民公社作为历史事物就被宣告结束了，而作为经济生产组织的以家庭承包责任制为基础，实行双层经营的社会主义生产新体制确立了。

从 1984 年起，我转到山西省人大常委会工作，1988 年完全退出了工作。因此，从 1984 年后有关农村的事，就难于作出什么回忆了。这里要说明的，从1981年起我调回山西参与建立家庭承包责任制这一段工作，是在省委的正确领导下进行的，和我在一起共同工作的，还有其他一些领导同志，他们都做了大量的工作。他们做的工作只能由他们自己来回忆，而我只能“以我手写我口”，回忆自己主要经历过的和所能知道的事。

回顾在山西省改革开放前期我亲历的几项工作

吴达才

我原先在省化工厅工作，1983年春进入省级班子，对改革开放前期（20世纪70年代末至90年代初）那段，接触、参与较多，仅就自身亲历、记忆较深的且影响较大的几件事回顾之。即，能源重化工基地的规划与实施、开发区的创建和坚持、大规模的职称评定、科技教育领域的几件大事、中年技术骨干家属户口的“农转非”、以“2080工程”起步解决高校教师宿舍、省筹资金派遣出国留学人员、逐步启动对外科教交流、普及义务教育和大规模集资办学、调整高校布局、改革科技工作方向、着力为经济建设服务、组建软科学研究机构等问题，做简要回顾与介绍。

能源重化工基地的规划与实施

面对改革开放以后经济快速增长和人民生活日益改善的需求，解决能源保障成为迫切和十分重大的议题。山西作为我国最大的煤炭产区，首先得到重视。1979 年秋薄一波同志受中央委托来我省考察调研后，向中央报告，提出建设山西煤炭能源基地。1980 年 5 月，《人民日报》发表了《尽快把山西建成强大的能源基地》的社论。此后，国务院领导在向全国人民代表大会报告编制第六个五年计划（1981—1985）时明确提出要建设山西能源重化工基地。尔后，国务院批准由副秘书长马洪带领国家技术经济研究中心，组织开展山西能源基地建设的综合研究。参与者有国内著名专家（含中国科学院、社科院所属有关研究所，若干著名大学等）近 300 人，省内专家及科技人员八九百人，马洪提出了总的指导思想应是：方针正确，结构协调，布局合理，资料可靠，论证科学，措施得当，切实可行，经济效益良好，使人民能够得到实惠。应该说，这个提法是正确的。其核心思想是：国家应支持充分发挥山西的煤炭资源优势（当时执行的是尚是苏联模式的计划经济体制，列入计划以取得国家支持是首要前提），把山西建设成为“以煤炭为中心的能源重化工基地”。我受化工厅党组委托，负责主持化工部分的规划。在此阶段，省里各个厅局，首先是省计委、煤管局、电力局、铁路局、化工厅、水利厅、交通厅等，都投入大量精力，从事规划事宜。在国家层面，国务院组建有能源基地规划办公室，由国家经委资深副主任郭洪涛任办公室主任，我省副省长郭钦安任副主任。

全省上下对能源重化工基地规划抱有高度的热忱和期待，非常积极地投入此项工作。然而也遇到迷惑费解之事。当我赴京向有关部委请示汇报时，他们对山西的煤炭增产及外运是非常重视的，包括化工部对供应全国中小化肥厂所用的晋城无烟块煤，都很重视。但对重化工则很冷漠，而且这个重化工是什么含义，是重工业加化学工业？还是化工行业内部相对于日用化工、食物添加剂、油漆等轻工而言的重型化工？都不了解，都没有接到上级指令，不作答复。此时，我们还认为，待国家批准了山西的规划、纳入国统筹安排后应就可获解决。但当省里把规划正式上报后，国家并未正式批复，只电话回答说，（当时我已担任省委常委，故知道此电话），原则上可以照此安排工作，不再正式批复了；大型建设项目可按规定程序分项逐个申请报批。

到了20世纪90年代中期以后，回顾10多年来建设“能源重化工基地”的执行情况，可以看出，仍然是突出发展了煤炭生产及其外运能力；电力有发展但达不到基地的水准；重化工则更差了。

煤炭无疑是最受重视的产品，当然高速增长，从1980年的1.21亿，1990年2.86亿吨，1994年3.24亿吨；相应地调往全国各省（市）的煤量分别为0.74亿、2.03亿和2.24亿吨，约占全国跨省（市）调运量的76%—78%。这就为支持国家发展有力地提供了能源保障。这里除了国家兴建的大型矿井外，还得力于乡镇村等集体所办和私人煤矿的发展。这些煤矿的产量从1980年的4800万吨跃增到1996年的1.63亿吨，即占了全省产煤量的半壁江山，同时对提高农民收入起了非常大的作用。

在此期间，焦炭产量急剧增加，虽然由国家投资、兴建的大型焦炉并未增加多少，1980年之后只投产100余万吨/年能力，而总产量却从1984年的400万吨/年激增到1994年的3500万吨/年，（2000年达5000万，到21世纪头10年则几乎达1亿吨，长期占全国首位。）所以，直到90年代中期所增加的产能主要是土焦和改良焦的能力，引发不少问题。其原因除了全国钢铁产量跃增对焦炭需求旺盛和山西的焦煤储量多（占全国一半）、质量好、炼焦工艺短等直接原因外，还与我省原煤的外运能力不足也有关连。（炼焦可减少运出量）。

为了解决山西向外输煤的运力不足，国家下大力气安排铁路和公路建设，除了对在20世纪80年代原有的石家庄—太原及太原—河南焦作、大同—风陵渡这三大干线进行双轨及前两条的电氯化牵引改造外，还先后兴建了大同—秦皇岛、陕西神木—山西朔州—阳泉—河北涉县—黄骅港和山西侯马—河南月山—山东日照港三条运煤专线，特别是大秦线，是我国第一条重载列车双轨电气化运煤专线，初期运力4000万吨/年，现已提高到一亿吨/年为全国专线运力之首。同时还兴建了多条公路，打通了与外省的10个出口，公路货运量（含省内运输）从1980年的7004万吨增加到1985年1.3071亿吨，1990年2.6706亿吨和 1995 年 3.9776 亿吨。因此，一度有“国家修路，农民挖煤”的说法。

发电是煤炭的主要用途，增值也较明显，山西省曾希望到 2000 年能达到 2000 万千瓦左右的装机能力，规划中考虑了 1600 万千瓦；而实际上 1980 年 248 万千瓦，1990 年 584 万千瓦，1994 年 892 万千瓦，2000 年才达到 1275.64 万千瓦，发电量占全国 4.85%，占第 8 位。因此，虽然显著增加了发电能力，尤其是前期向京、津送电的大同、朔州两市的大型电厂（附相应输电线路）和 20 世纪 90 年代省主要领导下了大力气，修建起给江苏输电的阳城电厂等大型项目，但在全国不到 5% 的占比和第八名的占位，还达不到“基地”的称号。

至于“重化工”则更加未能引起重视和列入国家的重点安排，笔者于 1982 年前往化工部“对表”，化工部表示，对山西主要两条：即一是将早先就已安排的建于潞城的年产 30 万吨合成氨煤制大化肥引进项目正式开工建设、建好，（1983 年夏天开工）；二是山西应保证供应每年 1000 万吨的晋城无烟块煤，给全国各小化肥厂使用。除此以外，其他的新项目主要依靠山西省自行安排，依规定程序报批。六五计划期间同意了一个年产 10 万吨甲醇项目，但因资金来源等因素并未向前进展而夭折。

作为化工部分规划的主持人，我组织有关人士与分析评估了国内、国际煤化工发展动态和供需趋势，结合山西已有的化工产品结构分析，在规划中除了适当安排传统的化工基础产品如化肥、煤焦油加工利用等外，重点推介安排了国际上呈现的新型煤化工趋向，且其技术已基本成熟可以实现大型化、国内科研单位已做了较好基础性研发的一碳化学（C1）或所谓甲醇化学的煤炭转化新路线，即将煤炭在新型气化装置中气化、净化，制得主要成分为一氧化碳和氢（CO+H2）的合成气，然后通过先制取甲醇再将其加工转化，或不通过甲醇直接制取，可得到合成燃油、乙烯、丙烯（烯类原先均需由石油裂解制取，然后再加工制成一系列纤维、塑料、橡胶、涂料等，称为石化工业）。从煤经甲醇制得烯类就可成功实现煤化工与石油化工的对接，从煤炭制得大吨位的有机化工产品和合成材料产品。前已提到，我国多煤少油，通过煤取代石油或从煤制取油品，是现代煤化工的主流。陕西省化工厅闻讯后当即派专家来太原与我们交流和索取有关资料，并先于我省付诸实施。这个在80年代初提出的新型煤化工（过去固囿于煤制化肥、电石及煤焦油的加工等）路线，在当时是既新又大胆的观点。但由于从80年代到90年代中期，此时期国家对山西的要求主要在于保证煤炭供给，对在山西兴建新的大型煤化工装置暂时未列入议程。新开发的陕蒙宁煤炭基地投产后，由于其与沿海主要耗煤区的运输距离远长于山西，而且一般均要通过山西地域方可运出。因而对该地区煤炭就地加工的迫切性远大于山西，再加上神华集团等各中央企业的优势，自90年代中以来20年间，国家在该“煤炭金三角”地区建设了10多个巨型的采用上述C1路线的煤化工项目，如年产百万吨级的甲醇及下游加工，百万吨煤制烯烃，百万吨级的煤制合成油、百万吨级的煤制甲烷（即合成天然气）等；其中百万吨级煤制合成油投产时，习近平总书记曾亲自发了贺电，可见国家重视程度之高。此C1路线在陕蒙宁接壤区大规模实施，开花结果，我作为始作俑者，非常高兴。山西首提此路线而还未启动，又未免使人怏怏。原省委书记袁纯清是从陕西调来山西的，他到后不久，就在一次大型讲话中指出了山西在这些大型（乃至巨型）煤化工发展领域的滞后差距。当然，由于这些项目动辄耗资数百亿元甚至上千亿元，没有国家的支持是很难兴办的。近10多年来，山西省一些国企和民企，兴建了一些10多万吨至五六十万吨级的C1煤化工项目，少数已投产，多数尚在建设中。虽然晚了，但起步就比不动好。

至于山西省内对此方面的科技开发，则集中于扶植由中科院煤化所进行的煤炭间接液化项目，即煤先气化，然后由一氧化碳和氢气合成燃用油。在该所实验室试验和模型试验的基础上，在代县化肥厂进行了百吨级、晋城化肥厂进行了千吨级的放大试验，再后在潞安矿业集团与中科院合作放大到10万吨级。在此基础上，我国建成了百万吨级的巨型装置，即荣获习近平总书记电贺的单位，新华社在报道中专门提到是在煤化所的技术基础上建成的。

回顾山西的“能源重化工基地”建设，实际依然是“挖煤为主，一煤独大”，这种畸形的经济结构给山西带来了很严重的不良影响。晋煤约 70% 左右、个别年份达 80% 是原煤调出，一方面在省内没有下游产品的增值链，不产生除了运费以外的附加值；另一方面，国家对调拨出省的煤价又管制很严。因此，山西人民在为国家作出巨大贡献的同时，未能得到就有的实惠，反而在全国占位从居中降为成下游。统计显示，在 1980—1995 年，国家对山西省的投入从全国 3% 降为 2.5%；到 1994 年，山西 GDP 总量占全国比重从 2.4% 降为 2.2%；人均 GDP 与全国人均差距由 19 元扩大为 900 元，1994 年山西的城、乡居民收都远低于全国水平，分居末位和第 26 位，都比 1980 年明显后移。由于采煤对水资源、尤其地下水破坏很大，排出污水量大而难以利用，使许多著名泉水的涌出量骤减，如神头泉、娘子关泉水、辛安泉等皆然，特别严重者如晋祠难老泉，流淌了万千年却于 90 年代断流，令人十分叹息。采空区塌方累有发生，农民概括了八个字：井干、树死、地陷、墙裂，可见一斑。发电方面，那时对所排二氧化硫和氮氧化物都未处理，污水、煤灰的排放也很随意，有顺口溜道：烧了煤、留下灰，排气呛人耗掉了水。而且电力管理体制也损伤了山西的利益。大型电厂都是央企，但又不算独立法人，而由华北电管局统一核算。山西电厂送往京、津的电由华北局按企业内部价付款，起初只有每度 9 分，后经几次争取才上调到每度 1 角 2—3 分。发电厂的奖金由华北局另拨。京、津的用电价当时为 0.5 元 / 度上下，归京、津的供电局（实即华北电管局）收取，连税金（跟售电走）也交给京、津的税务局。另外，当时山西新装十万千瓦以上机组大多是国内刚制成或东欧国家供应的产品，不太成熟，故障较多。为了保证京、津用电，当出了故障后只好压减省内用电而保输出电量，故在 80 年代山西常遇停电，农村电网尤其严重，老百姓戏称，农民买彩电，就是看不见，刚刚来了电，很快就再见（电视到夜间终播时说的再见），虽是发牢骚之语，但也反映出对频现停电现象的不满。

开发区的创建与坚持

开发区是指由政府划一定范围的土地区域，施行必要的适当优惠政策，提供配套公共设施方便（如上下水，供电主线，供暖，供燃气，市区公共交通服务等），大力招商引资，吸引产业聚集，以取得高于一般的发展速度，加快促进经济增长。其中，对于以劳动密集型的来料加工为主者称为出口加工区；以传统产业为主体者称为经济（或经济技术）开发区；以高新产业为主者称为高新技术开发区。八十年代初广东、福建两省首先试办，成绩斐然。尔后十四个沿海开放城市和北京中关村开发区的业绩也都光耀夺目。各省纷纷创建，有的省如江、浙等几乎每个县都办了，有的还在一个县（市）区就办起了几个开发区。我省到1990年还没有开办。全省一个开发区都没有。结合当时国家号召关注新技术革命、注意创办高新技术产业的情况，我向省委、省政府主要领导提出了创建太原高新技术开发区的建议，得到同意。于是组织有关人员，有针对性地到国内外的相关单位参观考察，选拔、物色的恰当人选，开始组建太原高新技术开发区。向主管部门国务院开放办公室和国家科委汇报争取，也得到同意。由于财力缺乏，不能先期投入较大资金，故先选定基础条件较好的长风街南、中辐院西的一块空地起步，开始招商。形成了现在太原高新区的基本格局。一年内，就有激光全息摄影防伪商标、铂系三元催化网及铂灰回收、高纯钨棒、新型油墨等企业入区并投产，初步站稳了脚跟。1992年冬，被批准升格为国家级高新区，向前迈进了一大步。这是我省第一个国家级的开发区，对相关工作人员很大鼓舞，大大增强了信心。太原市相关领导对高新区的建立和发展贡献良多。此时各地（市）也纷纷要求建立开发区，经新到任的省长胡富国批准，设立了山西省开发区工作协调领导组，我任组长。批准省内首批八个省级开发区（大同、朔州、忻州、太原、阳泉、临汾、长治、风陵渡），一年后又增批了晋中开发区，其中长治申报为高新区，其余都是经济开发区。太原经济开发区的起步较早，成效也较显著，因此大约在 1995 年就升格成为了国家级开发区。我数次召开领导小组会议，对各省级开发区的管理机构、功能、土地、工商税收等优惠规定、管委会的级别待遇等作了规范，以正式文件下达。还确定由省体改委联系各开发区的日常工作。这九个开发区的起步都不错，太原市更领先些。每个区都有企业（含中外合资企业）进驻，产出逐年至少以 20% 以上速度递增，远高于所在地（市）的平均水平，而耗费的政府投入却并不高。国家主管开发区工作的开放办主任胡光保（后来担任中央办公厅副主任）来晋考察后表示肯定和支持。

1994 年到 1995 年两年间，国家针对各地设立开发区过多过滥、良莠并存的情况（如有的一个县（市）里就设立了好多个开发区），下令进行整顿。我省有跟“风”者提出要制止和砍去一些开发区，我不同意。恰好此时，新任国家开放办领导来晋听了汇报、看了几个开发区后，严肃而又明确地指出，山西省对外开放的起步晚、步伐慢，开发区建设刚刚开始，尚属初创阶段，谈不上过多过滥和开发区过热的问题，眼下关键是下大力气把开发区搞好、搞大，推动开发区的发展，增强其活力和对当地经济的推动。国家除要抓好沿边、沿海的加快开放外，对内陆地区沿交通干线的开放也已提上议事日程，山西的开发区布局符合此要求。由此，打消了一些人的疑虑，不仅保留了各省级开发区，还放手促成它们发展壮大。虽然各地财政的投入很有限，但各开发区的成长速度都很显著，最低者年均 20% 以上，高的达到年均 50% 左右。1995 年后，我感到自己转任省人大职务后，再担任具有行政职能的开发区协调工作领导组组长有诸多不便，于是主动请辞（包括煤化工发展规划领导组组长也一并请辞），退出了此项工作。

骆惠宁、楼阳生出任省党政主要领导后，对开发区工作十分重视，并将之与国务院批准的能源型经济转型发展示范区紧密结合起来，大手笔地把太原市和晋中市的几个开发区、大学新校区、机场保税区等统筹整合，形成大开放、大改革的综合发展试验区，这必将大大改变我省开放的后进面貌，大大促进转型创新的步伐，实现弯道超车，为调整我省产业结构和推动经济加速发展做出巨大贡献。

大规模的职称评定

专业职称（即专业技术职务）制度为世界通例，我国也早已实施。职称评定制度“文革”中被中断，冻结。形成诸多矛盾。“文革”结束后，此问题更显突出和尖锐；在许多高校和科研、设计机构中，大量1957年以后的大学本科毕业生，已成长为业务骨干，承担着主要的教学、研究、设计或工程任务，是工作中的主力军。但他们的技术称号，却20多年一直是助教或技术员（实习研究员），具有讲师或工程师称号者只很少数，与多数人的贡献远不相符。不仅工资低、生活拮据，而且住房等待遇也很差。对进行学术交流，参加国际会议和发表论文等，也均诸多不便，极不适应。

全国科学大会确定恢复职称制度，但当时未新进行晋升评审。1980年6月，国家决定先在五大领域，即：高教、科研、卫生、工程、农业中进行职称评审的初步探索。一是按各人已有的工资金额进行相应的专业等级职称套改；二是对少部分突出的拔尖人员经技术考核、外语培训及测试、同行专家评审通过后准予职称升级，（但未与工资挂钩）。同时，主要由同行业的专家评委会评定，不再由行政部门决定。此次“试水”，得到晋升、特别是晋升为高级职称的人数不多，但取得了宝贵经验。1983年9月，国务院通知暂时行职称评定工作，等待全国统一布置。这时，我省共有（含“文革”前已有及1980年后新晋升者）高级职称（副教授及相当级别以上者，含）1154人，占0.75%（显然此比例太低）；中级（讲师、工程师与相当级别）31616人，占21.3%；初级（助教、技术员等）115.347人，占78%。这次评定面虽不大，也不与工资联动，但依然调动了广大知识分子的工作积极性、进取心和责任感，推动了多方面的科技工作进展。

1986年1月，中共中央、国务院决定在全国改革职称评定，实行专业技术职务聘任制度。职称评定与上级领导单位下达给单位的设岗职数相一致，实行评审与聘任相结合，并与工资待遇挂钩联动。由中央职称改革领导组领导此项工作，其办公室设在国家科委（两年多后转交给了国家人事部）；按事业、企业、机关三大板块分批安排。后来，因机关要实行公务员制度就取消了机关的职称设置，当然也不评了。

山西省委常委会于1986年2月听取并原则通过了我省的实施方案，确定由我牵头，省人事、教育、科技、经济、农业等有关部门负责人参加，成立省职称改革领导组负责实施，其办公室设在省科干局。

国家设置、下发了29个专业职务系列及其评审标准，我省执行26个，（另三个即海关、民航和船舶，我省空缺）。各地（市）和省直委、厅、局，组建相应的职改领导组，由党委或党组批准后施行职责。专业评审委员会的高级评委会由省级组建；中级评委会由地（市）、省直委、办、厅、局和高校、大型企业组建，初级评委会由县（市）和中型企事业单位组建，分别报经相对应的职称改组领导组批准后履行职责，全省共设立高评委29个，中评委314个，初评委1801个。国家首批下达我省专业职务设岗指标高级10050个，中级94100个。企业设岗可以不占用此指标（设岗数需报职改领导组备案，但经费由企业自理，故不占国家指标）。企业专业岗位职务的评审标准和程序、手续与事业单位相同。由于多年积累的矛盾很多，设岗指标偏于过紧，省里除了向上级争取到少额增加外，还经上级批准后采取适度灵活措施，以扩大评审面，如，对于年龄已达退休或很接近于退休的人员，可采取“评退”方式，即评定后立即办理退休手续、腾出其所占指标符合标准的年轻同事使用；从外省（市）引的人才及省内从大城市流向中小城市的专业人员可不占用原有指标而作为专项的合理流动指标处理等，以缓解指标不足的困难。工作作法上，坚持按照国家规定办理，审慎部署，积极推进。对指标数和评审过程，一律公开透明，不得暗箱操作。因而进展较为平稳顺利，经过三年的集中评审，到1989年7月，全省共有516121名专业技术人员，（其中事业321021人，企业195100人）。评定、聘任高级职务25734人，为原先的22.3倍，占全部专业人员的5.19%，此比例较为合理。中级137800人，为原先的4.36倍；其余为初级。国家人事部于1991年4月派专人来晋验收，经检查后认为山西省此次大规模职称评聘工作认真执行了国家政策规定，程序严格，评审质量合乎标准，群众反映良好，验收合格。这项工作牵涉面广，参评人数高达数十万之多，政策性强，又与广大知识分子的许多切身利益相关，处理不好，会引发多种矛盾，由于我们坚持正确执行政策，严格按规定办事，公正、公开、透明，因此得以平稳开展，有序推进，顺利完成；没有发生极端事件。

通过此次职称评定，优化了各有关单位的专业人员结构比例，激发了知识分子工作的积极性，为日后申报硕士、博士点授予权，建立博士后流动站、企业技术中心等打下了基础，有力地推动了我省的科技进步。1991年以后，职称工作转入正常化，不再进行全省性的集中评审。

此外，从1990年起，国务院出台了给少数贡献突出人员发放特殊津贴的做法。1990到1993年间，每年大约分配给我省300名左右的上报审批指标，经批准后每人每月增发100元，终身享受，（全国共每年审定10000人）。1993年以后，做法改变，总的趋势是逐步淡化和逐年压减名额，不再详言。

科技领域的几件大事

（一）科教骨干的农村家属户，迁入城市

我省有不少科教骨干人员的配偶、子女为农村户口，使他们长期分居，诸多困难。每当农忙时，有的人还得返乡参加劳动，影响本职工作。全国科学大会后，省委常委会经认真研究后，于1978年5月首批批准省直单位中85名骨干的255名家属（配偶及16岁以下子女）户口迁入太原。同年9月，又批准第二批150名骨干511名家属农转非。再后，在全省推开，到1983年批准7237名中级以上骨干的22000余名家

属户口农转非。此为全国首创，很受重视，被推广到全国。

（二）以高校2080工程为起点，解决教师住房

我省高校房舍原本就不很好，“文革”中又受很大损失，一些高校房舍被侵占或挪用，教师宿舍严重不足。特别是中青年教师，许多“文革”前毕业的大学生，到80年代初已属不惑以至天命之年，结婚生子，虽已是校中骨干，但很多人都无自己的合适住房。有人被迫长期分居，有的挤在单身楼的“筒子房”里，或居于破旧的“棚户房”。再加有很大比重是从外省分配来晋任教的大学生，南方的改革开放领先于山西，对这些人的吸引力很大。一时间，“雁南飞”、“孔雀东南飞”潮流滚滚。省委、省政府经深入调研后，下决心解决高校讲师以上教师的住房问题。虽然省里财力紧张，但一致同意，于1985年决定拨款2080万元（实际决算为3000万元），在二年多时间内为五所老高校（山大、工大、农大、医大、师大）1300多名讲师以骨干兴建10万平方米住宅。此举措当时为全国首例，引起巨大反响，一定程度上稳定了师资队伍。此后，1992年又投资4800万元，为高校增建13万平方米青年教师住房。1995—1998年筹措9亿元，为城镇教职工实施安居工程，建房达115万平方米之多。

（三）省筹资金选派出国留学人员

为提高教育与科研、农业、卫生等领域的技术人员水平、更新并吸收新知识，适应改革开放需要，向外选派留学人员，十分必要。由于历史原因，在国家统筹公派的出国留学人员中山西省能得到的名额很少，远不能满足需求。1984年，省里决定，每年从地方留成外汇中拨出100万美元，连同配套的人民币，（后来增加为每年150万美元），派遣中青年骨干作为省派留学人员，出国攻读学位或进修提高。此项工作引起省内热烈反响和全国的好评。选派出国留学人员的工作一直延续至今。（从90年代起，此专项基金内有一部分改为资助归国留学人员

改善其科研和工作条件使用，以更好地吸收他们归来。）1985—1993年共派出648人次，对提高我省教育、科技水平，作用显著。如彭堃墀、谢克昌分别担任山大和太原理工大学校长并分别当选为中科院院士和工程院院士（谢教授还出任中国工程院副院长），李悦娥、侯晋川、聂相庭、祁寿椿、赵国浩、张少琴等都成为著名教授并出任所在院校领导，卫小春成为著名骨科专家，这些同志中绝大多数还担任了省级领导职务。

（四）启动对外科教交流

1981年，中国首任驻美大使，山西籍老革命家柴泽民访问美国南卡州大学，促成了南卡大学与山西高校建立联系、交流。1982年南卡大学校长首访山西，宣布向山西提供一些留学生名额和建立联系。开启了“文革”之后山西高校对外校际交流的序幕。1985年，时任省教育厅厅长、曾在美国纽约城市大学进修的蔡佩仪与该校外事负责人林贝莉商定，由该校（纽约城市大学规模很大，有廿多处分校，其医学院在美名列前茅）与山西的高校合作举办中一美教育学术交流机制，经分别报请纽大董事会和山西省领导批准，双方定期开会交流，此机制一直延续到世纪之交。此外，山西农大也部分恢复了其前身铭贤学院与美国奥柏林大学的联系。

1984年冬，为执行中美两国政府间科技合作协定中美能源项目名下的洁净煤小组的技术合作商讨，国家科委指派该小组中方负责人、煤炭科学院院长范维唐（后来出任煤炭部副部长兼总工、中国工程院首批院士）、国家科委二局高工范铭义（后来先后担任我国驻瑞典、澳大利亚、英国等大使馆科技参赞）与我（时任山西省科委主任）三人赴美，商谈合作并参观访问相关科技开发单位。当时，我国科技及环保人士对洁净煤（CCF）技术尚较生疏。虽然知道原煤直接燃烧的污染较大，但对其危害的严重程度，缺乏感性认识，对于煤的洁净燃烧技术也很生疏。据国家科委有关领导介绍，在商谈中一美双边合作的煤炭利用方面，中方提出过多项建议，美方（美国科学院与工程科学院牵头）均不感兴趣，坚持要以洁净煤技术（CCF）为合作主题。现在回顾美方很有远见，前瞻性很强。因为他们看准了中国在廿世纪内仍将以煤为主要能源，而当使用数十亿吨／年的煤直接燃烧将带来极为严重的环保困境，非走洁净利用方式不可。

1984 年 11 月，我们三人抵美后，用十余天时间考察了美国能源都下属的匹茨堡能源研究中心、位于加州的世界上首个燃煤联合循发电、位于北达科他州的世界首座工业化规模的从煤合成甲烷气（即人造天然气）的工厂、肯塔基州的煤矿及矿井安全示范技术、肯塔基大学等。与美方组长、肯塔基大学采矿系主任任纳德教授，副组长、美国工程承包巨头勃克脱工程公司（美国十分重视从科技合作走向工程合作，该公司规模巨大，时任美国务卿舒尔茨和国防部长温伯格均出身该公司）副总裁高斯等进行了会谈。商定下次会议于 1985 年在太原召开，开启了山西与美国科技交流的序幕。为了给太原开会作准备，我选定了洁净煤技术的一个形式，即利用煤制成的甲醇，以 15%—20% 直接掺入汽油（另有少量增溶剂），供汽车运输使用。由国家科委拨款，省科委会同交通厅共同组织，在长治运输公司和临汾运输公司各指定一个车队，（分别为解放牌和东风牌汽车，均为运煤重载汽车并带拖斗）。在之前二三年已有十多辆车试验成功的基础上，进行大规模试运行，共投入 475 辆货车，运行一年的重载实验测试，并由省交科所进行室内台架全方位测验和对载重车队的跟踪配合与相关测定。一年的运行正常、成效良好；节油及降低成本均较明显，达到预期效果。这为我省在 90 年代之后在长治和晋中推广甲醇—汽油燃料和纯甲醇汽车打下良好基础。试验资料在 1986 年于巴黎召开的国际醇基燃料会议和 1993 年在匹茨堡国际煤炭大会上交流。1985 年在晋祠宾馆召开了中—美第二次洁净煤技术交流会，上述山西的甲醇—汽车燃料试验由中方着重介绍，与会代表到汽运公司现场观摩，获得肯定。这是在山西第一次召开的国家级科技交流会议。省政府承办。会务由省科委负责。中—美双方各有十名正式代表参加，另有省内专家列席、旁听人员数十名。国家科委和美方专家对此次会议的反映良好。

在软科学研究方面，国际上有一个著名机构，即在 70 年代作为东西方合作桥梁之一，由美国、苏联、西德、英国、东德、波兰等两大阵营共17个国家联合组建起来的单位——国际系统分析应用研究所（设在奥地利的首都维也纳）。1985年，该所所长、美籍华人李天和博士（解放前毕业于上海交通大学电机系，与江泽民同志同学、原任美国通用电气公司副总裁）访华，与国家科委副主任吴明瑜签署了合作协定，将第一个合作项目选定为“山西能源重化工基地决策应用专家系统”；后因基础资料不足，改为“决策支持系统”，由该所承担。中方派有关专家赴维也纳到该所参与合作研究。国家科委决定由大连理工大学教授、著名电脑应用专家王众托（后来当选工程院院士）牵头，其余参与研究人员由山西派遣。我省从技术经济研究中心、省自动化研究所、省科技战略研究所、省计委计算中心、太原理工大学以及省科委机关等，先后派出约20名科技人员（包括后来出任省级领导的谢克昌、王昕和出任山大校长、省科委主任的李镇西等）前往，分别进行从三个月到一年多的合作研究。虽然因为前述过的基地规划目标内涵不明朗，基础信息又严重不足，该课题完成后的可应用程度很不够，未能提供实际应用，但确实为我省培养了一批电脑的开发、应用人才。

（五）普及义务教育和大规模集资助学

教育乃立国之本，普及基础教育（80年代国家决定以九年制义务教育为基础）的难点在广大农村，尤其是贫困地区。至70年代末80年代初，很多农村中、小学仍在破庙或旧祠堂中上课，或是漏风淋雨的危房中。课桌、座椅严重不足或破烂不堪，图书、教具基本没有，师资力量及水平都很不够，教学质量偏低。历届省委、省政府对此十分重视，在财政紧张情况下不断加大各级的财力投入，从1978年的16553.3万元，增加到1998年的276701万元（均不含省计委系统的基建投资），同时大力扩展和强化了师资培育，增加各级师范院校（中级师范、大专、大本及各级教育学院、教师进修学校等），努力改、扩建校舍等；但由于中、小学量大面广，历史欠账太多，单靠政府一个渠道，仍深感力不从心。于是从1983到1995年，发动并掀起了三次集资办学高潮。各级领导带头，广大群众热烈响应，众多厂矿民营企业家和致富带头人慷慨捐助资，众人拾柴火焰高的成效凸显。1983到1998年间，全省共集资52.75亿元，助力改变农村中小学面貌。1998年全省中小学危房率降为0.06%，大大低于国家允许的标准，为此荣获国家表彰和300万元奖励。普及九年义务教育得到落实，1988年的适龄儿童入学率已达99%，年巩固率98.7%，小学毕业生合格率97.6%，升入初中比率98%，均达到并高于国家标准，并在此后一直得以巩固提高。全国总人口中达到“普九”要求的比率平均为73%，山西则达87.24%；青壮年文盲率全国7%，山西为1%；故在1992年全国普及基础教育的会议上介绍了经验，获得表彰和100万元奖励。

（六）调整高校布局

山西省高等教育水平在“文革”前处于全国中游，到上世纪七八十年代，陆续新建了十余所大专以上的新校，但布局分散，而且在专业设置上与其所在地市的经济发展不相衔接；师资水平和财力投入又诸多不足，办学困难较多。省委前书记胡富国曾形象地比喻说：“一个家境本就较差的家庭却出生了多个子女，当然就普遍营养不良。”针对此两大不足，在90年代初期，经省委、省政府主要领导同意，对省属高校，尤其是大专层次，着手进行了适度调整。其要点为：

对校址邻近、专业设置又接近的高校，进行合并。即，山西煤化工大学和山西矿业学院与太原工业大学合并，组建太原理工大学（这为其进入全国211高校奠定了良好基础）；太原师范学院并入山西大学（但到本世纪初又分开了）；运城师专与运城教育学院、运城广播电视大学合并组建运城高等专科学校，成为多科性的大专，增强为当地经济社会服务功能；吕梁师专与教育学院及正组建中的吕梁工专合并，组建吕梁高等专科学校；临汾师专并入山西师大、组建成其下属的体育师范学院；汾阳高护并入山西医科大学、增设影像、检验等专业，成为医大的汾阳学院。

阳泉是山西东大门、又是煤炭基地，交通和经济发展相对较好。根据这个优势，新建阳泉煤炭专科学校（山西原先没有煤炭方面大专层次的学校），以既服务全省又带动本地经济为办学目标。

上述调整的总体指导思想是：1. 依托老本科院校，发挥其优势，并入相近的新校或大专。2. 针对大专类师范专业偏多的实际，适当压减师专招生规模。3. 更主要的是逐步做到使每个地市有一所多科性（即在师专基础上增设理工、财经类专业）使各地市逐步做到都有一所以服务本地市为主的大专层次学校。4. 对于校址本来相邻的学校而言，可以节省重复建设的图书馆、实验室乃至传达室、锅炉房等，并减少领导班子职数。

合并、调整后的办学效果良好，得到国家教育部的首肯。各地市也很欢迎本地建立多科性大专以更好地服务当地发展。当时未及调整的师专纷纷仿效，到现在各地原有的师专均已升格成了本科档次的“学院”，个别的升格为大学，如大同大学、太原大学。对当地经济社会发展提供了智力支撑。

（七）改革科技工作服务方向，主要着力于经济建设

早在改革开放之初的 1978 年 3 月，邓小平同志就明确指出：科学技术是生产力；此后又强调科技是第一生产力。

因此，推进我省科技进步，科技改革，就成为改革开放的重要途径、重要领域。但科技改革的重点必须放在突出面向经济建设这个基点上。对我省科研工作而言，已有少数具有较好基础应予支持的基础科研项目。如山大的光电子实验室，应予重视和支持。但这对多数省份来说，此类基础性科研是很少的，只有在北京、上海等极少数省市的比重稍大一些；对多数省市，尤其是山西这样中等偏下的地方，占比极小。工作重点必须放进促进经济发展层面。对某些特大型企业，如太钢、太重、大同柴油机厂、六大矿务局等，主要鼓励其建立技术中心、博士后流动站等，自主或与设计、科研单位联合，进行技术开发，取得了很好成效。如太钢在 80 年代初自主开发的氧炉冶炼不锈钢、压制特薄不锈

钢片、太重不断开发大型和特大型起重机、挖掘机、油膜轴承制造等。太钢太重至今仍为我省工业系统技术进步的标兵单位。中、小型企业的技术开发也得到了显著提升，如支持盂县永磁材料厂开发了稀土永磁材料并不断推广，使山西成为全国稀土永磁基地，成品远销欧美日本，经济效益也很高。从 80 年代初起，山西焦炭产能激增，从 1984 年 400 万吨增至 1994 年的 3500 万吨，（21 世纪初一度达到 1 亿吨产能）。但增加部分大部分为民企或乡镇企业，缺投资、缺技术、规模小、污染大。其第一桶金大都来自坑式土焦或所谓萍乡炉，烟雾弥漫、污水横流，有些地方一度真成了“村村点火、处处冒烟”，极大地浪费宝贵的焦煤资源和破坏环境。但由于这是农民的初级致富之途，一时尚无法硬令禁止，只好逐步引导。我们投入资金和组织科技力量，不断以农村能够承受的资金投入，引导改造升级。从吕梁炉、XY 炉、75 炉、JHK 炉再过渡到大型机焦。其中 JHK 炉无论在煤耗、环保、焦炭质量等方面，均可达到甚至个别指标优于大机焦，与 90 年代中期美国阳光煤业公司开发的热回收（只回收热量，不回收化工产品）相似，而建设投资只有大机焦的 15% 左右，曾由农业部乡镇企业局和国家环保局批准予以介绍和推广。在农业生产和多种经营方面，大力推行星火计划，即以实用技术，推动农业、养殖业和乡镇企业的大力发展。在扩大良种种植、大棚农业及蔬菜、食用菌培育推广、晋南地区苹果种植发展、黄河滩涂开发和水产养殖、山区养羊、名土特产的复壮扩产、枣业和山楂的除虫增产和加工利用、酸枣开发利用等方面，都取得明显成效，支持并增加了农村经济发展和农民增收。有的产业，如晋南的苹果，已畅销国内外，成为当地的支柱产业。广大农民深表欢迎。

组建软科学研究机构

上世纪 30 年代起，国际上对决策研究日趋重视并逐步形成了一门新学科。被称谓软科学或决策科学。发展软件科学或决策科学，就是要改变重大决策靠个人智慧单独决策的习惯思维，发挥团队群体作用，建构“外脑体制”。这种机制对于各项可能出现的变化，均应做到“予则立，不予则废”的全方位应变机制，提前准备各种不同的预案，被称为“智库”或“思想库”。当时各色各样、形形色色的软科学机构随之大量涌现。美国最为发达，如兰德公司、卡内基基金会、大西洋理事会等即为最著名的佼佼者之列；别的国家中如英国的伦敦国际战略研究所、日本野村研究所、跨国界的罗马俱乐部等也十分出名。林林总总，不一而足。它们的研究方向各有千秋；有的注重国家的外交、军事，有的服务于经济或国际贸易，有的关注社会、种族和宗教……多种多样；服务对象当然亦就互异。

我国党政机关中，一直有调研室或政研室，但其职责不够明确，往往成为了以起草文件或领导人讲话稿的“秀才”班子，其研究职能、特别是“想领导之未想”和对“不同效应的前瞻预测”等的独立超前研究功能，发挥作用不够。有鉴于此，80 年代初国务院建立了三个研究中心，即技术经济研究中心、财贸研究中心和农村发展研究中心，分别由驰名于该领域的党内资深专家马洪、薛暮桥和杜润生担任主任。1983 年 2 月，省委、省政府新班子组成之后，吸收了马洪率各方面专家来晋帮助制定能源重化工基地规划的经验，参照国务院的样板，于当年 10 月决定，在省内也组建技术经济、财贸、农业三个研究中心，相应地分别由省委王庭栋（农村）、白清才（财贸）和我（技经）兼任主任，足见当时省委对软科学研究重视程度之高。财贸中心并入技经中心，后又数度更名，现称省政府发展研究中心。有同志质疑此类机构的作用，我曾回告，这取决于：①此类机构进行的课题研究及提出的分析报告是否结合山西实情？是否有正确的形势前瞻分析和应对建议？是否有见地地有的放矢、言之有物而非空洞议论？当然，这些只是占有相当比例，不可能每个课题都能做到，也不应该要求每个课题都能这样。②决策者是否善于听取意见，特别是不同于自身本意的言语，做到博采众长、择其善者而行之。有此两条，这些机构就有用；否则难有作为。国家农村发展中心连续六七年成为党中央农村工作方面起草文件的工作班子，文件起草后由中央发布 1 号文件，对解放和发展我国农村生产力，其功莫大焉。60年代初美国在应对古巴从前苏联运入导弹时，从软科学机构提供的六个应对方案中选取了海军封锁之策，以最小代价取得迫使导弹撤走的最佳成效，这些就是明证。我省发展中心发表的山西省“‘六五’计划回顾和‘七五’计划建议”系列报告很有针对性和应用性。新世纪初，该中心建言成立山西能源基地综合改革实验区，经省政府采纳后正式上报国务院，获得批准，国务院为此发出专门文件给予支持。我省正认真贯彻、大力推进中。这势必促进我省开启改革开放的新面貌、新成果、新气象，预示着山西省改革开放必将迎来崭新的明天。

在太原市政府工作的回顾

万良适

一

我从1985年12月至1988年1月在太原市任市委常委、常务副市长，市经济协调领导组组长；1988年2月至1991年4月任市委副书记、市长，在太原市工作五年零五个月。

20世纪80年代中期，我国的改革开放已逐现成效。作为内陆的太原，不沿海不沿边，也没有天然便利的交通条件。但是改革开放的强劲东风依然吹拂到了古老的晋阳大地。

1986年是我国第七个五年计划的第一年，“七五”是全面改革我国经济体制的关键时期，也是在物质、技术和人才方面为90年代经济更好发展准备条件的重要时期。这也正是我在太原市政府工作的五年。统筹规划和认真做好这五年的工作，对于实现党的十二大提出的到本世纪末“工农业总产值翻两番”的宏伟目标，建设有中国特色的社会主义，具有极为重要的意义。

在实际工作中，市政府一班人，始终遵循建设有中国特色社会主义的总要求，遵循对内搞活经济、对外实行开放的总方针，继续推进经济发展战略和经济管理体制由旧模式向新模式的转变，执行了一些重要的原则和方针：一是坚持把改革放在首位，形成改革、发展、稳定的有机统一；二是坚持把提高经济效益放到突出位置，正确处理好效益和速度、质量和数量的关系；三是坚持进一步对外开放，更好地把经济建设同扩大对外经济技术交流结合起来；四是坚持在发展生产和提高经济效益的基础上，进一步改善城乡人民的物质文化生活。

“七五”时期是新旧体制转轨过程中两种体制并存，同时又激烈冲突的时期。改革这把双刃剑带来的问题也如暗潮涌动般静静蛰伏，如果我们的工作稍有不慎，就有可能爆发。这一点在80年代末期的通货膨胀和抢购风潮中表现最为明显。

面对这一局面，党中央、国务院及时采取果断措施进行调控，使这场抢购风潮得以平息。随后的1988年9月，十三届三中全会提出，以后两年改革建设重点突出地放到治理经济环境，整顿经济秩序上来。1989年11月十三届五中全会通过《中共中央关于进一步治理整顿和深化改革的决定》，提出用三年或更长一些时间基本完成治理整顿任务。

全国治理整顿、宏观调控、深化改革是当时大的环境背景。总的来说，我在太原市政府工作期间，是一个机遇与挑战并存的年代。一方面市场经济以前所未有的全新姿态开始展现在我们面前，一方面它又检验和考验着我们。可以说，由于治理整顿，经济紧缩，银根抽紧，通货膨胀，市场疲软，再加上全市水、电、煤气供应严重不足，又遇到八九年的“政治风波”，压力之大可想而知。治理整顿经济环境，保障民生、维护省城稳定成了一市之长的首要任务。我以一切为了人民，一切依靠人民，作为一切工作的出发点和落脚点，本着“群众知情，天下太平”的理念和“求实、创新、廉洁、高效”的行为准则，为市民竭尽全力办实事、办好事；本着“要稳定靠工会，要平安靠公安”的思路，努力维护省城稳定，促进社会和谐。

二

社会稳定是社会主义事业建设的基石，作为市长一定要把稳定工作放在第一位，要稳定就要加强和各方面的沟通，随时听取大家的意见和建议。做到“信息要公开”+“工作要落实”，因为群众越知情，就越能够理解配合政府工作；同时作为市长要说到做到，就能够树立政府威信，就能够取信于民。

在加强与各方面沟通上，一是开通了市长办公电话、责成专人值守，负责接听、联系、解决、反馈大家的问题和意见，每周都要进行总结公布，每月我都要过问检查，每年初都要召开大会进行表彰奖励。使市长办公电话成为与广大市民沟通的纽带，做到有名有实。比如 1989 年大年初一，我到市长电话值班室正好接到一位老干部的电话，他说家里厕所下水道堵了，大小便往上翻，弄得大过年的满屋臭气。问清楚住址后，我随即告诉市政工程管理处立即派人前往检修。过了两个多小时，我到这位老同志家检查核实，问题已经解决，全家人千谢万谢。我说，为民排忧解难，这是政府应该做的。

二是加强信访接待工作，建立市长接待日，由市长、副市长每月值一天班，直接接待上访群众，面对面听取他们的问题和建议，能办的就当场拍板，下来落实；不能办的讲明原因，取得谅解。举例说，有一次一位上访者反映一个六七岁和一个八九岁的俩兄弟长期流浪街头没人管。我就让民政部门的同志出去找，终于在一个工地里找到了他们，当时他们衣服破烂不堪，蓬头垢面，浑身是疮，当即将他们送到市工读学校救助培养，逢年过节，我还去看望，直至长大后送他俩参了军。后来，这件事被新闻媒体披露了，我收到了二百多封省内外的赞扬信，在全市反响很大。

三是在市电视台一季度举办一次“市长与市民”直播节目，我直接与各方面的市民代表 20 余人面对面对话，共同探讨大家关心的问题。

这个节目是全市收视率最高的。例如，1988年三季度太原市电视台举办的“市长与市民”节目里，一位市民代表反映，一到夏季，位于太原市闹市区的解放路西羊市十字路口东南角的一片空地上，每天晚上总有成群的无业青少年近百人在那里抽烟、喝酒、吵闹，弄得那里又脏又乱，四周不得安宁。市容管理部门曾清理了几次但效果并不明显，希望市长设法帮助解决。我乔装打扮就到现场，说服那些闲散人员，不在公共场合寻衅滋事，决心亲自去处理这件事。

四是加强与市人大、市政协、市工会的协调与沟通。每个月我都要分别参加市人大召开的主任办公会和市政协召开的主席办公会，每季度与市总工会一起召开各企业基层工会主席座谈会。每次会我都要向大家介绍当前全市的经济形势，面临的困难和准备采取的措施，认真听取大家的意见和建议，希望大家分头做工作，取得广大市民的理解和支持。

水、电、煤气直接关系到人们的正常生活，为了解决供水紧张问题，新建了枣沟水厂，抓紧了立项引黄河水工程的步伐；为了解决供电紧张问题，一方面加快了电厂扩建步伐，经常到厂里现场办公，另一方面与市供电局、省电力局加强联系，每天增供五万千瓦；为了解决煤气供应紧张的问题，一方面加快了煤气厂改造扩建的进度，另一方面积极整合太钢、太化的气源，并明确规定，煤气供应首先是保居民生活，第二才是保企业生产。每年大年三十晚上我都要去看望、慰问自来水公司、供电局、煤气厂的在岗职工以及环卫工人、基层公安干警，并请各派出所所长吃饭，一直忙到半夜一点左右才回家，目的是为了保证供水、供电、供气、环境卫生和社会治安，让全市人民高高兴兴地欢度新春佳节。

过去，很多市民和外地出差来太原的人都反映市区的公共厕所太少，每天早晨上厕所都要排大队，很不方便。于是我和市政、规划部门的同志用了一周时间，跑遍了全市的大街小巷选址建公厕，每个投资5万元，用了半年时间在全市新建了273个公厕，此举受到广大市民的一致好评。

许多学生家长反映，一些中小学危房较多，学生安全没有保障。为了有个好的教学条件，市政府连续三年狠抓了中小学的危房改造，到1990年将太原建成了中小学无危房城市。

太原市的一些基层派出所反映，由于办公室陈旧，设备老化，地方太小，不利于工作。经与市公安局领导同志调查商量，市政府决定给每个派出所筹措30万元进行改造扩建，改善办公条件。经一年多的努力，城区36个派出所全部焕然一新。同时对基层公安干警，尤其是值勤交警发放岗位津贴，从而大大调动了广大公安干警的积极性，“严格执法，热情服务”蔚然成风，更好地维护了省城的社会治安。

诸如此类的事情，市政府每年年初都要根据群众意见，本着“量力而行，尽力而为”的原则，为市民办大家想办的十件以上实事。

稳定促发展，有了稳定的社会环境，才能为改革开放、经济发展奠定良好的基础。由于采取了以上一些措施，办了一些群众喜闻乐见的具体事，全市的干群关系融洽，社会安定，经济秩序逐步好转，因而推进了太原的改革和对外开放，促进了经济发展。

为了加强与沿海城市的联系，市政府先后在深圳、厦门等地设立了八个办事处，并与西安、成都、南通等六个城市建立了友好城市合作关系，还与英国的纽卡斯尔市、日本的姬路市结为友好城市。

太原是个煤炭、冶金、重化工为重点的重型工业城市，到太原市工作以前我在轻工战线工作了30年，深感轻工业和集体经济对于满足人们日常生活用品的需要，扩大就业、增加财政收入、改善环境的重要性，所以在深化改革、调整产业结构中，在关注传统产业升级改造发展的同时，把发展轻工业和集体经济作为振兴太原经济的突破口，大力发展第三产业和服务业。到1990年全市工业总值首次突破百亿元大关，轻重工业的比例也由1985年的26.5 ∶ 73.5调整到1990年的29.5 ∶ 70.5，五年时间第三产业增加值和地方财政收入都翻了近一番。与此同时，还在市郊县区采取补贴鼓励政策，大建塑料大棚温室，发展蔬菜、瓜果、花卉；在市区新建扩建了14个大型副食品菜市场和十大百货商场、集贸市场，大大加快了商贸服务业的发展和商品流通，方便了群众生活。

城市的环境质量，直接关系到人们的生活、健康和对外开放。1989年4月我到日本姬路市出席百年市庆；1990年7月我作为中国市长代表团成员访问美国，他们都提出了太原市的空气污染问题。这使我深深感到环境问题已严重影响到城市形象和对外开放，因此下决心进一步加大治理环境的力度。市政府除坚持每年都把治理污染作为要办的第一件事实外，还先后在城市西北的风沙源头规划并开始建设一座占地五千余亩的森林公园；加快了使用煤气减少燃煤的进度，使煤气普及率达到70%；新建改扩建了污水处理厂和集中供热设施，提高了污水处理能力、扩大了集中供热面积。由于强化了对“三废”的综合治理力度，使城市烟尘控制区达到70%以上，全市的环境状况逐年好转。为从根本上改善市区的生态环境，经过两年的研究论证，制定了汾河流域城市段的蓄水美化工程方案和从兰村引水经森林公园到北沙河，再经黑龙潭、儿童公园、迎泽公园进南沙河再回到汾河的城区水系工程方案。终因未能筹措到资金，在我任内没能动工，成为一大遗憾。

三

在太原市工作的五年，是我人生经历中最充实、最丰富、最难忘的一段时光。时代在发展，社会在进步，我们的领导干部也会遇到一些新情况、新问题。把我的体会写出来，是希望能尽我的绵薄之力，为后来者提供可资借鉴的东西。

（一）要坚持以经济建设为中心

“以经济建设为中心”，“发展是硬道理”在今天看来已是老生常谈，但在80年代，真正理解并为之奋斗还是需要一个认识的过程。十一届三中全会后，党中央把发展经济作为一切工作的中心来抓，是符合生产力发展要求的，是符合事物发展规律的。在太原市工作期间，我正是牢牢抓住经济建设这个中心不动摇，以改革促发展，以发展促民生，以民生保稳定。通过全市广大干部职工的共同努力，太原市的经济保持了平稳较快发展，人民生活水平显著提高，据统计，1991 年太原市的国内生产总值 106.68 亿元，是 1985 年的 166.7%；城镇居民可支配收入 1819 元，是 1985 年的 281.6%；农民人均纯收入 776 元，是 1985 年的 147.5%。

（二）要坚持以人为本

回顾历史的长河，民本思想源远流长。在市长的位置上，不要比权利大小，而要看责任担当；不要比政绩卓著，而要听市民感受。无论是谋划经济发展，深化企业改革，城市建设拆迁，百姓看病上学就业，都要把他们的利益放在第一位，多问几个为什么，经常换位思考，想想百姓疾苦，问问百姓冷暖。

（三）要保持社会稳定

作为一市之长，维护稳定就是要化解矛盾、理顺情绪，团结一切可以团结的力量，调动一切积极因素；就是要妥善解决我们面对的各种问题，为经济社会发展创造良好的内部和外部环境。目前，我国正面临着一个机遇与挑战并存的国际国内环境，稳定成为压倒一切的事情。确保稳定，才能抓住和用好这个战略机遇期，实现经济发展和社会和谐，我们应该倍加珍惜来之不易的大好局面。

（四）要促进社会和谐

党的十六届四中全会提出“构建社会主义和谐社会”就是要把马克思的科学论述逐步变成现实。胡锦涛总书记指出，实现社会和谐，建设美好社会，始终是人类孜孜以求的一个社会理想，也是包括中国共产党在内的马克思主义政党不懈追求的一个社会理想。作为市长就是要从战略全局的高度，在履职实践中，自觉承担起和谐社会建设的历史任务，脚踏实地做好构建和谐社会的各项工作。

知天命迎来改革开放

李玉明

五十而知天命。1978年，我50岁，迎来了改革开放的春天。每个人都能讲出许多迎接春天的故事，我最大的感受是那首古诗“宝剑锋自磨砺出，梅花香自苦寒来”。

新中国成立后，我长期在省级领导机关工作，后来因“文革”原因被下放到阳泉郊区工作，回到基层与农民群众同甘苦共患难，也算有幸，使我看到了阳泉郊区农村的真实生活景象。在学大寨运动中，丢掉了“全面发展”，只片面地强调“以粮为纲”，省级劳动模范、上白泉村支书王三元长期领导社员挥舞着七斤半重的镢头，披星戴月面朝黄土背朝天地“刨食”，然而，社员们仍是过不上好光景，手里连个零花钱都没有。我作为公社革委会主任、党委书记，看到搞耐火砖的生产大队就比较富裕，于是顶着“重副轻农”的风险，让上白泉村发挥当地资源优势，因地制宜搞耐火砖企业，果然，第二年，生产大队和社员收入便显著增长，社员们都高兴。这个时候，心底呼唤着改革。

1974年11月，我担任了中共吕梁地委副书记、行署专员。1975年，邓小平同志主持中央日常工作，以其伟大政治家的雄才大略，大刀阔斧地在全国进行“全面整顿”，开始纠正“文革”极左错误。我在吕梁地委、行署坚决贯彻执行，雷厉风行地展开了“整顿”，积极反对极左思潮，狠批派性，增加党性，坚持原则，排除干扰，落实政策，使“文革”重灾区的吕梁地区各项工作焕发出新的生机。人心思治是党心民心所望，几个月的时间便在全区解决了15000余件冤假错案，涉及数万人获得公正平反。

粉碎“四人帮”后，在“实践是检验真理的惟一标准”的大讨论中，我在吕梁地委分管思想宣传工作，打破一时“不介入”、“不表态”的沉闷局面，率先组织地委部分理论工作者开展了真理标准的讨论，一致认为，坚持理论与实践的统一，实事求是，一切从实际出发，才能拨乱反正、正本清源。当时，我们为此出了一期简报——《讨论纪要》，先后被《山西日报》《人民日报》《解放军报》《光明日报》等予以选拔，当时对消除思想僵化，恢复党的实事求是的思想路线，产生了积极的社会影响。

思想解放是开路先锋

1980年，改革开放伊始，省委决定我任省委宣传部副部长。

我到宣传部分管干部人事和党建、党员教育及《支部建设》等工作。我和同志们一道勇敢地迎接新的挑战，教育党员坚定理想信念，坚持四项基本原则，实事求是，勇于探索，扎实工作，总结经验，不断完善，把每一项工作都当作是党性的考验。并且主持编著了记录改革开放最初成果的专著《腾飞曲》。

改革开放初期，许多干部和党员对土地下放“大包干”有抵触情绪，有的说“土地下放大包干，社会主义变了样”，有的说“辛辛苦苦几十年，一夜回到解放前”，有的说“现在是社会主义乱了套，共产主义盼不到，不知该走哪条道”……

面对这种情况，我们在省委领导下，在全省各级党组织和广大党员中进行了各种各样的宣传教育活动，如上党课，请领导干部和先进党员用生动事例进行宣讲，在党员中进行大讨论，还组织党员到“大包干”

后粮食增产显著的大队参观学习。这就使党员开阔了视野，解放了思想，突破了原有的条条框框的束缚，转过弯来。为此，我们受到中宣部领导的称赞。

经过一系列学习、教育、宣传活动，全省118万（1982年底统计数）党员绝大多数弄通了思想，成为领导广大群众进行有中国特色社会主义建设的“领头羊”。

1985年8月，我奉省委决定，担任省政府党组成员、秘书长。这是我离开省政府“五号楼”19年后又回到原地工作，然而，物是人非，感慨良多。我还记得当年到日本访问，在高层建筑的顶层旋转餐厅上观赏东京夜景，惊讶的是那么一条大街上，这半幅的汽车灯是红的、那半幅的汽车灯是白的。后来才弄明白，那分别是上行车的尾灯、下行车的前灯，因为车水马龙似的，把灯连在一起的缘故。现在回过头看，车多路堵未必就是个好，可当时令我们羡慕不已。

现代化高速发展的社会令人目眩，首先必须加快节奏、提高效率。我在省政府“五号楼”工作时，干部、群众找省长们办事，同其秘书沟通即可来见到省长，诉说情况后，马上得到解决。办公厅整天都有值班的工作人员，当天的事情当天办，处理文件不过夜。这种勤政廉洁、高效务实的办法，被誉为“五号楼作风”。提倡这种作风，就是要杜绝出现被群众深恶痛绝的“门难进、人难见、脸难看、话难听、事难办”的官僚主义现象。为此，我发起成立了“山西省行政管理学会”，结合行政工作的实践性、综合性和创新性，提出科学的行政管理就是要出效率、出速度，勤政务实为人民服务。

我在省政府秘书长任上，负责办公厅的行政事务、会务、文秘、机要、档案局和省机关事务管理局工作，并协助常务副省长分管全省外事、侨务、文物、旅游、人防等工作，积极开发五台山风景名胜区和北岳恒山等旅游景点，搞长期旅游规划，特别倡导把保护文物古迹与发展旅游结合起来。人防工作要平战结合，利用地上地下工程设施，大力发展第三产业，做到收支平衡，节省国防费用，曾受到中央相关部门的好评。这一时期，还兼任山西省地名委员会主任、山西地图编委会主任等职，组织出版了《山西能源地图集》《山西农业地图集》《山西历史地图集》等大型图书，引起多方面的关注。在地名方面，曾以省政府名义下文件要求各地将所有村镇都务必以醒目的大字，把村名写到交通要道的村边墙上以便利行人，又提高了自己的知名度。

1988 年，在山西省第七届人民代表大会上，我被选举为省人大常委会副主任兼农业委员会主任。在任期间，动员组织省、地（市）、县三级人大代表 5000 余人，从上至下进行全省农业执法大检查，经过调查研究总结经验，建立行政执法达标责任制，解决人大立法和行政部门执法“两张皮”现象，充分发挥人大的立法、监督职能，在乡村设立了人大监督员，加强了县乡人大工作，树立了“人大要想有权威，必须自己有作为”的思想理念。1989 年，我主持制定了第一部地方农业法规《山西省农业投资条例》，意在改变对农业投资少的现状，强调要随财政收入比例逐年增加农业投资；同时，为保证全省农业耕地面积，制定了《山西基本农田保护条例》。两部条例以法律手段强化了农业基础地位，在全省保护耕地、增加农业投资方面产生了积极的影响。

花甲岁守望精神家园

改革开放以前，由于经济发展滞后，物资匮乏，人民的吃穿用被迫实行凭证供应，限量购买，一个月难吃上几顿白面和肉食。现在，市场繁荣，商品琳琅满目、丰富多彩，可以随意选购，吃穿用品随意挑选。人们说“过去是生活困难，现在是天天过年”，老百姓都说“毛主席教我们站起来，邓小平教我们富起来！”这是千真万确的事实，令人欣慰，感慨万分！

改革开放大潮汹涌澎湃，随着经济建设突飞发展，物质丰富多彩，又不可避免地出现了新的问题。上世纪 80 年代中后期，国内外政治风云变幻，以物质利益的追求代替一切的社会风潮十分明显，邓小平同志总结说，发生了“一手硬、一手软”的倾向，主要是在教育上的失误。而在思想文化界则又出现了资产阶级自由化和否定中国历史文化的民族虚无主义的奇谈怪论，引起了人们的忧虑。在京离休的原山西省委一批山西籍和在山西工作过的老领导提议，又在晋籍文化大家董寿平、王瑶等名人响应下，相约发挥余热，同心协力为社会主义精神文明建设、尤其是山西历史文化保护传承方面做一些力所能及的贡献。于是产生了组建“山晋文化研究会”的初衷。

1988年，我也是年届花甲了。听到老领导、老专家们的倡议，我们在山西工作的同志们积极响应，开始了“三晋文化研究会”的筹备工作。

当时，大家基于这样一个共识：由于我们国家处于社会主义初级阶段，经济困难而又百业待兴，急功近利的物质生产利益发展很容易产生忽视保护、整理和研究文化遗产的倾向，甚至造成文化的破坏。历史文化遗产所具有的不能再生性迫使我们务必“富前护文”，才能够在我们的国家发达起来之后做到“富而思文”，否则届时将无文可思、无文可见，我们这一代人将悔恨莫及，而且会被后人谴责。因此，决定成立一个为山西社会主义文化建设事业服务的群众性学术团体——三晋文化研究会。我们提出的办会宗旨是：“团结和组织有志于研究三晋文化的人士，积极开展三晋文化的学术研究和交流活动。继承优秀文化遗产，弘扬爱国主义，探索历史文化和当代文化结合的途径，继往开来，为山西的社会主义物质文明和精神文明建设服务。”

共同的理想和目标把大家紧紧联系在一起。我们义不容辞、责无旁贷地精心运筹，奔走呼号，成为联络社会各阶层、团结省内外各界力量的筹备组织领导人。在中共山西省委、省政府的关怀和支持下，三晋文化研究会于当年8月16日在省城太原应运而生，全心全意地对山西丰富多彩的历史文化遗产进行全面的梳理、搜集、整理、研究、出版，旨在“研究三晋之文明，创立未来之新风。”

从此，一项专家与群众相结合的，具有广泛社会性的历史文化研究活动在山西境内蓬勃发展起来，并迅速产生了一批研究成果。我们带队组织专家学者不仅在书斋中笔耕不辍，而且不辞辛劳走向山庄窝铺，访遍全省进行田野考察，寻访碑碣，拓片临摹，进行拉网式文化勘察，抢救濒危的历史文化遗存。如校勘出版了清光绪版《山西通志》，全书共有22册，1020万字，征引了近百万字的校注，这是建国后全国出版的第一部旧省志点校本，对于了解和研究山西历史省情，以古鉴今，有着重要的价值。我们还出版了500多万字的《傅山全集》和《傅山全集补编》，此项工程的规模比清代出版的30余万字的傅山著作《霜红龛集》多出17倍，将具有崇高民族气节的杰出思想家傅山的著作搜集得更加完备。我们组织了100多位学者专家，从省内外130余家藏书单位收录了山西地方史志和晋人著述、批校、刻书、碑刻拓片、善本等七类文献5075种，出版了《山西文献总目提要》，这是一部涵盖较广、著录较详，展示山西文献历史全貌的传世之作。还组织省内长期从事民间艺术的250多位作者，编纂出版了“黄河乡土文化”系列产品：《山西民间艺术》《山西民俗》《山西民歌》《山西锣鼓》，图文并茂地展现出“山西是民间艺术的海洋”。中国民俗研究大家钟敬文老先生评价说，这样“对一个地方民俗进行系统的整理和介绍，在全国还属首次，为民俗学界开了个先河”。山西古塔占全国现存古塔数量的五分之一，研究会为出版《山西古塔文化》图集，搜集了全省现存580座古塔的650张图片，并附有35万字的介绍评鉴，既使人们充分领略山西古塔建筑特色的历史演变，又给人们以丰富的历史文化艺术知识传授。张捷夫同志的《山西历史札记》是作者呕心沥血十余年，围绕山西历史上的重大变迁和典型人物事件，以20篇专题文章构成完整体例，用确凿的历史文献缜密严谨地阐发自己的见解，是一本颇受读者欢迎的力作。张正明先生的《晋商兴衰史》回答了晋商为什么能够称雄中国商界500年，何以兴何以盛何以衰，对我们今天有什么启示的问题。李孟存等利用考古发掘的实证，广泛吸收有关学者的研究成果，坚持论从史出的原则，历经十几个寒暑写成50万言的《晋国史》。文物建筑学家柴泽俊出版《山西寺观壁画》《繁峙岩山寺》《山西琉璃》《解州关帝庙》《朔州崇福寺》《山西古代彩塑》等，图文并茂并附有各类实测与设计图，资料宏富，是帮助人们了解古代建筑的系列大型图书。张林雨编著的《山西戏剧图史》用250余万字、3000多张珍贵图片，翔实地再现了历代山西戏剧艺术的发展，一位作家称赞是“形象戏剧史，珍贵梨园花”，具有学术性、文献性、实用性和观赏性，被周巍峙、张庚、郭汉诚等誉为“世纪之作”。《山西琉璃》被专家们称作是“中国琉璃第一书”。《傅山书法艺术研究》《山西寺观壁画》《三晋古文化源流》《云冈石窟文化》等先后被评为省社会科学研究优秀成果一等奖和“五个一工程”优秀作品奖等。

耄耋年更须牢记使命

在中华优秀传统文化传承发展方面，现实并不顺遂人意。仅就出版发行方面来说，一方面是广大人民群众日益增长的文化需求热望，另一方面则是出版装帧日益豪华、价格居高不下的图书市场的清冷，如何将历史知识普及到大众之中，把历史文化研究成果转化成现实的力量，如何才能做好提高与普及的工作，这也是我们殚精竭虑思考解决的问题。

经过一番深入细致的调查研究，我们选择采用群众喜闻乐见的小册子方式编写出版了《山西历史文化丛书》。这套丛书的编写宗旨和原则是：面向最广大的读者尤其是青少年读者，普及“爱党爱国爱山西”知识；一题一册，每册不超过三万字，定价不逾过三元钱；使读者在茶余饭后、舟车旅途，一册在手温故知新。我们研究会的同志捧着一颗赤子心，孜孜矻矻投入到这项浩繁的工程中。从艰难的筹资到组织专家学者写作，从确定选题到风格体例形成，从装帧设计到出版发行，我们事必躬亲。历时十年，我们将《山西历史文化丛书》作为一项重点文化建设工程，完成了32辑、每辑10种共320种的编写出版，受到广大读者的喜爱和欢迎。在此基础上，我们又用了五年时间将它补充出版到430种，约1300万字，共印刷发行了近百万册。这套丛书，有山西史前文化考古，有历朝历代山西兴衰纪程，有晋地重大历史事件记录，有晋籍历史人物和先贤烈士的评介，有历代文献勘证，有古今山西名著鉴赏，有名胜古迹文化，有近现代文化，有五四运动以来的新文化，有抗日战争和解放战争时期的革命文化，以及建国以来社会主义革命和建设的业绩等。这套丛书展示了许多从未披露过的资料和集中研究的新题，发掘出许多鲜为人知的历史情节和阐发新意的力作，从古到今把山西文化的方方面面都收入其中，构成了一套独特而完整的“山西历史文化百科全书”，被省委列为是进行爱国主义和革命传统教育的好教材，称它“是各级干部学习和了解山西历史的教科书”。这在全国是一个首创，在社会上引起了广泛的好评。国家图书馆原馆长任继愈先生为此发来了热情洋溢的贺信，称赞：“此书内容丰富、门类广泛、贯串古今。使读者对三晋文化有了一个明确的印象。此书的设计也值得称道。用小题目把重大的历史事件分解开来写，分开来看，是一本一本的小书；合起来看，又是一部体大思精的巨著。它以平易的面貌、小册子的形式与读者见面，而内涵深远，并不肤泛。”“读了很高兴，也增长了我平时不曾涉及的一些知识领域。内容是山西省的，读者群应远远超出山西省界，此书对全国读者也有益。”

科学知识重在为广大人民群众所掌握所运用，文化的大繁荣大发展重在把文化普及到广大人民群众之中。为了弘扬民族优秀文化，普及历史文化知识，营造“建设学习型社会”氛围，促进和谐社会建设，向广大干部和人民群众，特别是青少年进行爱国主义和社会主义教育，我们三晋文化研究会的会长、顾问率领专家学者深入学校、企业、街道社区，向广大群众和青少年赠送图书和报纸；向各级公共图书馆、纪念馆捐赠图书；组织社会力量到吕梁山区“扶贫助教”，给少年儿童们送去了最喜欢的图书，捐赠了桌椅及书柜建立图书阅览室；积极参与历届“山西省社会科学宣传普及周”活动，制作宣传三晋文化研究知识的展板和传单，派出专家学者在广场接受群众咨询、进行现场解答，并赠送了图书。

三晋文化研究会成立伴随着改革开放走到今天，有 30 年了，也算是“而立之年”了。山西各市和 80 多个县（市、区）都成立了它的同名组织，拥有数以千计的会员，先后出版“三晋文化研究”“山西历史文化”“三晋石刻大全”三大系列丛书等研究成果，仅经过我审定的出版物就有 650 多种，总字数达到 1.3 亿，图片数万幅，各种纪念、展览、宣介、捐献、会议活动 400 多场次。这些有关山西的社会历史、文物胜迹、古典文学、戏曲文化、碑刻书法、历史人物、民俗风情、民歌舞蹈、晋商文化等研究成果和宣传活动，取得了显著的社会效益。三晋文化研究会为研究山西、宣传山西，使山西文化走向全国、走向世界做出了贡献，受到省委、省政府历任领导和海内外专家学者的一致称赞和好评。三晋文化研究会已经成为具有全国影响的研究会，连续多次被山西省社科联评为“先进学会”、被省民政厅评为“先进社团组织”，荣获“优秀学会”、“科普活动先进学会”等称号。2004 年 2 月 25 日，山西省委、省政府授予三晋文化研究会“山西省社会主义精神文明建设特别贡献奖”。

回顾三晋文化研究会之所以能取得今天的成绩，是 30 年来高举旗帜，坚持改革开放，自觉承担历史使命，推进“大文化”建设的结果，作为最初的发起人之一，我对三晋文化研究会今后的工作寄予厚望，充满信心，相信后之来者会不辱使命，更上层楼。

（齐荣晋整理）

改革开放初期山西财政改革的回顾

闫元锁

我1975年任省财政厅副厅长，1977年任厅党组副书记主持全面工作（因厅长生病），1982年正式任厅长、党组书记；1988年到省人大常委会任财经委员会主任，1989年当选为省人大常委会副主任。这期间正是我国改革开放初期，各项改革都在探索中，当时叫“摸着石头过河”，所以变化频繁。在党中央大政方针和改革措施的指引下，在省委、省政府正确领导下，我省各项改革逐步展开。现就这期间我省财政体制改革，企业、事业和行政单位财务体制改革，税收制度改革以及财政信用建立等情况作一简要回顾。

改革财政管理体制，为经济体制改革破冰

党的十一届三中全会决定把全党工作重点转移到社会主义现代化建设上来，经过实施“调整、改革、整顿、提高”方针，改革开放不断取得新的成绩。随着经济体制改革各项措施的逐步推进，以扩大地方和企业财权为起点的财政体制改革就被提到了议事日程。因为各级

政权以及各部门、各企业和事业单位要完成所担负的各项政治、经济任务，必须有相应的财力和财权。因此，财政体制改革必须首先突破。为此，1980 年 2 月国务院颁发了《关于实行“划分收支、分级包干”的财政管理体制的暂行规定》，以打破过去那种高度集中“统收统支”的财政体制，全面进行政府间财政分配关系的改革。这次改革的基本精神是，在巩固中央统一领导和统一计划，确保中央必不可少开支的前提下，明确划分各级财政的责任和权力，做到权责结合，各司其职，各负其责，充分发挥中央和地方的积极性，共同承担财政收支的责任。

中央对我省从 1980 年起实行了“划分收支、分级包干、一定五年不变”的财政体制，在明确划定收支的范围内，多收多支，少收少支，自求平衡。根据国务院文件精神和山西实际，我省也从 1980 年起，省对各地市、各地市对县相应实行了“划分收支、分级包干”的财政体制，但包干的年限暂定为一定三年不变。这种体制的实行，调动了各级政府当家理财的积极性，对整个国民经济及各项事业的发展起到了一定的促进作用。但同时也导致了中央财政收入减少，所以 1981 年国家适当缩小了地方财政包干的范围。到 1983 年国家又将“划分收支、分级包干”改为“总额分成、分级包干”的办法，即按地方的收入基数总额同支出基数求出一个分成比例实行包干，一定五年不变。在这一体制下中央核定我省的分成比例为 82.6%，上交中央的比例为 17.4%。在中央对省的体制变动下，省对地市、地市对县也相应作了改变，也重新核定了收支基数和分成比例，还是一定三年不变。这种包干体制的特点是由统收统支的“一灶吃饭”改为“分灶吃饭”，由过去的“千家花钱，一家平衡”改为“各家花钱，自求平衡”，由过去的“条条”为主改为以“块块”为主。事权和财权相结合，权利和责任相统一。

根据形势的变化和党的十二届三中全会《关于经济体制改革的决定》精神，从 1985 年起国家又实行了“划分税种、核定收支、分级包干”的财政管理体制。其特点一是以税种作为划分收入的主要依据，打破了过去以企业、事业单位的隶属关系划分收入的办法，向以税种划分收支的分级财政体制迈出了一大步，进一步改革了中央与地方的财政分配关系，较好地调动了中央和地方的两个积极性。二是保留了原“分灶吃饭”体制中“分级包干、块块为主、几年不变”的办法，把地方财政的收入同支出挂起钩来，体现了责、权、利相结合的原则，在一定程度上保证了地方财政自主权，调动了地方的积极性。三是在照顾地方既得利益的同时，适当提高了中央预算收入占国家预算收入的比重。但是鉴于在全国实行彻底的分税办法条件还不成熟，所以中央决定 1985—1987 年三年作为过渡，仍实行总额分成。中央确定我省总额分成比例为 97.5%，上解比例为 2.5%。根据上述精神，我省对各地市在 1985 年也实行了“划分税种、核定收支、分级包干”的财政体制。具体按税种划分了省级固定收入、地市县固定收入及省级和地市县财政的共享收入。财政支出也作了具体的划分，各地市划分财政收支范围确定后，二三年内仍实行收支挂钩，总额分成办法。凡支出基数小于地市县收入的，地方按比例上解，收入基数低于支出基数的由省定额补助，受补助地区根据省级财力情况每年在 5% 以内实行递增。

纵观改革开放初期十年的财政预算体制改革，我省始终坚持了财政包干、分灶吃饭这一基本精神，坚持责权利相统一的原则，较好地处理了各级预算之间的相互关系，调动了各级政府当家理财的积极性，财政收支稳定增长，地方财力逐年扩大，支出结构趋向合理，促进了经济体制改革和各项生产建设事业的发展。

（一）财政收支逐年好转

财政体制的改革促进了各级党委、政府进一步加强对财政工作的领导，千方百计发展生产，开辟财源，对企业加强管理，提高经济效益，增加财政收入。经过 1979 年到 1981 年的三年国民经济调整，全省财政收入从 1983 年开始扭转了连续三年徘徊不前的局面，出现了持续、稳定增长的好势头。到 1988 年全省财政收入达到 39 亿元，比 1978 年的 19.6 亿元，增加 19.4 亿元，如果加上包干以来上划中央财政管理企业的利润及产品税，同口径则比 1978 年翻了一番多，平均每年增长 10.16%。

随着国民经济的增长，财力相应扩大，地方财政支出也相应增加。十年间支出累计 294.79 亿元，剔除中央专项拨款后地方包干支出累计 228.13 亿元，占同期收入总额的 88.14%。到 1988 年全省支出达到 43.5 亿元，比 1978 年的 21.1 亿元增长 106%，平均每年增长 7.5%。

（二）支出结构明显改善

1979 年以后，我省同全国一样，认真贯彻党的改革开放方针，努力发展生产，改善人民生活，在财政上付出了很大努力。十年间，全省用于基本建设、企业挖潜改造、支援农业生产、城市维护建设等各项生产建设性支出累计达 116.36 亿元，占同期财政总支出的 39.47%。应当指出的是，生产建设支出占总支出的比重那几年是不断下降的，1988 年下降到 25%，比 1978 年的 67% 减少 42.4 个百分点。这主要是随着国民收入分配结构的变化，经济建设资金由财政渠道为主转为信贷资金、企业自筹、引进资金等多种渠道。因此财政支出中生产建设资金比重下降是投资方式改变的一种表现。在生产建设资金的使用方向上优先发展了轻纺工业和农业，使农轻重之间以及农轻重各自内部的比例关系逐步有所改善，同时还重点安排了煤炭、电力等能源建设支出。十年间，用于农业方面的各项建设资金累计 25.6 亿元，用于轻纺工业的生产资金累计 6.8 亿元，用于煤炭、电力建设的资金累计 9.1 亿元。根据中央关于加快教育、科学事业发展的决定，十年间，文教科学卫生事业发展经费一直是财政支出安排的重点，全省用于这方面的支出每年都有较多的增加，1988 年达到 12.6 亿元，比 1978 年的 2.85 亿元增长 3.26 倍，平均每年增长 15.6%，远远高于同期财政收入的增长速度。文教卫生事业费占财政总支出的比重由 1978 年的 13.5% 提高到 1988 年的 27.95%。

在支持各项改革方面，财政也投入了大量的资金。为了支持企业扩大经营自主权，增强企业活力，财政通过减税让利、提高折旧率、折旧基金不再上交等，使企业自有资金不断增加，自 1981 年以后的几年间，每年减税让利数额都在 3 亿元左右。十年间全省用于粮油面煤等各项价格补贴资金累计达 29.4 亿元，保证了价格政策的改革需要。在改革工资制度、增加就业人口、改善人民生活方面，财政拿出了大量的资金，十年间用于增加职工工资、奖金、副食补贴等支出累计达 30.41 亿元（包括人员增加因素）。1988 年与 1978 年相比，个人部分支出总额增加 10.61 亿元，增长 3.92 倍；人均个人支出部分增加 1063 元，增长 2 倍。

（三）县级财力不断壮大

在统收统支体制下，财力与财权都集中在中央与省一级，县级机动财力很少，自我发展能力很弱。“分灶吃饭”的预算体制给县级财政带来了活力，使县级有了固定收入和财力支配权。同时，省财政在各项生产资金的分配上，注重增强县级的造血功能，从 1983 年起设立了山区建设资金，每年专项安排 1 亿多元，重点扶持山区县发展工业。从 1986 年起，对资源条件较好的补贴县，以提前拨付补贴款的办法，帮助发展生产，实现财政自给。这些措施都促进了县级经济的发展。包干以后，全省县级财政收入年年都有较大增长，到 1988 年达到 20.7 亿元；比 1978 年的 6.6 亿元，增长 2.14 倍，平均每年增长 12.1%，高于全省财政收入增长的速度。县级收入占全省收入的比重也由 1978 年的 33.5% 提高到 1988 年的 52.94%。不少县的收入与 1978 年相比翻了一番多，有的甚至翻了两番、三番。1988 年，收入在 3000 万元以上的县（市）达到 21 个，比 1978 年增加 19 个；收入在 1000 万元到 3000 万元的县达到 43 个，比 1978 年增加 30 个；收入在 100 万元以下的县也由 1978 年的 15 个减少到 1 个。随着财政收入的大幅度增长，县级财力逐年扩大，用于生产和事业发展的各项支出不断增加。除 1980、1981 两年外，县级财政支出每年都有较大幅度增长，到 1988 年达到 22.65 亿元，比 1978 年的 6.35 亿元增长 2.56 倍，平均每年增长 13.55%。县级支出占全省财政总支出的比重已由 1978 年的 30.1% 提高到 1988 年的

52.09%。1988年支出最多的县市达到4600多万元，支出最少的县也近1000万元。

（四）乡镇财政初步建立

1984年后随着乡镇政权的建立，全省各地相继成立了乡镇财政机构，全省1925个乡镇已建立乡镇财政1905个。根据一级政权应有一级独立的预算这一原则，全省将农业税等一些地方税收划为乡财政的收入范围；将属于乡镇范围的农林水利事业费、文教卫生科学事业费、抚恤和社会救济费、行政管理费、其他财政支出等划为乡财政的支出范围。在划分收支的基础上，全省各地因地制宜地确定了乡财政收支挂钩办法。经过两年多努力，形成全省乡级预算的雏形，在努力增加财政收入、控制和节约财政支出、促进乡镇经济和事业发展等方面，均发挥了积极作用。

全省预算管理体制改革十年的实践证明，改革的方向和路子都是正确的，成绩是显著的。但在新旧体制交替过程中，各方面情况相当复杂，尤其是一些重大经济关系还未理顺，新的改革措施不断出台，预算管理体制的改革在客观方面受到了种种限制。从分灶吃饭体制本身讲，也存在着收支基数的计算不够科学，县级收入留成比例过低及财权和事权不完全统一等问题。特别是后来有些年份由于减收增支因素较多，县级财政新增收入远远满足不了新增支出的需要，资金非常紧张，使预算包干体制出现了许多问题。1986年以后，全省每年有80多个县不能依靠自身财力实现平衡，省、地财政每年都挤出一亿多元对这些县进行补助。但预算执行结果，20多个县发生赤字。为了探索解决上述问题的新路子，进一步增强县级财政活力，1987年，省对雁北地区（后来撤并）实行了财政预算省直管县的试点，减少了中间关节。在收支基数的计算上摒弃了过去按实际收支定基数的办法，而改为按当年的分成收入计划和各县财政供养人员总数及统一的开支标准核定，避免了苦乐不均的现象，收大于支的县也保证了既得财力。1988年在核定各地市财政体制时，在既得财力基础上，省财政又照顾各地市7000万元。这些改革措施的实施，产生了较好的效果。

改革国有工商企业财务体制　千方百计“搞活企业”

经济体制改革的中心环节是搞活企业，而正确处理好国家与企业的分配关系既是改革的重要内容，又是搞活企业的重要条件。实行改革开放最初十年间，财政部门围绕着搞活企业这个中心环节，在企业财务管理体制上不断进行了改革，取得了明显的成就。

（一）扩大了企业财力和经营自主权

1978年以前，国家对企业的财务管理是“统负盈亏”，在计划经济模式的管理下，企业是政府的附属物：利润和折旧的绝大部分上交国家，亏损全部由国家拨补，企业的经济效益和经济利益不挂钩，盈利和亏损一个样，盈利大小一个样，干好干坏一个样，这就抑制了企业和广大职工的生产积极性，影响了国民经济的健康发展和经济效益的稳步提高。

随着改革开放的不断深入，确认了社会主义国有企业应该是相对独立、自主经营、自负盈亏的商品生产者，应该有它的自身的经济利益和经营自主权。而搞活企业是社会生产力发展的基本源泉。十年间，我省围绕搞活企业这条主线，不断调整国家与企业的分配关系，增加企业财力，扩大企业自主权。1978年我与省有关部门去成都学习企业实行企业基金制度后，在我省开始实施；1979年又在全省61户工业企业中以利润留成的形式进行了扩权试点；1982年对微利企业和亏损企业试行了盈亏包干办法；1983年和1984年两年先后推行了第一步、第二步利改税；1987年和1988年又推行了多种形式的承包经营责任制。这每一项改革都使企业利益逐步扩大。我省为贯彻中央关于经济体制改革的决定，省委、省政府先后制定了《山西省以增强企业活力为中心的经济体制改革实施方案》（即“三十五条”）及其补充规定，我们在具体贯彻中，对企业进一步减税让利，全部免调节税，有的减免所得税，提高企业的折旧率，使企业自主支配的财力又得到增加。

1. 扩大企业留利渠道。随着改革的不断深化，企业经营多样化，为鼓励企业开发新技术、新产品，更新设备，开辟多种生产经营门路。我们除按国家第二步利改税规定核定企业留利外，又根据国家有关规定和我省情况增加了八种留利渠道，如为鼓励企业综合利用“三废”，其产生的净利润，五年内留归企业；为开展国外来料加工装配业务，增加外汇收入，企业所得加工费给予三年内免交税利照顾；企业用自有资金投资的技改项目，新增利润可在一定时间内免征所得税；为帮助贫困县脱贫致富，向贫困县投资分得的利润五年内免征所得税；企业开发新产品减免产品税、增值税等。通过上述措施，十年间，全省地方预算内工业企业共计留利 24 亿元，其中 1985 年至 1988 年四年共留 15 亿多元，占企业同期实现利润的 43.25%。

2. 提高折旧率。全省工业企业设备陈旧、工艺落后，大部分为 1960 年代前的设备，技改任务十分繁重。而企业折旧率长期以来比较偏低（1978 年平均为 3.3%），不仅提取额小，还得上交一部分，企业缺乏更新改造的能力。为筹措技改资金，使全省工业企业尤其是大中型工业企业在技术改造和技术进步方面有一个大的进展，全省从 1984 年起陆续提高了企业折旧率。同时还规定企业折旧基金也不再上交，全部留归企业，使折旧基金从真正意义上成为企业更新改造资金。此外，为促使企业采用先进科学技术，建立科研体系，1982 年批准部分冶金、机械企业实行按销售收入 1% 提取技术开发基金，1988 年扩大到实行承包经营的企业。为提高企业职工的素质，1985 年起，企业职工教育经费提取比例也有所提高。据统计，仅工业企业提取的技改资金 1988 年达到 6.6 亿元，比 1983 年的 2.3 亿元增长 1.77 倍。

3. 把资金使用权还给企业。在企业自有财力不断增加的同时，必须扩大企业自主支配和使用资金的权力。过去国家对企业的专用基金捆得过死，如大修资金不能用于设备更新，折旧基金不能搞扩大再生产。据此，我们首先规定允许企业将各项自有资金捆起来自主统筹使用。其次，允许企业自主确定内部工资、奖金的分配形式。此外，我省还规定企业可从税后留利中划出一定比例的资金，作为厂长活动经费，以解决经济往来中必需的费用开支。

4. 推行承包制，强化企业经营权。承包制的主要思路是将资产所有权与经营权分离，以契约约束的形式，划分与稳定国家与企业的权益关系，强化企业的自主经营权，弱化行政干预。其主要内容是“包死基数、确保上交、超收多留、歉收自补”。

全省推行承包责任制是从1986年开始酝酿，1987年开始试点并逐步推开的。在试行的第一年，651户承包企业的产值、实现利润、上交利润、劳动生产率等主要指标的增长水平均高于全省的平均水平。1988年对92%的地方工业企业都实行了不同形式的承包经营责任制。承包企业实现的产值、税利及上交税利等指标分别增长11.56%、36.56%和22.4%。承包制的推行，有力地促进了企业经营管理水平和经济效益的全面提高。

企业承包后，普遍在企业内部又实行了多种形式的内部承包经营责任制。将承包指标层层分解落实到科室、车间、班组直至个人，形成“千斤重担大家挑，人人肩上有指标”的局面，使企业内部经营机制得到优化，管理水平不断提高。

（二）增加了企业自我发展能力和职工收入

历时十年的企业财务体制改革，使企业有了比较多的财力，地方预算内工业企业1988年各种留利、折旧、大修等自有资金达到190188万元，远远超过同期上交国家税利总和125921万元，比改革前的1978年上交利润26346万元，增长6.22倍。商业企业十年共留利62700万元，占同期实现利润的59%。企业有了财力，就增加了再投入的能力，也就增强了企业的活力。

首先是企业自我改造能力增强，技术改造步伐加快，增加了企业生产发展后劲。十年间，全省工业企业完成约2000余项较大的技术改造项目，使全省产业结构、产品结构得到一定调整。在技术改造中，由于企业自有资金增多，企业自筹资金的能力大为提高。1984年，全省省经委批准的技改投资规模为5.61亿元，其中企业自筹资金为4066万元，占总投资规模的7.25%；到1986年，省经委安排的投资规模扩大为7.44亿元，其中企业自筹资金为20058万元，占总投资规模的26.96%，比1984年增加近三倍。商业企业十年间自筹资金8700万元修建营业用房、仓库，购买设备，进行技改等，使固定资产原值增加2倍。其次，企业用自有资金偿还贷款的能力也迅速提高。1980年到1988年，企业用自有资金还贷每年以1.6倍的速度递增。

同时，企业用自有财力补充流动资金的能力也在逐年增强。1983年国家规定流动资金交银行统管，财政不再拨补企业流动资金。企业在生产发展中，流动资金需求量也在不断扩大，当银行由于各方面原因不能满足企业的需求，特别遇到银行紧缩信贷，企业流动资金紧张的矛盾就会进一步加剧，以至出现企业间互相拖欠，挪占应上交的税利等情况。在企业自有资金增加后，有了一定的补充流动资金的能力，1984年后逐年增加的自补流动资金达到8151万元，其中1988年就达到3139万元。

此外，工资、奖金、福利的增加也极大地调动了企业职工的积极性。1978年以前，预算内工业企业职工年收入只有658元。随着改革深化，企业经济效益提高，企业内部分配制度不断完善，国家经过四次统一调资，提高了工资标准，增加了各种补贴；同时恢复奖金制度，奖励渠道多元化，使职工收入达到一个新水平。1988年人均达到1370元，比1978增加1.5倍。企业财力和财权不断扩大，使企业解决了一些职工福利、生活方面的历史欠债。在改革开放的十年里，经过各方面努力，企业投入修建职工住宅、托儿所、幼儿园及中小学校等方面的资金达10亿多元。

（三）促进了生产发展和经济效益的提高

十年间，改革给企业注入了活力，企业的经济实力得到增强。企业赖以从事物质生产的基础——固定资产原值迅速增加，1978 年和 1988 年相比，预算内工业企业由 67.4 亿元增加到 135.3 亿元，固定资产净值由 48.1 亿元增加到 87.8 亿元，平均每年递增 6.2%。技术装备水平有了一定提高，1983 年以后，一些企业 1950 年代及以前的设备基本淘汰，新技术、新工艺得到了一定的推广和应用。

工业企业生产稳定增长。1978 年全省预算内工业总产值为 43.6 亿元，1988 年达到 103.8 亿元，平均每年递增 9.06%；全员劳动生产率 1988 年比 1978 年提高 67.6%。市场导向作用日趋增强，企业适应市场能力有所提高，产品结构不断调整，适销对路产品每年都有较大幅度增加，产品销售收入每年以 13.54% 的速度递增，产销齐头并进，保持了良好发展势头。

经济效益有了一定提高。1988 年和 1978 年相比，实现利税增长 271.75%，每年递增 14.03%；上缴税利增长 125.47%，每年平均递增 8.47%。1988 年百元产值利税率达到 22.11 元。

1979 年到 1988 年，全省地方预算内工业企业工业总产值、销售收入、实现税利、上交税利和职工工资收入实现了五个翻番。

改革粮食企业财务管理，实行定额补贴和专项分成

由于粮油购销价格倒挂，粮食企业长期亏损，在财务管理上吃着国家的“大锅饭”。企业经营外无压力，内无动力，在一定程度上存在着不注重经济效益的倾向，政策性亏损往往掩盖了不少经营性亏损，致使企业亏损逐年增加。1974 年全省粮食企业亏损 5904 万元，到 1977 年增至 7217 万元，增长了 22.2%，对全省财政收入影响很大。党的十一

届三中全会以后，针对粮食企业管理中存在的问题，省财政对财务管理进行了不断改革。

1978年至1979年，省财政为了鼓励粮食企业全面正确地贯彻执行国家的各项经济政策，积极改善经营管理，加强经济核算，全面完成上级下达的各项指标，对粮食企业实行了提取企业基金制度的财务管理办法，实行两年，企业年平均亏损3646万元，比1977年的亏损7217万元下降了49.5%，企业两年增加了自有财力552万元。

1980年至1981年，为适当扩大粮食企业财权，加强企业经济责任，促进企业努力改善经营管理，省财政对粮食企业又实行了“核定亏损，减亏分成”的财务管理办法，实行两年，全省粮食企业盈亏相抵，年平均亏损2861万元，比前两年平均亏损下降了21.5%；企业两年留成2098万元，比前两年增加了2.8倍。但由于“核定亏损，减亏分成”的财务管理办法存在着“死指标”与“活任务”，造成多干多亏，少干少亏，企业责任权利脱节，影响扩大经营的积极性以及赢利企业受亏损企业株连，多盈不能多得等弊端，省财政本着有利于正确贯彻国家的粮油方针，有利于控制财政补贴，有利于正确处理国家、集体、个人三者的利益关系，有利于解决平议价经营中的问题，补贴标准先进合理，补贴方法简便易行的原则，对粮食企业实行了经营平价粮油商业企业的政策性亏损按定额补贴、超亏不补、减亏全留，赢利企业实现的利润按比例分成的财务管理办法。为解决企业由于调高省际间粮油调拨经营费而增加的支出，省财政对省际间调入（出）粮油发生的经营费实行了单独结算的办法。对粮油工业企业，运输企业实行按前三年平均利润为基数，基数内上交财政80%，企业留20%，超基数部分上交财政60%，企业留40%；食品业实现的利润上交财政50%，企业留50%；议价企业实现的利润上交财政65%，企业留35%。由于实行利改税对议价企业、粮油工业企业、食品企业、运输企业分别实行了不同的留利和上交的比例。这些措施较好地解决了上一个体制中存在的问题，并同企业的生产经营有机结合了起来，进一步调动了企业和职工的积极性，使企业亏损进一步下降，财政补贴相对减少。

1988年，根据国务院关于粮食购销“双轨制”，要保住一块，放开一块，压缩平价粮销售，逐步扩大议价销售和市场调节范围，缩小平价粮食销售和合同订购之间的缺口，搞好收支平衡的精神，结合全省自然条件差，粮食自给水平低，粮食购销缺口逐年增大，靠大量从省外调入粮食来平衡粮食收支以及粮食财务由省统管，地市县吃粮省里掏钱的情况，省政府决定在中央对山西省粮食购销调及财务包干的基础上，省对地市也实行包干，使平价粮收支基本平衡，在财务管理上打掉了“大锅饭”，增强了各级政府对粮食购销调及财务管理的责任，遏制了财政补贴猛增的势头。

改革财政资金支出管理办法，充分发挥资金效益

在经济体制改革中，省财政为适应有计划商品经济的发展，提高资金使用效果，在财政资金使用管理上实施了一些改革。

（一）对财政生产性资金实行有偿使用办法

这包括工商企业的挖潜革新改造资金，一部分支援农业生产资金，以及一些科技教育卫生等事业经费。如1985年以前，省财政预算的挖革改资金70%属于拨款，30%属于试点拨改贷，为克服争投资、争项目、投入多、效益差的弊端，在试点基础上，1985年全省全面推行了拨改贷办法，增强了企业投入产出观念，提高了资金使用效益。1987年起对科技三项费用中的一部分也逐步由拨款改为贷款。

财政支农专项资金，长期以来一直是无偿使用，从而助长了农民向国家大量索取，不讲效益的倾向。1970年代末我省就对此实行了有偿使用的试点。1982年财政部又颁发了《财政支农周转金管理办法》和《会计核算办法》，省财政即对支农生产资金凡能实行有偿使用的都实行了有偿使用，建立了立项审查、资金发放、信息反馈、合同管理、检

查验收、资金回收等制度，自上而下形成了发放、回收、管理、核算的网络，壮大了财政支农实力，提高了资金使用效果。据不完全统计，由建立周转金之日起到1988年底，全省累计发放财政支农周转金45亿元，累计扶持农村乡镇企业、村办、联办企业以及种植业、养殖业项目七万余个，8年累计获得经济收入超过30亿元。

（二）对农、林、水等项生产资金及事业费实行“统分结合”和划分“小专项”等管理办法

1986年省财政和林业部门配合，改变了过去由省下达造林计划和预算，由地县自行选地造林统计上报的办法，确定为“按工程管理，按项目投资，按规划设计，按设计施工”的工程项目管理办法，收到了较好成效。据统计1986年农村造林成活率达75%，1987年上升为85%。对水利资金管理上，为加速资金投入，使地县两级有更多自主权，从1985年开始，省对小型农田水利资金采取70%切块下达地县，30%留省使用的“统分结合”办法，使全省水浇地面积基本保持在1600余万亩的水平上。

（三）对社会文教及行政经费等全面推行多种形式的“预算包干”办法

对全额预算单位一般是在明确包干范围，确定合理定额的基础上，实行经费包干，节余留用，超支不补；对差额预算单位则根据不同行业特点，分别采取定收入、定支出、定编制、定业务要求，包干补助，节余留用，超支不补。单位根据这一精神，将包干指标在单位内部层层落实。实行包干办法后，打破了财政大包大揽的局面，调动了单位当家理财的积极性，收到了节约支出，防止浪费，增加资金分配、使用的透明度，有利于群众监督。在预算分配上对大中专学校还采取了“按学生人数乘以综合定额加专项”的办法核定，对医院实行按床位和门诊人次核定，对艺术表演团体按不同剧种、剧目和演出场次核定补助费，对科研

单位实行按研究课题核给经费。这些改革着眼于预算分配和事业任务直接挂钩，提高了资金使用效益。

对于公费医疗制度的改革，全省各地都进行了不同形式的试点，使公费医疗经费逐年大幅度增长的势头得到一定的控制。

（四）用活财政间歇资金，发展财政信用

各级财政每年都有一些专项结余资金，有些资金从安排到使用有一定的时间差。为充分发挥这些资金的效益，1986 年以来，全省财政部门利用其中一部分资金，积极支持了一些企业“短、平、快”技改项目和临时资金周转的需要，这对企业发展生产，增加财源都发挥了一定作用，发展了财政信用。

改革工商税收制度，发挥税收调节经济杠杆作用

在“文革”之前的相当一段时间内，尤其是十年动乱期间，由于“左”的错误和“轻税”思想的影响，片面强调简化税制，使税种越来越少，税收管理越来越松，税收作为调节经济的杠杆作用被大大削弱，税种也由“一五”时期的 14 种，减少到 9 种，而实际开征的主要是工商税和工商所得税、盐税等，其余几个保留的地方性小税，名存实亡。

党的十一届三中全会以来，作为经济体制改革重要组成部分的税制改革也提到了重要议事日程，经过十年来的不断摸索，不断发展，使全省税收制度在国家统一部署下日臻完善。

（一）局部性税制调整，为工商税制全面改革创造条件

为贯彻“调整、改革、整顿、提高”方针，1979 年我省即着手税制改革的调查研究和试点，不断调整和制定了一些税收制度及规定。调

整了对基层供销社经营饮食服务、修理业的工商所得税税率；同时保留了社队企业所定 20% 的比例税率。为进一步支持城镇集体企业安置待业青年就业，发展第三产业，规定了凡从事劳务、修理、服务的企业，从经营月份起免征工商税和工商所得税三年的照顾，对从事工业产品生产的企业免征工商税和工商所得税一年的照顾。对二轻集体企业增长利润实行了减征所得税照顾。对设在城市和县属镇以上的社队企业经营饮食、服务、修理业等，执行八级超额累进税率。与此同时，为实现财政部 1981 年《关于改革工商税制设想》中提出的总体目标，进行了大量的调查测算和试点工作，1983 年在全省范围内对机器机械、农业机具两个行业，自行车、缝纫机、电风扇三个产品试行了增值税等。以上这些局部的调整为工商税制的全面改革创造了条件。

（二）“两步”利改税和工商税制全面改革，税制逐步趋于完善

1983 年，根据全国统一部署试行了国有企业利改税的第一步改革，把国有企业原来上缴利润改为按国家规定的税种和税率先缴纳税金，税后利润分别不同情况进行分配。对大中型企业，按实现利润征 55% 的所得税，税后利润一部分按核定的合理留利留给企业，一部分上缴国家；对小型企业，按八级超额累进税率征收所得税，税后利润留给企业，留利多的向国家交纳一定数量的承包费。逐步把国家与企业的分配关系通过税收固定下来，比较好地处理了国家、企业、职工个人三者的利益关系。

当然，任何改革都不会一蹴而就。由于第一步利改税是在征收国有企业所得税的基础上，实行“税利并存”，所以还不能充分体现利改税的优越性。因此国家于 1984 年 10 月 1 日又把利改税推进到第二步，从法律上明确了企业对国家的经济关系，扩大了企业经营权和分配自主权。同时实行了工商税制的全面改革。把工商税按性质分解成为产品税、增值税、营业税和盐税，把产品税的税目划细，适当调整税率；把合并在工商税中的房产税、土地使用税、车船使用税划出来作为独立的

地方税，并新设了城市维护建设税；在全省煤炭企业开征了资源税；对赢利的国营大中型企业按55%的比例税率交纳所得税，并按企业的税后利润情况，分别核定税率征收调节税。小型国有企业按新八级超额累进税率交纳所得税。这一系列改革使工商税制进一步完善，截至1988年，我国税种已发展到36个，形成了以流转税和所得税为主体、其他税种相配合的税制体系。

（三）贯彻省委、省政府“三十五条”，制定改革配套措施

1985年，为贯彻党中央关于经济体制改革的决定，省委、省政府制定了《山西省以增强企业活力为中心的经济体制改革实施方案》（即“三十五条”）。省财政根据“三十五条”的有关规定，坚持以增强企业活力为目的，在税收政策和税收管理体制上进行了相应的配套改革。一是下放了减免税审批权限；二是对新产品试制分不同级次给予减免税照顾，促进产品的更新换代；三是对新建城乡集体企业在税收上给予定期减免税照顾，鼓励和推动城乡集体经济以及第三产业发展；四是对贫困地区在税收上采取一些优惠政策。对小型生活用品等服务性行业，对供销社企业规定在税收上给予一定的优惠，等等。通过上述税收制度的改革，税收逐年增加，企业留利不断提高。

同时在税收征收管理上也日臻完善和加强。根据国务院《税收征收管理暂行条例》，我省相继制定并实行了一系列征管办法，使全省在以法治税方面取得了成效。

改进农业税征收管理，促进农业生产全面发展

农业税在当时是国家财政收入特别是县级财政收入的重要来源之一。农业税收政策是党在农村经济政策中的重要组成部分。这项政策的实施，对促进农业生产的发展，调整农业生产结构，实现国民经

济计划均有着密切的关系。长期以来，我国农业税始终坚持贯彻稳定负担和合理负担的政策。党的十一届三中全会以后，随着农村经济改革的深入发展，国家对农业税征收管理也相应拟定了一系列改革措施。我省顺应改革形势，在改革农业税征收管理工作中也做出了一定成绩。

（一）促进农村经济发展，帮助贫困农户脱贫

为改变贫困地区经济面貌，促进农业生产的发展，1979 年我省根据国务院和财政部关于减轻农村税收负担的有关规定，由原省革委发出了《关于实行农业税起征点问题的通知》，规定凡在起征点以下的生产队，根据不同情况减免农业税。到 1982 年底统计，4 年共有 2.8 万多个生产队（次）享受农业税减免 6941 万元。这对帮助农民休养生息，促进农业生产的恢复和发展，起到了积极作用。

1985 年根据中共中央、国务院《关于帮助贫困地区尽快改变面貌的通知》精神，省委、省政府印发了《关于帮助贫困地区改变面貌的实施方案》，按照各地自然条件和经济基础，确定省内太行山区、吕梁山区的榆社、左权、河曲、保德等 31 个县为贫困县，从政策上给予许多优惠待遇，减轻农业税负担便是其内容之一。规定从 1985 年起，免征农业税 5 年。为各地便于执行，区别对待，真正照顾到贫困户，省政府办公厅转发了省财政厅《关于贫困地区免征农业税的意见》，划分了不同的减免界限。因执行这一政策县财政减少的收入由省财政补贴，各县收回的税款留在本县作为支农专项资金，用于扶持贫困地区发展生产。4 年中省财政以农业税减免共补贴贫困县 7442 万元，各县从收入 200 元以上的农户手中征收税款 4057 万元，以上两项合计贫困县从农业税这一渠道可以收入 11499 万元。这项措施增加了各县的财政收入，为发展生产改变面貌积累了必要的资金。通过几年扶持，贫困县的脱贫农户逐年增加。据省扶贫办公室统计，截至 1988 年底，全省已有 57 万户农民相继脱贫，占原有贫困户 83 万户的 69%。

（二）改革农税征收办法，保护扩大耕地面积

党的十一届三中全会以后，农村普遍实行了联产承包生产经营责任制，经济核算由生产队或大队的集体核算变为一家一户或联户核算。随之，农业税征收结算办法也做了大量的改革，由过去单一的队交队结算形式变为户交户结算。粮棉收购部门代征代扣税款的单一征收形式变为农业税征收人员直接征收等多种形式相结合。农业税征收实物也改为折征代金。

为平衡农村各种作物之间的税收负担，保护粮食生产，促进农业生产的协调发展，1985 年 7 月，根据国务院《关于对农林特产收入征收农业税的若干规定》精神，省政府印发了《山西省征收农林特产农业税实施办法》，从 1986 年起，对水果、干果、芦苇、莲藕、中药材、花卉、苗木开征农林特产税。

同时为保护农用耕地，开征了耕地占用税。根据国务院《中华人民共和国耕地占用税暂行条例》，确定我省的征收税额标准为每平方米 3.5 元，我省根据人均占用耕地的多少及经济发展状况又确定了 6 类征税标准。从 1987 年 4 月 1 日开征到 1988 年底全省征收耕地占用税 12000 万元，其中上交中央财政 4300 万元，省级分成 950 万元，地、县两级留成 6700 万元。这笔资金本着取之于土、用之于土的原则，全部用于开垦宜耕土地和整治、改良现有耕地等土地开发方面的支出。

深化管理引导流向，提高预算外资金使用效益

预算外资金是地方、企业、事业及行政单位拥有的不纳入财政预算的资金。全省的预算外资金从 1981 年以后，平均以每年 16.5% 的速度递增，1988 年预算外资金收入达到 42 亿元，相当于同期财政预算收入的 107.49%。预算外资金的迅猛增长，既反映了经济体制改革的成果，

又促进了国民经济的发展和改革的深化，增强和扩大了地方和单位的自我发展能力，对调动各方面积极性，促进经济稳步发展产生了巨大的推动力。但如果管理制度不完善，调控机制不健全，数额巨大的预算外资金也会给国民经济带来不利的影响，甚至冲击国家计划，助长消费基金和自筹基本建设规模的膨胀。

为适应改革形势的需要，不断完善宏观调控机制，促进社会财力平衡，切实加强预算外资金管理，引导资金的合理流向，我省从 1983 年起，着手对预算外资金进行管理。在建立管理机构，进行一次性调查，清理整顿收支项目，建立完善财务制度和计划决算报表制度的基础上，对预算外资金全面实行计划管理、政策引导，有效调整了资金结构，提高了经济效益，促进了经济发展。

其办法是从 1987 年开始，全省对事业、行政单位管理的预算外资金，逐步实行了财政专户储存，计划管理，财政审批，银行监督。到 1988 年底统计，全省财政部门对各级 3723 个事业、行政单位的预算外资金实行了财政专户储存，为应储存资金户数的 80.23%，两年累计储存资金达 10 亿多元。各级财政部门在审查专户储存资金用款计划中，以生产力标准指导工作实践，做到“有保有压，宽严适度”，对发展生产和发展公共事业的支出适当放宽，对非生产性支出和其他不合理支出从严控制。并用专户储存的预算外资金抵顶了一部分预算拨款，有效缓解了资金需求对预算的压力。在保证资金支配权不变和单位正常用款的前提下，全省各级财政部门充分挖掘资金效益，支持预算平衡，开辟财源，解决经济发展中的资金不足问题；同时积极开展财政信用，融通使用专户储存的间歇资金，扶持一些企事业单位发展生产。

在强化企业预算外资金管理过程中，全省各级财政部门认真贯彻有关文件精神，坚持预算外资金所有权、支配权不变的原则，寓监督管理于服务之中，坚决维护企业合法权益，使国营企业及其主管部门管理的预算外资金流向逐步趋于合理，在增强企业活力和发展后劲中，发挥了巨大作用。据统计，1981 年至 1988 年，国有企业预算外资金用于更新改造、大修理、基本建设等生产性支出达 100 多亿元，占同期自有预算外资金的近 80%。

拓宽理财领域　发展地方金融事业

山西作为全国能源重化工基地，为加速开发省内丰富的自然资源，促进地方经济发展，对资金的需求越来越大，而我省财政资金有限，远不能满足地方建设的需要。为管好用好有限的地方财力，使我省的一些专项资金（如煤炭补贴资金等）发挥更好的作用，最大限度地吸引利用社会闲散资金，迫切需要建立一种信用机制，加强对地方部分资金的管理。

（一）创办地方金融机构，增加对外开放窗口

1985 年初，省政府决定组建“山西省经济开发投资公司”，经中国人民银行批准，当年 4 月正式成立。自此，我省有了首家地方性金融机构。地方办金融事业，是我省自中华人民共和国成立以来的一个创举，也是在我国改革、开放、搞活方针政策指导下的一个新生事物。它的成立是金融体制改革的大胆尝试，也是全省经济体制改革的一项重大措施。随之，全省各地市在几年内也相继建立了地区性的信托投资公司，到 1988 年底，全省共有太原等 11 个地市公司，总人数达到 290 人。公司的宗旨是振兴山西经济，加速能源重化工基地建设。基本任务是代理省人民政府管理一部分地方资金，并运用多种信用形式筹集和融通资金，为全省经济建设服务。1986 年 12 月，根据省领导批示由省有关部门会议决定，公司归属山西省财政厅主管。

为利用好我省资源优势，扩大国际市场，更多地吸引外资进行开发建设，公司根据国家有关规定又申报经营外汇业务。1985 年 10 月，国家外汇管理局批准并给公司颁发了经营外汇业务许可证，完备了合法经营手续，公司成为我省除中国银行之外又一经营外汇业务的金融机构，为我省引进外资增添了一个窗口。

公司严格按批准的经营范围开展业务，在贯彻执行国家金融方针政策下努力开拓、大胆实践。到 1988 年底，所开展的业务已有三大类 28 种。人民币借贷业务有信托存款、信托贷款、委托贷款和投资、融资租赁等；外汇业务有外汇信托存款、外汇信托放款、外汇借款、外汇信托投资、自有资金外汇投资、引资担保和见证、在境内外发行和代理发行外币有价证券、国际融资租赁、征信调查和咨询服务、证券交易业务发行和代理发行股票和债券代理买卖有价证券、有价证券的抵押贷款、国库券和其他有价证券的贴现等。此外，公司还代理国内外保险业务和储蓄业务。

山西省经济开发投资公司成立三年多就初步形成了一个既办理人民币、外汇存贷款和投资，又办理证券发行、交易和租赁、保险、储蓄业务；既为全民所有制企事业服务，又为集体、个体工商业服务的多方位、多功能、业务门类比较齐全综合性的地方金融机构。在深化改革中相继涌现的各地市投资公司大多是依托财政，立足本地区，在管好用活地方资金为主的前提下积极开展金融信用业务，都能根据自身特点服务于地方经济建设，发展势头良好。省、地（市）地方投资公司为主体的地方金融网络的建立发展，推动了金融体制的改革，有效地探索和积累了一些解决建设资金供求不足矛盾的经验和做法，促进了本省各地区的经济建设。据统计，到 1988 年底，全省地方投资公司实有资金共计 9.8 亿元，吸收信托存款 3.5 亿元，累计发放固定资产贷款 10 亿元，流动资金贷款 2.4 亿元，承办各种委托贷款 3 亿元，还承办了 5 亿元的代理业务。业务量不断扩大，短短的几年取得了较好的社会效益和经济效益，累计实现利税 5656 万元，而且逐年递增。

（二）拓宽投资融资渠道，支持地方经济建设

金融工作要有效地支持地方经济建设，首先应大力抓存款，千方百计筹措、组织资金。公司通过 3 条渠道组织资金来源：一是全省的煤炭补贴资金；二是在全省范围内发行公司金融债券；三是大力组织信托、委托存款。尤其是 1988 年，公司加强与财政的联系，主动承担主管部

门的专项大额资金的管理，使公司资金结构及业务量发生了很大变化，增加了公司信贷资金的实力。

在发放贷款方面，地方投资公司自觉接受人民银行的业务领导，信贷业务均纳入中国人民银行的信贷计划，资金使用投向除流动资金一部分贷款外，大多是在全省及地方经济发展规划安排中并经有关部门批准的项目基础上执行“区别对待、择优扶持”原则。省公司根据自身的职能体制、条件制约，除同城及可行的一部分贷款自办外，多数贷款是委托专业银行办理。

1988 年，在贯彻执行国家“控制总量、调整结构”的金融工作方针下，公司根据自身条件，确立了“紧缩信贷，加快信贷资金周转，优化信贷结构，扩大委托业务”的经营方针。全年发放信托贷款 5142 万元，并把工作重点放在委托业务上，建立并不断完善了一套相应的业务制度。由于坚持“受人之托、为人理财、尊人之意”原则，使委托代理业务大幅度增加。1988 年承办财政委托贷款 1.2 亿元，承办代理养路费收付业务 5 亿元。公司在努力办好委托业务，发展财政信用，加强专项资金按计划、有偿性管理的同时，合理地利用资金间歇，发挥资金更大效能。

1987 年以后公司依靠自身组织的资金，放贷额逐年增多。贷款的主要种类有基本建设、技术改造和流动资金贷款，支持的项目有国家重点工程，也有全省重点建设项目，投向主要有煤炭、冶金、机械、化工、建材、交通运输、轻纺、食品、外贸、商业、科研、旅游等部门。针对全省工业企业技术改造任务重的现实，公司不仅大力支持全省支柱产业的技术改造和名优产品的扩大生产，而且积极扶持商业网点的改造、医疗设施的更新、科研开发及新产品试制，重点旅游区的建设等。1988 年公司自觉贯彻国家紧缩信贷方针、严格控制固定资产贷款，主要对经营效益好的工商企业发放流动资金贷款，达到了信贷资金周转快、效益好的效果。

1988 年底，公司实有资本计 7.5 亿元，累计发放贷款 10 亿元，信贷业务辐射面已涉及全省 11 个地市（后雁北地区撤销）百余个市县区的 500 多个企业。随着业务的发展，公司的社会影响也日益扩大。同时，认真进行委托贷款计划项目的审贷工作，努力做好项目进展的情况反馈，以取得良好的信任感。在保证委托资金使用的前提下，公司充分利用资金时差，灵活合理调度，积极参与资金市场的拆借活动，开展短期拆出。由此既保证了委托单位的正常用款，又缓解了各专业银行临时资金的急需，还使公司增加了收益。

（三）积极开展外汇业务，吸引外资效果初显

在开展外汇业务方面，在国家外管局先后批准公司短期和中长期授信额度指标内，力求发挥好引资窗口作用，跻身国际金融市场，注意收集信息，寻求广泛合作。到 1988 年底，公司已与亚洲、欧洲、大洋洲等 12 个国家和地区的 49 家金融机构建立了业务联系或签订了业务合作协议，开拓了为我省直接引资的渠道。在引资工作中，坚持平等互利的原则，坚持期短额小、慎重稳妥的经营方针，坚持与拥资者直接洽谈签约，坚持“货比三家，择优引进”的方针，密切关注国际金融市场动态，选择最佳时机，最优惠利率借入。在贷款方面，坚持选好项目，对贷款项目必须做好贷前调查、贷时审查、贷后检查。外汇工作的好坏、成败影响面大，客观上要求我们提高债务观念，严把借、贷两个关口。

省公司自 1986 年开办外汇业务到 1988 年的 3 年中，共向国外引借资金 684 万美元，发放外汇贷款项目 18 个共计 940 万美元，所贷项目均为创汇、节汇或是由省里安排重点支持的关键项目，都具有数额小、周期短、效益好的特点。

省公司在运用、发挥经营外汇的特长和优势中注重业务种类的发展，至 1988 年末，已承诺外汇担保金额 2000 多万美元。承诺担保的大项目均为我省亟待开发、而国际市场紧俏的电解铝、铁合金等产品。1988 年公司还做了大量委托投资考察准备工作，为促进我省地方扩大利用外资尽责服务。由于公司为推进我省技术进步的思想明确，坚持积极稳定的经营方针，项目选得准，措施较得当，达到了时间短见效快的良好效果，外汇工作做到了三个百分之百，即百分之百按时回收到期贷款，百分之百按时归还国外借款，百分之百按时履行担保合同，并获得了较好的国际信誉。

通过几年运营，地方投资公司在我省经济发展中做了许多积极有益的工作，在财政、金融战线上起到了拾遗补缺、添砖加瓦的作用，在发展财政信用，活跃金融市场，加强地方资金管理等方面都取得了一定成效。地方投资公司已成为我省社会主义经济建设中运筹资金上一支不可缺少的力量。

难忘阳泉、长治的改革开放

光　敏

抓住机遇发展了阳泉

1983年12月至1990年10月，我在阳泉市工作，担任市长、市委书记、阳泉军分区党委第一书记。在省委、省政府的领导下，我们带领全市人民以经济建设为中心，坚持四项基本原则，坚持改革开放，自力更生，艰苦创业，抓住机遇，加快发展，大力促进社会主义物质文明和精神文明建设，使阳泉市的政治、经济形势发生了可喜的变化，各项事业取得了新的成绩。

（一）改革进入新阶段，提前三年翻一番

农村改革进入新阶段，随着农村改革的深化，阳泉市出现了家庭经营加社会化服务，生产小规模加大范围协作的双层经营结构。据1987年统计，各种形式的新经济联合体发展到1180个，规模经营土地已达8.9万亩，专业队、组和集体农场721个，联户农场、家庭农场和粮食专业户3430个。在包产到户的基础上，阳泉市结合实际调整了产业结

构。首先鼓励农民种好田，同时也鼓励农民建工厂、办商店，跑运输、搞基建，初步形成了“农、林、牧、副、渔，工、商、运、建、服”的多元经济格局。1987 年，阳泉市农村改革已由实行联户承包责任制，进入了建立市场机制，进一步发展商品经济的阶段。

以城市为重点的经济体制改革不断深化。1985 年，《根据中共中央关于经济体制改革的决定》和省里制定的“三十五条”，我们结合阳泉市实际，制定了“二十二条”，从六个方面扩大了企业自主权，并在计划、物资、财政、税务等 11 个方面，制定了相应的配套改革措施。1986 年，针对企业调资后重新出现的“大锅饭”以及在执行厂长（经理）负责制中干部任免、活动经费使用上出现的问题，及时制定了“二十二条”的补充规定，分清了是非界限，坚定了改革信念。通过实行承包、租赁、股份制等经营形式，把竞争机制和风险机制引入企业，调动了经营者的积极性。同时在企业内部，认真贯彻“三个条例”，初步理顺了党、政、工三者之间的关系，推进了领导体制、干部任用、机构设置、劳动组织、分配制度等方面的改革，调动了职工的积极性，促进了工业生产的稳步发展。在改革中培育了新的市场体系，对消费品市场进行了改革，下放和延伸了批发网点，实行了批零兼营，按经济区域组织商品流通，在国营商业企业中推行改、转、租、股、包，大力发展集体和个体商户，逐步形成了多种经济成分、多种经营方式、多种流通渠道、少环节开放式的流通机制，还培育了生产资料、资金、建筑、技术和劳务要素市场，同时又改革了财税和价格体制，发展了横向经济联合，深化了科技教育改革，实行了市管县的新体制。我们坚持以经济建设为中心，坚持四项基本原则，坚持改革开放，加强经营管理，依靠科技进步注重经济效益，保持了国民经济持续稳定发展。1987 年，阳泉市提前三年实现了第一个翻番。

（二）乡镇企业大发展，城市面貌换新颜

我们根据阳泉市的实际，狠抓了乡镇企业的发展，使乡镇企业在

原有的基础上迅速壮大，成为农村经济的主体和全市经济的支柱。在国家财政金融改革提出拨改贷的方针后，市委、市政府解放思想、消除顾虑、不等不靠，在国家银根抽紧以前，动员各个企业，抓住这个机遇，贷了一批款，上了一批项目，有的项目科技含量还是比较高的。我们还提出了“挖内涵、抓外延、上水平、创名优、增效益”的指导方针，总结推广了“地下转地上，地下地上相结合；采掘转加工，采掘加工相结合；低档转中、高档，低、中、高档相结合”的经验，使阳泉市的乡镇企业，在整顿中提高，稳步中发展。据1987年统计，乡镇企业已发展到1.3万个，对阳泉市贡献很大。一是创造财富多，总产值占农村社会总产值的80%以上；二是安排劳动力多，从业人员占农村总劳力的55%；三是推广新技术多，累计引进先进技术、设备269项，创出名、优、特、新产品60多种；四是建农资金多，乡镇企业用于农业的资金，每年都在2000万元以上；五是带来实惠多，农民人均收入的80%来自乡镇企业；六是造就人才多，通过乡镇企业这个大学校，培养锻炼出一批农民企业家。1986年我在山西省辖市联谊会上介绍了阳泉市发展乡镇企业的经验。省委、省政府在阳泉市召开了全省乡镇企业会议，全省不少地、市、县的同志经常来阳泉市参观指导。

市委、市政府在原有的基础上，对旧城进行了改造。旧城改造遇到的一大难题是资金短缺。当时国家已经提出拨改贷的方针，如果还是等、靠、要，就会失去机遇。阳泉市下定决心抓住机遇，采取了贷款、集资和预售房子的办法解决了资金短缺的难题。连续干了几年，共拓宽、取直26条主要道路和小街小巷，改造了福寿街、巨新街、华盛街等街道，建成了平坦与北岭坡住宅新区，总计新建楼房440幢、110万平方米。旧城改造和住宅区的兴建，不仅还了贷款，还为房地产开发积累了近两千万元基金。我们还建设和改造了一批科技、教育、文化、医疗等设施，百团大战纪念碑、阳泉宾馆、体育馆、青少年文化宫就是在这期间建成的。通过旧城改造，改变了城市面貌，推动了经济发展，改善了人民生活。时任省委书记李立功同志到阳泉检查工作，我向他汇报了“正是抓了机遇贷了款才取得了乡镇企业大发展，城市面貌换新颜的好成绩”。李书记对此给予充分肯定，他说：“这个机遇抓得好”。我在1987年山西省辖市联谊会第二届年会上介绍了阳泉市旧城改造的经验，兄弟市到阳泉市进行了参观指导，1987年，全省在阳泉市召开了旧城改造及城市规划管理经验交流会。

（三）舍得投资建校园，重教发展有远见

市委、市政府注重教育，舍得投资，仅1984年、1985年，就从乡镇企业利润中拿出3400万元兴办教育，相当于同期国家对阳泉教育的拨款。大部分村有了新校舍，平定县西锁簧村为了培养下一代，为孩子们创造好的学习环境，投资新建了一所小学。由于校园建筑有特色很美观，不仅学生在校感到舒适，而且家长和村里群众都很满意。不少兄弟市、县的同志经常到该校参观指导，促进了教育事业的发展。

阳泉市和英国切斯特菲尔德市是友好城市。1986年10月底，该市市长史密斯先生，议会议长费拉纳根，副市长肯迪隆，市政厅首席执行官肖先生组团参观了西锁簧学校，对该校留下了很好的印象。这一时期，阳泉市的教育工作有了进一步发展，在全省名列前茅。

（四）阳泉切市建友城，友好合作很成功

改革开放以来，阳泉市的对外交往与合作取得了长足的发展。在我担任阳泉市市长期间，正是对外交往刚刚起步的阶段。当时，前来阳泉参观访问和进行经济技术合作的外国朋友和客商逐年增多，阳泉人也开始走出了国门，去很多国家和地区参观访问、考察项目，开展国际经济技术的交流与合作。最让我值得回忆的往事之一，就是阳泉市与英国切斯特菲尔德市建立国际友好城市。

1. 切市市长访阳泉，表示满意又新鲜

改革开放初期，在我国驻英国大使胡定一以及夫人谢恒的热心帮助下，时任切斯特菲尔德市市长的威尔特先生，通过该市伯特利煤矿

机械设备工程公司常务董事彭尼先生来阳泉矿务局考察之际，转达了欲与阳泉市结为友好城市的愿望。1985 年 11 月，该市市长给我来信，进一步表达了真诚而积极的意愿。但是，当时我市还不是对外开放城市，按照国家的规定，暂不可与国外建立友好城市。经过市政府常务会议研究，我给威尔特市长回复，对该市的良好愿望表示感谢，并希望两市之间逐步开展友好交流与合作，待条件成熟之后再发展为友好城市。

1986 年 10 月底，经省政府批准，时任切斯特菲尔德市市长的史密斯先生率团来阳泉访问。代表团成员还有该市议会的议长弗拉纳根、副市长肯迪隆、市政厅首席执行官肖先生。代表团在阳泉访问期间，受到了热情友好的接待，与阳泉市政府签订了两市友好合作意向书，并就两市进行友好交流与合作的项目进行了洽谈。访问期间，代表团游览了阳泉市市容，参观了南山公园、桃河公园、青少年活动中心和郊区民间工艺品展览，还视察了阳泉矿务局、铝矾土矿、西锁簧学校等单位。10 月 26 日晚，代表团又观看了市政府组织的文艺晚会。通过这次访问，史密斯市长一行直接了解了阳泉市经济建设和社会发展的成就，也了解了阳泉市的风土人情，感受到了阳泉人民的友好情谊，他们从遥远的西方国家来到社会主义制度的中国，而且是到阳泉这样一个中等城市访问，这绝非易事。代表团成员都是第一次来华，因此可以看出，他们在访问中处处觉得新鲜，尤其是对我们的民间工艺如剪纸刺绣很感兴趣，对阳泉市的访问非常满意，史密斯市长在告别宴会上致辞时显得十分激动，再三表示感谢，要把阳泉市人民的友好情谊带回去告诉他们的市民，大力促进两市间的友好交往。对于阳泉市来说，过去也接待过一些外宾，但是接待一个外国城市的官方代表团也还是第一次。

2. 阳泉市市长访切市，参观考察与会谈

切斯特菲尔德市代表团访问之后，两市间相互联系频繁，尽管访问过阳泉的史密斯市长因换届不再担任市长，但新上任的市长巴克表示继续保持和发展两市的友好关系。1986 年 12 月 1 日，经国务院批准，阳泉市成为对外开放城市，与国外建立友好城市的条件基本成熟。1987

年年初，切斯特菲尔德市市政会发来邀请信，邀请阳泉市市长率团访问该市，经请示省政府，批准了阳泉市市政府派团出访，又通过请示全国对外友协，批准了阳泉市与英国的切斯特菲尔德市建立友好城市的申请，这便为发展两市的友好关系奠定了基础。经市委、市政府研究决定，组成了以我为团长，由市政府机关、市计委、市经委、市外事办相关部门负责人一行五人的阳泉市人民政府代表团，于当年9月访问了英国切斯特菲尔德市。阳泉日报和广播电台均报道了市政府代表团出访的新闻。

切斯特菲尔德市属于达比郡辖区，人口约9万，历史悠久，是早在1204年英国国王颁布特许的自治城市之一。该市盛产煤铁，是工矿、铁路发展最早的地区，工业有机器制造、建筑工程、啤酒酿造和陶瓷等，与阳泉市的交流合作很有互补之处。

阳泉市人民政府代表团在切斯特菲尔德市访问期间，受到了切市政府和人民极其热烈的欢迎和盛情接待。代表团先后访问了在英国有名的斯特威的化工厂、伯特利煤矿机械设备工程公司和生产包装材料的罗宾逊公司，参观了设立在该市的达比郡皇家公立医院，参观了老年公寓，并和住在那里的老人进行了交谈，参观了华人经营的企业，他们说随着祖国的强大，华侨们的处境越来越好了。参观了顶峰区国家公园、万圣教堂尖顶斜塔、露天市场皇后公园，游览了市容，参观了查斯沃茨庄园及其博物馆，里面陈列着许多中国的瓷器。另外，我们还在一个煤矿，穿上工作服，头戴矿灯，下到矿井参观。在参观皇后公园时还种植了“友谊树”。访问期间，我们接触了各界人士。在切斯特菲尔德市，有的人是专门研究马列主义的，对列宁、毛泽东特别崇拜。有个英国工党议员就是这样的人。切斯特菲尔德市属于达比郡，郡相当于我国的省，我们山西省和达比郡是友好省区关系，因此切斯特菲尔德市安排我们参观访问了达比郡，郡主要领导人（省长）会见了我们。在返回住地途中，我们参观了蒸汽汽车博物馆，英国的第一条铁路就是从这里开始修建的。

3. 访问取得成功，两市正式签协议

代表团在访问中，着重与切斯特菲尔德市政府进行了友好座谈，讨论两市进行友好交流合作的项目，建立友好城市的协议，通过双方的友好协商，决定两市正式建立友好城市关系，正式签订《友好城市协议书》。签字仪式于9月24日在该市转轮大厅举行，我与切市市长巴克先生分别在协议书上签字，中国驻曼彻斯特总领事馆翁培福总领事到会祝贺。

访问中，通过友好的会谈，双方就以下交流和合作项目取得了一致意见。

1. 共同努力促进两国和两市人民之间的相互了解和友谊，共同致力于发展友好合作关系。

2. 按照平等互利的原则，双方共同努力在经济、工业、贸易、科技、文化、教育、旅游、体育、培训、城市管理等领域开展交流和合作。

3. 为增进两市之间的合作交流，不定期的派代表团互访、协商有关合作事宜。

这次对英国切斯特菲尔德市的访问是成功的，圆满完成了任务。离开英国前，代表团在伦敦专门去拜会了我国新任驻英大使冀朝铸先生，他热情地接待了我们，祝贺阳泉市与切斯特菲尔德市缔结为友好城市，祝贺阳泉市代表团访问成功，并对阳泉市与切斯特菲尔德市今后如何开展友好交流与合作提出了指导性的意见。

赴英访问结束后，我们回到了阳泉，向市委、市人大、市政府作了汇报，并就今后开展与切斯特菲尔德市的友好交流合作做了部署。在我调离阳泉市以后，曾多次问到阳泉市与切斯特菲尔德市进行友好交流合作的情况，据了解，两市的友好合作开展得很好，受到了省里和全国对外友协的称赞。多年来，切斯特菲尔德市先后三次派代表团访问阳泉，阳泉市先后五次派代表团出访该市，两市互相举办了工业图片展览，文化和教育的友好交流开展得有声有色。他们的民间歌舞团曾来到阳泉市在市内、盂县、郊区、矿区进行了演出。阳泉市歌舞团也访问了该市，受到了该市人民的热烈欢迎。其间，阳泉市曾派三名人员，其中一名环保局的青年工程师、一名外办的翻译、一名市教院的技师到切斯特菲尔德市进行为期三个月到一年的培训，他们也曾派一名学生和一名退休工程师来到阳泉任教，为时一年，可以说双方开展了卓有成效的友好交流与合作。

（五）继续前进回头看，不断总结新经验

回顾历史、总结经验，我深刻体会到要使我们的事业沿着正确的方向健康发展，应该坚持“五个必须”。1. 必须坚持实事求是、一切从实际出发的马克思主义思想路线，敢于和善于把党的路线、方针、政策与本地的实际结合起来，创造性地进行工作；2. 必须坚定不移地坚持四项基本原则，坚持改革开放，抓住机遇，加快发展，不断加强和改善党的领导，坚持社会主义方向；3. 必须十分珍惜、巩固和发展安定团结的政治局面，正确处理党内和人民内部的矛盾，消除一切危害安定团结的动乱因素，为经济建设创造良好的社会环境；4. 必须围绕经济建设这个中心坚持物质文明与精神文明一起抓的方针，使两个文明建设同步进行；5. 必须培养和造就大量的优秀干部，提高政治、业务素质，发扬优良作风，全心全意为人民服务。

解放思想精彩了长治

（一）明确思路和重点，因地制宜谋发展

1990 年 11 月至 1993 年 3 月，我任中共长治市委书记，长治军分区党委第一书记。

长治是个气候宜人、环境优美的好地方，是一座有深厚文化底蕴和优良革命传统的城市。这里的人民勤劳勇敢、热情好客、顾全大局、可亲可敬，从班子成员到中层领导，从基层干部到普通群众，对我的工作都给予了极大的支持，令我深受感动，也使我尽快地进入了工作角色，尽快地融入了这方厚重的土地。从那时起，我就把长治作为自己的

第二故乡，视长治人民为衣食父母，决心为长治的发展贡献自己的微薄之力。

在省委、省政府的领导下，我们市委、市政府认真贯彻执行党的基本路线，坚持实事求是，一切从实际出发，因地制宜地开展工作。针对长治市改革开放和经济发展面临的实际，提出并坚持了“解放思想、深化改革、顾全大局、增强团结、勤政廉洁、消除腐败、务实创新、狠抓落实”的基本工作思路和工作重点。针对地市合并后，长治市既有农业，又有工业，还有城建的实际，坚持正确认识和处理农村和城市、农业和工业、能源重化工基地和农副产品加工基地建设的关系，一方面大力加强农业基础地位，另一方面，充分发挥资源优势，大力发展煤炭电力等能源和原材料工业，同时注意抓好城市建设。

（二）农业主要抓六条，工业抓了四方面

在农业方面主要抓了六条。一是继续稳定家庭联产承包责任制，狠抓农村的开发性生产，不断壮大集体经济；二是大搞科技兴农活动，组织农民学习科技知识，大面积推广优种、地膜覆盖、种籽包衣等；普遍推行行政、技术、物资三位一体的集体承包；三是加大对农业的投入，除市、县、乡三级政府每年增加投入外，动员集体、个人和其他渠道多方筹集资金；四是大力发展社会化服务体系，广开门路，增加农民收入；五是改变农业生产条件，大力发展水浇地，大搞农田基本建设，并推广秸秆覆盖，丰产沟等抗旱增产措施；六是利用本地矿藏资源和劳力优势，引进技术、资金、人才，大力发展乡镇企业。我们经常深入县区、乡镇、村庄调查研究，多次召开农民群众、乡（镇）村干部、县区领导同志座谈会，对农业和农村工作的情况掌握了第一手材料。比如，针对农民家庭经营的基础地位已经确立，统一经营发展滞后的情况，我提出要在继续稳定和完善家庭经营的同时，逐步增强“统”的功能，壮大集体经济，要求没有实体的要办实体，办了实体的要增实效，增了实效的要办实事；壮大集体经济，不是要把农民在改革中已得到的经营

权、自主权和利益重新收回来，不能只在分配关系上打主意，不能搞“一平二调”，而是要坚持实事求是，因地制宜，在发展生产力上做文章，在开发性生产上下功夫。通过调查研究，我还撰写了《增强“统”的功能，壮大集体经济》一文。

对工业主要抓了四个方面。一是继续深化改革。1991 年中央工作会议后，长治市制定了关于搞好国营大中型企业的“二十条”规定，为企业的发展创造了良好的外部环境。1992 年，全市上下普遍开展了以转换企业经营机制为主要内容的“三项制度改革”；二是狠抓重点企业和亏损企业。1991 年针对工业形势比较严峻的情况，抽调市直机关干部，组成 19 个下厂工作组，分别深入 40 个重点企业和亏损企业帮助工作。我带领市直有关部门的负责人到市直 22 个亏损企业进行了现场办公，解决问题，同时，对国营大中型企业理顺领导体制的试点工作和企业生产经营中的现状进行了调查和研究；三是积极调整产业结构，对全市 159 种主要产品进行了市场调查，分类排队，定出适销对路的产品 61 种，限制和淘汰的产品 30 种，开发新产品 35 种；四是狠抓企业的技术改造和技术进步，仅 1991 年全市就完成技术改造项目 26 项。通过调研，我撰写了优化企业科技进步的外部环境一文。

据 1991 年统计，全市工农业总产值比上年增长 15.27%，工业总产值比上年增长 20.20%，预算内工业企业销售收入比上年增长 10.2%，实现利税比上年增长 14%，上交利润比上年增长 29.8%，亏损企业亏损额比上年下降 14.65%，全市粮食总产量在大旱之年仍达到了 10.7 亿公斤，是历史上第三个高产年。财贸、科技、教育、文化、卫生、体育等各项事业也都有了进一步的发展。

（三）解放思想转观念，放开手脚大胆干。

1992 年初，邓小平同志发表了南方谈话，时隔不久便召开了党的十四大。小平同志指出：“改革开放胆子要大一些，看准了的，就大胆地试，大胆地闯。”在改革开放中，最关键的是解放思想。而解放思想也是有时代性的，不同的时代，要解放的内容也不一样，针对的目标也不一样。改革开放以来，国内经历了三次大的解放思想大讨论。邓小平南方谈话后在全国引发的解放思想、改革开放大讨论，是1978年真理标准大讨论以来的第二次大讨论，这次大讨论是有深刻的国际国内政治背景的，东欧剧变、苏联解体，国际共产主义运动陷入低潮，加之国内1989年春夏之交的政治风波，使一些党员干部对马克思主义信仰、共产主义信仰、共产主义信念、社会主义信心、共产党的信任有所动摇，对国家和民族的前途感到茫然。还有一些人没有从计划经济的阴影中走出来，对社会主义市场经济有模糊认识，觉得中国特色社会主义其实就是走资本主义道路，市场经济就是资本主义的过渡等，这些理想信念和思想认识问题不解决，谈发展就是一句空话。所以说，这第二次解放思想大讨论，一方面要找准思想差距，坚定理想信念，搞清楚姓“社”与姓“资”的问题；另一方面就是要增强改革开放意识，把干部群众的思想统一到建立社会主义市场经济体制上来，统一到齐心协力抓经济上来。

要解放思想，首先必须认识到当前思想上存在的问题，为此，我归纳了四个方面，一是“左”的思想影响。一些同志的思想认识，停留在对过去社会主义一些不科学的、甚至是扭曲了的认识上，摆不脱姓“社”姓“资”的困扰，前怕狼，后怕虎，这也想不通，那也看不惯，迈不开改革开放的步子。二是旧观念束缚，由于长治地处内陆，交通不便，信息不灵，长期以来人们形成了一种安于现状，封闭保守，小富即安，稍进即满的心理，商品经济观念不强，改革开放的意识不浓。三是畏难情绪挡道。一些同志对改革信心不足，强调困难多、主观努力少，不是埋怨条件差、基础弱，就是埋怨政策不具体，上边不扶持，消极地等待观望，缺乏奋发进取的精神，更缺乏大胆创新，敢想、敢干、敢闯、敢冒的勇气。四是一些同志缺乏全局观念，对中央和省市已经出台的一些改革政策不能够全面贯彻执行，怕丢权、怕减收、怕影响了本部门、本单位的利益。针对以上问题，我在中共长治市第六次党代会上，要求广大党员干部“不能坐而论道，先干起来再说。改革是前无古人的事业，要求每一项改革都有百分之百的把握是不现实的，应该发扬敢闯、敢冒、敢试验的精神，先干起来，在实践中创造经验，逐步完善。允许在改革中犯错误，不允许不改革，不允许等待观望，坐失良机。我们提倡敢闯、敢冒、敢试验，绝不是提倡盲目蛮干，而是要把改革热情与科学态度统一起来，把主观愿望同客观实际统一起来，既要敢干，又要扎扎实实，力争使改革措施具有可行性能够收到良好效果。”同时，我们先后主持召开了常委会、全委会和全委（扩大）会议，就大讨论事宜进行了统筹安排，决定在全市上下普遍开展两场大讨论。

第一场是“解放思想找差距”大讨论。这场大讨论是从 1992 年 3 月中旬开始的，为期半个多月。在动员会上，我要求广大党员和领导干部要认真回答好“上任为什么，在任干什么，离任留什么”三个问题，从我做起，做解放思想的表率。市县两级四套班子成员带头联系各自的思想和工作实际，对照邓小平同志南方谈话和党的十四大精神，找差距，查原因，理思路，定措施。各级各类党校也及时开展了党员、干部、厂长经理的轮训，积极配合了市委的解放思想大讨论。通过大学习、大讨论，进一步使广大干部群众解放了思想，更新了观念、提高了认识，认清了经济落后的现实，找到了思想上和工作上的差距，明确了努力方向。这一阶段我印象比较深的要算工业系统的党员干部了，他们在讨论中找差距时紧密结合全市工业经济发展现状，总结了“四多四少”，即工业门类多，支柱产业少；传统工业多，新兴工业少；初级产品多，拳头产品少；微利甚至亏损企业多，盈利大户少。找准差距后，轻工业部门率先行动，以新型产业健身器材为突破口，抓产品质量、抓市场攻关，短期内就创造了最大的效益，市健身器材厂生产的健身器，在 3 月举行的第二届轻工产品博览会上，引起了几位国家领导人的兴趣并落户中南海。

解放思想是手段，它的目的是解放生产力、发展生产力，所以，仅仅停留在反复讨论、找差距上，就容易产生新的形式主义。为巩固第一场大讨论的成果，使之成为加快改革开放、发展工农业生产的动力，尽快建立起比较完善的社会主义市场经济体制，时隔半年后，市委又在 10 月中旬到 12 月底开展了长治经济上新台阶大讨论，为期两个多月。

这场讨论主要内容是面对老区经济相对落后的现状和周边地区你追我赶的发展态势，如何进一步解放思想、大胆改革、集中精力把经济建设搞上去。为此，市委市政府修订了八五计划、十年规划，各级各部门都制定出了促进经济更好更快地跃上一个新台阶的实施方案，明确了工作目标、具体措施和完成时限。在这次讨论中，市委决定建立高新技术开发试验区，公布了在该区实行土地、税收、信贷、物价等，鼓励和吸收外商及本市各界兴办高新技术企业的十项优惠政策。这对于全市解放思想，扩大开放，吸引外资，促进发展起到了推动作用。基层干部群众在这场讨论中也十分活跃，他们认为，实现农民共同富裕，必须大力发展乡镇企业，只有把乡镇企业搞上去，农村才有可靠的收入来源，农村达小康才有希望。

（四）经济要上新台阶，用好干部是关键

邓小平同志在南方谈话中指出；“中国要出问题，还是出在共产党内部。对这个问题要清醒。要按照四化标准选拔德才兼备的人进班子，要注意下一代接班人的培养，把那些人民公认是坚持改革开放路线并有政绩的人，大胆地放进新的领导机构里，这是关系大局的事情。”初到长治工作时，首先面临的就是地市合并和其他种种原因造成的干部遗留问题。有的老同志处级岗位快 20 年了，都六十四五岁了，超过离退休年龄了但仍在领导岗位，坚持为党工作。一些优秀年轻干部，在科级领导岗位上一干就是十几年，长期得不到提拔重用，这些干部有想法、有情绪、有怨言。还有的干部，过多地考虑自己的升迁去留，在其位不谋其政，把精力用到了跑领导、找门路、拉关系上，琢磨人多、琢磨事少，作风漂浮，无所作为。有的领导班子不团结、不协调，各吹各的号，各唱各的调，甚至相互拆台，相互扯皮，形不成工作合力，具体表现为“四个不够”，即思想不够解放、精力不够集中、作风不够过硬、措施不够落实。干部问题是关系大局的事情，干部的积极性调动不起来，干事创业热情激发不起来，又如何能带领广大群众脱贫致富呢？市委下定决心要改变这种状况。之后，我们用了三个多月的时间，到机

关、农村、学校、工矿企业进行调查研究，走访了近五年来从市级领导岗位退下来的老同志，向四套班子里的同志们躬身请教，认真听取了部门负责同志的工作汇报和意见建议，与基层干部群众坦诚地交流、倾心地交谈，有针对性地摸清了干部的所思所想，基本掌握了干部队伍中存在的问题。通过调研，我们更加深刻地感受到，干部问题刻不容缓，不能再等了！再等下去，不仅会影响团结稳定，更要影响经济发展大计。在随后召开的市委常委会上，大家进一步统一了思想，说干就干！按照党的干部政策，1991 年初，市委严格坚持民主集中制和“基本稳定、合理交流、优化结构、提高素质”的原则，在充分征求各方面意见、充分倾听基层呼声、充分发扬民主和全面考察的基础上，有计划、分步骤地对县区、市直和市营重点企业的领导班子进行了调整和充实，为到年龄的 100 余名中层干部按政策办理了离退休手续，选拔副县级以上领导干部 143 名，交流 115 名，一批经过实践锻炼的优秀中青年干部被选拔到各级领导岗位上，一部分妇女干部和民主党派、无党派干部被选进了各级班子，有关县区还选配了科技或煤炭副县（区）长，根据德才标准，干部选拔看德、能、勤、绩、廉几个方面的表现，看群众的认可，公公道道，不搞亲亲疏疏，干部群众很满意，同时得到了省委领导的肯定，全市出现了政治热情空前高涨，各级干部心情舒畅，人人奋勇争先，广大群众人心思齐、人心思进的生动局面。在干部的使用上，我们市委一班人是有共识的，凡是对认准的干部，都要大胆放手使用，敢于给他们压担子，当他们做出成绩的时候，要给予及时的肯定和鼓励，当他们在改革中出了问题和失误时，要帮助他们总结经验教训。市委一班人能够坚持民主集中制原则，班长不搞“家长制”、“一言堂”，成员不搞各自为政，凡属重大问题，都要经过集体反复讨论，认真研究，充分发扬民主，广泛征求意见。我们赤诚相处，经常谈心交心，对同志间的不足，缺点和错误，能当面、及时指出，从不背后议论。

（五）产业结构大调整，健身器厂立大功

我这里要说的是澳瑞特健身器厂的调产、创建和发展。澳瑞特健身

器厂的前身相继是桃园钢铁厂、工业科学研究所和长治市自行车工业公司，诞生于20世纪50年代的大跃进时期，曾经有过一段时间的辉煌和骄傲。进入20世纪80年代，改革的春风吹遍了神州大地，因受计划经济体制和思想的束缚，自行车公司的经营已经不适应新的形势，管理不善等多种隐患逐步暴露出来，累计亏损高达一亿两千万元，1991年长治自行车工业公司已面临破产的边缘。

公司一旦解体，2000多名员工何去何从，这是当时亟待解决的一大难题。为此，市委多次召开常委会研究，并召集专家反复论证讨论，最后做出一个大胆可行的决定就是进行产业结构调整，将自行车工业公司分解成为四个小实体，即电动车厂、化工厂、自行车零件厂和健身器厂，四个小实体独立经营，自负盈亏。这一改革措施的出台，不仅调动了广大干部和工人的积极性，而且新的产品也适应了市场的需求。经过一段艰苦奋斗，四个小实体都搞活了。健身器厂就是在这种艰难的情况下开始了创业历程。

建厂初期，为了快速进入健身器材生产领域，澳瑞特选择了“产销联营”模式。1991年农历腊月二十九，厂长郭瑞平带着13台样机和15万元磨具开发费，从广州赶回长治，同时还带回与广州和信公司签订的产销联营协议书，一时间群情振奋，从农历正月初五开始，全厂总动员，成立了四个由技术人员、工人和干部组成的三结合攻关组，将设计、画图、制造一体化进行。他们对所有产品的每一道工序，每一个环节，都做到精工细做，严格把关。整整连续奋战75天，终于独立摸索出了国际上主要流行产品的生产技术，一台台造型新颖，工艺精湛的健身器材走下了生产线。

在1992年的北京订货会上，人们对澳瑞特高质量的健身器材倍加赞扬，当场签订了360万元的现货合同。

20多年来，澳瑞特公司抓住市场机遇，洞悉市场走向，全面强化管理，加大技术创新，不断塑造品牌形象，企业不断在发展壮大。目前该公司占地10万平方米，建筑面积6.8万平方米，年营业额3亿多。现有职工824名，其中工程技术人员近100人（高级职称4人，中级职称30人），销售人员130人。公司生产有氧健身、专业力量训练、综合训练、康复医疗器材以及室外健身路径等十几大类500多个品种的系列健身器材，引领着国内健身器材新潮流，是国内最大的健身器材研发生产企业之一，行业排头兵企业、中国文体协会副理事长单位、中国体育用品业联会副主席单位。目前，澳瑞特健身器已经遍及北京、上海、广州、武汉、沈阳等众多城市大街小巷和数以万计的家庭，还出口到美国、英国、德国、澳大利亚和中东、东南亚等60多个国家及地区，国内外客户资源逾90万户。公司生产的澳瑞特牌系列健身器不仅是“中国名牌产品”“中国驰名商标”“国家免检产品”“中国十大体育用品品牌”，而且还是目前国内健身器材行业身价最高的品牌。公司先后被授予“国家健身器材检测试验基地”“国家级守合同重信誉企业”“山西省质量信誉等级AAA级企业”等30多项荣誉，被誉为“全球健身器材行业领跑者”。

澳瑞特人以对事业的执着追求，挥洒着辛勤汗水，创立了山西人为之骄傲的民族工业品牌，壮大了山西七大优势产业之一的机械装备业，填补了健身器材在省内、国内的诸多空白，并且企业市场份额占比例越来越大，至今仍保持着引领全行业改革发展和科技创新的龙头地位。

1993年，省委根据工作需要对我的职务进行了调整，市委召集全市县处级以上干部会议宣布省委决定时，我心情非常激动，当时讲了四句话，一是拥护省委决定，二是感谢大家支持，三是还要常来常往，四是希望后来居上。我回省工作后，经常从新闻、报纸、广播、网络中了解长治、感受长治，每年都要抽空回长治看看，亲眼目睹在市委市政府带领下，长治发生了巨大变化，改革深化了，生产发展了，事业进步了，环境改善了，人民生活水平提高了，可以说年年都有新发展，年年都有新变化，年年都有新气象。特别是近年的城市建设、园林绿化、旅游产业搞得很好，有特色，也有亮点。中国十大魅力城市、国家园林城市、国家卫生城市等荣誉，更使长治市的知名度、美誉度大幅提升，成为长治城市名片上的耀眼光环，引来全省乃至全国各地的关注。作为一个在上党老区工作过的老同志，对长治取得的成绩感到无比欣慰与自豪。我相信长治市委市政府一定会以习近平新时代中国特色社会主义思想为指导，全面贯彻党的十九大精神，在省委、省政府的正确领导下，带领全市人民为决胜全面建成小康社会，为建成富强、民主、文明、和谐、美丽的社会主义强国，作出新的贡献。长治的明天一定会更加美好。

20 世纪 90 年代吕梁的改革引起全国关注

姚新章

改革开放初期，吕梁虽然资源丰富但基础设施落后，区位处于劣势，二、三产业滞后，经济比较薄弱。农业的立体条件太差，生态环境脆弱。面对这个情况如何办？地委认为必须在计划经济体制和单一所有制两个方面搞突破。如何突破，当时人们思想还有禁锢，他山之石可以攻玉。1992 年我带领 13 个县的县委书记、县长和地直有关部门的负责同志到福建的石狮、浙江的温州考察学习，这两个地方是改革开放的前沿，整个社会充满了活力，民营经济蓬勃发展。浙江温州的平阳县和咱吕梁临县一样，是温州最大的贫困县，困难时期外出讨饭的人很多。允许发展民营经济后，一下激活了，成为温州经济最富有活力的一个县。参观回来以后，我就提出一个比较激进的口号："吕梁要想富，优先发展个体户"，后来说这个"优先"冲击太大，改成"大力发展个体户"。对城市经济我的指导思想就是千方百计催生民营企业。当时我有一个观点，生产力要素是在企业内部合成，离开企业这个平台，土地、资金、人这三大要素，包括科学技术、管理这些要素，都是孤零零的一个要素，不会合成为鲜活的生产力。基于这样的认识，我提出了一个观点，即优秀企业家推动先进生产力发展。中央提出共产党要始终代表先进生产力的发展要求，生产力对谁提要求呢，是对生产关系提要求，是讲我们党的路线方针政策要为生产力发展提供更大的空间，要具有很大的弹性，只有通过改革，建立先进的生产关系，才能始终代表先进生产力的发展要求。文水县有一个民营企业家叫李增虎，他办了个钢铁厂，吸纳了大量农村剩余劳动力，每年向财税局上缴上千万元。那个时候吕梁整个财政是非常紧张的，机关干部发工资都很难，更谈不上发展社会事业。要推动经济和社会发展，各级党委政府必须为优秀企业家的生成，优秀企业家的成长创造条件。有了优秀企业家，没有项目他会拿到项目，没有资金他会引回资金，没有技术他可以引进技术。在一定意义上讲，谁拥有优秀的企业家越多，谁就获得了发展生产力主动权。基于这样的认识，地委出台了一系列激励和扶持政策，全区呈现出万众创业的良好气氛，造就了一批优秀企业家，民营经济发展势头良好，资源优势转化为经济优势，经济社会充满了活力。

农村这块还是要在激发人的积极性、创造性上下功夫。改革产权制度，深化联产承包，拍卖四荒地使用权，进一步在土地上做文章，大搞治山治水，实行山水田林路综合治理，从根本上改善吕梁的生态环境。有个问题值得深思，为什么从20世纪50年代开始党和政府一直号召植树造林，林业就是上不来，你说农民不会栽树，谁会栽树呢？难道农民不知道栽树有好处吗？民间有一个顺口溜，栽桐树养母猪，十年发个大财富。他知道有好处，又会栽，又为什么不栽呢？根子在产权制度。因为林业是一个长效投资，不是一年能见收益，过去政策多变啊，现在咱把树栽上了，过几年政策变了树变成别人的咋办啊？你说老百姓不会护树，房前屋后栽的树怎么能护得那么好，怕鸡把树叶吃了，羊把树皮啃了，用枣树枝围起来。在农村长大的人都知道，集体的树谁管呢，毁坏不心疼。所以必须给农民一个长效定心丸。四荒地必须拍卖，把使用权卖给个人，卖的钱不在多少，关键是增强农民的权属感，让老百姓放心地去栽树，放心地发展林牧业。什么时候林牧业成为农业收入的大头，占了主导地位，什么时候吕梁农民就真正富起来了，这就是当时推动拍卖四荒地的初衷。几年下来，缓坡梯田变成水平梯田，陡坡地林草业起来了，水下不了山，沟里打坝淤地，山上山下成龙配套。拍卖四荒地使用权改革举措得到了省委的支持和中央的认可，不少省市前来参观，水利部、林业部、中央农村工作领导小组先后在吕梁开了三次现场会，这样，吕梁拍卖四荒地使用权的经验就在全国范围内推开了。

吕梁是一个集中连片贫困地区，为加快脱贫攻坚步伐省委批准了把吕梁地区定为扶持区的请示，从而启动了全方位改革。农村教育推广了柳林的前垣庄、方山圪叉嘴村的经验，推行农科教一体化；整合扶贫资金发挥女强人示范效应，推行妇女连环脱贫；委选国家干部到农村任职，确定任期工作目标，建立激励机制，量化考核，并作为干部选拔任用的重要依据；选评明星乡镇提高主干配置；这样既给优秀干部提供了大显身手的舞台，也为干部队伍建设注入了新的生机和活力。政治路线确定之后干部就是决定因素，在致力推动各项改革举措的同时，地委把加强党的建设和干部队伍管理作为牛鼻子工程去抓，得到省委大力支持，省委把县市委书记、县市长下放给地委任用管理。在干部选拔任用上，试行了一职多考，差额上会，无记名表决，坚持民主集中制，坚持从严把关，把德才兼备的好干部放在干事创业的位置上。总体上讲那个时候，地、县、乡、村四级干部精神面貌是好的。如果说那几年还有些变化，取得了一些成绩，主要是中央方针政策英明，是省委的正确领导，是地区各级党委政府的共同努力，为干事创业提供了有利条件，充分调动了广大干部群众的积极性。

改革开放 40 年的实践经验告诉我们，只要坚持实事求是的思想路线，贯彻全心全意为群众谋福利的根本宗旨，坚持人民利益第一，坚持一切从实际出发，尊重群众首创精神，就能正确确定改革目标，找到改革切入点，就知道该改什么、怎样改，这样我们的改革就好推开了。

我在吕梁工作了整整十年，吕梁是我的第二故乡，我爱那里的山山水水。英雄的吕梁人民、崇高的吕梁精神使我深受教益，我对吕梁感情很深。

（征编：李永民　薛斌　梁明旺　张建梅　任林莉　薛晓明）

担任晋城市长和市委书记的回忆

薛荣哲

光阴似箭，转眼间在晋城工作的岁月已经度过了30个春秋。记得20年前晋城成立10周年的时候，我出过一本书《十年的路》。如今这座繁荣兴旺的城市又走过了20年的时候，我已经过了古稀之年。但是30年前的岁月仍在我眼前跃动，许许多多的往事总是萦绕在脑海，因为我曾是这座城市的第一任市长，第一个在改革开放的大潮中，心中装满了所有的热情和勇气，踏上了晋城这块土地。从市长到书记，一干就是10年，10年间，从40岁到50岁，可以说，是人生工作的最旺盛也是最辉煌的时期，所以对于这片热土，为了一座新城市的建立和发展，凝聚了我人生的全部热血和智慧，有耕耘的艰辛，也有收获的喜悦。

在《十年的路》一书中，分了五个部分，分别是：探路篇、行路篇、开路篇、拓路篇、新路篇，记录了城市建设走过的每一段路程，也反映了晋城在改革开放前进道路上的不断发展和进步，直到今日，我仍然免不了经常看看这本书，永远忘不了在那里的点点滴滴……

上任伊始与安家落户

1985 年，原有的晋东南行署地市分家，成立晋城市，时任省委组织部长卢功勋找我谈话，让我去晋城当市长。当时我是大同市委常委、宣传部长，从内心来讲，从大同这样规模的城市到一个由晋东南行署刚分家出来的一个市当市长，充其量也就是县那么大点的地方，心里不是很愿意。但是无论如何，我又都别无选择，一是这是组织安排，不能讲条件，二是这也是自己进步的一个标志，所以必须去。晋东南为什么会地市分家呢？起因是当时省委书记李立功在北京开会，看到了中央推行城市化建设的决心，我国的市管县改革势在必行，书记的决心使山西率先走出了第一步。当时长治是晋东南行署所在地，又是个老城市，城市建设、教育、医疗、文化生活、风俗习惯等，各方面条件都比较好。而晋城，当时只是山西的一个县，要变成一个地级市，谈何容易，所以，大部分干部都不愿意到晋城去，而想留在长治求得安逸和稳定。对此，我在当初就有清醒认识，麻雀虽小，五脏俱全，一个新建城市，哪个部门都需要人才，正当用人之际，从发展角度看，晋城一定会超过长治的。所以，尽管当时晋东南反对分家的呼声很高，势力很强，大多数的干部不愿意离开长治，但是晋城成立已经势在必行，不可阻挡。我也毫无选择的走马上任。

建设新晋城，一切从零开始。1985 年 5 月，我正式踏上晋城这块土地，几天后，600 多名市直机关干部迁往晋城办公，开始了全新的事业。

1985 年 8 月 1 日，晋城市人民政府筹备组，就在一个干休所的小院前，完成了挂牌仪式。记得挂牌那天，刚下过雨，道路泥泞的没法走。我们就组织一些人在路上倒了不少炉渣，以便行走。我们就是踩着炉渣把牌子挂起来的，我们就要在这副牌子上绘制最新最美的蓝图。

人到了晋城，心一定要扎在晋城，心要扎在晋城，就必须安家落户。我5月份到晋城还是代市长，9月份开了人代会，我这个市长正式上任。之后，面临的问题就是家是搬还是不搬，当时大多数亲朋好友认为不搬为好。一是认为大同是山西第二大城市，而晋城是小县城，生活环境和生活条件有很大差距；二是我在晋城不知道能干多久，过两三年也许会调回大同。思来想去，最终爱人和我达成了共识，举家搬往晋城。当时三个女儿，一个高中，一个初中，一个小学，全家人在一起互相有照应，也少了我许多牵挂，同时一个重要的原因就是我要用行动来表明，我这个市长是来扎根的，不是来临时过渡的。另外当时也有人议论，晋城一穷二白，什么都没有，长治市各方面条件比较好，我肯定会将家安在长治。其实我一开始就没有这样想，当时面对干部人心不稳，我很清醒自己的带头作用是多么重要。

从踏上晋城的土地，一忙就是5个多月，竟然一次也没有回过家，直到要搬家了才回去，已经是国庆节了。从大同到晋城600公里的路程让全家人整整走了三天，第一天到太原，第二天到长治，第三天到晋城，可见当时路难行的情景。

家是搬来了，但是生活中的困难也接踵而来，生活有许多不习惯，不会用当地的炉火等，我又因工作繁忙，经常不在家，无暇顾及她们母女，使她们吃了不少苦头，现在想来还颇感内疚，不是我不管，我知道我不仅是一家之长，更是一市之长。我在用行动为晋城做忠实的建设者。

扑下身子建设新城市

牌子挂起来了就意味着我已经别无选择，我是一市之长，我为这座城市而存在，我为这座城市而工作，责无旁贷。一切从零开始，一切都要真抓实干，当时需要干的事情太多了，城市的规划和建设、交通状况的改善，经济建设的布局、民生改善等，一切都需要分轻重缓急，有序推进。这个城市考验着我这个40岁刚出头的市长。我站在眼前和农村相差无几的小县城的高处，找不到一丝城市的影子，却清晰地想象着未来的城市景象，决心就从城市规划开始，在我们手中将这座城市建好。在贫困的太行山上，在老区传统观念影响了世代的土地上要崛起一座崭新的城市，这不仅需要决策者准确的前瞻性和超前意识，更需要决策者的责任与担当。

如何建设一个现代化城市使晋城成为太行山上的明珠，成为一个十分困扰市委市政府一班人的重要而迫切的问题。有几件事值得回忆，比如先后提出了“二十年后不落后”“紧紧抓住小康建设这个牛鼻子”“煤头化身轻纺尾”“三大基础工程”“明星乡镇”等，这些口号和战略措施都记录着晋城成长的历史轨迹。

在城市规划中时，我们提出城市建设要做到20年后不落后，按现代化大城市设计规则，首先，规划的路要宽，楼要高。比如我们把凤台街、泽州路拓宽到70米。在主干道建设中，各种管网全部入地，建设水厂，保证用水安全等。同时我们注重绿化，建设公园，根据晋城气候条件，确定雪松、国槐、桧柏、毛白杨等种植在晋城的主要街道上，如今雪松已长成参天大树，定为晋城的市树，成为这个美丽城市一道亮丽的风景线。30年过去了，每当我再次去晋城，看到当年的每项基础建设，我仍然会百感交集，如今建市30年了，回顾我们当年提出的城市建设20年后不落后，现在可以说实现了，这正成为晋城市现代化建设的历史佐证。

当时经过短短的两年，晋城就已经变了模样。

——铺设了煤气管道，在一个市辖县率先使用了煤气。

——增添了自来水基础设施，基本解决了吃水难问题。

——骨架路修通，老街巷得到维修，基本解决了行路难的问题。

——向社会开放了大企业三处澡堂，解决了洗澡难的问题。

——环境治理见效，环境污染开始减轻。

——整顿集贸市场，方便了群众生活。

——居民住宅成片建起，新医院拔地而起，文教设施初具规模，缓解了住房难，就医难和上学难的问题。

经过建市实践的摸索，我们对晋城的经济社会发展，有了更加深刻的认识。

二谈小康建设。“抓住小康建设的牛鼻子”，这个口号是根据晋城的实际提出的，晋城经济现状是农村相对比较富足，因为城市的环境容量很小，没有像样的工业，逼着我们把工业放到乡镇，以乡镇企业为主，我们只能走城乡一体化的道路，着眼点和出发点必须更多倚重农村经济，这正是农村小康建设的前提，也正是晋城经济和社会发展的主要矛盾和关键所在。只有抓好小康建设，才能推动农村经济发展，才能积累资金建设新晋城。我的想法形成了大家的共识，一定要抓住农村奔小康这个中心，就这样，我们把“农村小康建设”这一概念第一次写进了《市委关于1992年农村工作意见》里，这在全省乃至全国都是第一次。

由此，农村小康建设在晋城迈出了坚实的步伐。我们下大力抓了三个重点。

一是继续大力发展乡镇企业。乡镇企业经过近几年的发展已经成为晋城市的支柱产业，占全市经济三分之二的比重，成为全省第一个乡镇企业突破百亿元的城市。没有乡镇企业的发展，农村小康建设就没有雄厚的物质基础，乡镇企业对小康建设的支持不仅是提供了资金和实力，更重要的是它为农村现代化准备了最先进的生产力。同时乡镇企业不仅推动了由温饱到小康的跨越，为农村小康提供了雄厚的物质基础，它的重要意义还在于改变了农业的结构和体制，转移了大批农业劳动力，解放了思想，改变了几千年传统农民的形象，培养了新型的产业化农民队伍。二是大力发展优质高效农业。传统小农生产向现代化规模农业迈进，从整体上把落后的传统型农业推向了一个新的平台，我们当时试验推行的适度规模的经营，引来了《纽约时报》记者的专访。三是大力发展第三产业。在农村小康建设中，我们走出了一条不用或少用国家投资，靠农民自己力量建设小城镇的路子。

随着农村小康建设的发展，一些乡镇快速发展而成为当时较为突出的亿元乡镇，我们称它们为明星乡镇。对于这些明星乡镇，我们注重资源起步，科技起飞，积极支持它们与大专院校和科研院所合作，引进技术、引进人才，加快发展，使村镇建设得到大力推进，使城乡一体化发展的生动局面在晋城展开。这种举措不仅得到重要媒体的报道，也得到了高层的肯定，在历届市委市政府的努力下，山西省委在晋城连续召开了三次小康建设经验交流会，全国在晋城召开了小康建设九五方略研讨会，使晋城的小康建设走在全国前列。

在经济发展中“煤头化身轻纺尾”发展思路的提出。煤的资源优势是我心中的一个情结，因此“煤为头”是当时晋城发展的必然选择。晋城拥有大范围集中的优质无烟煤资源，也是全国最大的无烟煤生产基地。多年来，晋城煤业已经成为晋城的主要经济支柱、领头行业。但是晋城煤炭除晋城矿务局是国营大企业外，其他煤矿多为小煤矿。这些小煤矿事故频发，产量低。如何将众多小煤矿组织起来做大做强？顺应改革形势的发展是重要选择，兰花集团就是改革的产物，是晋城的第一个上市公司，为晋城的发展起到了示范和推动作用。煤的产业是晋城经济的重中之重，这就是煤头。

但是如何将煤的资源优势进一步转化为经济优势又成为我们思考良久的另一个问题，那就是建立起强大的煤化工产业链。

坚持煤——肥——化联产，做大做强高浓氮肥产业。

坚持煤——肥——化联产，代替石油资源，发展以煤为主的绿色新能源——甲醇、二甲醚等系列产品，这不仅是发展本地经济，也是保证国家能源安全、经济安全的重大战略举措。这就是所说的“化身”，我们这一届政府，为晋城的经济腾飞与可持续发展精心描绘了一张新的蓝图，经过历届市委市政府多年的努力，现在晋城在煤化工上面已经发展的足够强大，我相信还将更强。

“轻纺尾”，就是说，晋城日照时间长，桑蚕吐的丝白度和长度都比江浙一带的好很多，所以地埂桑成为农村经济的一个重要产业，也是晋城的一大优势。比如高平、阳城、沁水都有规模可观的缫丝厂、纺织厂，不仅白丝是出口免检的世界名牌产品，而且生产的丝绸产品也是名扬海外，走俏全国，如海鸥牌白丝，吉利尔丝绸等。多年来，这种“煤头化身轻纺尾”的发展格局在历届市委市政府的努力下已经形成。

在城市建设中，为了晋城的长远发展，我们还提出了三大基础工程，如张峰水库的建设；阳城电厂的建设；晋焦高速公路的建设，都提出了很多的设想和规划，都进行过调研和论证，在历届市委市政府的艰苦的努力下，终将一一实现。

情商比智商更重要

离开晋城20年了，但在晋城10年的岁月里经历的点点滴滴仍然历历在目。当多家媒体先后报道了晋城的发展成就时；当晋城在迪拜被授予“世界级的花园城市”时，老百姓和媒体也没有忘记我这个第一任市长。说实话，我确实为我在晋城工作的十年而自豪，但也曾留下许多不安和感动，因为我忘不了在我身边工作的许许多多的人，是他们和我一起成就了我们为之共同奋斗的事业，是他们帮我实现着美好的梦想。一个人浑身是铁能打几颗钉，是千万人的共同努力，才使一个崭新的城市在晋东南的大地上伫立起来。

干工作，班子最重要。我这个年轻的市长，很幸运地遇上了崔光祖这么一个好书记。他性格十分绵善，为人随和，又格外风趣，有长者之风；他不专权弄术，也不听信谗言，在工作中特别信任我，支持我放手大胆干。使我这个年轻的市长有什么新想法都会毫无保留的和他沟通，并能得到他的支持，大家一心扑在事业上，建设新晋城。可以说正是有了这样一个好的班子，使我得以心情舒畅，没有顾虑，既有大胆想法，又有大胆做法，为建设新城市履行着自己的职责。

1985年10月，我刚上任不久，晋城郊区朝阳煤矿发生矿难，15名矿工被困井下，抢险的有100多个单位，600多人，甚至还得到了北海舰队潜水员英勇的帮助。经过了11天的抢险救援，15个人全部得以生还。让我记忆最深的还是我身边的人。第一个是时任晋城副市长杨月生，他是分管煤矿的，当时是抢险的总指挥，10多天没有离开现场，始终坚持在第一线，11天里近300小时，他合眼不到10小时。第二个是市煤炭局局长米大丰，他和北海舰队的潜水员一起下到了井下，整整11天未合眼，按照生理原理，人几天不睡觉就将死去，但当时他们二人确实做到了，可见当时是一个多么特殊紧迫的环境。第三个是郊区分管生产的副区长殷理田，他们都是当时抢险英雄群体的代表，也是我们干部身先士卒，率先垂范的缩影。也是这些人，在荣誉面前却谦虚大度，品格高尚，让人感叹。在抢险过后的表彰中互相推辞，力荐对方，副市长杨月生坚持要表彰煤炭局长米大丰，但是在事故调查面前，又将责任自己承担。直至今天，我们还经常在一起打网球，一个很坦荡的人。

当时有三个副市长，除刚提到的杨月生副市长在矿难现场组织抢险；赵国发副市长派去天河水库处理与河南的纠纷，结果被河南人扣住不让回来；关键时刻与河南交界处某水电站又遇到了人命关天的大事，河南人与山西人因一些事情出现矛盾，情况十分紧急，在家的唯一的副市长李才旺同志果断地又带队前往；望着他远去的背影，我非常担心，一旦出现人命该如何是好。几十年过去了，回想起这一桩桩、一件件往事，心中还充满许多感慨，充分体现着干部们在一起工作，团结一致，互相配合，又敢于担当，勇于负责的品格和胸怀，让我真正感到了周围同志们给我的智慧和力量。

记得有位名人说过，情商比智商更重要。党的事业是靠千百万人的努力去实现的，在人与人的交往中，情商更重要，不谙人间真情，又如何在人们中间树立威信，又如何在人们心中留下美好。所以情商高于智商是成就大事的基础和桥梁，是一个人真正的大智慧，是人类美好的源泉。情商源于诚实善良，源于热爱博大，我的生命中不仅需要这样的人，我也同样必须做一个这样的人。多年来，我会时常回忆起我身边工作过的每一个人，上级下级和同事，还有那些为我们服务的人，他们同样没有白天黑夜，跟在我的身边，是党的事业把我们拴在一起，是人间友情让我们一路走来，我内心由衷地感谢他们。

古交市、晋城市改革开放二三事

李雁红

我大学一毕业，就赶上了党的十一届三中全会胜利召开，改革开放如同春风吹拂大地，改变了中国、影响了世界。40年来，伴随着改革开放的脚步，我个人也逐步成长为一名党的领导干部，从省委办公厅到古交市、从太原市到晋城市、从晋城市到省政协，我亲眼见证了改革开放给中国、给山西带来的巨大变化，亲身参与了山西改革开放的火热实践，亲力推动了古交市、晋城市的改革开放，发自内心地感受到，改革开放是决定当代中国命运的关键一招，没有改革开放，就没有中国特色社会主义，就没有当代中国的发展进步，也没有山西今天兴旺发达的大好局面。

在迎来改革开放40周年之际，我以赤子深情，采撷古交、晋城工作众多往事中几朵难以忘怀的浪花，献给培养教育我多年的组织，献给谆谆教诲我的英雄的人民。

古交：以逢山开路、遇水架桥的精神推进改革

1988年10月，省委决定，任命我为太原市古交区区委书记；1991年4月，从古交市委书记任上，调任太原市委常委、宣传部长。所以，我是古交的最后一任区委书记，也是古交的第一任市委书记。在古交任职期间，那些亲身经历的不平凡事件和工作情景，每每想来，历历在目，使我终身受益、永志难忘。

最重要的一项改革是撤区改市。1988年12月28日，经国务院批准，古交市正式成立了。如何处理好矿区建设与城市发展两者之间的关系？如何正确把握城市建设发展的方向、把古交建设成一座新型的现代化工矿城市而不走农业县区发展的老路？如何让古交市走上新的发展阶段、真正担得起"市"的称呼？这一系列问题都是过去没有遇到过的。为此，我们新班子启动伊始，同志们就深入下去进行调查研究，走村串户，了解老百姓的愿望；拜访矿建指挥部，征求他们的意见；召集不同方面同志座谈，倾听大家的看法。在此基础上，市几大班子领导反复认真分析研究当时古交所面临的机遇、条件、背景及问题等，最后统一认识，做出两项具有特殊意义的决策，一个是关于地方与矿区关系协调的指导原则，即"两个离不开"原则，矿区建设离不开地方的支持，反过来，地方发展也离不开矿区的支持。另一个是城市建设发展战略思路，即六句话24个字："改革开放、能源先行、科教为本、协调发展、两通起飞、兴市富民"。现在看来，这两项决策的做出，为解决古交当时所面临的一系列重大实际困难问题提供了一个较好的依据和指导方针，实践证明是符合实际和富有成效的。

最难忘的一项改革是小煤窑治理。在我到古交前的几个月，古交镇一家煤窑发生了特大瓦斯爆炸事故，死亡人数达48人，称"6·18"事故。为吸取"6·18"事故教训，从根本上扭转因小煤窑过多、过滥

所造成的严重后果，市几大班子领导多次找有关部门负责人了解情况、商量对策。有些问题在当地解决不了，就跑到省里找有关专家请教论证。最后商定一条，就是“以小煤窑、小焦炉的治理为突破口，实施严管重教。”记得当时古交市委市政府采取了几条措施，推行下去还是有成效的。一是起草环境污染状况黄皮书，以一号文件的形式下发全市，要求各级各有关部门认真学习、对照检查；二是把“6·18”事故这一天定为纪念日，要求全市煤炭生产加工企业吸取惨痛教训，做到警钟长鸣，确保安全生产；三是从1989年初开始，市几大班子领导每隔一个月或半个月，对煤矿安全生产进行突查、夜查，晚上查完，白天讲评，好的予以表扬奖励，差的给予严肃处理。经过一段时间的清理整顿，封闭了一批小煤窑，清理了一批小焦炉，处罚了一些不负责任的企业负责人和管理人员，使古交市的安全生产明显好转，此后较长时间没有发生重大人身伤亡事故，古交市的环境污染也有所改善。

最感动的一项改革是农村扶贫修路。1989年，古交市几大班子研究，决定把加强农村基层党组织建设摆在重要议事日程，市领导每人负责一个村子，帮助开展工作。我所联系的村是岔口乡关头村，相当偏僻贫困。抗战时期曾是我八路军八分区驻地。第一次去关头村，积雪似消未消，几乎没有路，吉普车差点掉在沟里。好不容易挨到村里，村支书听到我们的窘况，不但不以为然，反而给我们讲起了故事，说是著名国际友人爱泼斯坦，80年代初曾回村探望当年的房东老乡。他发现尽管40多年过去了，但关头村的面貌变化不是很大，只是院里的那棵树长粗了长高了，反倒是因为路不好行，叫车一颠，竟把他多年的腰伤给治好了。听完支书一席话，我陷入了沉思，为什么一个在抗战时期曾养育了我们八路军一个团、英勇抗击日寇的老区，解放这么多年，仍然陷于贫困不能富裕？为什么修一条路这么难？40多年过去了，我们的老区人民至今还走不出偏僻封闭？作为党的干部，我们如何面对宽厚善良的老区人民？想到这里，我立即同随行的有关领导商量，并当场拍板，为关头村修一条通向外面的路。随后，经过一番紧张努力，这条路终于动工上马了。当道路快要修到关头村的时候，全村老百姓拿着铁锹、镐头纷纷加入修路大军行列。记得当时已是天寒地冻的季节了，可那场景，使我和许多同志都感动得掉了泪，多好的乡亲啊！后来，在古交市委、市政府的发动下，有关方面又为关头村修起主街道、引进自来水、建起新校舍、办起小工厂，帮助农民造地种菜，使关头村走上了脱贫致富之路。

当然，除了这三项改革之外，还有一些其他改革工作，同样使我深受教育、难以忘怀。如金牛公园的建设、大川路的改建、大川河打坝造地、古交歌舞团的创办等。所有这些工作，无一例外地证明，中央作出改革开放的决策是完全正确的，只要我们拿出闯的劲头、冒的精神，敢于吃螃蟹、敢于涉险滩、敢于破藩篱、敢于担责任，紧密结合实际，充分调动广大人民群众的积极性，充分依靠集体的智慧和力量，苦干实干加巧干，就一定能找准改革好路子、闯出一片新天地。

调离古交之后，我先后任太原市委常委、宣传部长，副书记，常务副书记，直到 2003 年，走上晋城市市长岗位。无论是在太原市工作的 12 年时间里，还是在 2003 年调离太原至今的 15 年岁月中，我时常思念着古交这块热土，牵挂着古交淳朴、勇敢、富有奉献和创新精神的父老乡亲，时刻在古交精神的鞭策和激励中，不忘入党初心，牢记职责使命，坚定不移推进改革开放，努力当好改革的推动者，做好人民的“勤务员”。

晋城：为人民过上更加美好幸福的生活而改革

从 2003 年 2 月到 2008 年 2 月，我在晋城市工作生活了整整五年，先后担任市长、市委书记。这五年，我和晋城的领导干部、党员群众一道，用热情和梦想点燃了晋城人民心中向往美好的崭新希望；用责任和使命共同奏响了凤凰之城展翅腾飞的华美乐章；用实干加奉献，度过了生命中激情似火的如歌岁月。

（一）调整结构，为转型发展、可持续发展而战

晋城市作为典型的资源性经济城市，如何实现经济社会的可持续发展，是历届党委政府必须面对的课题。在认真总结经验教训的基础上，我们提出了“工业立市、开放活市、产业兴市”的发展理念，大力推进“传统产业新型化、新型产业规模化、规模产业特色化”，取得了很好的成效。

五年间，我们把打造山西重要的煤化工基地作为晋城工业立市的重点，在煤炭的深加工上大做文章、做大文章。煤炭行业坚持“关小建大，控制总量”的原则，提高技术装备水平和生产的集中度；电力行业由小水电、小火电向大型坑口火力电厂转变，扩建成了阳城330万千瓦的大型电厂，向江苏地区输电；化工行业完成了向大颗粒尿素的转化，并向甲醇、乙醇、二甲醚及精细化工发展，全市已具备230万吨尿素的生产能力，开始了100万吨甲醇、100万吨二甲醚和10万吨煤基合成油的建设；冶铸行业实施资源整合，由普通铸件向中高档铸件，由单纯铸造向机加工转变；以汽车配件为主的机械加工制造业及传统的建材、丝麻、饮品业实现新型化、规模化快速成长。

我们把引进技术、创新高新技术园区，作为晋城开放活市的支点。台湾鸿海集团成为晋城引进的第一家高科技企业，也是当时全省最大的台商独资企业。今天，郭台铭先生投资创建的富士康科技工业园区，已经发展成为占地1100亩，从业人员3万多人，产值100多亿元的高科技产业园区。

我们把旅游产业发展作为晋城产业兴市的增长点。晋城拥有雄峻的太行绝顶风光，茂密的原始森林，奇险的溶洞景观，清澈的河湖泉水，北方罕见的大峡谷；有6000多年历史的“下川文化”和“塔水河文化”遗址，“舜耕历山”“禹渔获泽”“炎帝尝百草，教民稼穑”的羊头山，秦赵鏖战的长平古战场遗址等。但是，这些资源沉积多年，养在深闺。经过普遍摸底，科学论证，我们制订了以王莽岭、皇城相府和珏山三大龙头景区为代表的旅游开发总体规划，制定了道路畅通、设施配套、环

境治理为重点落实措施，迈开了旅游产业开发的第一步。

我清楚地记得，在王莽岭景区开发过程中，我先后 15 次和有关领导同志亲赴陵川王莽岭，考察环境、地形，具体指导工作。我永远忘不了那些王莽岭景区建设的同志们、战友们，他们风餐露宿，实干奉献，在山上一住就是三年，硬是在悬崖绝壁之上，建造了集青山、碧水、蓝天于一体的 4A 级休闲旅游度假景区。在人们“举手投足皆可触及文明、俯仰转侧满目全是美景”，享受大自然恩惠的时候，我觉得他们才是最美丽的一道风景！

当前，在全省落实“三大目标定位”、加快转型发展的新形势下，晋城市“风景这边独好”，我更加深切地体会到，必须坚定不移推动转型发展，彻底摆脱对煤炭的过度依赖，大力发展接续替代产业，积极挖掘比较优势、用好后发优势、打造新的竞争优势，才能走出一条资源型地区创新驱动、转型升级的新路。

（二）城市治理，为宜居城市而战

初到晋城，我在城区走访调研中，发现了几个很是奇怪的现象：在靠近河道的一些居民家中，所有的窗户都用木板钉得严严实实，大白天也要开灯；位于市中心地带的城中村，村居混杂，巷狭道窄，污水横流，垃圾成堆；城市周边杂草丛生、树木荒芜。问起情况，老百姓说贯穿城市的东、西两河，已经成了“龙须沟”，到处弥漫的是臭味和煤灰；市中心的城中村居住环境差，治安隐患大，已经成为城市的痛点；晋城已然成了坐在垃圾桶上的富翁。听到这些，我的心被深深地刺痛了，痛彻心扉。作为市长，惭愧焦急。考察之后，我深情地对大家说，“宁可 GDP 减少几个百分点，也不能让老百姓身心健康受到影响，就是砸锅卖铁，也一定要改善好环境。”

于是，晋城打响了一场声势浩大的城市净化、亮化、美化工程。

省委、省政府对“两河”治理给予高度重视，专门拨款 1000 万元予以支持。但由于这是一项特大型工程，共需要投资 2.2 亿元，除省市财政拨款外，这当中资金还存在很大的缺口。在此情况下，晋城人民焕发出了前所未有的热情来支持这项工程。这让我震撼、振奋，挥泪敬佩。大家有钱出钱，有力使力，晋煤集团慷慨解囊，拿出3000万元，兰花集团拿出2000万元，晋城市煤炭运销公司斥资一个亿。为了保证工程的顺利进行，市里多次召开协调会，定政策，出计谋，想办法，最大限度地妥善安置拆迁的百姓。令我感动的是，拆迁工作得到了相关单位和广大群众的充分理解、全力支持。上党戏剧院等单位纷纷带头，将自己的办公楼忍痛割爱，支持拆迁；许多家庭拆掉了娶媳妇的新房，拆掉了致富创收的鸡舍、猪圈，搬走了红红火火的企业、开张不久的商店。正是人民群众这种无私的大局意识和奉献精神，鞭策着所有参与“两河”治理工程的建设者们，日夜奋战，按期高质量地完成了这项造福百姓的“民心工程”。2005年，“两河”综合治理工程完工，被评为“中国人居环境范例奖”和“鲁班奖”。

“城中村”的改造，可以说是晋城打响的环境改善的又一次集结号。经过认真调查研究，2003年5月，市委市政府明确提出了“以地养城”的原则，要求“改造区内的土地拍卖出让收益，原则上全部用于建设”。经过一年多的努力，黄华街西区2000户近万人的改造工程如期完成，实现了快速改造、科学改造、和谐改造的目标，成为了我省城中村改造的样板。

“两河”治理和“城中村”改造的成功，更加坚定了我们建设宜居城市的决心和信心。我们深刻认识到，要让城市美起来，没有绿色的渲染与烘托，她的美会打折扣。基于这一构想，2003年10月市委市政府决定，以创建“国家园林城市”为抓手，大打一场城市绿化大会战。几年来，我们按照科学的种植理念，采用乔、灌、花结合立体绿化手法，打造完善了四季常青的“雪松一条街”，三季有花、立体感强的“桧柏一条街”等多条精品街道，兴建了13座总面积达250公顷的绿色公园。特别是我们把对市区东出口和南出口作为绿化重点，打造了1000多亩绿化带，使晋城掩映在“绿色的海洋”之中。

如今的晋城，树绿了、花红了、天蓝了、水清了，老人乐、孩子笑，好一幅美不胜收的人间美景。“明月松间照，清泉石上流”的良辰美景，在晋城这座古老而年轻的城市中得到充分展现。总结城市治理成功经验，我更加深刻地认识到了人与自然和谐发展的真谛、人与自然和谐发展的内涵，正如习近平总书记所强调的，建设生态文明是关系人民福祉、关系民族未来的大计，要把生态文明建设融入经济、政治、文化、社会建设各方面和全过程，正确处理好经济发展同生态环境保护的关系。

（三）抗击“非典”，为人民生命而战

我永远不会忘记2003年的那个春天，就在晋城市第四届四次人民代表大会上，我当选为晋城市市长之后的第二天，“非典”突如其来。人们谈“非”色变，人心惶惶。面对这场前所未有的疫情，怎样守住晋城这方净土，如何确保晋城市220万人民的生命安全，我心急如焚。根据党中央国务院、省委省政府的指示和安排，市委书记张少农同志和我亲自挂帅，分管领导亲自参加，成立了全市抗击“非典”领导组，结合晋城实际，制定了“防大于控、控大于治、预防为主”的防控思路，坚持“宁可信其有，不可当其无，宁可失之严，绝不失之宽”的防范原则，构筑起“市自为战、县自为战、乡自为战、村自为战”的四级防范网络体系，带领全市人民投入到这场史无前例的抗击“非典”战役中。

为了掌握第一手资料，我们不仅要求有关部门每天必须将相关情况进行详细的汇报，还在领导层设立了“每日案头必读”制度。在这段特殊时期，先后共刊发了67期“案头必读”，为领导的决策、民情的传达以及疫情的有效防控发挥了积极的作用。从发生疫情的第一天开始，市领导就坚持白天在一线视察疫情防控，晚上在办公室批阅文件。“非典”期间，我前后22次对抗击“非典”的情况进行了详细批示，作出具体部署和要求，而所有这些工作都是在深夜或凌晨完成的。

2003年6月28日，当我获悉省里要求不再每日专报防治“非典”的消息后，感到无比高兴，大家日思夜盼的正常的生活、生产、学习、工作秩序就要恢复了。在最后一期《每日案头必读》中，我这样写道，亲爱的同志们，在我们的国家，在我们的山西，在我们的晋城，在我市220万人民全力抗击“非典”的日子里，全市的领导干部群众和白衣战

士一起，在同“非典”做顽强斗争中所表现出了大智大勇、无私奉献、不事张扬的高贵品格，一丝不苟，极端负责的工作态度和可贵精神。这种精神令人感动和振奋！作为在这场特殊战斗中和同志们一道走过来的我，对这段日子，可以说是刻骨铭心，终身难忘。阴霾已经过去，明天的太阳会更加鲜艳，更加灿烂！

回想起来，之所以我能如此动情地批示，是因为在抗击“非典”的日子里，有太多让我心生敬意的人和事，段永芳就是其中的一位。

段永芳是晋城市泽州县李寨乡西尧村党支部书记，在“非典”横行时，作为村支书的他，不顾自己疾病缠身，多次召开村两委会研究部署防控办法，严把进村关，普洒消毒液，还在各家各户的房前屋后、厕所、畜圈洒生石灰灭菌。当他从电视得知晋城市发现的首例“非典”病人确诊前和他们村里的两个村民有过接触嫌疑时，不顾三更半夜，马上召开紧急会议，果断采取隔离措施。他斩钉截铁地说：“‘非典’快到家门口了，我们绝不能让它糟践了乡亲们，作为支书，我守土有责。”当得知村里一位小伙子把在外打工的女友领回家时，他立刻找上门，劝说小伙子把姑娘送出村。就在这时，段永芳突然天旋地转，眩晕乏力，难受地蹲在地上。但他并未休息，又强忍着病痛，联系好消毒药，赶到乡里和儿子要了2000块钱派车拉回村。第二天，他仍是不停地在村里巡查，终因劳累过度晕倒在地。临上救护车时，神智未清的段永芳还在嘱托村民：“消毒药买回来了，记住，要按时打药，千万不敢遗漏一户。”路上，他紧紧拉住女儿的手说：“我要是回不来了，你们一定要把我埋在山坡上，不许大操大办……”说完就昏迷过去，再也没有醒来。

多么朴实的语言，多么崇高的境界，每每想起这些时，我就情不自禁，热泪盈眶。在抗击“非典”的战场上，正是有了千千万万像段永芳一样，默默无闻地战斗在基层第一线，为人民无怨无悔、赤胆忠心的党员领导干部，才是打赢抗击“非典”斗争最后胜利的中流砥柱；也正是他们，用责任和信念支撑起了共和国不倒的脊梁，我们的党、我们的国家才会生生不息，兴旺昌盛。正如习近平总书记所强调的，人民是历史的创造者，群众是真正的英雄，人民群众是我们力量的源泉；每个人的力量是有限的，但只要我们万众一心，众志成城，就没有克服不了的困难。

（四）践行宗旨，为实现梦想而战

中国共产党建党90多年，中国共产党之所以饱经风雨、历久弥新，关键在于秉承立党为公、执政为民的理念，核心在于始终坚持人民至上。我在晋城的五年，深深感受到，中国梦、山西梦、晋城梦，首先是人民的生存梦、健康梦、幸福梦。

当年，在晋城发生的两件事，让我铭记在心，难以忘怀。

一件是为打工妹讨薪。

有一天，在收听晋城市纪委和电台共同开播的《百姓热线·纠风台》的节目中，一个外地来晋城打工的姑娘名叫杨艳梅，反映半年领不到工资的情况，把我的心揪了起来。我立即让市政府办公厅的同志调查核实，要求迅速将杨艳梅讨要工资的详细情况呈报上来，并批示市劳动和社会保障局要认真调查落实此事。当天下午，有关部门通过协调，圆满解决了这个问题。晚上7点，打工妹杨艳梅终于如愿以偿地拿到了拖欠近一年的工资。看着厚厚的一摞钱，小艳梅哭了。几个月来为了讨要工钱四处奔波所受的委屈和拿到工资后对党和政府的感激之情交织在一起，化作滚滚热泪。而这一天2004年12月1日，正是国家《劳动保障监察条例》开始实施的第一天。

小艳梅的事情虽然得到了及时有效的解决，但使我想的更多的是像杨艳梅一样打工的农民工们，辛苦了一年的工资是不是都能按期足额发放到他们手中呢？当晚，我作出批示："我市恐怕拖欠农民工工资的问题依然存在，望同志们举一反三，认真抓好清欠工作，牢固树立群众利益无小事的观念，真正做到立党为公、执政为民。"为此，市委市政府还制定出台了政府性投资工程财政集中支付办法，要求所有的工程开工前首先把支付的农民工工资拿出来，建立专户，专款专用，形成保障农民工合法权益的长效机制。

一件是柳树底村接访。

2005年，晋城发生了一次群众集体上访事件。来访的群众是高平市野川镇柳树底村的老百姓，他们告的是市伯方煤矿。市伯方煤矿地处柳树底村，由于长期开采，导致了村里土地塌陷，粮食减产，地表水位下降，人畜吃水困难。人们吃水得到几里以外的地方挑，老百姓的日子过得很艰难。伯方煤矿曾答应两个月时间给村民打一口水井，但两年过去了，打井的事没落实，老百姓吃水的问题迟迟得不到解决，原来准备的 50 万元打井经费也不够了，事情一直搁浅。

面对上访的百姓，我立即组织召开协调会，现场解决群众上访问题。经过协调，伯方煤矿同意立即拨付补偿款，尽快为村民打一口高质量的“民心井”，解决村民的吃水问题。同时，我也表示要在这眼“民心井”出水时，一定到柳树底与村民同贺。这一番话立刻赢得了群众热烈的掌声，一场多年的纠纷就这样在和风细雨中“化干戈为玉帛”。

这件事的处理，让我想了很多，群众上访不可怕，可怕的是不能正确对待。由于不能正确对待，使很多本来很小的矛盾得以扩大化，最后酿成大错。凡事如果能从群众的角度思考、从群众的切身利益出发，就没有化解不了的矛盾。

漫漫人生路，上下求索中。回首这两个地方的工作，我愈加深刻地认识到，中国特色社会主义最本质的特征是中国共产党领导，中国特色社会主义制度的最大优势是中国共产党领导，推进伟大事业必须加强党的领导，越是改革开放，越要全面加强党的领导。愈加深刻地认识到，改革开放是发展中国、发展社会主义、发展马克思主义的强大动力。现在，化解新时代社会主要矛盾，解决我国进一步发展面临的一系列突出矛盾和挑战，必须进一步全面深化改革，坚定不移地走共同富裕道路。

回忆我任太原市长的岁月

杨崇春

我于 1985 年 6 月至 1988 年 3 月任太原市市长。当时，我国的改革开放事业正全面展开。国民经济开始步入持续快速发展的轨道，第六个五年计划即将结束，从 1986 年开始执行第七个五年计划。在“七五”计划的基本原则和方针中，第一条就是“坚持把改革放在首位，使改革和建设相互适应、相互促进”，改革和发展已成为时代的主旋律。我就是在这样的时代背景下履行太原市长职责的。

坚定不移地推动经济体制改革和对外开放

太原是一座解放以后建起的新型工业城市，当时国有企业占绝对优势。与周围城市相比，受传统计划经济体制的影响更深，破除旧观念和旧体制的难度比较大。太原又是一座内地城市，受自然条件和交通的影响，相对比较封闭，改革开放的难度也比较大。我长期从事财税工作，对旧体制的弊端有较深的体会。在省税务局工作期间，在省委、省政府的领导下，较早地参与了山西经济体制改革工作。到太原市政府工作后，在市委的直接领导下，我和班子成员同心协力，依靠各委、局、办、室广大干部的共同努力，以极大的精力投入了太原的改革开放和社会经济建设。

以增强企业活力为目标的企业制度改革是经济体制改革的重点和中心环节。我到任的时候，太原市国营企业第二步利改税工作基本完成，实行第二步利改税改革的企业共有649户，占全部企业的97.74%。在工交企业中全面试行了厂长负责制，并着手进行各项配套改革。为进一步推进企业改革，我们突出地抓了三件事：

第一，进一步完善厂长负责制，巩固企业领导体制的改革成果。

1986年初，市委、市政府制定了《关于贯彻落实“山西省以增强企业活力为中心的经济体制改革实施方案补充规定”的试行办法》。结合太原市实际情况，就进一步完善厂长（经理）负责制，进一步扩大企业经营自主权、企业内部目标管理等方面制定了12条措施，使厂长负责制的各项规定进一步细化和便于执行。

中央颁布《全民所有制工业企业厂长工作条例》《中国共产党全民所有制工业企业基层组织工作条例》和《全民所有制工业企业职工代表大会条例》等三个条例后，市政府大张旗鼓地进行了贯彻执行。通过三个条例的贯彻执行，进一步明确了企业实行生产经营和行政管理工作厂长负责制，强化了企业生产经营管理系统，开始出现了指挥灵、决策快、办事效率高的新气象；企业党组织负责企业的思想建设、组织建设和思想政治工作，初步改变了企业党政不分，职责不明的状况；健全了职工代表大会制度和各项民主管理制度，职工主人翁责任感有所加强。

为了进一步明确厂长责任，在全市全面推行厂长任期目标制，逐厂确定任期目标，由各厂的厂长与企业主管部门签订责任状，保证完成。这样做以后，使厂长负责制更加具体和便于操作考核。厂长任期目标责任制后来又进一步演变为承包（租赁）经营责任制，使企业从主管部门的附属物向独立法人的转变过程中又向前迈出了一大步。

任何制度都是要人来执行的。推行厂长责任制也是这样，关键在人。因此，在推行厂长负责制、任期目标责任制以及承包（租赁）经营责任制以后，尽快提高厂长的自身素质显得十分紧迫，从一定意义上可以说成败在此一举。1986 年和 1987 年两年，采取政府抓、主管部门抓和企业自行组织等多管齐下的办法，对各厂的厂长进行了多方面的培训、学习和考评，取得了较为显著的成效。有一批经理厂（矿）长获得了国家颁发的合格证书，同时还产生了一批优秀青年厂长，有 8 名厂长经理荣获企业家称号。标志着我市新型的企业家队伍正在形成，反映出我市经济体制改革的丰硕成果，为企业的进一步改革和发展做了较好的人才准备。

第二，围绕企业领导体制的转变，进行综合配套改革。

首先是政府和主管部门简政放权。在 1985 年的机构改革中，市委、市政府撤销各种临时机构 66 个，在很大程度上扭转了上对下包办过多，下对上事事请求的局面。为真正落实厂长负责制，1986 年市委、市政府先后颁布《关于落实企业机构设置权的通知》和《关于企业干部管理工作的几项暂行规定》，明确规定企业有权决定内部机构设置，厂长可以提出副厂长人选和任免中层干部。

其次是切实转变政府管理经济的方式。一方面打破传统的计划管理模式，将大多数指令性计划改变为指导性计划，变年度指标控制为中长期规划和政策引导，逐步实现政府对经济工作的领导由直接管理转向宏观调控的转变。另一方面积极拓展和培育市场体系，逐步实现生产要素按照市场需求和经济发展规律自由组合。1986 年，太原市的物资流通市场和劳务市场有了长足的发展。6 月，市政府制定了《关于搞活物资流通，加强物资管理的暂行办法》，促进了物资市场的进一步搞活。随后，山西省物资交易中心在太原开业，并进行了首次业务洽谈，成交额近亿元。这是我市第一个省级生产资料物资交易市场。同年 9 月，召开了太原市劳动制度改革会议，传达贯彻中共中央、国务院关于改革劳动制度的四个暂行规定，以及国务院和省《国营企业职工待业保险暂行规定》，制定了太原市的具体实施办法和补充规定。11 月，太原市劳务市场开业。再加上进一步加强对经济合同的管理，大量的生产和销售行为由过去的计划管理，转变为由合同制约的企业行为。

与此同时，大张旗鼓地贯彻落实中共中央办公厅、国务院办公厅《关于解决当前机关作风中几个严重问题的通知》精神，动员市级机关广大干部，特别是党员干部要切实改进机关作风，要面向基层，服务群众，要端正态度，明确做法，保证各项改革措施的顺利落实。号召党政机关干部、事业单位干部到企业任职，施展才能，大展宏图。为此，市委组织部、市体改委、市人事局、市劳动局和市科干局联合发文做出专门规定予以支持和鼓励。一批干部走出机关，承包租赁企业，对推动企业改革发挥了积极作用。

这些办法和措施的实施，为进一步搞活企业创造了必要的条件，企业的自主权得到了有效的落实。生产和经营活动出现了三个明显的转变，即产品销售从主要依靠国家统购包销向企业主动开拓市场转变；生产所需原材料从主要依靠国家计划供应向主要依靠在市场上自主选购转变；解决原材料、燃料涨价问题，从主要靠政府补贴和减免税收向主要靠企业内部消化转变。

第三，大力推动企业的横向联合和重组，加快企业技术改造，实现生产要素的合理配置和产品的升级换代。

在传统的经济体制下，地区和部门互不往来，各自追求大而全、小而全；企业与企业之间相互分割，生产要素重复配置，造成生产力布局的严重不合理和浪费。为逐步解决这些问题，在扩大企业自主权以后，政府积极组织和引导企业进行跨地区、跨行业的横向联合和资源重组。1985 年 9 月，以发展横向联系，振兴太原经济为目标，在太原举办了山西 11 个地市经济技术协作、太原地区科研生产技术协作首届洽谈会。提出 700 多项供求合作项目，洽谈、成交项目达 269 项，其中有 54 项签订了合同，61 项达成了协议，154 项签订了意向书。太原市宣布将以优惠条件欢迎省内外各界来并经商办企业。11 个地市经过共同协商，建立了经济技术协作联席会议制度。1986 年 10 月，太原市召开全国城市横向经济技术协作联谊会，全国 16 个城市的 122 名代表出席。太原市政府作出《关于发展横向经济联合优惠政策的十项规定》，得到与会代表的热烈响应。会上各市代表团与太原市近 200 个单位签订经济技术协作意向书、达成协议 228 项。太原与西安签订长期经济协作协议书，与无锡市结为姐妹城市，和株洲市签署了经济友好合作协议。1987 年，太原经济技术协作服务中心召开开发南郊区经济技术协作洽谈会，

45 个项目找到了对象。

在推动企业横向联系、联合的同时，市政府积极引导企业进行联合重组，以实现生产力的合理配置。1986 年，由太原重型机器厂牵头，21 个企业参加，组成太原重型机械联合公司。组建太原市商业系统第一个企业集团——太原市糖酒副食品企业集团。1987 年，华北重型矿山机械工程联合公司在太原市成立。该公司由太原重型机器厂、太原矿山机器厂、北京重型机器厂和原兵器部五四一总厂、二四七厂、国家机械委设计研究院、同济大学、太原工业大学、太原重机学院等组成，是一个生产、科研、教育相结合，实力强大的大型企业集团。横向联合和企业重组，大大拓展了企业的发展空间，增强了企业的资金和技术实力。一批企业走出太原，走出山西，寻求发展机会。1987 年底，太原衬衫厂逐鹿成都一举中标，与成都西城区第一工业局签订了由太原衬衫厂承包成都时代服装总厂衬衫车间。

在旧的经济体制下，企业缺乏自我积累、自我发展的机制和能力，设备陈旧、技术落后的问题普遍存在。要使企业适应市场需求，在进行体制改革的同时还必须多方筹措资金，加速进行技术改造。这一点也是我们关注的重点，技改投资要比基建投资的见效更快。通过对工业企业的技术改造，一批企业实现了技术和产品换代。1987 年，太原市有 191 项产品跻身于优质行列，其中 1 项获国优，26 项获部优，84 项获省优，80 项获市优。山西无线电厂生产的春笋电视机被电子工业部广播电视产品质量检测中心选为国家认定产品。1986 年、1987 年、1988 年，官地矿连续三年单井口出煤全国第一，成为全国第一个年产 400 万吨级现代化矿井。

在不断深化改革的同时，还要不失时机和千方百计地推动太原的对外开放。回想起来，主要是从三个方面努力的：

一是大胆引进外资，创办外资企业，展示当时先进的国外技术，发挥示范作用。太原最先设立的外资企业——太原华杰公司就是一个典型。公司设立以后，在很短的时间里获得了极大的成功，电子手表产品行销海内外，在全国同行业中，一年夺得过四枚金牌。英《金融时报》记者著文说，华杰是中国大陆经济改革的典范。在它的带动下，先后一批外资企业在太原落户。

二是积极参与省里以推动对外开放为目标的国际经济技术洽谈会、进出口商品交易会和民间艺术节，增加与国内外先进企业和友好人士的接触和往来。1987 年 8 月在太原举办的山西省第三届国际经济技术合作洽谈会、山西省首届进出口商品交易会、山西省暨太原市首届民间艺术节（简称“两会一节”），有来自世界 17 个国家和地区的 500 多名中外来宾莅临并州，给太原对外展示自己的形象提供了一个极好的机会。“两会一节”期间，有 200 余位外宾、国内 14 个对外开放城市的 30 余位来宾亲临太原参观、访问、洽谈，进一步增强了太原人民对外开放的意识，拓展了太原对外开放的空间。

三是走出去，请进来，积极开展国际合作。1987 年 5 月，英国纽卡斯尔市访问团应太原市政府的邀请赴并访问，与太原市结为友好城市。同年 6 月，应日本国兵库县姬路市市长户谷松司先生的邀请，我率太原市政府友好代表团赴日访问。访日期间，与姬路市正式签署太原市与姬路市缔结友好城市协议书和友好交流项目意向。这些成绩的取得，现在看来算不得什么，但在当时还是很震动的，它标志着太原的门户从此向世界打开，太原开始走向世界。

为宣传太原改革开放的成果，进一步激发干部群众改革开放的热情，1987 年初，举办了“太原市经济体制改革成果展览”，系统地介绍了太原改革开放八年来取得的十个方面的成果和五个方面的转变。

十项成果：①农村改革迈出两大步，一是推行了家庭联产承包责任制，二是调整产品结构；②城市改革贯彻落实省委、省政府的《三十五条》，以增强企业活力为中心，从扩大企业自主权入手，简政放权，政企分开，转变政府职能；③改革领导体制，实行厂长（经理、院长、校长、所长）负责制和厂长（经理）任期目标责任制；④实行利改税，企业不吃国家大锅饭；⑤企业内部划小核算单位，推行多种形式的经济承包责任制，职工不吃企业大锅饭；⑥打破条块分割，开展多层次、多形式、多内容的横向经济联系和技术协作；⑦改革工资、劳动和物价制度；⑧开放生产资料、资金、科技、劳务和消费品等市场，形成市场体系；⑨将所有权和经营权分离，在小型工商企业进行租赁承包制、股份制、破产警告等改革试点；⑩对外开放，引进先进技术，学习先进管理经验。

五大转变：①所有制结构由单一的公有制向以公有制为主体的多种所有制形式转变；②经济决策体系由过度集中向统分结合的多层次决策转变；③分配方式由统收统支、平均主义向合理划分权益、按劳分配转变；④经济联系方式由行政性的纵向封闭型向纵横结合联系为主的开放型转变；⑤经营管理方式由行政手段的直接管理向主要运用经济和法律手段的间接管理转变。

1987 年底，我以《认真总结经验，深化体制改革》为题发表文章，对太原九年来的企业改革做了回顾总结。我国的体制改革采取的是渐进式、软着陆的总体策略方针。实践证明，这一策略方针，既不失时机地推动了改革，又保证了经济的持续稳定发展和社会的基本稳定，使改革和发展互为条件，互相促进，给人民群众带来了切切实实的利益，成为改革开放的受益者、拥护者、参与者和坚实的社会基础，这是我国改革开放取得成功的重要原因之一。

时时刻刻关注群众的衣食住行

市长是市民选出来的，他必须为市民服务，向市民负责，当好市民的勤务员。市长一切工作的出发点和落脚点就是要不断提高市民的生活水平，改善市民的生存条件。我想，这就是党的十七大报告提出的“保障和改善民生”。对于市民的衣食住行，我们市政府的几位领导，时刻放在心上。

（一）市场问题。80 年代中期的太原，粮、油、肉、蛋菜等必需品还不像今天这样丰富，商品流通渠道也远不如现在这样畅通，网点少，布局不合理，功能不健全等问题还都比较突出。也就是说，市民的吃饭、穿衣问题还是政府需要经常关注的大问题。我作为一市之长，十分关心粮、油、肉、蛋的库存，每逢节日，都要以很大的精力协同相关，千方百计组织货源，保证市场供应。有一年临近春节，猪肉库存不足，我们心急如焚，连夜召开会议、组织车队，直接到四川调进。调到肉以后，天又下起大雪，车队冒着大雪，日夜兼程往回赶路，抢在春节前把猪肉运回太原。有了这次经验教训，后来除了要把太原的肉库放满外，还在河南、河北临近太原的地方租库存放，确保供应不出问题。菜的问题也是大问题。那个时候，流通渠道不够畅通，吃菜问题各地都是基本依靠当地自给的。我们北方受季节影响，一年有半年吃菜要靠库存，要靠调进，要靠群众储菜。为抓好太原的蔬菜生产，政府想了很多办法，采取了很多措施，每年都要专门召开蔬菜工作会议，及时研究解决蔬菜生产和供应中存在的问题。我们的办法是，在近郊县区建一线蔬菜基地，盖塑料大棚，引进新品种；在远郊区县建二线蔬菜基地和千亩鱼塘；在榆次、太谷、祁县等外市县建三线蔬菜基地，部分时令蔬菜从外省购进。在市区除扩建农副产品市场外，新建十多个大型菜市场（如常青菜市场、尖草坪菜市场、坞城路菜市场等），国家、集体、个人一起上，使全市一年四季蔬菜供应基本得到满足，特别是能吃到鲜猪肉、活鱼、活禽等，这在当时的北方是很不容易的。这一点引起了国家有关部委的重视，1987 年 3 月，全国蔬菜工作会议在太原召开，我市作了“坚持蔬菜改革，发挥主渠道作用”的经验介绍。5 月又在太原召开了北方蔬菜工作联席会议推广太原的做法。

商业网点不足，布局不合理，不能满足市民购物的需要是当时太原的一个突出问题。从茂林当市长的时候开始，市政府就集中投资商业网点建设，通过新建、恢复、改造在全市建成 23 条商业街，加上原有的 3 条，以商业为主要功能的街道达到 26 条。在商业网点布局上，我们基本做到点（在大的居民点设商店）、线（建设商业街）、面（建设商店集中区，如柳巷、五一广场、下元等）相结合，这样基本上适应了当时太原的需要。

市场问题的另一个重要方面就是保持物价的稳定。1987 年 1 月份针对社会上的一些涨价传言，市政府及时召开了新闻发布会，会上我代表市政府宣布了五条承诺：一是春节期间，凡市管商品一律不许在节日期间涨价；二是稳定粮油和副食品价格，猪肉、鸡蛋、大白菜等价格每公斤下浮一角到二角；三是稳定主要工业品价格，凡要涨价的一律先报市物价局，批准后方可执行；四是切实安排好市场供应，确保副食品不断档；五是认真组织好物价监督检查，除各主管部门要组织自查外，市政府还组织了200多人的检查组进行了一次全市范围内的春节物价大检查，坚决刹住涨价歪风，切实维护广大消费者利益。

（二）住房问题。改革开放以前，太原的住房历史欠账很多，人均住房面积仅有3平方米左右，低于解放初期人均4.7平方米的水平。解决住房问题自然成为历届市政府关注的大事。我任市长期间，坚持茂林同志任市长期间的做法，把改善群众住房作为市政府的一项重要任务来抓。我们坚持按照城市总体规划要求，统筹安排，坚持旧城改造和新区开发相结合，进行成片配套建设（即水、电、气、暖、路“五通”，学校、商店、邮政、园林、幼托“五配套”），坚持走综合开发的道路。市政府每年安排的住宅建设面积都在20万平方米左右，加上各单位的自建住房，较快地改善了居民的住房问题。

（三）环境问题。太原地形三面环山，空气流通不畅，经济结构以煤炭、化工、冶金等重污染行业为主，加上过去对环境保护重视不够，环境污染问题相当严重，其中，空气污染首当其冲。我任市长期间，继续把治理环境污染放在了非常突出的位置，市政府每年的第一个市长办公会就是研究环保问题。我们突出抓了两件事。一是对太原地区的建设项目严格实行“三同时”，严格把好选址、审批、竣工验收和投产后的环境效益监督4个关，坚决控制新污染的增加。这期间特别加强了对古交西曲选煤厂的新建工程、东山煤矿扩建工程、太钢活性石灰窑易地大修工程及太化公司化工厂TDI扩建工程等大型建设项目的监督管理，取得了显著成效。1985年10月在河南洛阳举行的全国城市环境保护工作会议上，太原市代表就古交煤矿建设把住“三同时”关，防止产生新污染源进行发言，引起了强烈反响，受到了时任国务院副总理李鹏的称赞。他把我省、市领导及环保部门严格执行“三同时”规定，督促帮助古交煤矿在建设后期补上环境保护工程设施，与主体工程同时竣工投产的做法誉为“古交精神”。《中国环境报》10月22日在头版头条位置发表了消息，并配发了题为“发扬‘古交精神’”的评论员文章。二是大力推广型煤、有计划地建设烟尘控制区，大力治理粉尘污染。1986年至1988年连续三年，市政府集中投资每年建设一片烟尘控制区，采取集中供暖等办法，明显缓解了城区的大气污染。太原推广型煤的做法，李鹏总理在国务院环境保护委员会第十次会议上也给予了充分肯定。

为了把涉及市民吃穿住行的事情办好，我们采取了两项特别措施。第一项措施是从1986年2月起，市政府向市民公布了在10个部门设置的10部24小时值班市长办公电话，在电视台开办了“市长与市民”专题节目，建立了与市民直接沟通的热线。我们市政府的几位市领导经常过问市长办公电话和电视栏目的运行和播出情况，亲自处理紧急、重大的事项。专门召集政府办公厅、城建委、公安局、物价局等设置市长办公电话单位的负责人开会，听取市长电话的运行效果，要求各部门确保办公电话畅通无阻，反映问题及时解决，每件事情都有回音。记得有一次张希升副市长接到小学生王任小的来信，反映他们那里道路失修，晴天一身灰，雨天一身泥，缺乏排水设施的情况。张副市长立即召集北郊和河西区政府以及有关部门到现场办公开会，解决问题。这个节目在电视台播出后，群众纷纷给我们来信、来电反映情况，帮助政府正确及时做出了30条小街小巷的整治工程布局和施工方案。再如，市政府确定钟楼街为步行街后，由于几个部门扯皮，那里把口子维护交通秩序的人员工资得不到及时解决的问题在电视台“市长与市民”栏目曝光后，俞益生副市长非常重视，立即采取措施，在不到一周的时间内，问题得到顺利解决，那几位老同志领到工资后，还给电视台送了一面大镜子表示感谢。有了这样一条热线，就在市长和市民之间架起了一座沟通的桥梁。通过这座桥梁，市长能够及时了解市民对政府的要求和愿望，市民遇到急需解决的问题也能够直接顺畅地向市长反映，得到尽快解决。

第二项措施是继承前任的做法，市政府每年确定办10余件与市民生活密切相关的实事，年初公布于众，年底公开交账。这些实事，涉及的范围很广，项目有大有小，完成这些项目也不是轻而易举的事。比如，1988年为市民所办的12件实事中就有将解放路以东、五一路以西、胜利街以南、南内环街以北的8平方公里地区，建成烟尘控制区，要求这些地区内的燃煤设施、热电厂烟黑度和浓度的合格率分别达到

85%以上；年内建成太原市广播电视技术中心并投入使用，重建人民电影院，改造杏花岭体育场运动员宿舍，新建太原市中心血站业务楼；新建住宅20万平方米；新建电车3路调度站和双塔西街汽车高级保养场，在尖草坪、体育馆等10多个单位新建月票出售点，新增大通道公共汽车10部等。这些都是相当不小的项目，从资金筹措，到组织实施，都有不小难度。这种形式有两个好处。一是促使你思考哪些事是市民生活急需解决的问题，使那些有条件解决的问题能够得到迅速解决，给市民带来看得见、摸得着的实惠。二是自加压力，提高效率。公布与不公布是大不一样的。你要办的事一经公布，就是对市民的一种承诺，就必须千方百计保证完成，否则，市长和政府在市民中的形象就会受到损害。这对提高政府的办事效率，也是一个有力的推动。

集中精力建设和管理好城市

建设和管理好城市是市长和城市政府的工作重点。我在任期间，集中精力抓了一些重点建设项目，注意加强了各方面的管理工作，使太原城市建设和管理得到了长足的发展。除前面已经讲过的居民住宅、商业网点建设外，道路、交通、通信、环保、医疗、教育等方面都有了新的进步。1985年底，建成了尖草坪立交桥，这是我市当时第一座规模最大的立交桥。它的建成，大大缓解了该地区交通严重阻塞的问题，标志着我市的交通设施向着多层次的现代化目标迈出了可喜的一步。为进一步改善汾河两岸的交通紧张状况，加快了南内环桥的建设，在我卸任后的当年年底建成通车。在市内五一大楼、解放路西羊市交叉路口等繁华地段，新建了两座规模较大的过街天桥。这在当时的太原也是一种新型的道路设施。为改善晋祠旅游区的道路状况，1987年新修了一条城区到晋祠的道路，无论设计标准还是建设质量和速度都是当时比较好的。1988年初，山西省最大的汽车站——太原汽车站建成并正式投入营运。继续狠抓城市煤气建设，使城区基本实现了煤气化。加上连续三年的黑烟控制区建设，有效地缓解了城区大气严重污染的状况。为适应改革开放的需要，大力加强了通信设施建设。1987年3月，市内电话由5位升为6位。7月，第一个程控电话局建成投入使用。1988年1月，万门程控交换机全面进网，电话容量达到3.1万门，实现了国际、国内、省内长途自动拨号，使存在多年的打电话难的问题基本得到解决。1987年，对市区30所小学的危旧校舍进行了改造。太原市南、北城区小学校舍，大部分为建国初期所建，以简易平房居多，大部分超期服役达20年以上，墙皮剥落，屋顶漏雨，采光不足。为给孩子们创造一个好的学习环境，市政府在财政比较困难的情况下，挤出1100多万元，对这些学校进行了集中改造，得到了社会各界的广泛支持。到1988年初，改造工程基本完成。太原市较好地实现了普及九年制义务教育，改造了一批厂矿高中、农村中学为职业中学，每年培训教师6000多人。积极完善三级医疗网点，改革公费医疗和卫生经费管理办法，每年建立家庭病床1000张，使市民的医疗条件得到了改善。

在城市管理方面，主要抓了清理违章建筑，集中整顿市容等，太原市连续多年被国家和省评为“卫生红旗城市”。

当时，在城市建设和管理方面能够取得比较突出的成绩，回忆起来，主要得益于以下三点。

首先是得益于改革开放。建设和管理好城市，为市民创造良好的工作和居住环境，本来应该是市长和政府的主要职责。但是，在过去的经济体制下，政府包办的事情过多，干了许多本不该政府办的事，城市建设和管理很难成为市长和政府的工作重点。随着生产的发展和城市规模的不断扩大，住宅、供水、供电紧张，道路桥梁不畅，商业网点不足，环境污染严重，服务功能不全等问题越来越突出，严重制约了经济社会的发展。改革开放以来，经过减政放权，扩大企业自主权，政府直接指挥生产经营活动繁杂事务逐步减少。尽管改革还是初步的，市长和市政府还要以很大的精力去解决企业和市场供应方面的许多具体事情，但毕竟比改革前要好得多了，可以拿出较多的精力去关注城市建设和管理方面的事情了。

其次，得益于对整个城市发展的科学思考和总体把握。为了统一对太原城市功能、特点及发展战略的认识，多次邀请国内、省内专家进行论证。1985年6月，由太原、成都、长沙三市联合发起，国务院经济研究中心主持召开的城市经济（技术经济）研究咨询工作会议在太原举行，来自全国50个省会城市、经济中心城市和沿海开放城市的有关领导和经济咨询部门的专家学者180余人出席。中共山西省委常委、省技术经济研究中心总干事吴达才在会上作了题为《对城市功能及其发展模式的认识》的讲话。与会专家学者对我市的发展战略和方向发表了不少好的意见和建议。同年7月，市计委邀集全市各有关方面的领导和专业人士，就编制“七五”规划问题进行研讨，提出了以科学技术进步为依靠，以提高经济效益为前提，以改善人民生活为目标，把全市经济工作进一步转到速度较快，效益较好，人民能够得到更多实惠的路子上来。9月，市政府再次召开太原经济发展战略讨论会，邀请各方面专家学者，对我市的市情，包括城市性质、经济和社会发展的历史、现状、特别是优势和劣势，再次进行研讨，进一步统一了认识，对《太原市经济社会发展战略》和“七五”计划，提出了许多补充和修改意见。这些研讨成果，对城市建设重点的把握起了很好的作用。

再次，得益于贯彻尽力而行，尽力而为的原则。1986年起，国家提出“巩固、消化、补充、改善”的经济调整方针。在这个总的经济环境下，安排城市建设项目时，必然要收缩摊子，压缩规模，放弃一些无力投资项目，把有限的资金集中用于重点项目。这样安排的结果是，建设周期短，投资见效快，城市面貌改善显著。现在看来，这样做是符合科学发展观的。

我出生在扬州，1955年从学校分配到太原工作，在这里工作了35年。太原是我名副其实的第二故乡，我热爱扬州，也热爱太原，十分想为太原多做一些事情。但是时间太短了，许多设想还没有来得及实施，有些计划好的事还没有着手进行，一些已经做了的事，也难以见到成效。还有一些事情，由于我的思想认识水平和工作能力所限没有能够做好。这些，都只能作为遗憾久久地留在我的记忆中了。

新兴城市朔州的诞生

阎赞尧

关于朔州市的筹建工作最早是始于1988年5月份。在此之前的3月24日，国务院以国函[1988]50号文正式批复同意山西省人民政府关于设立朔州市的请示。记得5月17日，按照省委组织部的通知，我从雁北赶到省委组织部参加会议。当时到会的还有王善、郭生、岳来秀和刘庆章同志。会议由省委副书记、组织部长卢功勋同志和省委常委、常务副省长白清才同志主持。首先，卢功勋同志给我们到会的同志宣布：按照国务院国函1988年50号批文精神，经省委研究，决定成立朔州市筹备组。组长：阎赞尧（兼）；副组长：王善；成员：郭生、岳来秀、刘庆章。卢副书记和白副省长还就朔州市的成立与筹备，传达了省委、省政府的具体要求，并对筹备工作做了具体指示。按照省委领导的意见，我于第二天在太原迎泽宾馆主持召开了筹备组第一次会议，就筹备组成员的分工和机构设立等问题进行了讨论。会议议定，根据朔州市筹备期间的工作需要，本着精干、高效、从实际出发的原则，暂设立办公室、组织组、经济组和基建规划组四个工作部门。我主持筹备组的全面工作，王善同志分管经济和基建规划工作，郭生同志分管组织人事工作，岳来秀同志分管办公室的工作，刘庆章同志因主要工作任务在露天煤矿，所以筹备组没有安排具体工作。此后，省委于5月20日以晋发

[1988]23 号文件下发了关于成立朔州市筹备组的通知。

6 月 1 日，朔州市筹备组正式开始办公。原平朔矿区工作委员会随之撤销，筹备组仍使用原工委办公楼（朔县政府院内西配楼）。同时，对原平朔工委的 40 余名同志按照各自原来从事的工作大体划分在筹备组的四个工作部门，并从雁北地区和朔县、平鲁、山阴借调了一些专业人员充实在这几个部门。当时，经筹备组研究决定，组织组由郭生同志负责；经济组由贺壁同志负责；基建规划组由苑安、裴世毅、池满花同志负责；办公室由岳来秀负责。省政府办公厅于 6 月 20 日以 [1988] 晋政办函 50 号文正式通知启用了朔州市筹备组的印章。6 月 26 日市筹备组正式启用了筹备组财务专章和机要专章。7 月 24 日正式启用了筹备组办公室、组织组、经济组和基建规划组的印章。同时，从朔州市将来煤炭工业的发展需要出发，经筹备组会议研究，决定成立朔州市筹备组煤炭组，由高应成同志负责。后根据省委、省政府领导同志的有关指示精神，经市筹备组 10 月 7 日会议研究决定，成立朔州市煤炭运销公司，与筹备组的煤炭组合署办公，一套人马。高应成率员参加了全国在上海召开的煤炭订货会，为 1989 年定售煤 717 万吨，比上年三县多定售 285 万吨，为建市及煤炭生产、营运打下了良好基础。

6 月 3 日，省委、省政府为加强和加快朔州市的筹备工作，由省委副书记卢功勋同志在太原迎泽宾馆主持召开了朔州市筹备组负责人和省联络组成员参加的联席会议。我和王缮同志参加了会议。这次联席会议主要议定了如下事项：

一、对筹备工作进度的要求。鉴于朔州市筹备组已于 6 月 1 日正式办公，因此，7、8 两月要在抓紧调查研究的基础上，按照改革的精神，拿出机构设置、编制定员方案；9、10 两月省委派出考察组，考察配备市级领导班子，选配好市委、市人大、市政府、市政协、市纪委、市检察院、市法院的班子，搞好市属各工作部门主要干部的配备；11、12 两月要进一步完善筹备工作，保证于 1989 年 1 月 1 日正式对外挂牌办公。

二、关于省联络组的主要任务和组成人员与分工。省联络组的主要任务是在省委、省政府领导下，协助卢功勋、白清才同志具体承办朔州市筹备期间的联络和协调工作。

三、当前急办事项。1. 筹备组公章。由省政府办公厅负责刻制，尽快启用，以利于开展工作。2. 开办费。由筹备组负责人签名申报，经省领导审批后，由省财政厅及时核拨。3. 交通工具。由省计委安排，落实车源，省财政审批、拨款。当前，先抽借或租用、接管工委交通工具。4. 外出参观考察。筹备组要统一组织综合考察，尽快拿出机构设置方案。会后，我们根据省委和省政府对朔州建市机构设置的要求，市筹备组首先抓了制订朔州市党政机构设置方案的工作。

6 月 10 日，由我主持召开了赴外地考察学习政治体制改革经验的会议。会议确定考察组由郭生同志带队，邀请省体改办、省编委和三县组织部以及筹备组组织组的有关同志参加，于 6 月 20 日至 7 月 4 日先后对海南省党政机构的设置和海口市、广东省江门市的机构改革情况进行了实地考察学习。7 月 16 日，市筹备组专门听取了郭生同志就赴南方考察学习情况和初步设想的汇报。当时，听取汇报的还有省联络组的王敬同志和吴天林同志。会上，吴天林同志传达了省委、省政府要求我市成为全省政治改革的试点，绝不能走老路的指示。会后，组织组按照筹备组的安排，根据省委、省政府对我市政治体制改革的要求，参照海南省“小政府，大社会”的体制，结合我们当地和周围地市的现实情况，开始着手制定朔州市党政机构设置的方案。7 月 20 日，筹备组第一次听取并讨论研究了市党政机构设置的方案，并提出了进一步修改、补充和完善方案的意见。最后，形成了朔州市党政机构设置大、中、小三套方案。8 月 18 日，由郭生同志代表筹备组专程向省联络组汇报了三个方案的具体意见，受到省联络组的肯定。

9 月 17 日，卢功勋和白清才同志在太原迎泽宾馆主持听取了我和王善同志关于朔州市筹建工作的汇报。除市筹备组的全体成员外，省有关部门的负责同志和省联络组的全体同志也参加了会议。会议认为，朔州市的机构要按照政治体制改革的精神和“大社会、小政府”的原则进行，机构要少，人员要精，不要求上下对口，整个机构的设置按 500—600 人来确定方案。中层机构要少，职数要根据需要定，工作人员可按照要求的条件实行公开聘用，主要从所辖县区中选拔。政府机构设置要注意以下几点：第一，政府只设立宏观调节、控制管理经济的部门，如计经委、财政、税收、工商、统计、物价、审计、监察、民政等机构；第二，政府不直接管理企业，可不设专管工业企业的机构；第三，朔州市的生活、服务设施如商业服务、邮电通信、卫生医疗、供水、供热、供电等统归城区负责建设管理。会议还就朔州市下一步的筹建工作及计划、财政体制、基建投资等问题进行了研究。会上还宣布了以杜杰为首的省委组织的考察组名单，为组建市级各套班子做了前期准备。会后，市筹备组按照省委给我市控制的编制，于10月20日和11月14日分别向省委、省政府正式上报了《关于朔州市直属党政机构设置方案的请示》和《关于市直属党政机关干部选调工作的办法》。《方案》以经济体制和政治体制改革的要求，力求体现省委关于朔州市直属党政机构要少，人员要精，效率要高的指示，建立一个"小政府、大社会"的新体制为总的指导思想。从有利于党政分开、政企分开；从精简机构、减少层次，强化政府宏观调控职能；从理顺政府职能，扩大社会自治功能等三条原则出发。市委设五个机构（即，办公室、组织部、宣传部、统一战线工作部和政策研究室）；按照党章的规定设纪律检查委员会；市人民团体设五个（即，市总工会、共青团朔州市委员会、市妇女联合会、市科学技术协会和市文学艺术界联合会）；按照地方组织法设市人大常委会；市人民政府设20个机构（即，办公室、人事局、劳动局、民政局、监察局、公安局、司法局、计划经济委员会、统计局、农林水利委员会、土地管理局、文教卫生体育委员会、财政局、税务局、审计局、工商行政管理局、物价局、贸易委员会、城乡建设环境保护委员会、科学技术委员会）；按规定设市政协；按照法律设中级人民法院、市人民检察院等工作部门。《方案》对各部门的编制、各工作部门及内设科室等干部都作了详细的规定。为了建设一支政治素质高，业务能力强，富有革命进取精神的"四化"干部队伍，从组织上保证全市两个文明建设和各项改革工作的顺利进行，《办法》中对市直属党政群机关干部在选调原则、条件、方法、来源、纪律等各方面做了明确规定，保证了建市后选调干部工作的正常进行。

11月25日，省委书记李立功主持召开了省委常委会议，我和郭生同志列席了会议。会议讨论并原则同意我市筹备组《关于朔州市直属党政机构设置方案的请示》和《关于市直属党政机关干部选调工作的办法》。会议认为，《方案》总的指导思想和原则是好的，机构设置符合中央关于经济、政治体制改革的精神和方向。会议要求，新成立的朔州市，要建立一个“小政府、大社会”的新体制。做到机构少、人员精、班子强、效率好、工作好，为全省政治体制改革作出榜样。12 月 5 日，省委、省政府以晋发［1988］43 号文件正式批复。批复明确指示，朔州市直属党政机关的机构，是按照政治体制改革的要求，根据党政分开、政企和政事分开、简政放权、不搞上下对口，提高效能和精简的原则设置的。

在制定朔州市党政机构设置方案的同时，基建规划组在王善同志的直接分管下，各项工作也相继全面展开。首先，进行了朔州市的城市总体规划的修改工作。朔州市的城市总体规划，最早是由平朔工委于 1984 年开始组织编制，并于 1985 年底正式上报省政府，但省里一直未审批。这次结合朔州市的设立，区域范围的变更，需在 1984 年规划的基础上对朔州市总体规划中的人口规模、用地平衡、城市性质及控制面积等方面重新进行计算和修改。为此，筹备组从 6 月 1 日开始办公后，全体同志多次深入规划范围现场踏勘、实地调查，并于 6 月 11 日，由王善同志主持在朔县召开了朔州市总体规划座谈会。在这次会议上，对朔州市总体规划的修改内容进行了讨论研究，并确定了总体规划的修改和市府行政、生活小区的详细规划设计任务仍由省城市规划设计院来完成。6 月 12 日，市筹备组以朔筹发［1988］1 号文件向省政府上报了关于建议修改朔县火车站站房设计的报告。6 月 17 日，副省长白清才同志和吴俊洲同志来朔现场办公，肯定了筹备组对城市规划和建设的几点意见，并做了具体指示。6 月 23 日至 25 日，省建设厅高塞厅长带领省规划院、设计院和勘察院的负责同志，及建设厅的专业技术人员来朔和市筹备组进行了现场联席办公，并由王善同志和高塞同志主持召开了朔州市城市规划和城市建设汇报会。会议传达了省委关于朔州市要发挥自己的优势，扩大对外开放，建设好能源基地的指导思想。对朔州市的规划、建设、管理等又做了进一步的安排。省建设厅还委派省厅副总工程师赵怡同志和省厅计划处副处长吕魁保同志为联络员，在规划技术问题和项目计划工作中进行具体帮助指导。同时，对省规划院、设计院、勘察院和地方有关部门的互相分工、配合以及进度要求等做了明确的安排。至此，按照省委、省政府对朔州市建设的指示，在省建设厅的支持和帮助下，围绕朔州市城市建设的各项前期准备工作已全面展开。到 1988 年底，基建规划方面的工作进度是：朔州市的总体规划经过基础资料的搜集，初步方案的评选和最终规划方案的审定等阶段，已于 12 月 20 日全部修改完毕，并报省建设厅审查后正式上报了省政府。朔州市政府行政、生活小区的详细规划经筹备组多次讨论研究，最后在确定了详细方案的基础上，省规划院于 12 月 25 日完成了市府行政、生活小区详细规划的平面、竖向、道路和绿化等地上部分的正式图件，行政生活小区的地下管网部分待朔州市总体规划方案批准后完成。朔州市的煤气气源论证已和省煤气协会联系，待城市总体规划批准后出正式规划图。朔州市规划区内未测量的 13.5 平方公里比 1000 的地形图，已由省勘察院 12 月 13 日完成。至此，规划区内 28 平方公里（1 比 1000）的地形图和 100 平方公里控制网的测绘工作已全面完成。市政府行政和生活区以及开发路东侧部分公建用地的工程地质勘探，已由省勘察院和运城勘察公司完成。建于七里河以南，小村东面的市政府单身职工楼和机关食堂已于 10 月 29 日正式破土动工。到 1988 年底，机关食堂零米以下的部分基础工程已完，单身楼除砼基础工程完成外，还加砌了 1 米左右的砖墙。除市府单身楼和机关食堂开工外，我们还抓了为市府行政、生活小区全面开工临时用水、用电、道路和探墓迁坟的工程。9 月中旬，由朔县水利局打成临时施工用水井一眼，供水达每小时 70 吨；由朔县电力公司承担的施工用电，已于 10 月份从 10 千伏高压线路接到建设工地，并安装了一台 315 千伏安的变压器；道路由朔县市政工程公司承建，到年底，已将开发路和市府大街两条道路的土路面开通；由朔县文物站对建设工地进行文物钻探总面积达 12 万平方米，并挖掘古墓 4 座，同时迁坟 190 座。因朔县火车站站房原设计方案不适应朔州市的发展，需重新修改，经筹备组多次与铁道部门联系，于 12 月 26 日最后商定，朔州站按 800 人的规模设计，建筑面积增大 350 平方米，共

2110平方米，并增加钟楼，提高内外装修标准。根据朔州市近期建设的项目，按照省晋政办发［1988］1号文件关于朔州市的建设用地，同意一次报批，分期使用的精神，基建规划组会同朔县有关部门经实地丈量，共需建设用地923.44亩，并与乡村办理了土地征用手续。按照基建程序，筹备组在年底前共编制上报省计委审批的城市近五年（1988年至1992年）建设项目计划任务书共10个，计划建设项目共27个，总投资2.7亿元。同时，带着城建工作中的问题，筹备组曾先后两次组织有关人员，在王善同志的带领下赴晋城市进行了考察和学习。

在计划、财政体制方面，市筹备组根据省政府晋政办发［1988］109号文件的精神，确定了朔州市的财政体制，并为雁北地区就计划加分问题达到了协议，还编制了朔州市1989年国民经济和社会发展建设计划。9月17日，在卢功勋、白清才同志主持召开的朔州市筹建情况汇报会议上，对朔州市下一步筹建工作中的计划和财政体制问题进行了研究，并提出从明年一月起，朔州市的计划、财政体制同雁北地区分开，直接对省。可先组织计划、财政筹备组开展工作。计划体制由计委负责，尽快拿出方案。划给市管的企业，可采取“独立核算、自负盈亏、照章纳税、按股分红”的办法划归所在县区，市政府不直接管理企业，原属县管的企业体制不变。财政体制在筹建期间，可按“划分税种、收支包干、自求平衡、超收不要、亏欠不补、五年不变”的体制考虑，省财政厅要尽快了解一下中央和省在朔州市的企业有多少，税收是多少，拿出方案。关于同雁北计划、物资等划分问题，要力争早分。由省计委先会同有关方面协调。省联络组和省有关部门要积极支持朔州市筹备组做好工作。省条条管辖的单位如交通、财金等机构设置、编制，要尽快拿出意见同朔州市筹备组取得联系，同步进行。会议纪要以晋政办发［1988］109号文件下发。根据这次会议精神，筹备组首先通过对朔县、平鲁、山阴等三县的财政情况进行调查测算，于10月9日以朔筹发［1988］20号文件向省财政厅上报了“关于确定朔州市财政体制的报告”。10月19日至21日，由省计委副主任张奎同志主持，雁北地区计委和朔州市筹备组经济组的负责同志在太原迎泽宾馆向省计委、经委、体改委汇报，并研究了两地市体制分开及以下问题达成协议：

一、依据晋政办发［1988］106号文件有关精神，双方本着平等合理、协商谅解、共同发展的精神就原雁北地区所属雁北农校、朔县师范、雁北劳动技校等企事业单位，按照原地原则，划归朔州市或所在县、区管理，实行“独立核算、自负盈亏、照章纳税、按股分红”的办法，企业的债权债务关系随同企业一并划转，并相应划转有关计划分配基数。雁北矿业公司在朔州市境内的三个煤站（包括车队）归属问题另行解决。

二、煤炭与运销和资金返还问题。两地市煤炭外运计划基数的核定，以1987年地区煤炭运销公司实际发煤情况来核定，军办矿发煤按1987年两地市发运量计划的比例分配。截至1988年12月底以前朔县、平鲁、山阴三县外运煤炭的资金返还，仍按地区现行规定，由雁北地区返还给朔州市所属三县、区。从1989年开始，煤炭资金由省按规定直接返还朔州市。

三、省统配物资以1986年至1988年计划分配指标的平均数核定分配基数（包括雁北地区留下的分配物资中实际分配给三县区的基数）。柴油、汽油、煤油按1988年计划供应量划分基数。其他商品的购、销、调、存指标，均以1987年的实际数量划分。

四、雁北地区和朔州市原有的9所中专和技校划归所在地、市管理；按两地市现有学生人数比例确定招生计划，并承担相应的教育经费。今后学校扩建，实行谁扩建、谁招生、谁分配的办法。

五、东榆林水库的水资源利用，应尊重历史惯例合理分配。市区用水，水资源费和水费应按规定由朔州市收取，水库维护由朔州市承担。

六、从明年起朔州市国民经济和社会发展计划指标在省计划中单独列出。为抓紧计划的编制和上报，两地市的工农业生产、交通运输、基本建设、劳动工资、商业外贸等计划的1987年实际完成数，1988年计划和预算数，以及1989年建议计划应尽快报省。

最后，由贺壁同志代表朔州市筹备组经济组，陈顺林同志代表雁北地区计委分别在协议上签了字。按照《协议》精神，市筹备组组织人对朔州市所辖两区一县和属地划归的所属企事业单位的有关年度计划、实际完成数、预计完成数进行了整理汇集和反复核实，并按《协议》规定和公平合理的原则划分了两地市的国民经济和社会发展计划基数。在此基础上，我们又以朔州市两区一县的计划基数和发展情况为依据，并参照市直机关企事业单位的建设规模和人员增加状况编制了朔州市1989年国民经济和社会发展建设计划，并于12月3日以朔筹发[1988]43号文件正式上报省计委。

市筹备组从1988年6月1日办公以来，在省委、省政府的关怀下，在省联络组的具体帮助下，在省有关部门全力的支持和朔县县委、县政府的积极配合下，筹备组全体同志团结一致，奋力拼搏，在短短的半年时间内先后行文43个。除制定了市党政机关设置方案、机关干部选调办法和计划、财政体制以及抓了规划基建工作外，还为1989年3月份召开市人代会、政协会做了材料和程序诸多方面的准备工作，并于10月7日成立了市人大筹备组、计委筹备组和财政局筹备组。同时，我们还为市政法部门的服装、武器弹药等装备分别向上级有关部门作了计划安排的请示，一切为朔州市的正式成立积极做好各方面的准备工作。

1989年1月3日，中共山西省委正式做出决定，撤销朔州市筹备组，成立中国共产党朔州市委员会。市委常委会由阎赞尧、吕日周、董福山、王金书、刘柏林、郭生、丰子富同志组成，阎赞尧同志任书记，吕日周、董福山、王金书同志任副书记，刘柏林同志任市纪委书记。并以晋发[1989]1号文件下发。1月5日，省委副书记王茂林和省委常委、副省长白清才同志受省委、省政府委托，在迎泽宾馆召集了组建朔州市的会议。会上宣布省委关于成立朔州市委的决定和市人大、政府、政协三个筹备组组成人员的职务任免。市人大筹备组由阎赞尧、张林杰、霍文章、孔志俊、李满田、郑福等同志组成。市政府筹备组由吕日周、来玉龙、赵恭、董厚德和卫占成同志组成。市政协筹备组由陈日新、岳来秀、史占彪、黄洪武、曹翠英等同志组成。至此，结束了朔州市的筹备使命，新生的朔州市的组建工作基本完成。

我亲历的大同市若干改革事件

孙辅智

个人的成长、成人、成才，总是和时代紧紧相连，时代的烙印深深嵌于个人的历程，个人的历程又时时映射着时代的变迁。我起步于矿山，发展于大同，先后担任过市委常委、组织部长，市委副书记，2000年2月至2003年6月，任大同市委副书记、大同市市长，可以说与改革同步，和时代同行，是改革开放的推动者、受益者、见证者。在改革大潮中，实现了人生价值；在开放伟业中，创造了不凡业绩！

“砸三铁”风波

“不识庐山真面目，只缘身在此山中”，我想，这句话用于推动改革者实不为过。当然，大部分改革还是成功的，顺乎民情的。但是也有一时的跟风造势，往往是“当局者迷，旁观者清”。1992年3月初，全国各地都在认真贯彻中央2号文件精神和邓小平同志在武昌、深圳、珠海、上海等地的谈话要点。3月9日同家梁矿召开“全矿党员干部”大会，传达贯彻了这一精神。邓小平同志谈话的要点，共分六个部分，其主要内容是：要坚持党的十一届三中全会以来的路线、方针、政策，关键是坚持“一个中心，两个基本点”的基本路线；改革开放胆子要大一些；抓住机遇，发展自己，关键是发展经济；要坚持两手抓，一手抓改革开放，一手抓打击各种犯罪活动；正确的路线要靠正确的组织来保证；社会主义必然代替资本主义，这是社会历史不可逆转的趋势。邓小平同志的谈话，像春风一样吹遍祖国的大江南北，像春雨一样激荡着每个人的心灵，改革开放的步伐骤然加快。基层的领导敢想敢说，每个单位敢想敢做。如何推动改革开放成了每个公民热议的话题，特别是新闻记者积极捕捉信息、大量文章见诸报端。

3 月 16 日矿务局召开书记、厂（矿）长会，贯彻“中国煤炭总公司工作会”精神。会议的基本精神是，国有企业要加大改革开放的力度，“打破‘三铁’，是 1992 年的主旋律”，“打破‘三铁’看徐州”。打破“三铁”这个改革开放初期诞生的新名词，后来统称“砸三铁”。“三铁”是指“铁交椅、铁饭碗、铁工资”。按照总公司工作会议要求，中煤总公司所属局突出抓好两件事；一是改变外部条件探索新的承包机制；二是转换机制，打破“三铁”。具体要求是：实行全员合同制，经营者和职工签订合同，可实行双向选择；对干部打破身份界限，实行聘任制；对工人实行聘用制，实行岗位技能工资制。

3 月 20 日，同家梁矿召开书记和区队长会，主要贯彻局工作会议精神。当时，全国不少报刊头版头条大幅字体登载着“砸三铁”的文章，这样对全矿的震动很大，一时间“砸三铁”成了职工们议论的中心。从办公室到家里，从井上到井下，街头巷尾、茶余饭后，人们都在谈论“砸三铁”。几天后，我们组织机关干部到基层了解群众的意愿。发现职工思想浮动、人心惶惶。有的干部担心不被聘任丢了“官”；有的工人因得罪过单位领导，担忧不被聘用，丢了饭碗；有的人到处找人拉关系，准备调个好单位。一时间，满城风雨，人心不稳。

面对“砸三铁”出现的这种情况，我们及时召开了矿党政联席会，大家统一思想，一致认为，一定要做好职工、家属的思想工作，让大家相信，改革开放是让大家过上好光景，绝不是走向反面。具体到实施“砸三铁”问题，一定要制定妥善处理的办法和方案，要符合实际，让职工满意。

3月27日的矿职工代表大会上，我着重对当时“砸三铁”这一敏感问题，谈了自己的看法。除了深刻阐述改革开放的重大意义外，我大胆地表明了自己的态度和观点：“‘砸三铁’的提法不妥，对职工也太冷酷，我们矿不搞‘砸三铁’。特别是‘砸工人的饭碗’是极其错误的，旧社会还有个‘讨吃饭碗’。我们共产党人、社会主义社会怎么能砸工人的‘饭碗’？准确地讲，改革开放，是通过改革不合理的管理机制调动大家生产劳动的积极性，不断改善职工生活，这是我们搞改革的根本目的。请大家安心工作。”我的讲话赢得了经久不息的掌声。

4月中旬，大同市“社会主义教育活动工作组”到我矿调研，调研的其中一个课题就是“砸三铁”的情况，我讲了我的看法和做法后反问了他们一句：“你们在搞‘社会主义教育活动’，企业在‘砸职工的饭碗’，中国人的传统美德是以人为本，砸饭碗这种提法在道理上能讲通么？”他们面面相觑：“我们也不好回答这一问题，只是各大报刊上登载‘砸三铁’的文章，我们只是来了解一些情况。”实际情况是，“砸三铁”中，干部的聘任制和工人中的聘用职工制，只是形式上搞了一阵风，实质上并无大的变化，时间不长又恢复了原先的做法。只有在“铁工资”上发生了变化，职工岗位技能工资制得以延续并发展下来。

5月21日，中共大同市委在同家梁矿召开“企业社会主义教育工作现场经验交流会”。全市大、中型企业的党委书记参加了会议。我在会上了做了重点经验介绍，市委副书记程步云到会并作了重要讲话。他讲道：“同家梁矿社会主义教育的基本经验给我们的启示，就是社会主义教育，要始终围绕深化企业改革的主旋律，从企业的实际出发虚功实做，把功夫放在职工思想的凝聚力上，把社会主义教育活动与企业的改革和生产结合起来。”天下大势，凡顺民心者则昌；逆民心者则衰。对应“砸三铁”这件事，我们维护了职工利益，稳定了职工思想，切实保证了企业的顺利生产。我想，只要符合职工意愿、顺应发展规律，即使是“违背”了政策，也最终是会被时代验证，为人民所接纳。

机 构 改 革

1995 年，我走马上任大同市委组织部部长，任组织部部长以后，似乎是有意考验我的一道最大的难题，也最为棘手的一项工作就是机构改革。1993 年 7 月，雁同地市合并，出于稳定政局的考虑，两方单位合二为一。处级以上干部没有采取整顿的方式按编制定员一步到位，而是采用了按提任任职年限，拉长板凳排座次的办法全部安置。这样，势必造成单位领导职数严重超标，加上原雁北地区专署在合并前，连续提拔了两次处级干部，合并后许多单位本该是两套人马，现在却变成了三套人马。

合并后的大同市，辖 7 县 4 区，市直共有副县以上各类机构 201 个，其中，党政机构 89 个；人大政协及其他机构共 21 个单位 33 个机构，即人大政协机关 14 个，法院 1 个，检察院 1 个，群众团体 9 个，民主党派 6 个，供销社 1 个，老龄委 1 个；事业单位 79 个。全市共有干部总数 68956 人，其中，行政机关 18571 人，事业单位 36635 人，企业干部 13750 人。有市级领导干部 39 人，享受副地市级待遇的领导干部 9 人。共有县级干部 1713 人，其中，县区 328 人，市直党政机构 530 人，国家机关、群众团体、民主党派 135 人，事业单位 320 人，市属中型重点企业领导干部 400 人。县区和市直党政机关、乡镇共有科级干部 7298 人。在市直党政 89 个单位中，有 10 名副处级以上干部的单位达 27 个，其中包括号称“十八罗汉”的教委和煤管局等单位。

1995 年，省委、省政府下发了《关于印发〈山西省地区、市党政机构改革方案〉的通知》，定于 9 月份市里机构改革。我们组织部的同志，按照市委的安排，紧锣密鼓地摸底、调研，反复推敲了改革方案。后来，全省集中贯彻中央关于《党政领导干部选拔任用工作暂行条例》精神，省机关机构改革先行一步，因此市机构改革推迟到 1996 年上半年。

面对地市合并后纷繁复杂的情况，我想，只要一碗水端平，按原则办事，大多数同志还是能够理解、谅解的。1996 年 4 月 25 日，经省委批示，《大同市机构改革县级领导干部调整安排意见》正式出台。这就意味着，大同市机构改革全面铺开了。

大同市在地市合并后近三年的时间里，基本上没有调整干部，更不存在提拔问题。所以全市县级党政领导班子存在的突出问题是职数过多。而按照省“机构改革方案”规定，市直党政机关领导班子行政职数按 2 人至 4 人配备，对一些原职数过多、精简难度大的单位，暂可放宽一个职数。群众团体比照党政机关职数配备。我市机关实际原有的职数远远超过省委的要求，这样就给机构改革带来极大的难度。因为这些问题的存在，组织部在市委的领导下，严格坚持中央关于《党政干部选拔任用工作暂行条例》规定的四条原则，即党管干部的原则，公开平等、竞争择优的原则，民主集中制原则，依法办事的原则，严格坚持《条例》规定的选拔任用领导干部应具备的六个基本条件、七条任职资格和选拔任用领导干部的基本程序。同时还注意县区之间、市直机关之间、县区与市直机关之间的交叉使用问题。此外根据地市合并的现实，我们特别注重原雁北和大同干部在使用和提拔中的平衡，立足全市，通盘考虑，整体推进，分步实施。

市委决定，机构改革的具体操作程序为先定原则后定人。我们依据摸底情况，结合改革方案，首先制定“正职的确定、副职的使用、县区和机关交叉使用、年龄要求、提前退出班子人员的待遇”等问题的实施意见，之后通过召开座谈会、谈话等方式，了解民意情况，最后经市委常委会讨论通过。组织部按照这些方案，经过民主推荐、组织考察、征求分管领导及单位意见等程序，确定人选，呈报市委常委会决定。这样，按照先正职后副职、先县区后机关、先机关后事业、先重点后一般的步骤，全市机构改革进展顺利，过渡平稳，至 9 月 4 日，机构改革取得了阶段性的成果。具体情况是：

一是市直党政机构，由改革前的 89 个，减少到 66 个。其中，撤销了农工部、综治办、农委、爱委办、科干局、安监局共 6 个部门；转为内设机构的机要处、大检办、蔬菜办、汽车办、房改办、无委办 6 个；

转为事业机构的轻工局、二轻局、档案局、旅游局、开发区、协作办、接待处、地震局、公证处 9 个；转为经济实体的一物、二物、建总 3 个；合并（撤销）了一商、二商局 2 个；撤后并重组了农办、城管委、贸易局 3 个。

二是事业单位，由改革前的 79 个，增加到 98 个。其中，由行政机关转为事业单位的 9 个；科级事业机构升格为县级事业机构的 7 个；明确为事业机构 1 个；新增设 4 个；合并 1 个；事业机构转为实体的 1 个。

三是人大政协及其他机构，改革前后机构未变。

四是县区党政班子机构没有变化。

以上四大块工作，总共提拔重用、平调分流、改为非领导职务、办理离退休涉及干部 385 名。改革后每个班子的领导职数基本符合省、市机构改革方案的要求。那些提前离岗、转岗分流、机构改变职能等所涉及的人员，尽管开始有部分同志到市里上访，但经反复耐心的思想工作，这些同志基本上得到了理解，统一了认识。全市没有一件向省和省以上机关的上访和上访信件，确保了全市政局的稳定和社会经济的顺利进行。

这次机构改革的平稳顺利进行，使我更加明白了公正待人、公平行事、任人唯贤的重要性，也更坚定了搞好组织工作、维护全市政局稳定的信心和决心。

力推“四大改革”

早在 1997 年主持政府全面工作时，我就发现政府在财政管理方面，有许多问题因形势的变化需要解决。如实行的工资发放大包干制、基层采购的漏洞、煤炭能源基金的结算、预算资金的管理等问题亟需提上日程，加以解决。但因组织上的人事变化，我还没来得及着手解决，便带着遗憾离开了政府。这次组织又让我回到政府，重新给了我解决这些问题的机会。所以，我在人代会前，边主持政府工作，边做了大量的调查研究，进一步形成了解决这些问题的思路和办法。

2000 年 3 月 31 日，市人代会正式选举我为大同市市长后，我于 4 月 3 日的第一次政府常务会上，就将上述急需解决的四大问题，作为四大改革方案提交上会。为了使这四大改革方案顺利通过，我在事前分别征求各分管市长意见的基础上，通知市委副书记、纪检委书记康明训参加了会议。康明训原本是市政府党组成员。我事前将此四大改革方案和他交换了意见，他表示赞同。他认为这是从源头上搞好反腐倡廉的重要举措。会上他第一个发言表态。

因为这四大改革方案，既触及到分管副市长和各部委局办负责人的资金支配和随意进人的权力，也触及到根除基层“小金库”的问题；既解决了煤炭能源基金的流失问题，又杜绝了物资采购中的不正之风。出于这样一种目的，我在推行方案前，先召开了基层各单位负责人会议。在会上，我从爱护基层干部的角度，着重讲明了推行“四大改革”方案的目的意义，提出了具体要求。纪检书记康明训从党风党纪角度，强调了推行“四大改革”的好处。

这“四大改革”方案的具体情况是：

第一个方案，废除工资发放的大包干制，改为以编制定员发放。1993 年 7 月，雁同地、市合并时，实行了工资发放的大包干制。这就是每个单位实行工资大包干，增人不增工资，减人不减工资。日常的办公费、事业费都一揽子大包干，由各单位负责人支配。这样，时间过去七年多，随着每年的大中专学生分配和军转干部的安置，以及人员的调动，各单位人员变化很大。这势必造成：有的单位因人员增加很多，年底却开不了资，不得不申请补助的现象。如市公安局因每年的复转军人安置，增加了不少人，年底特批补工资达 30 多万元；有的单位人员减少了，但包干工资照发不误。如市委组织部，地市合并时为 105 人，到 2000 年只剩 83 人。

此外，因工资大包干，有不少新进的大中专毕业生和复转军人，人事手续办理了，财政手续却没有办理；有的人事调动，人事手续过去了，财政手续却没有随之过去；也有些大中专毕业生，未经市人事局办手续，而由单位负责人直接安排，甚至不到几年已提拔为下属单位的副科长。这样的做法显然有些不合理，群众对此也深表不满。

针对存在的这些敏感问题、热点问题，我们从 2001 年 1 月 1 日起，正式废除工资大包干制，推行编制定员发放工资。为了搞好这项工作，我责成由人事局、编办、财政局、教育局等单位负责人组成理顺人事手续的领导小组。首先从教育局开始，将近几年新进的大中专毕业生，特别是基层单位负责人安排的人，通过互联网和原始入学手续，查证是否有假，假的坚决予以清退。之后对全市所有地市合并后安排的大中专毕业生、复转军人、人事调整的人员，由人事局负责补办人事手续，由财政局负责补办财务手续，由编办负责清理、核实定员编制。按照这种步骤和程序，两年时间内全部办理完毕。这样，既控制了多年来人事、财务管理的混乱局面，也解决了 500 多人的后顾之忧，为以后的工资晋升和工资改革奠定了良好的基础。

第二个方案，成立“会计结算中心”。为了更好地贯彻落实省、市纪检委关于清理“小金库”廉政建设的要求，我市在全省第一家成立了“会计结算中心”。凡是全额财政开支的单位，事业经费、办公经费的支出，都需经市财政“会计结算中心”审批。这些单位原有的账户全部注销。原有的资金积蓄（包括小金库的资金）都纳入“会计结算中心”审批支出。这一方案的实施，一是从源头上遏制了腐败现象的产生，杜绝了资金浪费。实施财政集中收付制度后，各单位的每笔支出都置于财政的监督之下。这样做一方面保护了基层干部，避免了他们犯不必要的错误；另一方面也大大缓解了正、副职之间因资金支配权而引出的不必要的矛盾。因为之前这些单位的副职一直怪怨正职支配资金有问题，现在此问题得以彻底解决。二是财政部门的资金调控能力加强了，提高了财政资金的使用效益。三是实现了“四个结合”，即与部门预算、综合预算、工资统发、政府采购等财政管理改革有机结合，为初步筑起公共财政基本框架夯实了基础。我们的这一成功做法引起了省纪检委和省财政厅的高度重视。省纪检委书记金银焕亲自莅同了解此事。省财政厅厅长郑建国也来同调研。他们认为这是从源头上搞好廉政建设的有效措施，也是加上财政管理、提升资金效益的得力途径。我市的这一做法随之于第二年在全省各地市中推广。同时，我市各县区也相继成立了政府会计结算中心。

第三个方案，市政府成立“政府采购中心”，将市政府预算内和预算外较大的采购任务都由这个“中心”统一采购。这样可以“货比三家”，堵塞了采购中的不正之风。这一方案也是全省第一家实施。

第四个方案，市煤炭能源基金的结算，由分口结算变为财政局一家结算，然后将收回的资金，按往年各口所得的数额分配。在支出时，各口先做计划，之后由分管领导签字，最后经市长签字。这样做，不仅堵塞了不少漏洞，也保护了一大批工作人员。之前的情形是，大同市的煤炭能源基金，原来分部门从市煤运公司收取，如市纪委收取铁路口的能源基金，市经委收取公路的能源基金，市煤管局收入煤炭安全技措资金。而煤运公司各煤站、各分公司及总公司，常常自己将收回的钱先行支出，剩余的才给有关部门。这样导致的不良后果是，一部分钱被基层煤运花了，一部分钱被总公司花了。他们又优先保证上缴省政府的钱，剩下为数不多才分给市里三大部门，从而形成了本不应该出现的奇怪现象，煤运公司本来替政府收钱，这些钱是大同市政府的钱，应全部交出来，再由市政府给予支出。包括他们的工资和事业费等都应由市政府先审批后才能发下去，不能由他们事先花，再报账。另外经委、计委、煤管局和他们要钱，还得走后门，有的甚至出现不正之风。分析产生这一问题的原因，我认为是管理机制和方式问题。于是我决定煤炭运销能源基金由市财政局一家收取。财政局按照全市运煤吨数，统一计算，统一收回，归财入库，然后再根据往年经委、计委、煤管局的收入数据进行分配。市煤运公司的支出也必须先打报告，再经分管领导和市长审批。如此一来，煤运公司，特别是基层单位便不能随便支配了，他们的经费一下子紧张起来，有个别单位不习惯，仍然超支花钱、导致最后开不了工资。我在会上指出：“这是你们自己造成的，胡乱花市政府的钱，助长了不正之风，使一些工作人员容易犯错误。现在可以警醒教育这些人了。”我还要求市煤运公司负责人正面说服大家，这样做实际上是保护了大家。我说：“以前群众告状多，中纪委、省市纪检委多次检查贪污受贿问题，有不少同志因此犯了错误。我们这样做，实际是保护了大家，以后群众不会对你们有意见，上面也不会查出任何问题了。”实践证明，这种制度推行后一直至今，再没有人犯过错误，也没有告状的现象。有几位记者前去暗访调查，回来对我竖起拇指：“如今煤运公司的煤炭能源基金才真正收回到市政府手里，他们也没有搞不正之风的土壤了。”通过这种办法市政府每年多拿回的资金达 5000 多万元以上。

面对国企改革的“硬骨头”

随着改革开放的不断深入，民营企业、中外合资企业、外商独资企业的出现，使国有企业和集体企业受到了严重的冲击和挑战。尽管这些国有企业和集体企业，也在不断坚持“改制、改革”，但终因管理机制不活、历史包袱和社会负担沉重、企业领导和职工思想不适应，再加上政府社会管理滞后等一系列原因，造成了国有及集体企业与民营企业不能在一个平等的起跑线上竞争，使得绝大多数国有和集体企业在十分艰难的状态下挣扎。一大批中、小企业经不起“风浪”的冲击，一个个相继亏损、关门，直至破产倒闭，也有不少企业在不合理的资产评估下“摇身一变”成为民营企业。

我在国有大型企业大同矿务局整整工作了 25 年，任矿级正职 9 年，在矿务局局级班子中又工作了 3 年时间，亲身经历了企业改制、改革的全过程。我深深感到国有企业改革之难、生存之艰、濒临破产之险。那时，虽然在矿务局搞过“矿长负责制”“全员合同制”“精简机构、下岗分流”“现代企业制度”“多种经营”“股份制、股份合作制”“有限责任公司制”等，职工思想中出现了一些大的动荡，企业显现出一些大的波折，也在一定程度上影响了经营生产，影响了职工情绪，但矿务局终究是特大型国有企业，渡难关、抗风险性特别强。在企业党委的领导下，在国家和省、市的支持下，大同矿务局艰难地挺过来，并发展成今天这样一个比较好的集团性大企业。

我从 1997 年 8 月到 2003 年 7 月，先后两次，历时 4 年多时间担任市长职务，企业改革是我最感头疼、最为棘手的事情。大同市财政税收85%来自国有、集体企业。企业混乱了、破产倒闭了，税收从哪里来？企业职工怎么生活？这些都是必须慎重解决、正面应对的“热点问题”“难点问题”。当时的情况是，“企业不改革，等死；企业改革，找死”。也有个别企业，“改革中生产秩序、经营管理有所混乱，改革完了，企业也随着垮了”。还有些企业停产多年，职工离岗也多年了，到了“有无企业无所谓，自己找活儿干”的地步，对企业已经失去信心，不抱有任何希望了。但是当对这个企业改革的时候，特别是到了破产倒闭时，情绪就来了，因为职工最担心的是怕失去国有职工的身份。这一点我是能够理解的。我在矿务局任矿领导时，一个时期“减员提效，下岗分流”进入高潮，我所在矿没有让一个人下岗，更没有采取辞退的手段。当时我设身处地的替职工着想，如果让自己下岗或者被辞退，心里能接受吗？所以那时我的确是精减下不了手，辞退开不了口。当时，有人提出“砸三铁”要用铁手腕，要有铁心肠，对此，我坚决持反对意见。现在到了自己又领导企业改革的关口，一定要替职工群众思考问题，考虑职工的生活问题。为此，当时所有企业改制方案中，一个必须解决的问题就是职工生活的保障问题。在1998年1月份出台的几个改革文件，如《大同市企业股份合作制暂行办法》《大同市人民政府完善小型国有企业产权制度改革实施方案》和《大同市人民政府关于明确小型国有企业产权制度改革配套政策适用范围》的通知中，都明确规定，不论采取“股份制”“招标租赁”“产权置换”“并转重组”“整体拍卖”“股份合同制”等何种方式，都要首先考虑职工的安置问题，坚决反对借改革之机，随意辞退职工。

大同市是计划经济根深蒂固的资源型城市，国有经济和集体经济所占比重相当大。1998年1月22日统计，大同市市直、县（区）营企业总数1378个，其中市直329个，县（区）1049个。国有企业总计773个，县（区）508个。1998年到2003年，是我市企业改革的第二个高潮，改制方式五花八门，职工思想极其复杂，成为企业逐步走向规范化、中国特色现代化的阵痛时期。在这一时期，市政府先后由程家濂和冀明德副市长具体抓这项工作。

截至2002年，全市应改制的企业1335户。已完成改制企业816户，占应改制企业总数的61.2%。从市属企业看，应改制企业353户，已完成改制129户，占应改制的36.5%。从县区企业看，应改制企业982户，已完成改制687户，占应改制的69.9%。

企业改革中，我顶住了所谓“大同市市县区没有大企业，都是小企业，统统都应卖掉、或是变为民营企业”的说法，始终坚持一个原则：凡是利用国家资源发展起来的企业，如煤炭；凡是建厂时间久、技术力量雄厚、资产比较多的企业；凡是生产、经营业绩好的企业，都不能拍卖，不能变相成为私营企业。因为这其中存在国家资源的使用权问题；在职国有身份和职工的荣誉感问题；有资产评估不严密、标准低、甚至因不正之风而造成国有资产的流失问题；有无形资产不好评估的问题；有当时通过公开拍卖，不少确实有本事但资金不足者退出竞争，造成好端端的一个企业交给无能之辈的问题。我心想等条件成熟的时候，国家政策允许后再搞也不迟，避免给国家、给企业造成不应有的损失。更何况，这些企业恰恰是大同市的财政税源大户，是支撑大同市财政运转的顶梁柱，一旦都变成私营企业，在当时来讲税收可想而知。那时，大同市行政事业单位还能正常运转吗？2000年4月份，我们视察大同市炭素厂。参观完炭素厂整个生产环节后，在会议室听取厂子汇报，并讨论改革意见。当时有的同志主张“拍卖就要拍卖好企业”，炭素厂以500万元卖给厂长。会上我没有表态，心想，一个1.5亿元资产的企业怎么只卖500万元，何况又不是全市公开竞拍。后来又传出说300万元可以买。我更不能同意了。这位厂长是我的老朋友了，但不能因老朋友，而牺牲国家利益，影响企业的长远发展。当时社会上正刮起了“拍卖风”，这位厂长当时不能理解，对我很有意见。我主动找他谈话沟通思想，他才真正理解了我的看法。就是这个国有企业那时税收200多万元，2005年上交利税1000多万元。

还有一个杏儿沟煤矿，是个年产100多万吨的大型矿井。一天，这个矿的矿长，和我曾是同事、要好的朋友，到我家谈关于购买杏儿沟煤矿一事。他说：“市经委资产评估委员会的经济专家给杏儿沟煤矿进行了资产评估。杏儿沟煤矿资产评估500万元，可以卖给我。其他人都同意了，就等你同意并签字。”我听了大吃一惊。心想，这事可非同小可。我说：“这些评估专家，纯属胡说八道。杏儿沟煤矿总资产2.5亿元，净资产也够1.5亿元，怎么评成了500万元？你们矿的主井大型绞车是俄罗斯产品，虽然转了20年，折旧是零资产，但实际价值呢？现在仍然正常运转，还能转10年以上，它的长久效益呢？你办公楼也使用了20年，是零折旧，现在还在正常使用，价值呢？”我说：“咱们都是搞企业的，什么情况都明白。煤矿几代人流血流汗，工程技术人员和职工群众付出了多大的代价，才发展成了现在这样的大型矿井。如果变为民营企业，他们能接受吗？他们能允许你这样做吗？”我又说：“打个比方，如果说市委公开拍卖，你500万元想买。我明天不当市长，出资5000万元也愿意买这个矿。因为咱们都清楚，以这个矿做抵押，向银行贷款5000万元，我在一夜之间就变成了亿元大户。”我们俩人各说各有理，一直辩论到半夜2点钟，他才心服口服地离开了。从此，他再也没有提买煤矿的事。

拍卖企业不是不开口子，我当时只对那些“纯属市场机制运转”的企业和资不抵债、生产经营状况不好的企业，经职工大会谈论决定，可以实行公开拍卖；“全员入股式的企业”可以以购买股票的形式，只对内部职工拍卖。如蓝浪洗涤剂厂，就是纯属依靠市场运作、能人治厂的单位。蓝浪洗涤剂厂厂长高建新，是位优秀共产党员，又是“五一”劳动奖章获得者，群众威望比较高，企业规模又不太大。他将企业资产分成上万股，让职工随意买股。有些职工不敢多买，而他多买了些股，最后实际控了股。全厂在他的带领下，面对市场风云，还是不断增产提效，职工思想稳定，厂子越办越好。

通过我亲自推动的一些改革事件，我深深地感悟到，改革就是要革除积弊，激发潜力和内生动力；就是要开动脑筋，让单位或个人充满活力。此外，改革切不可“冒进”，也不可“偏激”，要以符合群众或干部职工的利益、顺应时代发展潮流为着力点，稳妥、有序推进。

我在大同市任市长时，把“名利淡如水，事业重于山”作为人生的指向，把“诚实做人，诚信为官，以公服众，以廉服民”作为执政的指南，把“为百姓甘献孺子情，为国家乐尽匹夫责”作为工作的指导，一心一意为大同的发展殚精竭虑。兴建迎宾大桥，为御东新区的发展构筑“大通道”；筹建大同大学，填补了晋北地区高等教育的“空白”；云冈石窟成功申报世界文化遗产，千年大佛展开了笑颜，建设御河生态园，大同市这座古城有了鲜活的“肺”……这一件件大事，也得益于改革开放的好政策、好机遇，得益于时任大同市党政班子的精诚团结。

我所经历的榆次改革开放

冀安信

我于1983年10月调入榆次市工作，先后担任榆次市副市长、副书记、市长、书记，地委委员，1994年11月调离榆次故乡，到省人民政府经济体制改革委员会任职，在榆次工作11年。在这11年中，我竭尽所能，忠于职守为榆次人民服务，主持、参与、制定了许多事关榆次改革、发展的战略决策，实施、完成了榆次一系列重点工程项目，为榆次日后的政治、经济改革发展及城市建设打下了良好的基础，积累了宝贵的经验。但由于我个人的能力有限，也留下一些不尽人意的地方。今天虽然离开榆次的工作岗位已多年，但是当年如火如荼的改革状况，仍历历在目。

实施城郊型经济的发展战略

由于榆次位于太原、阳泉和长治三大经济区域的交叉地带，交通便利，工业发达，科技基础雄厚，农业生产条件较好，既有数百万人口的副食品消费市场，又便于接受经济技术的辐射，天然地成为本地经济和太原等地双重意义上的城市郊区。另一个原因是80年代初，农村土地生产大包干责任制刚刚完成，农户们变成了生产经营的主体。在生产中他们发现过去的传统式农业的自给自足的自然经济，经济效益太低，不能满足农民们发家致富的需求，农户们急需找到一种通过农业生产使自己富裕起来的一种新的农业经营模式。当时，正是依据这两个客观现实条件，榆次市决定了发展农村经济应该走城郊型经济开发的道路的战略方针。榆次发展城郊型经济包含两个方面的内容，一个是“抓菜篮子工程”，一个是“发展农村乡镇企业”。

先讲“菜篮子工程”。

城郊型经济开发，就是农村商品生产的规模性深度开发。在这一开发中，榆次找到了“菜篮子工程”这个启动点。榆次在五六十年代，蔬菜的生产仅限于平川地，规模小、品种单调，基本属于自给自足，商品菜的生产微乎其微。面对这种情况，市委、市政府于 1985 年提出了因地制宜，把榆次建成能源重化工基地的蔬菜和副食品基地，将蔬菜生产列入城郊型经济的重点开发项目，连续七年不断提高蔬菜的商品化和集约化程度，我们提出了“发展五个一”的开发重点。即，一万亩西红柿，一万亩大青椒，一万亩大白菜，一万亩大葱，一万亩土豆。加上其他蔬菜，到年底全市蔬菜种植面积达到 81722 亩，分叶菜类、茎菜类、果菜类、根菜类四大类 61 个品种，总产量达到 2.5 亿公斤，一跃成为全省蔬菜产量之首。大量的西红柿、青椒、大白菜等，通过各种市场渠道，源源不断销往哈尔滨、北京、天津、南京、广州、温州等地，丰盛了人们的菜篮子，鼓起了农民的钱袋子，显示了城郊型经济开发的强大优势和广阔的发展前景。

在榆次市大规模的蔬菜开发中，最突出、最成功、最具有指导推广意义的是相当一部分农民学会了如何把自己的蔬菜推向市场、占领市场，实现农业生产高效益，向人们展示了创造性的“杰作”。

当时，峪头村的五户农民自发组织起来，把自己种的和收购的西红柿装在雇来的汽车上拉到石家庄批发市场销售，一个夏天收入达到万元以上。这在 80 年代初还相当闭塞的农村来说，确实是需要胆略与勇气的。可观的收入吸引更多的农民从事西红柿长途贩运，他们组织起来北上沈阳、哈尔滨、北京，东南到济南、合肥、上海等地，一个青年农民自己拉一车西红柿行驶三天三夜，第一个闯进上海市场，上市便销售一空，一趟净挣8000元。这些贩运队伍除了销售自己种的，还把本村、外村以至外乡的西红柿收购起来去卖，峪头成了远近闻名的西红柿批发市场。峪头村从事销售的人员达到300多人，带动了周围5个乡镇，30多个村的西红柿种植，种植面积达到1.4万亩。市政府对峪头村以西红柿销售为龙头，带动种植业，形成远近闻名的西红柿市场的经验进行了认真总结，并大力宣传扶植和推广，在全市范围内起到了很好的促进作用。

榆次东阳镇是全省闻名的蔬菜产区，镇里学习峪头的经验，组织110名有经验的农民，多方联系，牵线搭桥招揽八方客商，打开了全国9省60多个城市的市场，形成了青椒专业村、白菜专业村、葱头专业村等，出现了不少销售在百万公斤以上的农民销售大王，乡里给他们披上大红花，大力宣传表彰，农民的积极性更加高涨。

为了解决蔬菜种植冬闲的问题，我带领乡镇干部去山东寿光学习蔬菜大棚的建设经验。回到榆次后，立即召开10个平川乡镇负责人会议，专题部署大规模发展温室大棚蔬菜的战役，教育农民认识到，建设一个大棚，就是发展一个绿色企业。这是一项风险小、投资少、见效快的项目。市里给每个村高薪聘请了寿光的技术员给予指导，对建设蔬菜大棚给予一定财政补贴。在规划、土地、技术、市场等环节上都制定措施。对各乡镇下达建设蔬菜大棚的任务，第二天，我们抽调各部门人员组成10个小组，身带照相机和卷尺，深入到各村拍好照、数好数，然后回来汇报。当天晚上，我与几位领导坐在会议室里听取各个检查小组的汇报，然后统计出数字，发简报，表彰动作积极的，批评迟缓的。

为了使城郊经济开发逐步深入，年初，市主要领导和各部门负责人深入到各乡镇听取当年开发的计划和措施，在资金和技术服务上给予支持；年中，进行现场办公，解决开发区工程项目中遇到的困难和问题；年底，深入到各乡镇检查落实年初确定的工程项目完成情况；最后，根据年初签定的责任书给予表彰奖励。使城郊经济开发一年一个新发展。

榆次在开发城郊型经济的过程中，还得到了山西农业大学教授、专家的大力支持和帮助。市政府与山西农大签订了“榆次城郊技术开发协议书”，抽调农大教授、专家和市里有关人员组成协作组，下设十个专业组。协作组拟定科研项目，提出技术实施方案，培训技术人员，进行技术指导。凡参加项目的科研人员，都有责、有权、有利。每个项目都规定好具体的指标和完成期限，确定双方责任和技术指导报酬，分阶段总结报告，全年验收兑现。这种工作方法在城郊型经济开发中发挥了巨大的作用。

由于实施了“城郊型经济开发”，榆次的农村经济收入大大提高，在全省夺魁，成为全省第一个农村人均收入超千元的市。省委确定榆次市为全省 12 个小康示范县（市）之一。

榆次开发城郊型经济的另一个重要内容是发展乡镇企业。1983 年我去苏南考察，加深了对“无农不稳，无工不富”的理解，更进一步认识到，大力发展乡镇企业是引导农民致富的重要途径。无论我任副市长分管乡镇企业期间，还是任市长期间，都把发展乡镇企业当成重点来抓。

几年中我跑遍了榆次所有的乡镇企业，与他们的厂长结下了深厚的友谊，与他们谈企业发展远景，帮助他们解决企业发展中遇到的困难。通过几年的努力，榆次企业异军突起，成为农村经济的主力军，榆次国民经济的重要支柱。

榆次有个怀仁醋厂，怀仁村家家户户自己酿醋，醋厂按照统一标准收购，然后统一包装，统一远销到全国各地。我到生产醋的农户家调研，看到农户大院里生产和生活混为一谈，既不卫生又不成规模。我就琢磨能否通过政府的帮助，把村里做醋的农户集中起来，形成一个有一定规模的生产醋的园区。当我把这个想法与乡村干部商量后，得到了大家的一致认可。于是我带领计委、土地、财政等部门的负责同志现场办公，按大于农民住宅基地标准给生产醋的每户农民批一块地，资金来源分财政补贴、贷款、个人出资三部分。统一规划为二层楼，一层作为车间，二层生活用。经过一年的努力，榆次怀仁醋厂成为全省酿造行业的一个大型酿造集团，获得全省同行业经济效益、出品率、外销量三个第一的美誉，榆次怀仁村也成为全省闻名的酿造第一村。

榆次有诸多驰名国内的国营大企业，帮助乡镇企业牵线搭桥引进技术和人才是常装在我脑海中的一件大事。一方面，我们有意识地和国营大企业的领导交朋友，为他们解决些困难，做他们的思想工作，获取一些信息；另一方面，随时给乡镇企业提供市场导向。

经纬纺织机械厂是纺织部下属的大型企业，生产的纺机畅销全国各地。郭家堡村紧邻经纬厂，通过我们多次做牵线搭桥，双方达成协议。由经纬厂出技术，郭家堡村提供厂房，联合建成了纺机配件厂——罗拉厂。投产后，销路和效益都非常好。当我听说化纤厂所需的二甲基亚砜市场紧缺时，即时把这一消息告诉了志村，他们很快筹集到资金，化纤厂的高级工程师多次专程去指导，很快建成了二甲基亚砜厂。经过几年的努力，与技术的不断改造，成为全国最大的二甲基亚砜生产基地。该厂原来属于村支部书记自己投资兴办的企业，取得一定效益后，全部变成村集体企业，大大提高了全村农民的收入，为全村做了一件大好事。

乡镇企业的发展需要得到政府方方面面的支持，榆次市政府在调查研究的基础上，每年都要召开专题研究乡镇企业如何更好地发展的会议，制定发展乡镇企业的政策措施，在税收减免、工商管理、土地占用、引进人才、资金贷款等方面都要做出倾斜扶持的规定，并选派一批经济管理型人才到乡镇企业任职。1988 年榆次郭家堡乡成为全省第一个乡镇企业产值和农业产值达亿元的“双亿元”乡，被山西省政府誉为“晋阳一枝花”。1992 年榆次市 15 个乡镇有九个乡镇超亿元，12 个村超千万元。

实施轻纺工业为主体、多元化工业为主导的发展战略

1983 年 9 月，我担任了榆次分管工业的副市长。经过近半年的下厂调研、外出考察、向专家咨询请教，在详细分析了榆次工业的优势与问题之后，提出了榆次工业发展的指导思想：围绕“一个中心”（经济效益），驱动“两个车轮”（企业管理、技术改造），开展“三兄弟竞赛”

（国营、二轻、乡镇企业），组织配套“四条龙”（纺织印染服装、化纤针织、液压件、纺机配件）。这个思路经过专家论证后非常赞成，于是组织工业口开始实施。

榆次城市工业改革的第一步，就是工业经济由封闭型向开放型的转变。为了做好这个转变，把改革作为振兴经济的动力，榆次在全省范围内率先成立了经济体制改革委员会，由我兼任办公室主任，结合国务院和省政府颁发的有关政策规定，制定了八条改革措施和十一条松绑放权的决定，完善了企业内部经济责任制，企业有了很大的自主权，增强了企业的活力。

每年，我们都要带领工业部门的负责人深入到企业现场办公，了解情况，解决问题，帮助企业一个项目一个项目的定，一件工作一件工作的做，并大胆启用了一批有胆识、懂技术、精业务、会管理的能人担任厂长，很快打开了企业的局面。

为了解决企业人才与资金方面的不足，我们实行了“三挂钩”，即，与大专院校、科研单位、沿海城市挂钩；“五引进”，即，引进人才、资金、技术、项目、设备。极大地冲破了企业传统的自我封闭的手工业生产格局，实现了工业经济开始由封闭型向开放型的转变。经初步统计，1984 年榆次全市工业企业与 25 个院校、科研单位，18 个省市挂钩，引进推广新技术、新项目、新工艺、新产品 112 项，各类人才 150 多人。

在全省召开的经济技术协作会上，我与工业口的负责人一道，携带着各企业的 20 个技改项目，每个项目由厂长带队亲自住在太原，天天游走在省计委和各厅局之间，向他们宣传项目，争取资金。通过我们的游说取得了巨大的收获，仅在一次会议上就争取回 2400 万元协作资金，成为榆次 84 年之前向省里要回最多的一次。之后，经过一年的努力，每个项目都顺利完成。

对于组织配套“四条龙”的工作，因涉及国、省、地的企业，受条块分割和所有制限制，工作难度较大。为此，我们多次拜访驻地大企业的领导，帮助他们解决困难，协调各方面的关系，使他们对这项工作形成一个统一认识。在他们的帮助下，榆次新上了纺纱、印花、宽幅织机、西装生产线等。初步形成了纺织——印染——服装一条龙；我市又扩大腈纶产量，新上了腈纶毛涤和针织横机，初步形成了化纤——针织一条龙；我们还将榆次几个小的机械厂改造成了液压配件厂，形成了以配套大液压厂为主的液压配件一条龙；围绕亚洲第一、世界第二的经纬纺机厂，大力发展生产纺机配件的乡镇企业，形成纺机生产一条龙。“四条龙”的舞动带动了榆次整个工业生产的发展，全市共组织了23个企业参与了“四条龙”生产，产值占到全市工业总产值的百分之四十。榆次工业生产形势呈现出了一派生龙活虎、热火朝天的大好形势。

榆次“四条龙”及各种企业建起来之后，我们针对全市工业管理水平低的现状，把实现现代化管理作为主要工作，重点全面推行了目标化管理。为了做好这项工作，我们带领13名干部到西安取经学习，回来后，筹办了职工培训中心，举办了两期目标管理培训班，培训骨干50多名。为了把这项工作高质量、高水平地做好，我亲自到山西大学、财经大学等高等院校，请经济系的教授作为市政府的顾问，定期为工业企业干部讲企业现代化管理知识。

山西大学经济系宋教授，是在日本专门学习企业咨询诊断的专家，我多次登门拜访他，聘请他为榆次市政府的顾问。邀请他及省、地专家、学者22人组成诊断组，对榆次印染厂进行了咨询诊断。诊断组运算了200万个数据，绘制出分析图表74张，理出87个主要问题，提出56项建议。厂领导对咨询诊断组提出的问题和建议，逐一进行研究，根据专家组的建议狠抓了管理混乱的病根，把整顿同改革结合起来，取得了良好的效果。

在一次市政府的总结会议上，时任榆次市长的吕鑫厚说：“两年来，各位副市长的工作都有很大成绩，特别是工业战线发生的变化，财政上没给工业企业拨一分钱，反而通过大家的努力，给市里挣回几千万资金，原来许多企业亏损严重，发不了工资。现在全市60个国营、二轻企业厂厂盈利，无一亏损，工业总产值连续两年增长幅度在20%以上……”。

在榆次工业建设中，由于一大批敢闯敢干的年轻干部走上了企业领导岗位，到 80 年代末，全市工业生产出现了前所未有的新局面，生产速度迅速增长，经济效益普遍提高，全市有 26 种产品获得省部优质产品，20 种产品打入国际市场，获得科技进步奖 38 项。1991 年 7 月在北京人民大会堂湖北厅举行了榆次市新技术、新产品新闻发布会，原省委、省政府领导和首都 22 家新闻单位负责人和记者参加了发布会，奏响了榆次新技术、新产品走向全国的号角。

进入 90 年代后，企业经过一轮、二轮承包经营责任制，虽然起了一定的效果，但也逐渐显露出产权不明确、包袱重、技术改造落后，产能不适应市场等深层次的问题。恰在这时，报纸上发表了邓小平南方谈话，明确了中国经济体制改革的目的是建设社会主义市场经济，拉开了国有企业产权制度改革的大幕。

当我们得知“山东省诸城市将全市 282 个国有、集体企业全部改制卖给了职工，实现了自主经营、自负盈亏、自我发展、自我约束，建立了产权清晰、权责清楚、政企分开、管理科学的现代企业制度的经验，受到了朱镕基副总理的肯定”后，我们立即带领市里的有关部门领导亲赴诸城进行考察和学习。然后又组织经委和企业负责人先赴山东、后又到东北取经。回到榆次后，市委决定在全市范围内开展一场“面对机遇，榆次怎么办”的大讨论。大家以山东诸城的经验为榜样，摆问题、找差距、定措施，使广大干部群众思想上大解放，改革上有动作。在大讨论的基础上依据榆次的实际情况，拟定了《榆次市国有工业企业产权制度改革的意见》，全面实施六种产权制度改革模式，即，股份制、国有民营、公司化改组、转化划转、关闭破产、公开拍卖的模式。在全市工业系统掀起了一场产权制度改革的新浪潮。

为了使产权制度改革顺利进行，我们选择了榆次影机厂作为国有民营试点单位，大胆地选配了一名乡镇企业的厂长担任国有企业的厂长，引进了乡镇企业的经营模式，经营机制的转换很快使企业焕发了生机。他们通过与部属国营液压件厂协作，生产出了液压站产品，打开了市场销量，扭转了企业亏损的局面。紧接着将企业转换为股份制，实行全员抵押、自愿参与、利益共享、风险共担。榆次市影机厂更名为榆次市液压站厂，成为产权制度改革的一面旗帜。

对于作为公开拍卖试点的榆次市涂料厂，我多次深入企业与厂领导研究改革方案，亲自对职工做改革动员报告，激发了职工参股的积极性，10天之内职工就认购完全部募集股份的总额。榆次市产权制度改革引起了省、地领导的关注。省经委、省体改委领导多次来榆次调查和指导，被确定为山西省首家国有企业产权制度经营机制改革的试点市，在全省形成了“北有朔州，中有榆次，南有绛县”的企业改革局面，并在榆次召开了全省中小型企业改革经验交流会。时任省长的孙文盛亲自来榆次视察。省长一下汽车见到我后，第一句就说：“听说你们产权制度改革搞得有声有色，我特意来看看，究竟怎么样？”孙省长每到一处都深入企业，询问工人的工作生活情况，听取改革的介绍，所到之处看到改革的情况都十分满意，临走时对我说：“你们通过产权制度改革，使现有的企业所有制结构进一步适应生产力的发展要求，职工的生产积极性空前高涨，我放心了。你们的经验应该在全省范围内推广”。听了省长的评价，我悬着的一颗心才落在肚子里。

随着工农业生产的发展，全市财政收入迅速增长。1985年，财政收入首次突破亿元大关，成为全省唯一财政收入超亿元的县（市）。市政府派代表赴北京参加了“全国财政收入超亿元县（市）经验交流会”，受到了中央领导的接见。

实施以“水、路、气”为重中之重的城建工程

搞好城市建设是市长的重要职责，为了把榆次这座千年古城建设成为一座现代化城市，我们聘请了同济大学的教授专家对榆次市城市建设进行了整体规划，并报请省政府批准，成为全省第一家由省政府批准城建方案的县级。

依据榆次市整体规划，经过反复论证、精心筹划、周密准备，以“水、路、气”为重中之重的十一项城建重点工程全面展开，成为榆次解放40年来，投资最大、工程最大、项目最多的工程。为了得到全市

人民和驻市单位的支持、监督，1988 年 3 月 26 日，榆次市政府举行了隆重的首次新闻发布会。省、地、市的 10 多家新闻单位到会，我亲自向全社会宣布了城市建设要办的 11 件大事。同时，成立了榆次市重点工程总指挥部，由我担任总指挥。总指挥部下设五个指挥部，我与五个工程的指挥签订了《榆次市 1988 年基本建设重点工程竣工投产项目经济包干合同责任书》。榆次一场史无前例、万众瞩目的城市建设工程，在魏榆大地拉开了序幕。

榆次市原来的水源地在离城 5 里的源涡村。20 世纪 50 年代，儿时的我常去源涡观景戏水，那里有五龙池的清泉，绿油油的稻田，还有一片一片的荷花，构成了榆次有名的风景。经过 40 多年的开采自流井不复存在，五龙池的水干枯殆尽，水位下降到负 100 米。如果没有新的水源地接替，势必造成全市的断水，不仅影响人民的日常生活，而且成为事关全市工业企业能否顺利发展的关键。

在山西省地质水文勘探队的帮助下，工程队在离城 15 里的东赵乡西窑村潇河滩找到了第二水源，而且水质是含有多种稀有元素的矿泉水，这使我们非常振奋。为了让省计委批准立项，我和市计委的同志多次找省计委领导汇报，最终感动了省计委负责人，同意召开评审会。在专家评审会上，由于我们经验不足，资料准备不充分，许多专家持否决意见。主持会议的省计委副主任打破评审程序，采取先审批通过，后补充材料的办法，并在资金上给予支持，使总投资 1050 万元的第二水源项目顺利立项。经过一年多的努力，15 眼钻好的井口戴着防护罩的深井整齐地排列在潇河岸边。全市人民通过义务劳动挖掘了 12000 米输水主管道，日出水量 3 万吨的矿泉水源源不断地流入千家万户，从根本上解决了榆次日见告急的供水紧张的大问题。

那一年，难度最大的工程是城市道路改造。政府选择了影响市容和交通的三条主路、七条街道、一座立桥作为重点工程项目。那时，城区通往亚洲最大的经纬纺织机械厂的经纬路（现顺城西街）途经郭家堡村，道路狭窄，房屋凌乱破损，给前去参观的外宾造成了很不好的影响，拓宽经纬路成为全市人民的心愿。其中拆迁任务十分艰巨，涉及扩宽区域内 154 户居民，他们积极响应政府的号召，全力配合工程进度，没有出现一个钉子户，计划两年完成的拆迁工程，仅仅两个月就顺利结束，用最短的时间完成了我市解放以来最大的一次搬迁，充分体现了那时群众顾大局、识大体的良好市民意识。很快，在整个市区内，除经纬路工程外，108 国道过境段、城区中心最宽的迎宾街中段、横跨石太线铁路的锦纶路立交桥，以及七条小街道的修路工程全面铺开，使整个榆次成了一个大工地。

那一年，天公不作美，工期内下了 50 天的雨，给修路工程带来了很大的困难。一时间，交通出现拥堵现象，群众意见很大。特别是途径榆次的外地车辆进入榆次城如同进入八卦阵，晕头转向找不到路，甚至在城区的几个入口处，出现了“引路收费”的举牌人。

虽然天气阴雨连绵，严重影响了工程进度，但各个指挥部的同志们想尽办法、昼夜奋战，到年底时，各个工程全部按时按质完成。负责修 108 国道过境段的两位建委副主任由于连续多日的加班、超强度工作，一位得了重病，另一位在工程竣工后不久就因病住院，抢救无效去世。今天想起这些同志既感动又悲伤，希望我们的人民群众永远不要忘记那些曾经为建设榆次出过力流过汗甚至牺牲生命的同志。

全部工程竣工后，榆次市旧貌换了新颜。顺城街原来只不过是榆次老城外边城墙边下的一条护城小街，改造后却成为榆次一条繁华热闹的大街；当时全省一流的立交桥——顺城桥，横跨路面，气势宏伟，连通拓宽后的经纬路和“城市花园”的经纬厂；迎宾街那一排排造型别致的路灯，平坦宽阔的“三板块”路面，用五色草编织的街心花篮处处动人，使它成为全市第一条美丽的大街；108 国道过境段，一改过去的狭窄、多弯、事故不断的状况，变得宽阔笔直，车水马龙，畅通无阻；四条东西走向的主干道和四条南北走向的主干道，纵横交织在一起，呈井型框架结构构成整个榆次城的交通大动脉。总之，榆次道路交通的改变为日后榆次经济的腾飞奠定了坚实的基础。

在三大重点工程中，历时最长、耗费心血最多的是焦化煤气工程。这项工程于 1984 年我任副市长时提出方案，到 1988 年我已任市长时列入三大重点工程，到 1992 年 7 月投产我已任市委书记，经历了整整八年的时间。在实施这项工程的同时，市政府投资 100 万元建成了石油液化气站，使千余户居民用上了液化气；我们还成立了集中供热办，投资修建大型供热锅炉，拆除了不少单位自行供热的小型锅炉。集中供热工程完成后，供热小区 24 个，受益单位达到 91 个。

榆次居民历来都是“和煤泥，烧煤炉、倒煤渣”的生活状态，不仅家务负担重，而且严重污染环境。为了彻底改变这一现状，经过论证、一次次修改完善，到 1985 年我们才确定了建设 10 万吨的焦炉煤气工程。为了使煤气工程能够立项，我亲自带领市计委的领导多次跑省政府、省计委。一次，为了等分管计委的副省长在文件上签字，我们几个中午也顾不上吃，在省长家门口从 12 点一直等到下午两点，当省长睡起午觉上班时，我们立即给省长说明情况，我们的这一举动感动了省长，他很快给我们签了字。经过一次一次的专家论证，和对方案的修改完善，直到 1988 年我市的焦炉煤气项目可行性报告和初步设计方案才通过了省级鉴定，并列入了全省重点工程项目。成功立项标志着迈开了煤气工程的第一步。这项工程因投资大技术要求高，所以周围的很多同志和许多百姓对能否完成这项工程都持怀疑态度。一次我骑自行车上班，旁边有两位骑车的人认出了我，便放开嗓门大声交谈：“政府提出的水、路、气重点工程，水是打出来了，路也修好了，就看这气能不能送上了？”另一个回答说：“我看难呀！弄不好就放空炮了。”老百姓的话实际上是对我的激将法，我暗暗下决心，不管遇到多大困难，这件事我一定要做成。

煤气工程立项后，确实面临许多问题。比如，项目谁来干，资金怎么筹措，技术问题怎么解决等，都要我们一个一个去破解。选择什么人负责这项工程是最关键的问题。经过反复筛选，最后确定了太原工大建筑工程专业毕业的建委主任康世诚同志。但是从公务员到企业当厂长，他能否愿意呢？我把他请到办公室，讲项目的规模、发展前景、对榆次经济发展和社会效益的意义，最后说：“一个人一生，能做成一两件对人民有益的大事就活得值得了。政府把这个担子交给你，你愿意去吗？”没想到他很痛快地答应了。几年之后他和我说：“你最后说的那句话对我印象很深，我就是听了你的那句话，才下决心去做这件事的！”

接下来，我与大家一起跑省计委、各银行落实资金、贷款，跑土地部门和农村落实土地，与铁路部门协调规划铁路专用线，到河北定州市焦化厂请来技术人员，找施工单位搞“三通一平”等，许多事情都亲历亲为。历经一年，在大家的共同努力下，完成了项目的前期准备工作，1989年8月1日举行了隆重的奠基仪式，榆次焦化煤气工程进入了施工建设实施阶段。在奠基仪式上，我向全市人民郑重宣布，焦化煤气工程要实现“两年出焦，三年供气”的建设总体目标。

经过20个月的艰苦奋战，紧张施工，克服了重重困难，一座现代化的焦炉从一片空旷的土地上拔地而起，广大职工用他们的聪明才智和勤劳双手向全市人民交出一份满意的答卷。焦炉煤气工程总投资近亿元，投产之后年产焦炭11.9万吨，日供市煤气5.64万立方米，还可提供焦油、粗苯等多种化工副产品。每年为城市节约4万吨原煤，减少大量的二氧化碳、粉尘、炉渣排放量，有效遏制城市的环境污染，使榆次成为全省除太原外，第一个居民使用上煤气的城市，人民的生活环境向前迈进了一大步。

回顾我在榆次任职期间，所亲历的改革开放的种种情景，心情无比激动。榆次的改革开放之所以能取得巨大成绩，得益于党的政策的正确指导和省、地各级领导的正确领导，还有就是榆次有一个团结务实的班子，并得到全市人民的信赖和支持。我只不过是一个执行者和实践者。虽然做出了一些微不足道的成绩，但由于自己能力有限也留下一些遗憾。如今，我已进入古稀之年，经历了过多的生活的风风雨雨之后，遇事早已宠辱不惊，但是为榆次人民服务的那段岁月永远值得我骄傲。

我所经历忻州改革的那些事

于崇良

回顾几十年改革的历程，是在各种矛盾或努力的碰撞中不断前进的。因为改革说到底是在不断革除过时的条条框框，不断调整生产关系，调整人与人之间的关系，从而调动人民群众的生产劳动积极性，达到提高生产力的目的。我所经历的改革证明这一马克思主义理论的无比正确。

调整果园承包的决策过程

20 世纪 80 年代后期，随着果价的攀升，广大村民与经营果园的承包人之间的矛盾逐步显现出来，到 1990 年已经发展到不可调和的地步。尽管一些果园承包人把反对果园承包的行为人告到法院，同时村民也到法院上诉，要求调整果园承包，法院都根据合同法，判决承包人胜诉，但判决的结果并没有从根本上解决了村民与承包人之间的矛盾，所以果园中的一些小树仍然遭到一些人的砍伐，有人甚至往果园投放爆炸物。这一矛盾的发展引起村民成群集队，集体上访，严重地威胁到社会的治安与稳定。

为了弄清根源，解决矛盾，稳定社会秩序，地委领导让我组织法院、农工部（含农业经营管理部门），信访局等组成一个综合调查组，深入基层调查研究，找到一个合理的解决办法。在组建调查组之前，我先通过有关部门的一些熟人了解情况，对于引起矛盾的事实和情况，认识一致，但结论却南辕北辙，距离解决问题相差甚远。法院怪怨政府对执行判决支持不力，因而判决难执行，经营管理部门强调稳定承包是当前的大政策，不得有丝毫的动摇。甚至把村民中反对承包的一些有过火行为的人说成是破坏分子，要求绳之以法。鉴于这种情况，即便组织一个综合性的调查组，也很难在解决办法上统一认识，妥善处理。于是我便亲自深入重点乡镇做了一些初步的调查，并通过信访部门，以及家在农村的亲戚朋友，和我所认识的农村干部做了进一步了解，得出的结论是：

第一，果园承包时的基础就不完善、不合理。因为果园承包和土地承包不一样，土地承包是家家有份，人人有责，不管政策如何变，天塌下来大家一齐顶着，所以大家的顾虑就少得多，都能随大流，一起参与承包。果园却不一样，全村的果树都归一两户承包，一旦政策有变，承包费用和投资就打了水漂。所以都不愿意承包。在这种情况下，承包价码一压再压，有的村干部为照顾自己的亲朋好友，承包价就压得更低。这是不符合市场规律的。此外，所有的承包合同都没有考虑到随着果树生长，必然有盛产期的到来，让村民再评估，重新调整合同。可见当时的承包是仓促而不完善的。

第二，随着果树盛产期的到来和果价的猛涨，合同的不合理性更加显示出来。不用调查也都知道，承包时的果价一角多钱一斤，不到十年时间就猛涨到一元左右一斤，再加上很多果园，因为盛产期的到来，产量也迅速增长，因此不少果园承包者很快就成为全村有名的富裕户。因此果园承包户和土地承包户的收入差距在短短的几年时间就拉开了很大的距离。而果树却都是在集体经营时，由社员共同栽培的，如今的成果都归少数承包户享有，大家的不平衡心理是情理之中，绝对不能把村民要求调整果园承包的意愿说成“红眼病”，更不能把那些因为发泄不满砍了几苗小树的人说成是破坏分子，要求绳之以法。

第三，随着时间的变迁，有些承包户因故丧失了劳力，如果死抱着原有的合同不变，就会成为阻碍果园产量不断提高的枷锁。我在忻州市（现在的忻府区）庄磨的调研中发现，大片桃树园荒草蔓长，有些桃枝已经干枯。问随行的乡党委书记这是为什么？他说承包时这个户只有母子俩，生活很困难，为了照顾他30多岁的儿子有个稳定的收入，村里低价把这片桃园包给他。可不几年儿子死亡，现在只留下一个老娘，桃园也只能荒着。我说，那你们为什么不调整给有劳力的户呢？他说，谁敢和政策对着干，现在从上至下都在强调承包合同不能变，一心安定农民种好地的心啊！

在其他县乡的调查中，发现类似庄磨桃园的现象并不稀奇，由此可以得出结论，调整果园承包已经是迫在眉睫的紧急要事了。

我给地委汇报过问题的根源和解决办法后，地委曾考虑先让各县根据自己的情况，加以解决。但是鉴于当时的形势，全国上下反复强调稳定承包长期不变的氛围，加上一些县的法院已经对这一问题做出过判决，所以只靠县里调整，承包户肯定不服。结果将是由村民上访变为承包户上访，所以必须由上至下制造更大声势，即地委决定，各县统一行动，才能解决问题。为了不让问题越拖越大，在当年的地县乡三级干部会上就应该把解决问题的办法喊出去，讲明白。

在起草三干会报告的同时，也听到不少杂音，为了首先统一地直机关（特别是农村工作部门）工作人员的思想，我们用政治经济学理论讲清楚，法院对果园承包人与所有村民纠纷的判决，是在现有体制（承包合同）不变的情况下做出的，并没有从根本上解决了承包人与村民的利益纠纷。而我们现在调整果园承包，是要跳过上层建筑（包括法律办法）直接从生产关系入手解决问题。从现有政策讲，承包的政策，与承包合同虽然有因果关系，但它们毕竟是两码事。我们现在调整承包关系，就是要调节生产关系，解决承包人与所有者（果园归集体所有）之间的关系，只要这两者关系协调了、和谐了，互相之间的矛盾和冲突消失了，没有人再损坏果树了，把果树的产量同价格的高低升降，同大家的利益挂起钩来，大家才能爱护果园，共同保护好果树的生长。也就是说只有在动与不动的辩证关系中找好平衡点，才能从根本上保证承包责任制这一大政策的长久与稳定。所以我们现在调整承包的目的就是从根本上巩固承包经营这个大政策。所以调整果园承包同稳定承包政策完全是一致的。

在基本统一思想认识的基础上，三干会的报告明确提出要重新调整果园承包合同。要求各县在调整过程中充分考虑到承包人在承包过程中的投入，保证承包人在经济上应有的利益，防止他们受到不必要的经济损失。

在最后一天研究三干会上的报告时，范堆相副书记肯定地说，看来除了调整承包合同这一办法，眼下也找不到解决全区这一突出矛盾的更好办法。张秉法书记也果断拍板定案，一致同意在三干会上提出这一问题，指明解决办法，要求在春耕大忙之前，抓紧解决好调整果园承包这一大难题。三干会一结束，各县就组织强有力的工作组，由县委县政府领导带队，深入到产果的乡镇和农村，讲政策，讲利害，讲道理，讲政治，特别是针对承包人和广大村民提出的具体问题，入情入理，分清是非，解决好双方的思想问题，各县都在四月份之前彻底解决了果园的承包的问题。此后再没有因此而上访的现象，从根本上稳定了社会秩序。

地委行署领导“三三制”的工作制度，对改善党群关系和干群关系都起过积极的推动作用

20 世纪 90 年代，为了改变党政机关的工作作风，从上至下提出了压缩文山会海的问题，要求上下一致，认真解决。大致是 1994 年春，各地市委秘书长在太原开会，研究解决这一问题，大家见仁见智提出了不少办法，但大多数都集中在文秘系统要把好压缩文件关的问题上，但是真要从根本上解决问题，还是要从地市领导的一把手开始，整个领导班子认识一致了，一切问题都好解决。如果只靠文秘系统把关，只能把住各部委局室要求以地委行署转发文件的关，这种只抓皮毛不抓根本的

办法是不会从根本上解决问题的。所以会议一结束，我就找地委书记赵凤翔同志，一方面汇报会议精神，一方面提出我们地区的解决办法来。相互通气研究之后，他让我拿出一个文字方案来。

秘书处起草了一个“三三制”的工作方案，即把每月分成三个十，又把每旬分为三个时间段，有计划、有安排地工作。（实际执行过程中，每月的三个十分得很清楚，每旬的三个时间段就不太明确了）。这个方案送到凤翔同志那里，他很痛快地说，就这么定了，先试行一段，该如何完善，实战一段时间再说。

“三三制”的工作方法，不仅仅停留在压缩文山会海上，而是从根本上保证地委行署的领导按规定的时间下基层调查研究，力争把问题解决到基层。按照“三三制”的要求，每月上旬地委行署的领导必须下去调查研究，遇到该解决的问题就尽力现场解决。如果问题复杂，或者涉及上级方针政策的问题，就带回来集体开会研究，找到合理的解决办法。每月的中旬地委行署的领导在机关考虑安排自己分管和应管的工作，这期间给下边安排部署任务时，一定要实事求是，针对性强，要求明确，方法到位，有委派、有检查，说到做到。下属单位遇到困难，经过努力能克服、能解决而不积极努力克服困难解决问题的，要严肃批评。如果遇到较大问题，情况复杂一时难以解决的，要及时反馈，由领导帮助解决。一般人对班长也一样，必须做到有安排有落实，不能把领导安排的工作当作耳旁风。这一制度虽然在执行过程中不可能百分之百的完善，但对一些油腔滑调不肯实干的人也确实起到一定的监管作用。记得有一次我正在凤翔书记的办公室商讨一件事，一个副专员进来笑眯眯地说，书记好难找，今天可在哩。赵凤翔同志突然动情而严肃地说，是你难找还是我难找？你这个让人捉不住的老泥鳅，几次打电话都找不到，让工作人员找也不见影踪。我问你，给你安排的那些工作你做了没有？哪一件做完了？哪一件正在做？准备怎么做，有个打算没有？进展情况如何？今天你就给我说清楚，讲明白。这个小插曲证明“三三制”的工作方法对治懒治怠和惩治不作为是有积极作用的。

每月下旬集中开会研究大事要事。按规定每月下旬之初，地委委员和行署专员副专员都把需要上会研究的问题送回地委秘书处，由秘书处根据缓急轻重，分类打印成议题，在开会前的一两天分发给参会的领导，做好上会发言的思想准备。这种有计划、有准备的会议极大地克服了会议的盲目性和一般化，提高了议事的效率和开会的质量。从而克服了过去委员会上都争着想讨论自己不好解决的问题，甚至提出一些给会议打横炮的问题。“三三制”之前，由于大家事先没准备，思想不集中，往往是会议拖得长，认识难统一，以致好多事情议而不决，会后大家不知所措，降低了工作效率。正如人们说的过去是“会议从白天开到晚上，散会后仍找不到工作的方向”。

当然不能把“三三制”前的工作和会议说的一无是处，但是“三三制”对于改变机关作风，特别是领导的作风起到积极的推动作用，切实是不容置疑的。特别应当指出的是，为了提高每月上旬领导下乡调查研究，解决问题的实效，赵凤翔同志又进一步提出“变群众上访为领导下访”的口号。而且他身体力行，自己一头扎进保德县矛盾最复杂，长期解决不了的上访村蹲点一个多月，彻底解决了那里多年积累下来的各种矛盾，最后把自己专拣硬钉子拔，亲自蹲下去解决矛盾的经验总结推广到各县，而且在他的带领下，地委行署的领导也更加积极地下访解决难题。这期间，信访局明显感觉上访人员大量减少，全区的社会秩序也明显好转。而且社会的稳定有力地促进了全区各项工作的进展。为了在更大范围推广，赵凤翔同志还著书立说出版了一本《变群众上访为干部下访》的专著。

如何解决企业下岗离退休干部的工资待遇问题

企业承包的大势来临之时，我任体改委主任。针对当时简单地把农村土地承包的办法套用到企业的做法，我曾给分管副专员提醒过，但出于当时的大势，他急于完成任务，组织专家，通宵达旦，没明没夜地听承包竞争人的演讲和他们提出的改变企业面貌的办法和主张，然后由专家组和各方代表集体评论决定由谁承包。整个过程很少听到企业广大职工的声音。全区的承包告一段落后，我曾针对存在的问题写过一篇论文《用生产力标准完善企业承包责任制》，指出土地承包和企业承包本质的区别是土地的承包人既是经营者又是劳动者，两者是统一的。而企业的承包人都只是经营者，而广大工人才是劳动者，两者互相脱节，甚至矛盾。再加上企业承包时的承包者未经广大职工推荐选举，都是由评审组决定，就进一步加大了两者之间的隔阂。从政治经济学理论上讲，经营是生产关系的范畴，而劳动才是生产力中最活跃的因素。如果在承包过程中调动不起广大职工的劳动积极性，企业是难有起色的。所以要完善承包就得让广大职工有参与管理的发言权，有对承包人的监督权。但是鉴于当时强调给承包人放权，各方面都不能干预承包人的经营权等，文章送到报社以后压缩了大量不合时势的语句和篇幅。虽然发表了，但没有起到任何作用。只是在此文发表以后，因为在全国开展生产力标准大讨论，报社还补发了一个获奖的红本本，肯定了文章的观点和记述。

到了 20 世纪 90 年代以后，企业承包的问题逐步显现出来，不少企业只肥了承包人的腰包，却导致一些企业倒闭，大量职工下岗，特别是一些从战争年代过来的老同志，从党政部门调到企业的老同志，连工资都保不住。所以成群集队上访。

当时我已经在地委秘书处岗位上，本来企业离退休老干部归老干局及其上级部门组织部管，但组织部又难以解决这一问题，所以这些老同志每天闹着要找书记解决问题，差不多每天都由老干局长领着他们上主楼找书记，而我又不能把这么多人引到书记办公室，只能截留下来，由我接待。每一次都以极大的热情和同情心接待他们，可每次的结论都是暂时无法解决。并尽可能讲清道理。如实告诉他们，地委已经把大家反映的问题报告省委，省委梁国英副书记已经批复回来，企业干部不能返回公务员系列，不能由财政开支工资。但有一条大家要相信，改革的总目标是提高所有人的生活水平，只是不能齐头并进地同时提高，比如前几年已经解决了教师工资低的问题，这几年企业离退休老同志的问题已经成为一个突出问题，我相信下一步一定会轮到解决你们的问题，请大家忍耐一下。企业老同志的困难问题一直从赵凤翔书记延续到刘增宝书记，成为地委一个头疼的难题。我曾建议老干局先帮助这伙上访的领头人开个门店，做点买卖，有了收入就会稳定一点，而且先把领头的人物稳定住，或许可缓和一下上访的密度和力度。在这一思路的基础上，我曾在委员会议上提出，给这些人发个下岗证，持证在街头摆摊设点，或者开个门店，城建、工商、税务等部门对他们应该收的费用，暂时免收。后来，这些老同志的工资通过社保系统得到解决。进入新世纪，随着改革的进一步深入，特别是党的十八大以后，连续给企业系统的职工（包括离退休的）多次调高工资，这些还健在的老同志们的工资也逐步同党政部门拉平，从根本上解决了企业承包以后出现的这一问题。

关于访贫问寒制度化的建议，也随着改革的深化，已超过预期，完全脱离了贫困

1996年春节之前，按惯例我到宁武、神池、五寨三县访贫问寒。看到好多一贫如洗的极端贫困户，对我触动很大。他们面对自己极端困难的生活处境，没有丝毫怨言，却对我们送去的一袋面、一桶油、一百元钱一再感谢，不停地说共产党好。面对现实，感到十分酸楚，我便发自肺腑，说共产党确实好，但是我们这些党的领导干部没有做好工作，让你们在中华人民共和国成立几十年后，仍然过着如此困难的生活，深感自己既对不起党，更对不起广大群众，应该向你们谢罪。

返回机关以后，正好赶上春节之前的慰问座谈活动。一次在忻州宾馆，我向刘增宝书记建议，应该把每年春节之前的访贫问寒变为常态。因为每年春节前送些米面或百八十元钱，只能保住他们过好年，但不能保证他们一年四季过好日子。而且只送物不调查，弄不清他们贫困的原因，也找不到帮助他们致富的路子。以后最好规定地委行署领导按月或按季，拿出较长时间到自己的联系点和县里调查，深入到最困难的乡镇，弄清楚有多少极端贫困户，贫困的原因是什么，如何帮他们走出贫

困。在大家集中调查的基础上，地委要专门开会让地委行署领导汇报调查情况，谈感受，谈责任，定办法，实实在在解决问题。或者由地委行署主要领导带队，分头下去，现场调查，现场开会，让县委县政府领导参加进来，共同制定解决办法，共同落实解决问题。也可以学习焦裕禄同志的办法，带着地委行署的领导下去深入贫困县乡村，联系实际，对照我们的作风，把组织生活会开在下面，甚至让群众代表参加我们的生活会。面对农村极端贫困户的实际，每个人都应问问自己，曾经为他们做过些什么，现在准备做些什么，在触动问题，触动思想的基础上，解决群众困难的同时，也解决我们领导干部的思想作风问题。变向上跑（跑官、要官甚至买官）为向下跑，多为群众办些实事。

随着改革的深入，特别是十八大以后，在以习近平总书记为核心的党中央领导下，经过几年的脱贫攻坚，所有贫困县乡纷纷摘掉贫困的帽子。在整个农村富裕的形势下，农村的极端贫困户已不见踪影。虽然我已经离开了工作岗位 20 余年，但经常有从农村来的亲戚朋友，无不对这几年的脱贫致富拍手称快。

我所经历的山西城市经济体制改革

李砚林

城市经济体制改革的起步探索阶段（1979—1984 年）

党的十一届三中全会后，随着重点工作的转移，“调整、改革、整顿、提高”八字方针深入贯彻执行，省委为了加强对经济工作的领导，由主管经济建设的省委副书记、副省长组成省委财经领导组，在下面设立了办事机构，编制 15 人，一套人马三个牌子，即省委财经领导组办公室、省委经济调查研究室、省经济体制改革办公室。1979 年 10 月我从省经委调到这里任负责人，边筹建边开展工作，除承办财经领导组会议，完成领导交办的写作任务外，主要进行了经济调查研究和经济体制改革试点。印象深刻的有以下几点：

扩大企业经营自主权试点，把企业经营管理搞活。

我国当时经济管理体制，基本上是 20 世纪 50 年代从苏联学来的。这种体制主要采用行政手段管理企业，把企业当成上级主管部门附属物，企业的自主权很小，上级机关对企业管的过死，计划大包大揽，产品统购包销，基本上是“供给制”“吃大锅饭”，这种状况很不利于调动企业和职工的积极性，严重地阻碍国民经济的发展。改革势在必行。扩大企业经营自主权，就是改革经济管理体制的重大步骤，是社会主义企业管理理论的一个重大突破。1980 年 2 月试点首先在太原钢铁公司进行。8 月以后，根据国务院关于改革管理体制文件精神，试点单位又增加了 66 个，最终增加到 110 个。从试点企业来看，企业扩大自主权，主要有利润留成、计划管理、销售部分产品、灵活使用资金、外汇分成、中层干部任免、招工、减轻社会负担等几个方面，在起步阶段，尽管赋予企业的权力不大，时间不长，已经显示出扩大自主权的优越性，企业有了自主权，就有了发展生产的经济动力，经营管理开始活起来。

首先，企业实行利润留成制度，企业经济利益和经营成果挂了钩。试点前，国营企业的财务管理体制，是统收统支的办法，利润全部上交，亏损由国家补贴，企业连维持简单再生产的权力都没有。企业的职工集体福利基金和奖金是按照工资总额的一定比例提取，和企业的经营成果不挂钩，实行企业利润留成后，企业用利润留成建立生产发展基金、集体福利基金和职工奖励基金，这就是说企业取得多少基金，决定于它经营好坏和对国家贡献大小。太钢试点最早、效果显著。1979 年钢铁、钢材产量实现超计划，超设计能力，超历史最好水平。实现利润 1.22 亿元，超当年计划的 34.6%，超过上年的 35.2%。过去企业在资金使用上控制得过死，专款专用，“打酱油的钱不能买醋”，试点给了企业灵活使用资金的权力。企业在保证固定资产大修理的前提下，有权将更新改造资金、大修理基金和生产发展基金等合理地捆起来，有计划地用于挖潜、革新改造。

其次，在计划管理方面，实行计划调节和市场调节相结合。试点前，企业的各项计划指标由上级制订，而且控制得过死，企业无权改变。计划往往是多个部门下达，未经综合平衡互不衔接，不是以销定产，而是以产定销，造成产销脱节，往往有销路的产品，计划未予安排，不能生产。已经积压滞销的产品，企业还在按计划生产。总之，企业在产、供、销自主权很小。这次试点扩大了企业在计划管理方面权力。要求企业的各项计划由一个主管部门下达，各项指标要经过综合平衡，保证原材料供应。企业完成了国家计划，可根据市场需要，制订增产计划。这样有利于企业将计划调节和市场调节结合起来，把企业经营搞活。

扩大了企业在干部和劳动管理的权力。试点前，（1）企业的中层干部要报上级党委任免，往往拖时数月很不及时；（2）企业没招工权，所需劳动力都由劳动部门分配；（3）自然减员企业无权自行补充，要报主管部门和劳动部门批准。这次试点给了企业如下权力：（1）企业有权任免中层干部，有权决定企业机构设置。（2）企业根据劳动部门下达的招工指标，制定考工标准，统一考试，择优录取。（3）任何单位和个人不得向企业摊派费用。

探索建立既有民主又有集中的企业领导体制。工业企业要实现好的领导，一是要有符合“四化”要求的领导班子，二是要有好的领导体制，二者不可偏废。80年代初，我省在企业整顿中，领导班子整顿建设之后，紧接着就要探索既有民主又有集中的企业领导体制，这是经济体制改革的重要组成部分。怎样建设好社会主义企业的领导体制？党的十二大之后，党中央提出“党委集体领导，职工民主管理，厂长行政指挥”企业领导体制的根本原则，接着相继颁发了《国营工业企业职工代表大会暂行条例》《国营工厂厂长工作暂行条例》《中国共产党工业企业基层组织工作暂行条例》。有了这三个相互配套的条例，企业领导体制的根本原则就具体化了。它为我们探索企业领导体制的建立与改革，指明了方向。

“三个条例”颁布以后，我省不少工业企业在全面整顿和完善经济责任中，认真贯彻“三个条例”，取得了明显的效果：党委集体领导加强了，改变了那种党政不分，包揽行政事务的做法，开始把主要精力转向抓大政方针，抓企业重大问题，抓思想政治工作和党的建设上来；强化了以厂长为首的生产技术经营指挥系统，厂长全面负责，促进了企业各种经济责任制的建立，生产技术水平和经营管理水平大有提高；企业的民主管理有了新的发展，职工代表大会走向制度化，职工的主人翁责任感和劳动积极性大有提高。企业党政、党群、干群关系比过去更密切了。

初步进行了政治体制改革。通过企业扩大自主权试点和企业领导体制改革，推动了我省政治体制改革。1983年我省遵照党中央和国务院关于机构改革的通知精神，撤销重叠机构，合并业务相近的机构，减少中间层次，取得了成绩。在机构改革中，遵照中央关于建立老干部退休制度的决定精神，我省一大批老干部从岗位上退下来或退居二线，改革了干部终身制，实行新老干部交替，重视选拔中青年干部到领导岗位上来，特别值得一提的是在机构改革的浪潮中，省委省政府领导重视了软科学研究和决策咨询机构作用，走决策民主化科学化的道路。很快成立了三个研究中心，即，山西省农村发展研究中心、山西省技术经济研究中心和山西省财贸咨询研究中心，并决定由省委常委王庭栋、吴达才、白清才同志分别兼任三个中心的主任。技术经济研究中心编制50人，另两个中心各编制20人。省委决定在省委经济调研室（即省委财经领导组办公室）和郭雁声同志负责的《技术经济与管理》杂志的基础上组建山西省技术研究中心，这两个机构都成建制转移过去。我有幸参与了省技术经济研究中心的策划和筹建工作，“中心”成立后我任副主任。同人们进行了大量的技术经济调查研究，写了不少专题论文，参加了山西省经济社会发展战略讨论会，参与起草了山西省经济社会发展纲要，并为此参加了赴江苏、上海、辽宁、吉林四省市学习考察了经济社会发展和经济体制改革先进经验。这个纲要提出了山西省经济和社会发展方针：坚决贯彻党的十二大精神，动员和组织全省人民，充分发挥我省自然资源优势，重点搞好能源重化工基地建设，大力发展农业，狠抓交通运输和教育科技两个薄弱环节，带动和促进整个国民经济和社会的协调发展，到20世纪末，实现工农业总产值翻两番，使全省人民尽快富裕起来，达到小康水平。

为下步全面深化改革做了准备。1984年10月党的十二届三中全会作出了《关于经济体制改革的决定》，为了迎接城市经济体制改革高潮到来，省委省政府抓了准备工作，一是组织干部到省委党校和中央党校培训学习。1984年9月至1985年1月组织上派我去中央党校参加由国家体改委、中央党校联合举办的经济体制改革研究班学习，结业后，我调离技术经济研究中心，去省体改委专门从事经济体制改革工作。二是省委省政府组织4000多人，在深入展开调查研究的基础上，制定了《山西省以增强企业活力为中心的经济体制改革实施方案》，即“三十五条”，同时制定了计划、财政、税务、金融、物价、劳动工资、外贸、物资等12个配套改革实施细则。为下步改革提供了一个重点突出，兼顾全局，主要环节同步配套的好方案。

城市经济体制改革全面深化阶段（1985—1994年11月）

1984年10月，《中共中央关于经济体制改革的决定》指出，增强企业活力，特别是增强全民所有制大、中型企业的活力，是以城市为重点的整个经济体制改革的中心环节。省委、省政府为了贯彻落实党的十二届三中全会决定，大力推进城市经济体制改革，1985年3月颁布了《山西省以增强企业活力为中心的经济体制改革方案》，即“三十五条”，成立了以王森浩省长为首的省经济体制改革委员会，相应成立了省经济体制改革办公室（后改为省体改委），任命原太钢副经理韩桂五为主任、李砚林、吴天林、薄月亮三人为副主任。从此我省经济体制改革逐步全面深入展开。在省体委工作的10年，我一直分管企业改革工作。

1985年至1987年，我省城市经济体制改革主要是坚持不懈地贯彻落实党的十二届三中全会决定精神和“三十五条”，简政放权，搞活企业。为企业摆脱政府附属物的地位实现自主经营创造了条件，同时在财政能力能够承受的情况下，减轻了企业的税负。1988年1月《企业法》实施后，我们把贯彻落实党的十二届三中全会决定、“三十五条”和《企业法》结合起来，狠抓了几件事：

1. 全面推行和完善承包经营责任制，转变企业经营机制，探索所有权和经营权分离的具体形式。

我省地方预算内工业企业承包经营责任制，从1987年开始陆续推行，到1989年占企业总数92%的企业推行了承包制。发包方是国有资产管理部门或政府指定的有关部门。承包方是企业，不是个人。但签订合同时，厂长（经理）可代表企业签字。承包期一般三至五年。承包指标一般应有三种：一是承包指标。主要为上交利润或上交利税，指令性计划产品较多的企业，还应包产量。二是考核指标。主要为产值、实现利润、资金利税率、全员劳动生产率、技术改造（技术进步）或资产增值、还贷等。三是管理指标。主要为质量、物耗、成本、资金周转、安全生产、设备完好、职工教育、思想政治工作等。经营者选拔，除大中型骨干企业外，采取公开招标。第一轮承包制实践证明承包制在发展生产、提高效益、增强企业活力、职工收入增长、企业内部改革，政企分开、转变政府职能等方面发挥了积极作用，是实现两权分离的有效形式。

2. 结合企业整顿全面推行厂长负责制，改革企业领导体制，搞好企业党政分开，是企业改革的核心问题。我省 1984 年在部分企业进行了试点。1985 年“三十五条”规定在工业企业全面推行厂长负责制和任期目标责任制，当时全国还处在试点阶段。这项改革是带有超前性，通过三年多的实践，特别是在企业承包制的推动下，使企业领导体制改革不断深化和完善。《企业法》又明确规定企业是法人，厂长（经理）是法人代表，对企业全面负责。厂长有经营决策权、行政干部任免权、对干部职工的奖惩权。厂长依法行使职权，受法律保护。《企业法》还明确规定，企业的党组织，“对党和国家的方针、政策在本企业贯彻执行实行保证监督”，为企业党政分开指明了方向，使企业领导体制更完善。

3. 转换企业经营机制，把企业推向市场。我国在“八五”期间，经济体制改革重点，在前些年改革的基础上走向转换企业经营机制，使企业根据市场需求组织生产经营。为此国务院颁发了《全民所有制企业转换经营机制条例》（以下简称《条例》），这个《条例》是由朱镕基副总理主持，国家体改委牵头组织有关部门参与起草，历时 9 个月，七易其稿，反复修改形成的，是我国经济体制改革的一件大事。《条例》指出，企业转换经营机制的目标是：“使企业适应市场要求，成为依法自主经营、自负盈亏、自我发展、自我约束的商品生产和经营单位，成为独立享有民事权利和承担民事义务的企业法人”。根据《条例》提出的要求，我省转换企业经营机制的形式和途径：一是继续完善承包经营责任制，认真研究解决承包经营责任制在实践中出现的困难和问题，着重强化企业的约束机制、风险机制和竞争机制。首先是强化约束机制，企业的留利主要用于发展生产，在这方面不搞一刀切，不同企业区别对待。其次是强化风险机制，所有企业都要从留利中提取10%—15%，作为风险基金，平时参与流动资金周转，不得用于基建和职工福利。第三强化竞争机制，推广竞争招标，通过公开招标选拔经营者。二是积极扩大股份制试点。这是转换经营机制的有效形式，它既可以促进政企职责分开，实现企业自主经营、自负盈亏、自我发展和自我约束，又可以开辟新的融资渠道，实现国有资产保值增值。为了加强领导，省政府成立了推进股份制领导组，并由省体委牵头，组织有关部门出人组成推进股份制办公室，我任股办主任。截至1994年第一季度，我省审批设立的股份制企业累计达到298家，其中股份有限公司43家（上市公司一家），总股本38.13亿元（其中国家股4.088亿元，占股本总额的10.7%，法人股27.307亿元，占股本总额的71.7%，个人股6.735亿元占股本总额的17.6%）；有限责任公司255家，总股本金4.3亿元，其中股本金在千万元以上的有六家。

4. 关于探索建立现代企业制度。党的十四届三中全会决定指出，以公有制为主体的现代企业制度是社会主义市场经济体制的基础，是我国国有企业改革的方向，党的十五大报告又进一步作了肯定，指出：“要坚定信心，勇于探索，大胆实践，力争到本世纪末大多数国有大中型骨干企业初步建立现代企业制度，经营状况明显改善，开创国有企业改革和发展的新局面”。1979年以来，我省城市经济体制改革，和全国一样，采取了渐进式的思路，由易到难、由点到面，始终是以企业改革为中心环节，逐步引深，如上所述走了好几步，企业的活力有所增强，出现了一批有活力发展较快的企业。国有企业的表层次问题已基本得到解决。但还有很大一部分国有企业体制和运行机制至1994年没有根本转变。存在着政企不分，机制不活、效益低下，包袱沉重，社会保障滞后，下岗人员增多等深层次问题，探索国企改革的实现形式，建立现代企业制度，是解决企业深层次问题一把钥匙，是重塑社会主义市场经济微观基础的战略性措施，它标志着企业改革由注重政策调整转向制度创新的新阶段。

5. 建立现代企业制度，使企业成为产权清晰、政企分开、管理科学，面向国际国内市场法人实体和市场竞争主体。现代企业制度是各类企业的努力方向。不是特指国有企业。现代企业制度实现形式是多种多样的。我省在建立现代企业制度采取的具体组织形式：一是公司制，即股份制；二是股份合作制；三是企业集团。

公司制，即股份制，是建立现代企业制度的主要形式。公司制企业按《公司法》要求，主要是股份有限公司和有限责任公司两类。其主要特征：一是以盈利为目的，属社团法人；二是实行所有权与法人财产权相分离；三是公司法人财产具有整体性、稳定性和连续性；四是公司实行有限责任制度，这是企业财产组织形式的重大进步，是企业发展史上一次飞跃。

股份合作制。其主要特征是一种融股份制与合作制为一体，实行劳动联合与资本联合相结合的一种新型集体经济，既体现了股份制的效率优点，又体现了合作制的公平特征。

企业集团。是指以母子公司为主体，通过投资及生产经营协作等多形式，以资本为主要纽带，与众多企事业单位共同组成的经济联合体。其主要特征，一是企业集团必须用一定的纽带联结在一起，以资本作为联结纽带生命力最强。二是企业集团是多层次的，母公司也称集团公司，是核心企业；子公司也称控股成员，是紧密层；参股成员，是指母公司或者子公司未达到控股程度，承认集团章程的企事业法人是半紧密层；协作成员，是指与母子公司有长期稳定生产经营科技协作关系，承认集团章程的企事业法人，是松散层。第三，企业集团不是法人。企业集团的核心企业即母公司（也称集团公司）具有法人地位，对外代表集团。我省先后组建了榆次液压集团公司、杏花村汾酒集团、梅花丝绸集团、太钢企业集团等，虽发挥了联合的优势，但处在初创阶段，仍需不断完善，发育成形。

对于一些国有企业暂时不具备搞股份制的中小企业，完善深化承包制，仍不失为企业改革的有效实现形式。

6. 宏观调控进行积极探索。围绕增强企业活力这个中心环节，对计划、投资、财政、金融、税收、价格、劳动工资、社会保障制度等进行相应的配套改革。突出转变政府职能，改变对企业的管理方式。在省医药管理局、省机电厅、省煤炭厅进行行业管理试点，由直接管理向间接管理转变，由管理型向协调、服务、监督型转变。省里建立了宏观调控委员会，专门从事研究探索建立地方宏观调控体系。流通体制改革，促使各种市场逐步形成和发育。基本建设投资由财政拨款改为建行贷款，先后在 45 户企业试点基础上，全面推开。同时积极发展养老保险、待业保险等社会保障体系，其中养老保险已实行全省统筹。

7. 进行市县级综合改革试点。1984 年我省开始在太原市和原平县进行改革试点，并相继批准了它们的综合改革试点方案。1978 年将试点扩大到曲沃、临猗、阳城县。太原市是 1989 年实施改革方案的，取得了明显的效果。城市综合调控能力不断增强。省对市、市对县（区）实行财政包干，财政收入逐年增长；企业改革不断深化；农村和城郊改革成效显著；培育发展了市场体系，在改革中涌现出太原橡胶厂、天龙大厦、五一百货大楼等一批先进企业、优秀经营者，为推动太原市和全省的体改工作提供了很好的经验。原平县级综合改革也取得了很好成绩，1988 年 4 月在原平召开了全省县级综合改革试点工作会议。这次会议之后，根据省委指示，将试点县扩大到隰县、河曲两个贫困县，进一步放宽政策允许组织干部进行开发性生产。“一切从有利于发展社会生产力出发，凡是有利于脱贫致富的政策都可采取”，经过三年的实践，隰县在引导党政干部转向经济实体方面，为县级机构改革摸索出一条新路子，使广大干部在商品生产中了挥了自己的才干，较好地做到了人尽其才、地尽其力、物尽其用。短短三年全县打了“四个翻身仗”：一是农业总产值比 1987 年增长 1.08 倍。二是粮食总产量增长 1.65 倍，人均占有量达到 750 公斤，大大超过了全国人均占有粮食水平，也超过试点方案确定的 550 公斤的目标。三是农民人均纯收入达到 509 元，增长 1.06 倍，超过方案预定 350 元目标。人均收入 200 元以下的贫困户由 1987 年的 5717 户减少到 229 户，脱贫率为 96%。四是财政收入比

1987 年增长 1.34 倍。隰县的综合改革试点经验，省体改委认真进行了总结和推广。1991 年 12 月 17 日国家体改委在太原召开全国县级行政机构研讨会上，我代表省体改委在会上发言，介绍了隰县综合改革试点经验，得到了与会同志的好评。

8. 成功地进行了山西杏花村汾酒厂股份制改组、发行和上市工作。山西杏花村汾酒厂，是历史悠久，驰名中外，管理先进的大型一类企业，连续五年被评为全国 500 家经济效益最佳企业，综合经济效益在全国食品行业、轻工行业名列第一。这是我省第一家面向社会公开发行股票的试点企业，将载入山西史册。省委、省政府非常重视，1993 年 9 月 18 日成立了以郭裕怀副省长为首的山西汾酒股票发行领导组，领导组下设办公室，设在省体改委，我负责具体组织落实此项工作。

在汾酒股票上市后，根据省领导指示，我和王显喜同志一起策划筹建了山西省证券管理办公室（简称证管办），主管山西的证券工作以及上市企业的培育和发展工作。1994 年 11 月我到龄退休。

回忆雁北企业人事制度改革

王作柱

从左云和右玉引发的一场改革“冲击波”

从1976年开始，我在雁北地委书记薛风霄同志身边整整工作了8个年头。1984年薛风霄同志卸任后，分管财贸工作的副专员杨凤皋同志找到我，郑重地说：“作柱同志，我请示了地委领导，把你借到我身边，咱们一起搞财贸企业的改革吧！”于是我临时出任了雁北地区商业企业改革领导组副组长兼商业企业改革办公室主任。虽然这是个临时性机构，但有杨凤皋副专员的赏识与支持，我还是干得挺起劲。

杨凤皋同志是一个工作起来不要命的老同志，工作是他唯一的乐趣。当时，他带着我整天下乡，深入到各县商贸企业中进行调查研究。这年5月，我们在左云县了解全县的商贸企业改革时，县领导给我们讲了这样一个故事：

1984年初，左云县政府对县粮食局下达了当年实现利润55万元的承包指标。原局长反对，非要政府核减至53万元他才承包。一对一的谈判僵持了好多天，无奈，县政府只好退让，把利润指标核减为54万元，但原局长寸步不让，仍坚持53万元，谈判又陷入僵局。就在此时，

“半路杀出个程咬金”，刚上任的副局长赵成仁提出：“他不承包我承包，年利润60万元！”赵成仁站出来挑战，县领导喜上眉梢，原局长也沉不住气了，要求以55万元承包。

县委书记和县长请赵成仁讲了他的承包措施，觉得考虑周全，措施得当，一致决定让赵成仁以60万元年利润指标承包，并当场任命他为县粮食局局长。县领导深有感触地对我们说：看来没有人才的竞争就没有企业的竞争，也就谈不上企业效益！

左云县的这一事例对我们触动很深。在前往右玉县的路上，我和杨凤皋副专员兴奋地谈了一路。赶到右玉县后，发现类似的故事也有不少。右玉县主要领导在汇报时对我们说，前段时间他们在总结全县推行经济责任制的过程中发现，责任制推行后各单位的效果并不相同，有的搞活了，有的并没有搞活，甚至还有倒退的现象。这一情况使我们认识到，尽管责任制本身是很灵的，但它在实践中能否发挥大的作用和威力，关键是有没有一种与责任相匹配的干部选拔制度，通过这种制度把锐意改革、大胆开拓的人才选拔上来。顺着这一思路，我们提出了一个大胆的方案：打破行业所有制和城乡界限，让企业面向社会，公开招标竞选，在更大的范围内选拔企业的厂长（经理）。这一改革办法在试点中获得了成功，然后在全县商业各单位和供销系统的县级公司推广开来，成效十分明显，一下子把全县的商业改革激活了，随着人才的发现与聚集，企业的经济效益也大幅度提高。

通过总结左云、右玉两县的经验使我们意识到，任何新事物的发展都具有很强的关联性。在当前进行的这场经济体制改革中，就经济谈经济，就体制改体制往往是不行的。经济体制的彻底变革，必然要触及到人事制度的问题，不把旧的人事制度改革掉，新的经济体制就难以确立。在这个问题上，我们不能消极回避，而要积极应对；不能顺其自然，而要积极引导。我们要站在改革的潮头，把握好新事物之间的连接点，通过经济体制改革触及企业的人事制度改革，反过来又通过企业的人事制度改革，进一步引深经济体制改革。

回到大同后，我们随即向地委行署领导作了汇报，将这一改革在全区范围内迅速推广开来。到第二年年底，实施招标竞选制的商贸企业达到 380 多家，占到了全区商贸企业总数的一半以上。

山阴水泥厂的竞争

来自左云和右玉的改革冲击波，在 1987 年进一步显示出新的威力。

1987 年初春的一天，我走进办公室（当时我已被任命为雁北地区体改委主任），脚下踩到一封厚厚的信件，打开一看，是山阴县水泥厂支部副书记王国义的一封自荐信，诉说山阴县水泥厂近年来每况愈下，如今到了崩溃的边缘，表明他要出面组阁，进行承包，当年扭亏，还将他家新盖的五间大瓦房作为抵押。

我被这封长信感动了。

第二天，我在征得地委书记李振华同意后，直奔山阴县水泥厂进行摸底，并见到了这位血性汉子王国义。调查发现，王国义的承包举动虽然多数职工表示支持，但也遭到了部分厂领导及少数职工的反对；同时山阴县委领导中也有人对王国义的行为不买账，认为此人属好出风头的勇敢分子，不能支持。

赶回地委后，我连夜起草了一份“关于山阴水泥厂实施公开招标竞选、现金抵押的承包方案”，第二天，即向地委李振华书记作了汇报，并得到了他的支持。次日，我带着地区体改委的同志重返山阴县，向县委传达了地委领导的原则性意见及竞标承包、现金抵押的改革方案。方案的核心是：竞标承包严格按预定程序进行，最终由职工表决承包者，表决结果当场有效，不再履行政府任命。县委中持不同意见的人，无法公开表示反对。

竞标承包的当天，山阴县水泥厂全体职工齐刷刷地进了会场。周边村庄的农民也赶来看热闹。雁北十三县几百家工业企业的第一场竞标承包就这样在山阴水泥厂展开了。我与县委分管改革的梅金山副书记共同主持了会议。经过几轮竞选演说、利润竞标、群众评议，王国义击败了其他几位竞争者，以当年实现利润 17 万元的标数中标，成了山阴水泥厂的第一任竞选厂长。

竞标成功后，我将山阴县水泥厂的承包方式提炼总结为“招标抵押承包”，上报省体改委和国家体改委，得到了肯定与支持。《中国经济体制改革》杂志还对这种新的承包经营方式做了专门介绍：其核心有两点，一是通过向社会公开招聘精英人才，以扩大经营者的选拔范围；二是中标者进行现金抵押，加大经营者的风险意识，以提高他们的责任感。这样做职工放心，政府省心，中标者有信心。两个月之后，当时的国家体改委副主任洪虎亲自到雁北考察，并在年底将雁北地区列为全国的区域性改革联系点。

王国义不负众望，当年实现净利润达到 21 万元，不仅实现了当年扭亏转盈，而且超出他本人中标数 17 万元的 23.5%，彻底救活了这个水泥厂。当年，王国义被评为山西省劳动模范，获得了“五一”劳动奖章。

感人的招标竞选会

山阴水泥厂的经验推广后不过半个月时间，平鲁县体改委主任穆林就给我打来电话，请我到平鲁县研究县第一汽车运输公司的改革方案。

平鲁县第一汽车运输公司是该县的亏损大户，上年亏损额达 5.6 万元。1987 年初，县里决定将这个公司向社会招标抵押承包。招标告示一贴出，立刻有 12 个人投标。

招标竞选会设在一家电影院楼上，当时人们都担心，楼下演电影会冲散楼上的招标会。结果正相反，招标会冲散了楼下的电影。

招标会场被挤得密不透风。第一运输公司的职工全部到场，楼下看电影的观众也来了不少。12 名投标人在会场前面一字排开。

经过论证、答辩和现场民意测验等程序，该公司司机纪军当场中标。

但是，中标后的纪军一时拿不出 4.5 万元抵押金。公司职工知道后，立即为他凑齐了抵押金。他眼含热泪当场表示："这些钱表达了大家对我、对公司的期望，今后我就是累死累活也要把公司搞上去！"

第一个司机一带头，紧跟着又冒出三个司机，他们是：朱世贵、石岗和姬海生。在招标抵押承包中，经过激烈竞争，朱世贵承包了平鲁县城的"大众饭馆"，石岗承包了平鲁县第二汽车运输公司，姬海生承包了县农机厂。姬海生中标当天，厂里像过节一样热闹。噼里啪啦的鞭炮声响彻半个平鲁城。鞭炮足足响了两天。厂里一位老工人无法表达兴奋的心情，就借钱买了 300 多块钱的鞭炮，痛痛快快放了一上午。

有这样受工人信任和欢迎的厂长，企业还愁搞不上去吗？

在这些典型的推动下，招标抵押承包在雁北地区风起云涌。短短十个月时间，全区就有 610 家工商企业实行了招标抵押承包或租赁，共交纳抵押金 673.6 万元，有 840 名经营者在竞争中中标，他们中有国家干部、企业职工，还有农民和市民，呈现出一派人才辈出，各显其能，振兴企业，人人有责的生动局面。1 至 9 月份，全区工业总产值同比增长 21.65%，实现利润同比增长 36.10%，亏损企业同比减少 54%，各项主要指标均居全省之首。

当年 8 月王森浩省长来雁北考察后，十分高兴，当场拍板，让全省其他十个地（市）的领导立即组团到雁北考察学习。这场人事改革的冲击波开始在三晋大地传播开来。

运城农业改革开放情况

韩文轩

根据农村改革的需要，1980 年 1 月 19 日，地委研究决定，撤销地委农村政治部和地革委农业办公室。同年 4 月 17 日成立运城地区农业委员会。我的工作也随之被任命为农委副主任，党组成员。1984 年 1 月地区农委又改为地委农村工作部，我的职务又被改任为副部长，兼农村干部培训中心主任。在此期间，按部长分工，我在部内先后分管经营管理科、合作经济科、农村发展科和宣传教育科等几个科室的工作。

党的十一届三中全会以后，我国经济体制的改革，首先在农村展开。这主要是，改革农村原来的人民公社集体经济体制，全面推行家庭联产承包责任制，并进而有步骤地改革农业的计划管理体制，按照市场经济的需求，调整农业产业结构，发展农村商品经济，实现农村共同富裕。我在地区农委和地委农村工作部工作的七年间，正处在农村这个具有历史意义的伟大变革时期。作为农村工作部门负责人之一，除了搞好日常工作外，在我分管的范围内，主要抓了以下几项工作：

（一）下乡调查研究。在党的十一届三中全会精神鼓舞下，1979 年我区广大干部和社员群众从实际出发、解放思想、大胆探索，建立了多种形式的生产责任制。实行结果，多数增产，并且摸索出一些新经验。我们从事农村实际工作的同志都认为这些经验值得总结与推广。但由于当时地委主要领导思想“左”倾，对此持消极态度，我们只能调查研究而不能总结推广，无奈只好把一些典型经验向报纸推荐。如我们部经营管理科的潘和平和裴都红同志，在1979年夏季下乡搞调查时，对河津一部分地方实行包产到组、包产到户的情况进行了调查研究，发现实行这种生产责任制的增产效果很好。回到机关后，他们写出了题为《治了吃“大锅饭”的病，鼓了搞生产的劲》的调查报告。由于当时地委主要领导思想“左倾”，未能给予转发。我支持潘和平同志把稿送给《山西日报》。当时报社急需这类稿子，编辑一看决定采用，并将稿中的第四部分抽出仍由潘和平同志改写成评论员文章，在报纸上一并发表，刊登在1979年8月28日《山西日报》上。

为了推动农业生产责任制的建立，1981年9月我带领一个调查组，深入到闻喜县东鲁大队进行了为期半个月调查研究，主要对包干到户、包产到户、联产到劳、专业承包等形式的生产责任制进行了调查研究。回来后，又召集各县农工部长汇报了各地推行农业生产责任制的情况。所有这些，都为地委领导正确指导全区农村改革提供了参考依据，也给我们以后研究制定有关农村政策的具体规定积累了素材，在建立农业生产责任制过程中起到了应有的作用。

（二）起草政策规定。从党的十一届三中全会以来，我为地委起草或参与起草了许多有关农业生产责任制的政策规定。主要有：

1980年1月29日，中共运城地委《关于全面推行生产责任制的意见》。意见中指出，为了充分发挥集体经济的优越性，调动社员的社会主义积极性，加快发展农业速度，1980年应因地制宜推行以下几种形式的生产责任制：一是、三包到组，联产计酬，超奖减罚；二是、包产到组，超奖减罚；三是、三小五定，定额计酬；四是、三包一交，全奖全赔；五是、五定一奖，以产（值）记工；六是、串乡人员，交款记工。

1981年3月25日，中共运城地委批准了由我参与组织起草的“专业承包”“联产到劳”和“包产到户”三个试行办法的通知。通知中指出，地委认为这三个办法比较稳妥可行。既符合25号文件精神，也符合我区实际情况，各县应因地制宜去试行。

1981 年 10 月 12 日，中共运城地委《关于进一步完善农业生产责任制的意见》。综合了我区实行各种生产责任制具体情况和增产效果，提出了需要注意的八个方面的问题（略）。

同年 11 月 26 日，中共运城地委又发出《关于进一步完善农业生产责任制的具体意见》，强调指出了需要解决的九个问题（略）。

同年 12 月 28 日，中共运城地委《关于切实加强和完善农业生产责任制》的通知。针对推行农业生产责任制中存在的问题，提出了三点要求：1. 以县为单位召开一次总结交流经验会议；2. 进行一次全面检查验收；3. 加强党的领导，改进作风。

（三）培训乡镇干部。随着农村改革的不断深入，农村的工作任务和要求都有了变化。为了适应新形势的发展需要，提高农村基层干部的领导水平，从 1983 年开始，每年举办一次农村干部培训班，每期半个月。1983 年，培训各公社的经营管理干部。主要内容是，适应联产承包责任制的需要，改革农业的管理体制、管理范围和管理方法。1984 年，培训乡镇党委书记和乡镇长，为期半个月，主要解决发展乡镇企业问题。这次培训选在江苏省无锡县举办，采取学习文件与实地参观相结合的办法，参观了无锡县六个乡的十六个乡办工厂和村办工厂，听了十位同志介绍乡办企业的经验，使参加培训的乡镇干部既大大解放了思想，又学到了先进的经验，效果很好。1985 年和 1986 年，分别在运城和临猗县举办了乡镇党委书记培训班，由地委领导和从外地聘请的专家以及部内几位科长（潘和平、曹福保）讲课，主要解决调整农业产业结构，发展合作经济，发展农村商品经济，以及制定经济合同等问题。通过培训对提高农村干部的知识水平和领导能力都起到了很好作用，效果显著。我在每次培训中，全程参加组织领导，最后都作了总结讲话。

（四）组织学术讨论。我在地区农委和地委农工部任职期间，1984 年下半年被选为运城地区农业经济学会理事长。结合我所分管的业务，组织召开过两次学术讨论会。

一次是，全区农村合作经济讨论会。中央 1985 年 1 号文件指出："按照自愿互利的原则和商品经济的要求，积极发展和完善农村合作制"，是农村第二步改革的一项重要内容。为了深入研究这个问题，

1985年7月25日，我们与河津县农经学会联合召开了农村合作经济讨论会。经过三天讨论，参加会议的近百位同志，有26位同志在大会上作了发言，许多同志在小组讨论中发表了意见。又用了一天时间考察了河津县农村合作经济发展较好的北方平、杜午芹等两个村和专业户任靖玺联办的机焦厂等三个典型，基本上达到了预期目的。主要明确了以下几个问题：一是，明确了积极发展和完善农村合作制的必要性；二是，明确了当前积极发展和完善农村合作经济的重点；三是，明确了新型合作经济的基本概念。四是，对经营大户的发展趋向也进行了讨论。最后，我就讨论的问题进行了综合发言。这个发言整理成《关于农村合作经济的几点认识》论文后，被国家级刊物《农业经济效果》和《农业经济问题》所采用。其中有几个问题，被评为当年讨论农村合作制的新论点。

再一次是，全区农村商品流通讨论会。随着农村商品经济的发展，农民开始进入流通领域，这给商品经济的发展带来生气与活力，同时，也加剧了商品流通新旧体制的摩擦与矛盾。如何解决这些问题，也是进一步引深农村改革的重要课题。为此，我们于1986年11月16日在新绛召开了全区农村商品流通讨论会。大会收到各种调查报告和论文45篇，在会上发言交流32篇，又用半天时间实地考察了由农民集资兴办的新绛县第二蔬菜批发市场和农民创办的合作商业组织。会议集中讨论了近几年出现的农村新型的商品流通组织形式，完善粮食合同定购制度、供销社体制改革以及农村金融市场等四个方面的问题。最后，我根据讨论情况进行了总结发言。

我还为参加1983年全省农村经济学术讨论会组织了几篇发言，都在会上得到好评，在《山西农经》学术刊物予以发表。我在这次会上所作《浅淡家庭经营问题》的发言，被《山西农经》刊物所采用。其中值得一提的是潘和平同志的发言。开始他提出写一篇研究“农副产品多次加工增值”的论文，我听后觉得这个论点很有新意。农民不卖原产品而卖商品，是发展农村商品经济，提高农业经济效益的重要途径，论点新颖，值得论述。可是，他同本科领导商量后，却被泼了冷水，认为论点缺乏新意，不值得写。他有些泄气，不想写了。我发现后又给他鼓劲，他思想敏锐，写作能力强，出手也快，仅用一天时间，在开会前将论文赶写完成。在省学术讨论会上发言后深受与会同志好评。后被国家级学术刊物《农业经济问题》1983 年第 7 期所采用。许多地方都在电话询问要来参观，山东等地专门组织参观团前来运城地区进行参观学习。实践证明，这个论点对农村发展商品经济产生了巨大的经济效益。在当时农村改革起步不久的情况下，他能够提出这样的论点，反映了他勇于实践、勇于探索、追求真理的精神。

孝义市经济体制改革的一些情况

张忠亮

改革开放40年，孝义经济和社会事业发展发生了翻天覆地的变化，1992年撤县设市，2006年成为山西省唯一进入全国百强的（县）市，2017年入选全国文明城市。

在这一史无前例的社会变革和实现历史性跨越中，从1986年至2001年，我在市政府副市长的岗位上工作了12个年头，之后担任市人大副主任三年，先后分管经济体制改革、财经贸易、工业交通、农业和乡镇企业工作，亲历了这一时段市委、政府经济体制改革决策和实施的全过程。

税制改革中属地征收改革的一波三折

这是孝义当时几十年都解决不了的问题。驻市山西铝厂孝义铝矿和汾西矿务局水峪、柳湾、高阳三大煤矿税收问题是困扰孝义财政多年的一个老大难问题。汾西矿务局三大煤矿从1958年开始建矿，山西铝厂孝义铝矿从1973年开始建矿，历经几十年、十几年的时间里，这几个国有大型企业吃在孝义，住在孝义，占用了大量土地，也造成了矿区大量土地塌陷，房屋裂缝，地下水资源破坏，生态环境恶化。每年约生产和销售120万吨铝矿石和300万吨以上的原煤，却把税收缴到附近的介休市和150公里以外的河津市。孝义市政府要为近10万人的矿区搞好服务，不惜增设机构，扩大编制，投入相当大的人力财力为这些国有企业搞征地、拆迁、治安、供电和副食品供应，却长期得不到应有的补偿，反而受到了极大伤害。人民群众意见纷纷，财政运行十分困难。以1992年为例，财政收入仅仅为4593万元。人们戏称孝义财政是“富名声，穷日子”。

面对这一老大难问题，孝义县政府从1986年以来连续7年向山西省政府打报告反映情况，要求解决异地纳税的不合理的状况，并6次向省人民代表大会提出议案，但得到的答复都是：没有明确的政策规定，不好处理。因此税收属地征收问题年复一年，一直拖着得不到合理解决。

1993年8月政府换届之后，市政府分工让我分管财政、税收、金融和商贸工作。

此时正值国家税收体制改革，按新的增值税条例规定：“总机构和分支机构不在同一县（市）的应当分别向各自所在地主管税务机关申报纳税。纳税人应纳的资源税，应当向应税产品的开采或者生产所在地主管税务机关缴纳。”我和财政、税务机关领导学习讨论这些税制改革文件后，一致感到解决山西铝厂孝义铝矿和汾西矿务局三大煤矿异地纳税问题的时机成熟了。随即向市委书记章霍生和市长曹金初作了汇报，两位领导听到这一信息非常高兴。曹金初市长立即安排起草文件向吕梁行署报告。1993年12月孝义市人民政府报告送到吕梁行署，曹金初市长向行署专员冯其福作了汇报，冯专员对此事大力支持，答应吕梁行署很快出文向省人民政府报告。1993年12月下旬，我陪同章霍生书记、曹金初市长持吕梁行署报告专程到晋祠宾馆找到了省政府分管财税工作的常务副省长郭裕怀。说也凑巧，省政府在晋祠开会研究的正是税制改革后的财政、税收、银行三者的运行机制问题。听了我们的陈述和汇报后，郭副省长态度明朗，表示支持，当即在文件上做了批示，并随即叫来参加会议的省税务局张路生局长，当面做了交代。与此同时，吕梁地区税务局也发文请示山西省税务局，要求按照新的税收条例规定将汾西矿务局三大煤矿和山西铝厂孝义铝矿的增值税、资源税和城市维护税收划归吕梁地区孝义市征收。在短短两个多月的时间里，由于不失时机地抓住政策机遇，工作上环环紧扣，政府和税务部门两条渠道双管齐下，工作进展非常顺利。1994 年 1 月，山西省国税局下发了《关于汾西矿务局柳湾、水峪、高阳煤矿及山西铝厂孝义铝矿的资源税、增值税城市维护建设税纳税地点的批复》，明确规定“山西铝厂孝义铝矿及汾西矿务局三个煤矿的增值税、资源税和城市维护建设税在所在地税务机关及孝义市税务局缴纳”。同时，从 1999 年起，将税收计划 3600 万元分别从河津市、介休市调整到吕梁地区孝义市。这一数字意味着孝义市仅此一项就将比上年增长近 80% 的财政收入。当这一振奋人心的消息在四套班子和财税部门传达以后，各级领导都十分兴奋，感到孝义人民几十年来梦寐以求的税收回归、属地征收终于要实现了。

但事情并不像预料的那么简单，山西省税务局文件下发后，汾西矿务局三大煤矿顺从地执行属地征收的纳税政策，规范了从三大矿到矿务局的财务核算办法。1994 年向我市税务局缴纳增值税 1507 万元，包括其他税种共缴纳 2511 万元。然而孝义铝矿却拒绝向孝义市税务局缴纳税款。经我们和税务局多次协调，1994 年 6 月山西铝厂经营副厂长来孝义承诺缴纳税款 100 万元，后半年却又出尔反尔，拒绝缴纳。

7 月 19 日省国税局发出了公函，此公函用原则肯定具体否定的办法，否定了省国税局 15 号文。文中称：“对铝矿本身对外销售的应税货物和应税劳务一律在孝义缴纳。而对孝义铝矿运到河津铝厂用于连续生产的铝矿石，则应由山西铝厂销售后，在河津市缴纳。”这个公函根本就是纸上谈兵，孝义铝矿建矿以来，根本就不存在自己销售铝矿石，而且一年还要收购孝义市大量的民采矿石，所以说这一公函事实上等于全部翻盘了。

面对省国税局这一公函，章霍生书记和曹金初市长指示以政府名文写一报告报省政府。于是，我亲自起草了《关于山西铝厂孝义铝矿和汾西矿务局所属三大矿有关情况的报告》，于1995年8月18日专程赴离石吕梁行署向冯其福专员做了汇报，提请吕梁行署转呈山西省政府。吕梁行署随即打印了文件，我带上行署文件后直接去了山西省政府，找到了副省长刘泽民。刘副省长随即在文件上给省国税局局长李思温做了批示："思温同志：此事省府已有明确意见，请您做好工作，坚决落实"。

省政府态度明确了，我们感到这件事还得向国家税务总局反映情况，寻求根本解决的办法。于是，我带上文件赴北京找国家税务总局汇报情况后，国家税务总局态度明确地给予了支持，1995年10月9日，国家税务总局政策法规司发出了国税法函（1995）第064号《关于山西铝厂孝义铝矿增值税、城建维护税属地征收问题的函》。

带着文件我们回到省国税局，向李思温局长汇报了赴京请示情况。他安排省局国税流转一处的赵峰副处长承办此事，并让我与赵处长见了面。赵处长告诉我说局里还要做一些准备，完了还得再上趟北京国家税务总局。大约过了七八天后，于10月20日我随同省局赵峰副处长第二次赴国家税务总局。这次去国家税务总局，山西省国税局的态度已经明朗化了，印发了《关于总分支机构增值税计算缴纳方法问题的请示》，文件中对山西铝厂孝义铝矿属地征收问题提出了明确意见，请求国家税务总局认可，国家税务总局当即确认了此事。这次北京之行仅仅用了三天时间就返回太原。1995年11月28日，由分管副局长签字同意上报山西省人民政府。文件提出明确意见，山西铝厂孝义铝矿的税收在孝义市属地缴纳，刘泽民副省长签字同意。

1995年12月27日，山西省国税局下发了山西省国家税务局（1995）晋国税流一便字第七号文件，主送运城、吕梁国税局。文内称："山西铝厂孝义铝矿开采生产的采矿产品，不论是移送用于连续生产，还是用于销售，均视同正常的货物销售，从1996年1月1日起，在所在地申报纳税"。

至此，一项政策规定十分明确的孝义铝矿属地纳税问题，经过两年的艰难历程，终于尘埃落定，有了一个圆满的结局。

孝义住房制度改革的历程

住房制度改革前的基本情况是城镇住房长期一直沿用国家包建、低租金和无偿分配的福利性制度。1985 年前，虽然国家、单位投入大量资金建房，但城镇住房紧缺问题一直没有得到解决。特别是县人民政府迁入新城后，随着经济和社会事业的发展，城区居住人口的不断增加，住房紧缺问题更加突出。截至 1985 年，全市共有房产部门直管公房 6.3 万平方米。其中 60 年代以来的公经住房 1.7 万平方米；全民单位自管公房 14.5 万平方米；集体单位自管公房 31.5 万平方米。城市人口快速增加、住房需求迅速增长和受投资制约而公房建设速度缓慢的供求矛盾日益突出。由此，出现了两种社会现象，一种是城市居民跑到市郊农村向农民租房居住；另一种是少数干部偷偷地在市区和市郊建私房。因此，又引发了几次“清房”运动，清出来的私房被作价收归公有，即使还是原建房者居住，但房屋的性质只能姓“公”不能姓“私”。

1985 年以来，县委、政府对住房制度改革进行了积极的探索，发挥国家、集体、个体的积极性，试行集资建房。总共投入资金 2600 余万元，建造住房 10 万多平米，这种办法对缓解住房紧张问题起了一定作用，但从体制上仍然属于一种混合所有制，仍具有强制分房的特征，离住房商品化和市场化仍有很大差距。1994 年国务院发出《关于深化城镇住房制度改革的决定》和山西省人民政府发出《山西省关于深化城镇住房制度改革的实施意见》后，我市住房制度改革迈开了实质性的步伐。根据 1994 年 8 月 4 日全省住房制度改革会议精神，市委、政府联席会议专题研究了我市住房制度改革问题，成立了住房制度改革领导组，组长由曹金初市长担任，我担任常务副组长，成员单位有：计委、体改委、建委、房管、财政、人事、劳动、土地、物价、银行等，体改委主任杨春淮兼任办公室主任，至此，孝义市住房制度改革进入了全面推进的阶段。

我市房改全面启动后的第一件事是首先推行住房公积金制度，这项制度的意义在于为城镇职工建立了一种购房基金，通过经营的办法，日积月累壮大职工对住房的购买力。1994 年 9 月 20 日，市政府以孝政发（1994）98 号文发出《关于全面推行城镇住房公积金制度的通知》并从 10 月 1 日起在全市范围内推行，凡在城镇工作，具有常住户口的行政、事业单位和全民所有制，集体所有制企业的在职职工均建立住房公积金。住房公积金由职工个人和所在单位分别按个人月标准工资 5% 的比例，由单位和个人逐月缴纳，职工和单位的公积金均为职工个人所有，储存在银行房地产信贷部、享有银行活期存款利率。公积金的用途主要用于个人住房抵押货款，购买自住住房，职工离退休时，连同本息一起归还本人。

同时决定成立“住房资金管理中心”，并制定了《孝义市住房资金管理中心章程》，明确了“中心”的职能和内部组织结构，使房改涉及的各项资金一开始就纳入了规范有序的管理轨道。

1994 年当年推行公积金制度的单位达到 22 个。1995 年实现了两个突破，一是单位数突破，从 1994 年的 22 个发展为 124 个；二是推行公积金的驻市单位有突破，个数从 12 个发展到 22 个，全市推行公积金的职工人数 1995 年达到 14580 人，截至 1997 年，全市有 317 个单位建立了住房公积金，占到应推行单位的 80%，参加人数达到 17798 人，占总推行人数的 88.8%，高出全省平均水平 20% 以上。

第二件事是提高公房租金，实行以租促售的政策导向。房改启动后，政府将公有住房公积金从月平均每平方米 5 分左右调到 5 角左右，增长 10 倍，这项政策实际是一种权宜之计，是一种杠杆作用，目的是让居民经过计算得出租房不如买房的选择。调动职工购买公有住房的积极性。

第三出售公房，让旧体制画上句号。出售公房是一项政策性很强，操作必须严密和规范。按照省政府规定，出售公房实行标准价，其价格又由负担价和抵交价两部分组成，负担价，就是一套 56 平方米建筑面积的新房的负担价，按双职工上年平增工资的三倍计算；所谓抵交价，按双职工年（男职工 35 年，女职工 30 年）内积累的由单位资助的住房公积金贴现值的 80% 计算，根据统计局 1993 年底工资统计数据测定，1994 年我市公房出售的标准价为 378 元 / 平米，其中，负担价为 232 元 / 平米，抵交价为 146 元 / 平米。职工以标准价购房还可享受三种折扣：工龄折扣、现住房折扣和一次性付款折扣，职工购房后由房改办发给统一的产权证，职工有使用权，有限收益权、处分权和继承权，5 年后允许出售。同时要坚持先评估后出售的原则，出售公房统一由市房改办组织具有评估资质的专业评估机构，根据地段、环境、朝向、内外装修等因素，确定各套房屋的价值。

由于组织严密，政策到位，措施有力，到 1996 年 9 月，出售公房的单位 63 个，2478 户，建筑面积 15.7 万平方米，占可售公房的 89.6%，1998 年公房出售已占可售公房的 98% 以上，基本达到了预期目标，出售公房给旧的住房体制画上了一个句号。

第四铺开面向中低收入家庭无房户的“安居工程”。加快“安居工程”（经济适用住房）的开发和建设，逐步形成以解决中低收入职工住房为目标的具有社会保障性质的经济适用房供应体系是房改的一项重要任务。“安居工程”解决的重点是中低收入家庭中的无房户和住房困难户，根据国务院住房制度改革领导小组出台的《国家安居工程实施方案》精神，1998 年我市全面启动了“安居工程”，采取政府牵头，集资兴办，统筹统建，统征统管，成片开发的小区模式，统一开发和管理。凡具有本市城镇户口，属于中低收入的干部职工家庭，在市区规划区内无住房（即无购买公房，又无集资建房者）和住房困难户（人均住房面积在 10 平米以下）夫妇双方能按规定缴存住房公积金者均可申请安居住房。并可享受政府制定的减免 14 项税费的优惠政策，以成本价购房，并拥有全部产权。这项工程占地 65 亩，建筑面积 5 万平方米，总投资 3862 万元，解决无房和住房困难户 563 户。

我市住房制度改革，从 1992 年正式起步，1994 年全面启动，历经六年，使全市住房领域发生了深刻的变化，首先是建房、分房、租房体制发生了变化，靠财政投资建房，靠单位福利分房，靠低租金租房的旧格局已被完全打破，实现了住房商品化和社会化。其次是干部职工和城镇居民的住房消费观念发生了变化，“要住房，找市场”“要住房子，先掏票子”已成为广大干部职工和城镇居民的共同意识。第三是住房公积金的缴存余额1984年已达到近1000万元，经过20多年的发展，现在公积金缴存余额已达到7亿多元。第四是住房投资和住房消费结构发生了变化，个人住房消费已经取代了集团消费，城镇居民已成为城市住房消费的主体，住房建设速度发展迅猛，一座座住宅大楼拔地而起，供求关系已经发生实质性的变化，不仅供求平衡，而且还出现供大于求的局面，成为拉动市域经济快速发展的一支重要力量。

建设批发市场、实施蔬菜流通体制改革

1992年孝义撤县设市后，随着城市建设的进程加快，城市居住人口迅猛增加，城市居民吃菜难的问题日渐突出。在计划经济向市场经济转换过程中，国有蔬菜公司经营业务逐渐萎缩，蔬菜储备设施不仅落后，而且大量闲置，经营业绩逐年下滑。面对城市居民日益增长的蔬菜消费需求，特别是对鲜活蔬菜的消费需求，国营公司显得无能为力。而作为计划经济体制下的蔬菜生产基地一城市近郊张家庄村，亦因城市建设大量征用土地，蔬菜种植面积逐年递减。到1994年种植面积已寥寥无几。菜农和蔬菜公司的产销关系也趋于事实上的断链。张家庄村的部分菜农在改革开放的浪潮中，由农转商，变种菜为贩菜，他们从太原、临汾甚至更远的地方，长途贩运购进新鲜蔬菜，自发地在孝西车站南侧摆地摊进行蔬菜交易，购买蔬菜的城乡居民络绎不绝，十分红火。张家庄村党支部考虑到村民的生计和市场秩序，在孝西车站南侧专门划出一片地域，搭建简易棚子，为贩菜户提供了一个交易场所。这个简易市场的形成，在一定程度上解决了城市居民的吃菜难问题。但由于场地小、管理不规范，仍然满足不了市民日益增长的蔬菜消费需求。因此，建设大型蔬菜批发市场，搞好城市“菜篮子”工程被提上了市委、市政府的议事日程。

1994年12月12日，由曹金初市长主持召开了孝义市政府常务会

议，讨论研究了关于“菜篮子”工程建设问题。我在会上着重汇报了我市当前蔬菜市场流通现状及建设大型蔬菜批发市场的建议。分管农业的副市长吴汉国汇报了参观学习山东寿光县在蔬菜生产上的“建设一处市场，带动一个产业，发展一方经济”的经验，对大家启发很大。使参会领导打开了思路，开阔了视野。会议议定成立孝义市“菜篮子”工程建设领导组。组长由曹金初担任；常务副组长由我和吴汉国担任；成员由政府办、计委、财委、商业、农办、工商、粮食、物价、供销、农行、环保、畜牧、水利、电力等部门负责人组成。市场建设方案由我组织拟定，节能温室发展方案由吴汉国组织拟定。会议提出的建设蔬菜批发市场的指导思想是：发挥优势，面向未来，按照“两高一多”（高起点，高档次，多功能）的原则建设大市场，发展大基地，推动大流通，实现服务城市，富裕农村，促进经济发展，改善人民生活的目标。

市政府决策之后，接下来的问题就是蔬菜批发市场建在哪里，用什么方法建设，由谁来主办。在选址和确定建设主办单位的过程中，经过调查研究，我们认为，城市近郊的张家庄村比较合适。张家庄村早在 1992 年就在孝西火车站南侧建起了一个简易蔬菜批发市场，知名度和成交额逐年扩大，已形成了城区蔬菜交易市场的雏形。但由于场地狭小拥挤，交易活动被迫蔓延到市场外的公路上，不仅影响市容、妨碍交通，而且存在安全隐患，同时也制约着交易的进一步发展。因此，张家庄村党支部、村委会提出要扩大交易场地，以适应形势所需。这一决定不仅符合村民利益，而且也符合市委、市政府建设大市场的要求，更主要的是具有解决投资问题的积极性与可能性。

当时孝义市委、市政府跳出政府主办和国营独办的旧思维，解放思想，更新观念。确立由政府牵头，张家庄主办，多元化投资，建设功能齐全的大型蔬菜批发市场，体现“人民市场人民建”的指导思想。紧接着 1995 年 8 月 18 日由市财委起草文件，重新上报山西省经贸委。报告中把管理和经营方式确定为“市政府直接调控的市级蔬菜批发市场，属于国营、集体、个人多种经济成分的合作经济体”。同时，市政府于 1995 年 12 月 7 日发出文件，成立孝义市蔬菜批发市场建设工作领导组。由我担任领导组组长，财委副主任郭三元担任副组长，成员有商业局长卫庆锦、农行行长武学道、财政局副局长李彦，农村信用社主任张济润、城关镇镇长郭孝忠、市蔬菜公司经理蔡虎生、张家庄村党支部书记乔庚深。至此，张家庄蔬菜批发市场建设工程正式铺开。

市场建设工作领导组成立以后第一件事情就是先搞出了规划设计。根据设计和概算，市场占地面积49653平方米（折合74.5亩），共分蔬菜、瓜果、副食、水产、恒温保鲜五个功能区，包括五栋临街营业楼和三个批零大棚，建筑总面积16500平方米，市场内共设有300多个摊位，可以容纳从业人员600余人，可以同时容纳5000人进行交易。预计投资（不含占地费）1470万元。为此，我们从四个方面着手落实建设资金。

第一，坚持以自力更生为主，本着“人民市场人民建”的方针，由张家庄党支部、村委会深入发动本村村民以及蔬菜经营户进行投资，在乔庚深同志的带领下，召开了各种形式的会议进行发动，并制定了谁投资，谁受益，产权归谁的投资办法，将临街营业楼的投资基本落实到了村民和部分营业户，共落实村民投资89户，投资512元，经营户投资4户50.8万元，村委集体垫资400余万元。有了这一块基本投资，工程于1995年10月12日动工，全面铺开了工程项目建设，按照规划设计，加快进度施工。

第二，开辟市财政新的预算外资金来源，增强财政对蔬菜批发市场的支持力度。按照当时的市财力状况，基本上是“吃饭财政”，拿不出建设资金，而建设蔬菜批发市场又是一项民生工程，不给予支持是不行的，况且撤县设市后在加强城市服务功能，重点是商业服务方面，需要政府为民办的事情还很多，为此市政府根据国务院（1979）244号和（1981）103号文件要求，发出“关于征收城市商业网点费的通知”，决定从每年进行的基本建设投资总额中，征收5%—7%的城市商业网点建设费，用于支持城市商业网点（各类市场）建设项目投资。同时又发出“关于加强价格调控基金征收管理”的通知，其目的是为了政府调控市场，平抑物价。这两块预算外资金的开征，大大增强了财政对市场建设的投资能力。市财政先后给张家庄蔬菜批发市场投资补助40万元。

第三，争取吕梁行署和财委的支持。我们首先找到吕梁地区财委主任武俊建，他是孝义市人，对孝义的事情非常主动积极。当时吕梁地区搞了一个叫作“三金一储”（价格调控金、副食品风险金、粮食风险金，重要物资储备）的投资体制，并设有一个领导组。组长由分管财贸的副专员栾继由担任，办公室设在财委，由武俊建主任具体负责。经过我几次找他和栾副专员汇报，武俊建主任又从中做了好多工作，终于得到栾副专员的支持，答应从“三金一储”资金中给予筹划，后来落实的结果是1997年按照副食品基地建设资金给予张家庄蔬菜批发市场20万元的拨款，1998年又按“菜篮子”工程建设项目拨款25万元。

第四，争取省政府和省经贸委立项，寻求贴息贷款和财政投资。根据武俊建提供的信息，省政府决定在全省搞几个区域性的农副产品批发市场。所谓区域性的当然是要建在地级市，我们孝义能否争取到这个项目，搭上这班车，对蔬菜批发市场的建设至关重要。为了不失时机地抓住立项工作，我约了武俊建主任并乔庚深一道赴省寻找经贸委副主任、财委主任瞿秀英汇报。通过我们的汇报，瞿秀英主任对孝义市要建设大型蔬菜批发市场有了一定的了解和印象。紧接着我们邀请瞿秀英主任来孝义实地考察。瞿秀英主动带队1996年3月来孝实地考察。到了张家庄蔬菜批发市场一看，工程已全面铺开，干得热火朝天。当时的场景使瞿秀英主任非常感动，认为孝义能办成大事，当即表态支持，答应回去以后向分管财贸的常务副省长刘振华汇报后，把张家庄蔬菜批发市场列为全省区域性批发市场之一立项。1995年8月孝义市财委正式行文上报立项，山西省经贸委批复了报告，批准贷款100万元，并给予三年贴息。1996年10月又一次以新建500吨恒温保鲜库立项，省经贸委又批准100万元的贴息贷款。同时还给予蔬菜市场配送中心电脑设备等两万余元的设施支助。瞿秀英主任也于1996年11月16日再次来到张家庄蔬菜批发市场考察，看到工程进展速度出人意料，市场布局也相当合理，令她非常满意。当即决定要在孝义召开全省区域性农副产品批发市场座谈会。

1997年5月，有全省各地市财委主任和重点县（市）以及省直有关部门负责人参加的山西省区域性农副产品批发市场座谈会在孝义隆重召开，会议总结了孝义市解放思想、敢于创新、多元化投资建设大型蔬菜批发市场的典型经验，并向全省推广。

1998 年 3 月 10 日，刘振华副省长在瞿秀英主任、吕梁地区副专员郭海亮、栾继由，孝义市委书记章霍生、市长曹金初和我的陪同下，专程来到张家庄蔬菜批发市场视察，对孝义市建设大型蔬菜批发市场的做法给予充分肯定，并批准从省财政拨款 70 万元给予支持。

张家庄蔬菜批发市场从 1994 年 12 月市政府决策到 1997 年 5 月山西省区域性农副产品批发市场座谈会在孝义召开，历经两年半时间，用多元化投资的全新理念指导建设成为一个功能齐全的大型蔬菜批发市场，真正达到了建设大市场，推动大流通，服务城市，富裕农村，促进经济发展，改善人民生活的目的。

（杨波　武维萍　侯进芳整理）

太钢十年治渣的回忆

李双良

时间过得真快，一眨眼10年就过去了。每当我到渣场上班时，看到渣场日新月异的变化，综合利用之路越走越宽广，心里就充满了幸福。这倒不是因为党和人民给了我很高的荣誉，而是因为在我们这一代人手里，在渣场同志们的共同努力奋斗下，堆积了半个多世纪的渣山终于被搬走了，而且我们闯出了一条综合治理冶金渣的新路。回顾10年来的治渣历程，深感幸福来之不易，如果没有艰苦创业的工人阶级主人翁的思想，就不会有今天的幸福。

以渣养渣的思想来自调查研究

我治理渣山的想法，是在1981年开始萌发的。经过几十年的堆积，渣山已经长得很高了，而随着太钢生产的发展，排渣量也逐年增加，出现了排渣困难的局面。我在爆破工段担任工段长时，经常和渣山及倒渣的工人们打交道。那时候大概有十几个人整天就是铺铁道，但随着渣子的堆积，铁道越铺越高，最高的地段距地面有20多米。这种局面严重地阻碍了太钢的正常生产。如果不及时治理渣山，生产将无法进行。我心里特别着急，可又没有办法。

当时公司的总调度长李洪保常常到渣山来，也是急得团团转。他经常调用我们工段的推土机、吊车等机械设备处理渣子，因此我和他非常熟悉。每次见面，他总要说："李师傅，能不能想个办法呀？"

我也在想办法，可面对着那座庞大的渣山，老实说，当时我也没有个好办法。我只是觉得，作为太钢的一位老工人、老党员，我应该急生产之所急。而且我们全家人都在太钢，可以说是太钢养活着我们，我有什么理由不急呢？我常常这样想：在旧社会我年轻力壮，可 26 岁的小伙子还养活不了自己。解放以后，我一天比一天年纪大了，老了，而日子却一天比一天过得好。这是为什么？是共产党给了我新的生命，是社会主义使我精神焕发。

从那时候起，我就琢磨上了治渣这个问题，只是没有明确的思路和具体的规划。当时想的仅仅是如何能把这座渣山搬走，好让高炉、平炉、转炉、电炉有个排渣的地方。

那年我 59 岁了，眼看就到了退休的年龄。退休以后做什么，就治理这座渣山不是很好吗？我在渣山边工作了几十年，那天我特地沿着整个渣山转了一天，越转觉得它越大。后来，我叫孩子们和我一起上渣山去丈量。孩子们说："别人家是一起上公园哩，咱是去爬灰渣坡，有啥意思呢？"我说："你们别小瞧爬灰渣坡，这可是作用大哩。"孩子们很听话，他们对太钢也有着深厚的感情。所以，就跟我一起在渣山上滚了六七个星期日。白天、我们上"山"去丈量，晚上回来孩子们帮我计算。最后，我终于胸中有数了，算出铁渣大约有 900 多万吨，钢渣有 700 多万吨，还有 200 多万吨的垃圾，渣山总量是 2000 多万吨。

这么多渣子可该往哪儿倒呀？我们爆破工段在东山有一个爆破坑，离那儿不远的地方有一条沟，叫大槐沟。我在一个公休日专门骑自行车去了一趟，将那条沟又丈量了一遍，计算出沟底面积是 16 亩，沟口面积是 113 亩。如果用渣子把沟填满，再垫上两米厚的黄土，就可以造出 113 亩地来，而且，太钢的废渣也有了去处，是件大好事。经过与东涧河的村干部们协商，双方达成口头协议，我们租用大槐沟 10 年，每年出占地费、补偿费及管理费 3.6 万元。

那么，从渣山到大槐沟又是多远呢？也就是说运送 2000 多万吨废渣，得花多少运费呢？原先我计划用皮尺丈量，可有的同志提醒我，汽车上有计程器，开上汽车跑一趟不就行了。看来人多就是智慧广，所以在后来治理渣山、闯综合利用的路子时，我就特别注意发挥群众的聪明才智。

渣子有了去处，运费也算出来了，可这笔钱从哪儿来呢？我还是想着渣山，我知道那里面埋着些什么货色。于是，我用一辆大卡车装了 10 吨渣子，从渣子里拣出 500 公斤废钢。也就是说，平均每吨渣子中有 50 公斤废钢，整座渣山能挖出 36 万吨废钢来。如果每吨按 200 元计算，收益就达 7000 多万元。用这笔钱治理渣山不是绰绰有余吗？

这样，“以渣养渣”思路就基本形成了，于是我开始着手草拟治渣方案。

一不要投资、二不要待遇，只要一个自主权

1981 年，公司号召太钢人出主意、想办法，解决排渣难的问题。当时，听说有人要搞，而且公司已经给省里打了报告，申请排渣场地，但这个方案最终被否决了。我经常去公司悄悄打听，看有没有人出面干。可是等了一段时间，看到没有一个方案切实可行，我这才打定主意要彻底治理渣山。

1982 年过春节，我到李洪保家拜年。一进门，李洪保就问：“你想出法子了没有？”我说我就是为这个来的。于是，就把我草拟的治渣方案递给了他。李洪保当时就高兴地说：“好！我把这交给公司领导。”

正月初五，当时的商钧经理、孟立正副经理和韩桂五副经理把我

叫去，让我汇报了治理渣山的想法。正月初九，全公司的厂、处级干部召开会议，把我也叫去了。在这个会上，就提到了我要治理渣山的问题。商经理问我："你要多少投资？"我说："一分钱也不要。"商经理又说："不要投资你能搬走渣山？"我就谈了我的总体思路和具体的想法。我说："渣子里埋着那么多东西，都是钱，以渣养渣这条路行得通。"在场的干部们就鼓起掌来了。我知道大家是在鼓励我，也是对"以渣养渣"这条路的肯定，我心里踏实了。这时候商经理又问我："你要什么待遇？"他说的待遇，无非就是指承包提成，工资奖金这类东西。当时兴这个。可我能要吗？搬走整座渣山，创效益将近亿元，按1%提成，是100万元；按10%提成，就是1000万元。共产党把我从水深火热的旧社会解救出来，把我培养成一名共产党员，我的子女们都在太钢工作，生活过着很好，我要那钱干啥呢？于是我说："我一不要投资，二不要待遇，就要个权——治渣自主权。在治渣过程中，属于渣山上的事，我一不请示，二不汇报，赚了钱也不上交。有了钱就买设备，买设备我也不请示，目的是由人海战术，逐步实现机械化、现代化"，在场的人们又鼓起掌来。从这掌声中，我又汲取了新的力量。

依靠一帮老汉，治理一座渣山

事情发展到这一步，已经到了1982年的四五月份了。这时候我又有了些新的想法：第一步，先搬走渣子，给生产排渣腾出块儿地方来，为生产发展创造条件；第二步，我想彻底根治污染问题，创造一个好的生活环境，造福子孙后代。

可咱是个大老粗，没有文化，所以我请求公司给我派几个管理人员，特别是派几个懂科学技术的人。可是人家不想来。也是的，谁愿意来和灰渣坡怄气呢？这时候，我想起了过去的那帮老伙计们。他们大都离休或者退休了，在家也是闲着。我就去找了他们，通知4月22号开个会，商量治渣的事。

当时，我还担心没人来呢，结果那天来了 80 多个人，其中有工人，有技术员，有处长，有科长，啥样的人才都有。这些老同志思想红，作风硬，有技术，起了参谋和骨干作用。我在会上说："就是这座渣山，就是咱们这一帮老汉，要把它从太钢搬走。从今天起咱不分谁是官谁是兵，都一样，反正都是搬山的老汉。大家提提要求吧，要什么待遇我可以请领导解决。"想不到大家都说："你不要待遇我们还要什么待遇呢？反正干就是了。"听了这话我非常感动。急太钢所急，一心为公的不是我李双良一个人，我的背后站着那么多人哩。他们支持我，帮助我，才使我敢于向渣山宣战。

经过充分的准备，1983 年 5 月 1 日，民工们已经陆续来了，太原市运输四公司的车队，也排在了渣山脚下。激战开始了，那场面真是壮观。人们都说是我李双良搬走了渣山，其实搬走渣山的是一大批默默无闻的劳动者，我李双良只是带了个头，在关键的时候使了个大胆。

那么多的汽车、拖拉机和小平车运送渣子，如何计量呢？有的老伙计就提出"发牌"的办法。我采纳了这个建议。当时，每月六七十万元的运费支出，就是靠这些"牌牌"来结算的。现在想起来才晓得后怕，"牌牌"就是钱，万一多发了呢？万一有人伪造"牌牌"呢？那可就损失大了。

可是在当时，就是靠着那些老同志对党的忠诚，不谋私利，一心想着尽早搬走渣山，没出一点儿问题。例如，我的一个老伙计叫张连登，后来人送了一个外号"顶门棍"。为啥呢？因为他公正廉洁，铁面无私，别人想在他面前捣鬼，根本办不到。张连登数次拒贿 4000 余元，在渣场是出了名的。我的周围有这样一批好伙伴，在工作上当然就不会出问题了。

治渣开始时，一百多辆车往东山大槐沟倒渣。路窄车多，上去的车下不来，下来的车又上不去，一时间造成了严重堵车。这可是我原先没有预料到的。为了解决这个问题，我号召大家出去寻找排渣点，以缓解眼前的矛盾。第二天，我骑着自行车在外面转悠，突然看到了环卫局的垃圾车，我就紧紧跟定了它，一直跟到汾河坝堰。当时汾河坝堰正组织施工，我就找到工程指挥部，说明了来意，他们一听就同意了。用垃圾充填坝堰，当然没有我们的钢渣好。对我们来说，往东山倒渣需按9公里路程付运费，往坝堰倒却是4公里。省下钱，又缓解了车辆拥挤的矛盾，真是好事情。

这一回，在汾河坝堰就倒了40多万吨渣子。

在汾河坝堰排渣期间，我又发现了河西区的楼房建筑工地。盖楼房不也需要回填料吗？我就又找了人家。经过建材研究所化验，表明我们的钢渣用来回填基础是上等的好材料，既然是好材料，那么可不可以讨个价钱呢？也就是说，我们的渣子不再是废物，而是商品了。河西建筑工地用了我们500多万吨渣子，该付100多万元钱。我用这笔钱又买了他们的两栋楼房，解决了180户职工的住房问题。

这是1985年的事。也就是从这时候开始，我开始重视废渣的综合利用问题了。废渣不废，变废为宝，关键是靠我们大家开动脑筋想办法。自制钢渣水泥砖、钢渣免烧砖等综合利用钢渣的项目相继投产，综合利用路子越走越宽广。

我只是带了个头，使了个大胆

1987年5月，整座渣山已基本搬走，钢铁生产排渣出现了良性循环，再不为排渣难而发愁了。同时，在治理污染、综合利用方面也闯出了一条新路，现代化的渣场已经初具规模。

10年来，渣场共回收废钢铁83.76万吨，外运废渣1949万吨，创经济效益14154.48万元，盈利66066.10万元，购置大中小型设备112台，而且，建成了年产1000万块砖的免烧砖厂，东山水泥厂第一期改建工程也竣工投产。一座污染严重的废渣山，就这样变成了花团锦簇，绿树成荫的新渣场。

所有这些成绩，都是上级领导正确指导和积极支持的结果，是渣场领导班子团结奋斗，带领广大职工一心为公，艰苦创业的结果，凭我李双良一个人，即使浑身是铁，又能打几颗钉呢？

还是那句老话，我只是在关键的时候带了个头，使了个大胆。

（陈连喜　银小俊整理）

后 记

为庆祝改革开放40周年，原中央党史研究室组织地方党史部门对征集到的一些领导同志、亲历者的口述史进行整理，选取反映地方贯彻落实党中央改革开放重大决策部署中具有全国意义或地方特色的典型事件的史料，编辑为“改革开放口述史”丛书。

本丛书在策划、选稿、编辑、出版过程中，得到各位作者和地方党史部门的大力支持。原中央党史研究室主任曲青山和副主任吴德刚给予了精心指导，并分别担任编委会主任和副主任。中共党史出版社的领导和编辑们为本丛书的编辑、出版付出了艰辛的劳动。在此表示衷心感谢。

由于工作繁忙，编辑时间紧迫，编者水平有限，书中难免存在不当之处，欢迎广大读者提出宝贵意见。

编 者

2018 年 11 月